行为生产运营管理

叶春明　姚远远　吴思思 ◎ 著

Behavioral Production and Operations Management

东方出版中心

图书在版编目（CIP）数据

行为生产运营管理 / 叶春明等著. 一上海：东方
出版中心，2022.10
ISBN 978 - 7 - 5473 - 2061 - 7

Ⅰ.①行… Ⅱ.①叶… Ⅲ.①企业管理-生产管理-
运营管理 Ⅳ.①F273

中国版本图书馆 CIP 数据核字（2022）第 177691 号

行为生产运营管理

著　　者　叶春明　姚远远　吴思思
策划编辑　李　琳
责任编辑　韦晨晔　李　琳
封面设计　钟　颖

出版发行　东方出版中心有限公司
地　　址　上海市仙霞路 345 号
邮政编码　200336
电　　话　021 - 62417400
印 刷 者　上海盛通时代印刷有限公司

开　　本　787mm×1092mm　1/16
印　　张　22.5
字　　数　441 千字
版　　次　2022 年 11 月第 1 版
印　　次　2022 年 11 月第 1 次印刷
定　　价　98.00 元

目录

第一章
行为生产运营管理概论

1.1 研究背景及意义

  企业的运营管理是一个复杂而系统化的体系,具有多功能性和多层次性的特征,同时也是一个研究设计、管理,并致力于对产品的开发、生产、交付以及产品和服务的配置等进行改进的多学科领域[1]。从一个纵向一体化的企业或整个行业的运作过程上看,运作管理及决策包含原产品开发、材料采购、供应商选择、产品生产加工、库存管理、运输、分销、销售、售后服务等。无论属于一家企业还是多家企业,这些经营活动都不是相互分离的,而是需要紧密衔接协作的,尤其对于现在社会环境和个性需求快速发展和变化的趋势下,这些经营活动的紧密衔接协作对于提高企业对市场需求的响应速度都是至关重要的,也将大大增加企业应对市场变化的能力,节约企业的经营成本,提高企业生产经营效率。

  企业的经营管理体系如图 1-1[2] 所示。从图中可见,企业的生产计划和调度在战略、战术、操作决策层及制造、分销功能层都有所涉及,并且其跟供应中的采购和客户中的需求密切相关,供应商和客户的变化对企业的生产计划调度具有战略层次上的影响。由此可见,生产计划调度在企业或行业运作中占据着举足轻重的地位,可以将资源输入转化成客户所需要的价值输出。

  运作管理关注组织运行的生产效率、产品质量、交货期等。传统的运作管理对企业运营过程中的设计、管理、改进系统和生产过程的研究大多采用应用数学、运筹学、工程学、计算机科学等规范的研究范式,通过多种基于自然科学方法论的方法,如数学建模、仿真、大样本实证分析等进行研究。众所周知,在企业运作中,人和技术是企业运作的两大组成部分,传统运作管理的分析模型中关于人的部分都以"经济人"假设为前提,即人具有"完全理性"。传统的运营模型中常见的行为假设主要包括[3,4]:一是人的行为确定并且可以预测;二是个体行为相互独立;三是行为不隶属于产品;四是能够区分信号中的

	供应	制造	分销	客户
战略	供应商选择 供应模式	长期生产计划 工厂开、关	分销选址 运输模式	需求模式
战术	采购计划 供应数量分摊	生产计划 （单工厂、多工厂）	分销计划 （多分销中心补及）	需求预测 订单
操作	采购批量	生产分批与调度	批量运输 车辆转载 路径规划	临时订单 订单变更

图 1-1 企业管理运作与决策框架

噪音;五是偏好一致;六是不受认知偏见和情绪的影响;七是对认知对象有完全的解读能力;等等。然而近年来人们渐渐发现基于这种定量来运作模型在实践应用中却出现了一定的偏差,越来越多的大量实验数据证明了人的"非理性"行为的存在,如供应链管理中的牛鞭效应[5]、库存与采购管理中的报童实验[6]、人们在不确定情况下决策时的前景理论[7]及锚定法则[8]等,这渐渐促进了行为运作管理学科的发展。F. Gino、G. Pisano(2008)[9]及刘作仪、查勇(2009)[4]对行为运作管理做出了系统性的概述,并给出行为运作管理的如下定义:行为运作管理是结合认知和社会心理学的理论来研究运作管理的新方法,它研究人的行为和认知对运作系统的设计、管理与改进产生影响的相关属性,并研究这些属性与运作系统及进程的相互作用,并且很多学者渐渐地开始就以下三个方面开展研究。

一是将行为运作相关的心理学、社会学、经济学、组织行为学等理论应用到行为运作管理的细分领域,如崔崟、陈剑等(2011)[10]对行为因素在库存管领域的研究做了详细的综述,张敏、唐伟勤等(2009)[11]对行为因素在生产管理领域的研究做了引进并对行为生产研究所牵涉到的知识架构做了概括,张敏、陈荣秋等(2008、2011)[12,13]将行为因素引入项目管理中并提出了相关的研究思路,刘咏梅等(2011)[14]考察了行为因素在供应链领域对其绩效的影响。

二是借鉴成熟的行为经济学、行为金融学、行为营销学等行为研究成果或行为因素,将其应用到行为运作相关领域进行研究,如李江峰(2012)[15]研究了悲观、乐观等行为对报童问题的影响,张鹏等(2013)[16]考虑期望损失厌恶对供应链契约与协调的影响,简惠云(2013)[17]研究了风险和公平偏好对供应链契约的影响,韩姣杰(2013)[18]研究了互惠和利他偏好行为对项目多主体合作行为的影响,王晓微(2014)[19]考虑了供应链系统中的过度自信和需求不确定性等行为,张巍、朱艳春等(2015)[20]构建了基于信任行为的虚拟企业伙伴选择模型并进行仿真。

三是直接借鉴认知心理学等相关人的行为、观察或实验找出相关运作管理领域中的行为,并对其进行运作管理方面引起的决策偏差等研究,如陈志扬(2007)[21]、韦娜和苏强(2014)[22]、刘颖和张新功(2016)[23]、侯丰龙和叶春明等(2016)[24]等提到的学习或退化效应行为,沈捷(2003)[25]、弋敏(2007)[26]、赵秀清(2012)[27]、刘颖何(2013)[28]等提到的员工压力,姜凤珍和胡斌(2015)[29]研究的人与组织的合作与冲突行为,曹阳华和孔繁森(2015)[30]做出的工人合作的情绪模型研究,李景海和周松兰(2015)[31]关于异质性个体与知识和创新的研究,黄海洋和叶春明(2015)[32]提到的银行服务系统中的顾客的不耐烦行为等。

上述相关研究都展示着在"人"相关的系统中,人的实际行为处处证明了西蒙提出的"有限理性"[33]的假说,即包含以下三层含义:一是人们在认知过程中将具有大量的启发式偏差;二是人们的偏好并不一定总是一致而稳定的;三是在不确定情况下,人们可能用预期理论(Prospect Theory)过程来评价效用。心理学的研究已经证明,行为偏差和认知能力的限制不仅仅表现为噪音,更重要的是对人们的判断和决策制定产生系统性的影响,甚至是扭曲[4]。

生产计划调度与具体的生产品类等密切相关,不同的品类的产品,其工艺特点、生产调度模式等也不尽相同。根据工艺特点制造过程可分为流程生产型和离散生产型两大类。流程生产型又可分为连续过程和批量过程,离散生产型可分为按库存生产 MTS (Make To Stock)、按订单制造 MTO(Make To Order)。生产计划是确定何时何地及如何完成产品需求的决策活动,生产调度是为完成已给定的生产任务,对生产任务进行分解、在资源上分配任务并确定任务的开始时间和结束时间的决策活动。生产计划调度系统是一个"人-机器-环境"的系统,其中系统中牵涉到的人包含有领导决策者、管理者、执行者、操作者和顾客,人的行为对系统的影响举足轻重。但目前行为运作管理无论国内外都还处于初步发展及探索阶段,虽然可以借鉴成熟的行为金融学、行为经济学、行为营销学等,但也具有一定的差别,因为原有的运作管理还没有建立统一的理论基础[9],甚至曾经陷入身份认同危机,Chopra 等(2004)[34]对运作管理的发展历程做了详细的描述,Hopp 等(2004)[35]也曾指出作为行为科学与管理科学的交叉学科,行为因素被认为可能将成为下一个管理科学领域"范式变迁"之本。

自 1954 年 Johnson 发表第一篇研究生产调度的论文[36]以来,经典的生产调度问题主要围绕着流水车间调度(Flow-shop)和作业车间调度(Job-shop)展开。各国学者对经典的生产调度问题做了大量研究工作,并取得大量显著成果,进一步证明了生产调度在调度研究领域中处于十分重要的位置。依据 Lawer 等人的观点[37][38],随着经典调度问题的四个基本假设(单件加工、确定性、可运算性、单目标性)不断被突破,调度研究领域的重心已逐渐从上述经典调度问题转向一些新型调度问题。本文研究的半导体生产调度问题就是其中一种新型调度问题。在半导体制造过程中,氧化、沉积和扩散等环节都存在一些批处理设备,批处理加工是半导体生产调度问题的重要特点之一。由于批处理设备的加工时间一般都很长,而且批处理设备价格昂贵,所以半导体生产过程中的瓶颈设备或次瓶颈设备一般均为批处理设备。因此,优化批处理设备上的工件调度问题能有效提高半导体生产性能。本文将研究两类半导体批调度问题:炉管区批调度问题和最终测试阶段批调度问题。

在经典的生产调度理论中,工件的加工时间通常被假定为固定的常数。然而,在实际生产过程中,由于机器或工人不断重复加工相同或相似的工件,以及不断积累知识和经验,他们的操作会越来越熟练,加工位置靠后的工件实际加工所用的时间会变短,这种带有学习性质的现象被称为学习效应(Learning Effect),即学习效应会缩短工件的实际加工时间;同时,由于生产过程中工件类型发生变化或生产中断等现象,会导致学习效果的弱化,这种削弱学习效果的现象被称为遗忘效应(Forgetting Effect),即遗忘效应造成工件实际加工时间的延长。近些年,非定长加工时间的调度问题越来越受到关注。Biskup[38]曾指出,如果生产过程中存在学习效应现象,不但会对生产计划的制定产生影响,而且会影响生产成本的计算。在现实生产中,企业管理者在制定生产计划,确定劳动力,存货和资金需求时,如果能够考虑生产中存在的学习效应及遗忘效应,不仅能更准确地把握产品成本,还能在需求快速变化的市场环境下,精准地调节生产进度和产品交货期等,同时提升企业的成本优势和时间优势。一个典型的例子就是半导体制造业,该产业每年生产效率的提升可使生产成本下降大约10%—30%[39]。

首先我们看一个常见的生产调度的情景:在一个考虑存在瓶颈的生产调度系统中,在某一工作前面已经有堆积的在制品。在我们常用的调度模型中,我们可能集中考虑怎么改善生产工艺,平衡生产节拍或怎样增加瓶颈的资源,并以成本和产出效率来评估方案的有效性及影响。在我们的研究模式及模型中,我们直接忽略了瓶颈处操作人的特征,并默认员工都是以同样的节奏和变化工作的,而没有考虑人的个人情绪、能力、动机及可能采取的行为。其实我们都知道,在自己面前堆积了大量的工作时,我们都会产生无形的压力,将不自觉地提高自己的工作速度,甚至还会有其他人主动帮助我们工作。德国心理学家 Lewin 认为行为的产生是环境和个体相互作用的结果,是一种场的作用[40]。由此可见,在这样的情景中,其实人的行为才是对系统或模型影响最大的因子,而我们在单纯应用数学模型等定量方法时,却去掉了这个影响最大的因子,这种方法虽然简化了系统,但也同时造成了研究与实践之间的偏差,对研究据此提出的解决方案的效用也大大存疑。但,同时我们也可以看到,如果我们考虑了人的行为,问题的解决方案数量将大大增加,我们不可能找到一个最优的方案,所以,现实中决策者也总是偏向找到"满意解"即可,这也是决策者的一个"有限理性"因素。

从上述的案例可见,生产计划调度中考虑人的行为将大大降低研究与真实情况之间的差距。而传统的面向制造的生产计划调度很少考虑操作者的参与和体验[41],或者说人的影响因素,即便考虑,也多数将人作为能够按照一定规则运作的完全理性人,忽略了人的素质禀赋、知识经验、认知状态、心理因素甚至社会环境的影响,这已经带来部分调度系统运作结果与客观实际的显著差异。而在传统制造系统中,决策、管理、操作等角色广泛参与到制造过程中,展示出丰富的主观能动性、挑战性和主动学习、不断创新的精神,成为系统中最活跃的资源。运作管理研究内容十分宽泛,而生产计划调度是其最基本、最核心以及最关键内容,研究生产计划调度系统中人的行为的影响及模式,将对目前企业提高企业效益具有重要的意义。

此外,现有人力、资源、市场等外界社会环境的变化,也促使该领域考虑行为因素的研究势在必行。具体社会环境主要有以下三个方面的变化。

第一,员工的需求变化。

目前,"90后"陆续进入职场,且逐渐成为劳动密集型制造企业的基层劳动力主体。但"90后"由于时代背景、生长环境的原因,与"70后""80后"在行为特性上大不相同,"90后"大多思想多变、个性张扬、追求自由,更看重更高层次如自我实现的需求[42]。同时,在就业观上,具有以下特点[43]:自我实现高,创新能力强;学习欲望强,就业目标明确;抗压性较差,心理素质有待提高;企业忠诚度较低,缺乏团队精神。新一代就业人员的追求个性化,异质性特质[44]较强,更需要企业坚持"以人为本"。

第二,宏观环境变化。

在"工业4.0"、"中国制造2025"、智能制造的背景下,我国实现由制造大国向制造强国的转变,已经成为新时期我国经济发展面临的重大课题[45]。面临从"中国制造"向"中国智造"的变化,产业从劳动密集型向技术密集型转化。

2015年11月10日,习近平总书记在中央财经领导小组第十一次会议上强调,在适度扩大总需求的同时,着力加强供给侧结构性改革,着力提高供给体系质量和效率,增强经济持续增长动力[46],同时大力鼓励创新创业。在供给侧改革的推动下,企业更需要企业员工发挥自主创新性和创造性,未来企业呈现"小+美"的运营趋势,更注重企业的产品质量和科技含量。

第三,市场需求变化。

由于市场消费者生活水平的提高,对产品的质量要求及个性化需求也日益增加,一些行业的生产模式渐渐由"大规模大批量"的流水线生产转变为"多批次小批量"的柔性生产,甚至是以智能3D打印机等为基础的智能制造。在柔性生产、智能制造等生产模式下,企业更需要员工能够快速适应和学习,甚至可进行创新创造。

在制造企业中,在面临中国制造宏观环境下及员工层次的变化和市场需求的变化驱动下,未来企业的竞争更多地成为人才的竞争。而人是"非完全理性"的动物,在企业运营管理及生产计划调度过程中,也应更多地考虑人的行为机制,以进一步跨越"科学管理"中规则化、标准化、程序化模式,坚持现代管理理论和方法,尊重员工的生理、心理、情感等需求,发挥员工的主动性。但同时也应避免回归原始的"经验管理"。在现阶段,运用科学的理论和方法,同时将人的生理、心理等因素加以科学地应用,是企业在市场环境变化下应坚持的管理战略,以增加企业在目前多变的市场环境中的竞争力。

制造业是推动国家工业化和现代化的重要产业,是众多产业的基础。新技术、新知识的不断涌现给传统制造业带来了不小的机遇和挑战。随着制造技术与信息技术、计算机技术以及现代管理技术不断融合,许多先进制造理念和模式相继出现,如敏捷制造、柔性制造以及虚拟企业等。制造系统呈现出数字化、网络化、智能化、集成化和柔性化等特点。另外,客户对产品的需求日趋个性化、多样化导致制造系统的输入信息和运行环境的随机性越来越大,制造系统由输入确定的、过程和环境稳定的简单系统演化为输入随机、过程和环境动态变化的随机复杂系统,从而使制造系统保持稳定连续运行的难度急剧增大。

工业生产运作管理的研究核心是效率。自从泰勒管理科学化运动以来,许多生产领域的专家优化生产流程、改造生产工具以提高生产效率。早期的运作研究理论提供了规范的模型和方法以确保系统可以保持高效有序的运行状态,主要关注于某些运行性能(效率、质量、交货时间)的提升。从制造、服务及供应链,人都是其中的重要因素,行为运作系统模型更能准确地刻画真实系统,更能帮助管理者做出决策。以梅奥为代表的管理学大师专注于行为管理学的研究,运作管理自此进入了一个崭新阶段。

个人特性和组织特性是行为运作的两个研究维度。个人特性研究主要专注于认知如何影响决策,而组织特性主要专注于社会规范和社会制度如何影响运作。前者属于认知心理学的研究范畴,而后者属于社会心理学的研究范畴。认知心理学研究支配行为的心理过程,包括思想、决策、推理、动机和情感。这些议题涉及广泛的研究领域,研究的问题包括有记忆的工作、注意力、知觉、知识表达、推理、创造力以及问题的解决。社会心理学主要研究群体和组织特性或社会规范等如何影响运作,人与人相互关系影响组织运作。组织文化、组织设计与结构、组织沟通及组织学习均是组织行为研究的领域。

早期的运作研究专注于确定适当的原则、流程和结构,从而让系统以最佳运行性能工作。它关注对组织运行性能(如生产效率、产品质量、产品开发、交货期等)差异的解释,并识别过程、结构和系统的内涵。对于不含人的系统,传统的运作已基本能胜任这类系统的理论分析。

人是生产和服务系统中很重要的因素,结合考虑人的行为的模型才会更加符合实际。近些年来,行为运作管理作为一个全新的领域,受到越来越多学者的注意。从制造、服务到供应链以及产品研发的绝大多数运作中,人类行为可能会影响运作系统,进而影响管理者决策。有学者曾对行为运作做过综述研究,研究发现,大部分行为运作研究针对的都是两大传统领域的运作决策(库存管理和生产管理)。另外,学者们在产品研发、质量管理、采购与战略采购、供应链管理等领域也有较多研究[47]。

MRO(Maintenance，Repair and Overhaul)即现场产品服务,是设备在使用阶段所进行的各种维护、维修和大修等制造服务活动的总称,主要指委派服务工程师到客户现场为产品提供上门服务。随着社会的不断发展,经济水平的提高,现场产品服务越来越普遍,并且顾客们对于服务的需求趋于多样化,常常一个客户的服务需求中包含着多个技能服务的需求。企业为了自身的利益和发展,需要满足客户的需求,在激烈的市场竞争中脱颖而出,因此企业提供服务也趋于多元化。企业对于掌握多项技能的人才的需求越来越大,且企业目前大部分的员工已经往多技能方面培训和发展。在以往关于人员调度的研究中,一般员工是只掌握一种特定的技能,且任务也只有一种技能的需求。这与当前的社会实际不符合。在单技能的人员调度中,引入多技能的因素——多技能工、多技能的服务需求,是符合时代发展规律的。由于员工是多技能的,员工相互之间掌握的技能种类也存在差异,而客户与客户之间的需求也存在差异,企业在调度时必须考虑员工掌握的技能与客户的技能需求相匹配,考虑员工在客户与客户之间的转移成本和等待成本,以此给各个员工分派客户点,制定出最符合企业利益的调度方案。另外,由于多技能工调度中,最主要的因素是人,就不得不去考虑多技能工的行为效应,包括学习效应和遗忘效应。

人的行为是生产制造过程中一重要因素,它会影响生产运作系统的效率和产品质量等。1936 年 Wright 通过研究飞机生产中的单位产品的劳动时间随着产量积累而下降的规律,第一次在制造业中描述学习经验曲线[48]。之后,学者们提出了不同的学习效应模型并应用于不同生产情景。另一方面,生产中断可造成学习效果退化,使得生产效率降低,这一现象被称为遗忘效应。对此,学者们提出了不同的遗忘效应模型,如 VRVF 模型和 VRIF 模型。Carlson 等基于经验数据,给出了遗忘曲线的指数表达形式[49]。自此,学习曲线和遗忘曲线的应用进入了一个新的阶段。

从宏观上讲,一方面,近年来,随着我国经济不断发展,人们的生活水平也逐渐在提升。人们会越来越关注自身的健康问题,人们在就医时会对护理人员提出更高的要求[50];另一方面,随着人口老龄化的加重,老年人的健康也会得到越来越多的关注。因此,医院也需要越来越多的护理人员对他们进行照料[51]。然而由于护士在实际工作中任务多、压力重,造成一定程度上的在职护士流失[52]。从护士需求方面,可以看出我国对护士的需求越来越大;从护士流失方面,可以看出我国的护士流失严重。综合以上两个原因,我国护士的需求和供给之间存在一个巨大的缺口。因此,在给护士安排排班表时,需要给护士设计一个满意的排班表。使护士在上班时,能够最大化护士的愉悦感,这样既能够提升在职护士对工作的满意度,降低护士的离职率;同时也能够吸引更多的人来从事护士这份工作,这在一定程度上能够缓解我国护士短缺的困难。

从微观上看,护士每天的工作量非常大,面对各种不同类型的患者,极易产生厌烦的情绪[53]。并且,根据大家所了解到的,护士采取的是 24 小时轮班制,在科室任务较多的时候,会有频繁加班的情况,从而让护士不能同一般的工作者那样有固定的放假时间,这些都会影响护士的社交活动,甚至身心健康。在情况比较严重的时候,可能会影响护士的家庭生活,给护士的家庭生活带来一定的困扰[54]。因此,设计一个高质量的护士排班表不仅能够提高护士对工作的满意度,同时满足医院的一些需求,也利于提高病人的满意度。在国际上已经成功举办了两届护士排班大赛,每次比赛都吸引了很多支队伍前来参加。但是国际的护士排班规则不适合我国的排班制度,因此,对我国的护士排班进行研究是非常有意义的。众所周知,护士的工作时间是采取 24 小时轮班制,同时在排班过程中还需要考虑相关的劳动法规约束。因此,护士排班被认为是一个极其复杂的组合优化问题,属于 NP-hard 优化问题[55]。在国内,大多数医院都采用手工来生成护士排班表[56]。往往一个科室的排班表会耗费护士长一周或者更长的时间,有时可能还得不到一个满意的排班表。本篇正是基于此,利用智能算法给医院排班的决策者生成一个满意的护士排班表。

一个满意的护士排班表,不仅能够最大化护士的工作效率,同时能够提高护士对工作的满意度,进而促进病人恢复健康,也有利于降低护士的离职率、吸引更多的人加入到护士这个职业中来,从而促进社会和谐健康稳定的发展。

随着技术的普及,企业间产品的差异性越来越小,服务成为吸引客户的关键。客户由于预期等待时间或已等待时间过长而取消服务的现象被称为不耐烦行为。此类行为多见于呼叫中心、银行服务系统、餐饮服务以及制造过程中。比如企业出现缺货时,部分顾客会因为预期等待时间过长或已等时间过长而取消订单,形成订单损失成本。缺货引起的订单损失会导致顾客购买意愿和顾客忠诚度下降,导致订单损失成本远高于产品售价,所以企业在生产运营管理中必须重视顾客的不耐烦行为。

随着全球经济的迅猛发展,市场竞争日趋激烈,越来越多企业在追求经济效益最大化的同时,扩大生产规模,加快生产进度,加大产品需求,使得现代企业对管理问题提出更高要求。作为企业持续和扩大经营的重要内容,项目管理对其各项环节的计划与控制直接影响最终的项目成败。而项目作为一系列千差万别、复杂却相互关联的活动集合,其能否在特定的资源需求条件下、保证质量安全的同时,以最少的造价成本、最短的工期时限完成,不仅直接影响企业经济效益最大化的目标,间接的资源浪费及对环境的破坏还可能会使企业声誉受损。项目管理最重要的工作之一就是项目调度,通过合理安排项目中所有工序的开始与结束时间,及各道工序任务实施的先后顺序,对员工工作休息时间及任务所需资源的分配,以期达到最优的调度方案,使事先制定好的计划安排在生产中。而在实际项目调度中,很多项目由于企业片面追求经济的快速收益回报,赶工期的现象时有发生且几乎存在于任何一个项目活动中,这必会产生一定的质量安全隐患,甚至造成严重的灾难事故。例如,发生于 2016 年的"11·24"江西丰城电厂施工平台倒塌事故,正是由于施工方压缩工期、突击生产从而造成最终至少 20 层楼的坍塌事故。因此,合理的项目调度对企业的项目管理及企业自身的发展至关重要。

传统的项目调度技术利用网络模型图如关键路径法(Critical Path Method, CPM)和计划评审技术(Project Evaluation and Review Technique, PERT)等,主要用于控制时间约束,从而进行调度计划的编制。

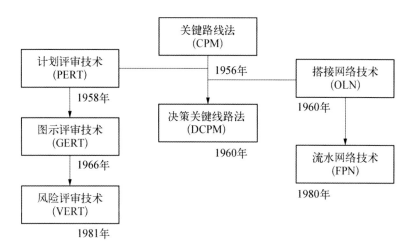

图 1-2 传统网络计划技术

然而在实际项目实施过程中,资源受限项目调度问题(Resource-Constrained Project Scheduling Problem, RCPSP)往往不可避免,而前述几类网络计划技术并未考虑这一现实情况,因此精确算法和启发式算法应运而生。同时由于实际生产中,随着现代项目规模的逐渐扩大,启发式算法中的智能算法在求解大规模问题时有着明显优势,因此成为近十几年来的研究热点。

本书以资源受限项目调度问题为研究课题,在满足紧前约束及资源约束的条件下,安排所有任务的实际开始时间及先后顺序,最终得出整个项目的最小工期及最优调度方案。同时在新兴的群智能算法中,本文选取具有参数设置较少、寻优能力较强的布谷鸟搜索算法(Cuckoo Search, CS)进行求解,结合混沌算法的随机性及遍历性对其加以改进,并将其与标准布谷鸟搜索算法进行比较。同时考虑将员工的学习及遗忘行为加入研究中,探讨两种行为效应对项目调度的综合影响。目前国内外将资源受限项目调度问题与学习-遗忘效应相结合的研究较少,大部分仍采用较老的经典遗传算法或粒子群算法,而针对新兴智能算法求解的研究较少,因此本文的研究将是对该领域的一个补充及进一步的扩展。研究企业中多技能工的调度具有重要的现实意义,有必要研究出能应用到企业的实际调度方案的形成过程中的多技能工的调度方法,为企业制定最符合其利益的调度方案。同时由于实际项目实施中,重复性生产及休息时间的存在,学习及遗忘行为必然存在,因此本研究不仅具有十分重要的理论意义,也对生产实际具有一定的应用价值。

　　TFT-LCD 产品属于高新技术产业,其生命周期短,但产品加工设备繁多,生产规模大,常采用批加工生产方式,其生产工艺流程复杂,加工周期较长。发挥批量生产优势,能够有效降低成本,与之相对的是日新月异的客户需求,甚至是一次性需求,多品类产品需要同时加工,进行混线生产,不同品类产品在同一台机器上进行加工时,将需要进行机器设备参数的调整,从而产生机器准备时间。根据客户的不同需求,不同类产品也有可能存在不同的加工工艺。在 TFT-LCD 产品制造中,可以从各个阶段入手,通过优化单个阶段调度策略,达到对整个 TFT-LCD 调度进行优化的目的,提高生产效率,从而提高 TFT-LCD 生产企业效益[57]。

　　生产运作大多数为复杂的组合优化问题。在制造系统中要想求得满意的解,往往是有一定难度的,而行为等不确定性因素又加大了其求解难度。若要对于基于行为的制造系统求解,需建立合适的模型并运用恰当的求解方法。

　　薄膜晶体管液晶显示器(Thin-Film Transistor-Liquid Crystal Display, TFT-LCD)即液晶面板,因其规格型号全备,显示质量满足广大市场要求,适用范围广,环保特性好,制造成本低,且发展潜力巨大等特点,近几年已被大批大中小型厂商广泛制作应用于监视器、显示器、手机、电视机、各类电脑等显示领域。TFT-LCD 较传统 CRT 显示器在电磁辐射、体积、重量等性能方面表现更为优良,为广大用户所关注。TFT-LCD 的市场适应力良好,自动化生产程度高及大规模生产成品率高的特征,使其迅速成为显示器市场的热门产品,备受关注。

　　1998 年,我国从日本引进第一条 TFT-LCD 1 代生产线,拉开了我国 TFT-LCD 产业的序幕。2003 年 1 月,北京京东方收购了韩国现代电子的 2.5 代线、3 代线和 3.5 代线,并于该年 6 月投资 12 亿美元建设一条 5 代线,于第三年 5 月开始量产。截至 2008 年,我国主要进入 TFT 产业的京东方、上广电、昆山龙腾各具有一条 5 代线。受到 2008 年全球金融危机影响,我国 TFT 产业遭受重创,就在人们对该产业无限悲观的情景下,事情出现了转机。2009 年,国外企业争相向中国转让高世代生产线,2010 年 9 月,京东方 6 代线产品的成功点亮,结束了我国 32 寸以上液晶电视面板全进口的历史。次年第三季度,京东方 8.5 代线的投产意味着中国将实现 1.8 英寸至 55 英寸液晶面板的全尺寸国产化。2015 年 12 月,京东方 10.5 代线开始动工,这也是全球最高时代的 TFT 生产线,将能为客户提供更大尺寸的产品,为企业提供更优的经济切割规模,降低生产成本,时任京东方董事长王东升在接受报道时透露,原本计划 2018 年投产的合肥 10.5 代线将在 2017 年 12 月提前投产。京东方已坐上 9 寸以上电脑及监视器显示屏出货数量龙头位置,据英国调查公司 IHS Markit 发布的研究报告,京东方 2017 年 1 月大尺寸液晶面板出货数量全球第一,占全球市场的 22.3%,全球排名前五的面板供应公司,分别是京东方(占 22.3%)、LG(占 21.6%)、友达光电(占 16.4%)、群创光电(占 15.7%)以及三星面板(占 9.9%),截至 2017 年 6 月底,京东方智能手机液晶显示屏、平板电脑显示屏、笔记本电脑显示屏出货量均位列全球第一,显示器显示屏、电视显示屏出货量居全球第二。我国目前的 TFT－LCD 技术已十分成熟,但仍需在现有工艺的基础上降低成本,提高性能及产能,以获得更广阔的市场。

薄膜晶体管液晶显示器(TFT－LCD)制造近年来是我国快速发展的高新技术产业之一,其具有资本、技术和劳动密集的特性,TFT－LCD 面板屏是电子终端设备必不可少的上游组件,其中笔记本电脑、手机、车载医疗、液晶电视、液晶显示器等产品对其需求非常旺盛,其成本也占终端设备整体成本的 80% 左右。中国大陆企业在 TFT－LCD 面板的投资亦不断增加,如京东方及华星光电在近几年均有投资高世代面板线,从而使得日本、韩国及台湾等国家和地区政府放宽其在中国大陆设厂及投资的限制;而 2011—2012 年中国政府实行的面板产品进口关税的调高,也促进了 TFT－LCD 的外国资本蜂拥投资中国的现象。如此,我国液晶面板产业得到了蓬勃的发展,年产量节节攀升,中国大陆目前成为仅次于韩国与中国台湾的世界第三大面板基地[58]。

液晶显示器的生产制造技术结合半导体产业、光电产业及化学材料产业的制造技术,其制程包含列阵制程(Array)、组立制程(Cell)、模组组装制程(Module)及显示器组装(Monitor)等[59]。TFT－LCD 产业是一个拥有多阶多厂区生产特性,每一段制程都有其不同的生产特性与目标,且为多厂区的生产形态。其前后段制程可以看作是供应链上下游的多阶制程,由于生产目标不同,在规划流程上可以看作供应链上的一个企业实体。

先进技术、先进管理是决定 TFT－LCD 企业市场表现的决定性因素,生产规划是整个生产管理的开端,其规划结果会影响企业内部制造、配送、销售与存货等功能。TFT－LCD 制造企业多为垂直整合型企业,其生产过程中的 Array、Cell、Module 及 Monitor 分别在不同的厂区完成,并且由于玻璃基板和彩色滤光片(Color Filter, CF)的制造技术掌握在日本和韩国少数制造商手中,供应链上游的原材料供应基本上是卖方市场,而供应链下游的显示器市场又为买方市场,其销量随季节波动较大。因此在 TFT－LCD 企业,无论是单厂中的生产计划调度还是供应链计划调度,其都广泛牵涉到对市场需求的反映效率,这对该行业的发展至关重要,并且其过程中既牵涉到决策者、管理者、员工、客户,又有企业间的人员的沟通,可见研究 TFT－LCD 企业生产计划调度中的行为因素影响具有重要的意义。因此,本节以 TFT－LCD 企业为例,来具体探讨生产计划调度中的行为因素影响。

因此,传统低端制造及管理模式必须进行产业升级,无论从"硬实力"还是"软实力"上,更应该发挥人的主观创新性、能动性。从计划调度模式上坚持"以人为本",发挥员工的异质创新特性,鼓励做前沿性、挑战性的工作,学习效率高并富于创新精神,能更好地体现其价值[60]。可以看出,管理者在规划劳力、存货、采购及投资需求时,若能考虑生产系统中可能存在的行为,如学习效应、遗忘效应以及不耐烦行为等,不但可以更准确地规划资源、提高利用率、降低生产成本,还能增加客户满意度,增加客户粘性。

1.2　国内外研究现状

1.2.1　生产计划调度中行为因素影响及应用模式研究——以 TFT‑LCD 企业为例

1.2.1.1　行为生产计划调度研究现状

在生产计划调度中考虑人的行为因素影响目前还处于初步探索阶段,根据现有文献检索了解到,关于行为生产计划与调度的研究主要有以下几个方面的特征。

(1) 在交通调度及服务业计划调度方面研究相对较为繁荣。

这里的交通多指公共交通,其本身是以运载人到其目的地而设立的系统,所以在交通设计及调度时往往会考虑到人的日常行为,以优化交通系统设计和调度,如王洁等(2014)[61]在地铁行车调度系统中考虑了人误行为,并对该行为的识别方法进行了详细的研究;李章维等(2014)[62]则在分析居民出行行为的基础上对公交线路调度加以研究;吴丽荣(2014)[63]将乘客等待行为考虑到柔性路径公交车的研究中并提出了实时调度方法等。

在服务业方面,如银行、超市等,服务系统中的计划与调度中也往往会考虑人的行为,特别是顾客的排队行为,如黄海洋和叶春明(2015)[32]将顾客不耐烦行为加入到银行服务系统并对服务系统调度提出改善方案及建议;王婷婷等(2016)[64]在超市收银口优化调度中也加入顾客行为特征的因素等。

上述计划调度中的行为因素多考虑的是人们在出行、等待等特定情境下的行为特征,有部分牵涉到了人的动机等深层次的心理分析。

(2) 反生产行为研究近来呈现热门趋势。

早在 20 世纪 50 年代初,一些学者就开始对企业组织中的某种反生产行为进行研究,如旷工、缺勤、偷盗等。2005 年 Spector 和 Fox[65]对反生产行为的内涵做了概述,认为反生产行为是伤害组织和(或)组织利益相关者的行为的,其中利益相关者包括投资者、顾客和员工等。Sackett 和 DeVore(2001)[66]、Bordia 等(2008)[67]给出的反生产行为的内涵主要包括以下三个特点:一是这些行为是有意并非偶然,具有动机的;二是这些行为违反了重要的组织管理规则;三是这些行为对组织或员工是有害的。张永军等(2012)[68]对国内外反生产行为进行了研究回顾与展望,从反生产行为的概念内涵、结构维度、前因变量及潜在影响方面进行了详细的梳理,郭小玲(2013)[69]研究了差序式领导的互动公平行为对反生产行为的影响,陆成(2013)[70]探讨了工作满意度及忠诚度与知识员工反生产行为的关系,李雪丽(2013)[71]考察了企业绩效考核系统对知识型员工反生产行为影响,郭小星(2014)[72]从心理资本角度探讨了反生产行为与企业管理人员工作绩效的关系,未盆兄(2014)[73]侧重考察了制造企业员工反生产行为并对其进行了归因及控制研究,付佳(2014)[74]从组织支持感和组织公平感角度探讨了组织行为对反生产行为的影响,王立君(2015)[75]从工作特征出发,运用实证研究方法探究了其对员工反生产行为影响,牛琬婕(2015)[76]从顾客行为方面探讨了顾客不公平对员工反生产行为的影响,曹梦雷(2015)[77]探讨了伦理型领导及团队伦理气氛与员工反生产行为关系。

上述文献侧重对反生产行为的研究,分别从顾客、领导、组织等角度研究了其与反生产行为的关系及影响,主要侧重反生产行为的原因、影响及控制研究,更多的是由果及因、由表及里的分析。并且这里探讨的反生产行为的原因多侧重环境中其他相关主体的行为影响原因,研究的是主体间行为的影响及组织与主体之间的行为影响。

(3) 单行为因素在生产计划调度中的研究初步发展。

由于行为运作管理的不断兴起,国内外一些学者也开始将一些行为因素添加到生产计划调度系统中加以研究。陈雪芳等(2005)[78]研究了敏捷制造组织,强调组织成员具有学习和更高的决策行为。孟飚等(2006)[79]研究了多能工精益组织,组织成员具有多种行为方式,根据制造环境的状态可以灵活安排生产任务。张敏、唐伟勤等(2009)[11]对行为因素在生产管理领域的研究做了引进并对行为生产研究所牵涉到的知识架构做了概括。王康周等(2012)[80]在生产库存系统中考虑了添加不耐烦行为的最优生产和分包控制问题。姜洋等(2013)[81]在单机调度中考虑了行为主体,并建立相关干扰管理模型以控制行为主体行为给调度系统带来的干扰偏差问题。尚情(2013)[82]从情绪、疲劳、动作的角度考虑员工的生产心理负荷与生产效率的关系。张晓冬等(2013)[83]研究了生产单元成员学习效应方式下组织合作行为,结果表明自主合作行为组织柔性高。Madureira 等(2014)[84]学者研究了自组织调度系统中使用集体智慧进行排产的协商行为。Qiu 等(2014)[85]基于仿真方法研究了生产单元员工维修行为,结果表明协作维修行为优于不协作。韦娜等(2014)[22]探讨了员工学习曲线与人为装配缺陷的关系,指出员工的学习率对工作质量的影响。赵东方(2015)[86]建立了基于个体、团队、组织的组织行为模型,并研究了该模型能够在动态制造环境中保持组织柔性,减少了动态制造环境对生产单元的影响。叶春明(2015)[40]将学习效应纳入行为生产调度,并给出了考虑生产员工异质性的调度新模式。赵灿灿、赵东方等(2016)[87]探讨了人的失误行为对生产单元的生产效率和组织柔性的影响。

上述文献大多将单个人的行为因素纳入生产计划调度系统中,其中包含最多的就是人的学习效应,此外还有不耐烦行为、心理负荷、员工维修等,既有深层次的动机、心理等行为因素,又有普遍的个体行为特质因素(学习效应),也有员工的外显行为(员工维修)等,其中既包含个体,又牵涉团队,也有涉及组织。整体上,缺乏对行为生产计划和调度整体的研究框架,研究呈现孤立而杂乱的状态。

此外,Fransoo 等(2011)[88]对行为生产计划调度方面的研究进行了汇总,主要分成以下三部分:一是计划过程中的组织行为(Organization of the Planning Process),主要从供应链系统角度阐述了生产计划中的组织人员对系统的影响;二是生产计划与调度任务的设计及决策支持系统(Design and Support of the Planning and Scheduling Task),综合研究指出现有决策支持系统不能很好地考虑决策人的特性而导致系统给出的决策方案不被决策者采纳的现象,并给出了一定的解决思路;三是作者对 Hopsopedia(http://www.hops-research.org)的介绍,并介绍了在该网上的一些计划案例。该书中不仅从学习效应,还从供应链行为、决策、依赖、感知、公平、信任、协同关系质量、服务中心等角度,探讨了其在生产计划调度中的影响。但是该书只是汇集了一些论文集,并对其进行分类,表达了生产计划与调度中行为的重要影响,未对行为生产计划调度做系统性的学科框架阐述。

1.2.1.2 TFT-LCD 行业生产计划调度研究现状

在 TFT-LCD 行业,其产业的结构可分为上游的材料、中游的组立面板制作、下游的模组组装(LCM)及产品应用。在上游材料方面,主要包括彩色滤光片(Color Filter, CF)、驱动 IC、氧化铟锡玻璃(ITO 导电玻璃)、背光板、偏光膜及组立等;中游是面板制作;下游的 LCM 模组则由 LCD 面板和背光源组合而成。其制程包含列阵制程(Array)、组立制程(Cell)、模组组装制程(Module)及显示器组装(Monitor)等。其中 Array 制程类似于半导体晶圆制造过程,经过曝光、显影、蚀刻等一系列物理和化学变化,在玻璃基板上刻出满足要求的电路,生产过程存在多重入(Re-entrant)特征;Cell 制程是将刻好电路的 TFT 基板与彩色滤光片压合,在中间灌入液晶,成为液晶显示器面板(LCD);Module 制程在液晶显示器面板上组装上背光模组、导光板等零组件,组成液晶显示器模组(LCM)。完成制程的 LCM 最后在液晶显示器组装厂(Monitor)根据客户需求及要求组装成用户需要的液晶显示器。

由于制程特性不同,因此列阵、组立和模组组装以及显示器组装厂为不同的厂区。列阵厂和组立厂因为设备昂贵,主要是产能为主的生产环境,生产成本高,强调的是资源利用率,且生产前置时间较长,因此一般采用计划式生产,将存货堆积点置于模组组装制程前,可获得较佳的生产效益。为了确保机台的高使用率,其规划不考虑客户需求,为推式(Push)生产规划。模组组装厂一方面需要根据客户指定的零组件组装出满足客户要求的产品,另一方面,会根据预测安排一部分库存生产,以应对旺季需求,其生产规划为推拉结合式的生产规划。处于供应链末端的显示器组装厂(Monitor)则完全是依据客户订单进行生产,属于拉式(Pull)生产规划。其产业生产形态如图 1-3[44]所示。

在 TFT-LCD 生产计划调度的相关文献中,多为研究该行业的供应链协同计划调度方案及针对三个制程的智能优化调度。Lin 等(2004)[89]以一个台湾 TFT-LCD 企业为例详细阐述了 TFT-LCD 各制程供应链的多层级结构及各制程的生产计划调度模

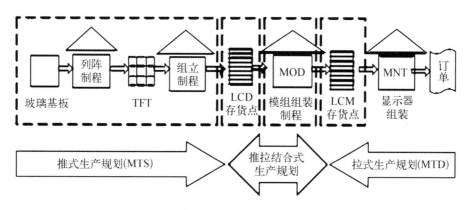

图1-3 TFT-LCD产业形态[44]

式。Shin和Leon(2004)[90]从平行机调度模型以总延迟时间和批量安装时间数为调度目标,研究了TFT-LCD模组制造排序,并提出了两种启发式算法。邵志芳(2007)[91]以TFT-LCD产业为例,研究并开发了针对供应链协同规划决策APS系统。Lin和Chen(2007)[92]提出了一种多阶多厂区的协调统一的计划调度模型,并通过一个台湾TFT-LCD企业案例验证了该计划调度模型的有效性和实用性。Trappey等(2007)[93]研究了企业生产计划、调度、分销等流程的短期决策能力,并建立了一种基于规则的知识系统IDDSS(Intelligent Dispatching Decision Support System),并将其应用到TFT-LCD企业的维修工作调度中,使得企业能够更加的灵活和敏捷。Hsieh和Lu(2008)[94]基于人工神经网络(ANNs)和逐步回归分析方法研究了TFT-LCD企业的成品率问题,并建立了成品率模型(Yield Model)。Park等(2008)[95]文章介绍了LCD产业的生产管理及排产逻辑,并建立基于仿真的DPS(Daily Planning & Scheduling)模型系统使得TFT-LCD企业计划与调度更加高效,该系统已应用于韩国的知名TFT-LCD厂商并大大缩短了TFT-LCD产业的产品周转率。Wang等(2008)[96]研究了射频识别技术(RFID)在TFT-LCD仓储管理中的应用,研究证明应用该技术可以大大降低库存成本和库存周转率。Sha等(2008)[97]提出了关于TFT-LCD行业供应链整合一体化的几种有效的战略协同政策,包括供应商的直接或间接投资、当地制造策略等,这将使得企业能更快地满足顾客的需求以增加竞争优势。Shen(2009)[98]针对TFT-LCD企业中手工操作时间的衡量问题,采用了贝叶斯网络方法。Liu等(2009)[99]从提高TFT-LCD企业产成品率的角度出发,采用模糊支持向量机的方法提出一种自动识别Array制程产品缺陷的系统。Lin等(2009)[100]指出TFT-LCD模组组装过程中物料计划与传统物料计划的不同,并提出了针对TFT-LCD模组组装过程的物料计划系统。Chung等(2009)[101]研究了考虑具有与序列相关的准备时间的TFT-LCD模组组装排产问题,并基于VRPTW(vehicle routing problem with time window)方法提出两种解决该类调度问题的两种更加快速高效的算法。Chen等(2009)[102]从供应链角度考虑了以TFT-LCD企业为代表的多层次多站点的供应链协同生产计划调度问题,提出了一种综合代理商(Agent)技术与先进计划调度系统(APS)的生产系统。于洪伟(2009)[103]详细研究了 TFT‒LCD 的 Array 制程,并应用系统仿真软件 eM‒Plant 对该过程进行了仿真建模分析。Wu 等(2010)[104]结合 TFT‒LCD 企业 Cell 制程的特定领域,将基于约束理论(TOC)的 DBR(Drum-Buffer-Rope)系统应用到该制程,使之更能适用于 TFT‒LCD 行业。Taho 等(2010)[105]针对复杂的 TFT‒LCD 调度问题,并试图优化基于周转时间、松弛时间和总生产量三个目标的调度问题,提出了一种事件驱动的混合动态优先的复杂神经网络方法,该方法和系统优化了 TFT‒LCD 的调度。Hyun Joon Shin 等(2010)[106]优化研究了具有返工可能性、具有与序列相关的生产准备时间和交货期约束的 TFT‒LCD 模组组装平行机调度问题,提出了 GRPD(greedy rework probability with due-dates)算法,算例证明该算法优于其他调度排序算法。Cheng-Hung 等(2010)[107]考虑了 TFT‒LCD 企业的产品具有质量等级和可选物料清单的特性,以此提出一种在需求和价格不确定的情况下的更加稳健的生产和运输计划调度系统。卢建樑(2011)[108]对 TFT‒LCD 行业的如何实现多个分散且具自主性的工厂之间生产计划与排程的协调同步,如何精准计划以增加产出、降低库存,提升关联企业各种资源利用水平,如何处理各工厂内外可能出现的不确定性和各种异常扰动,并敏捷、动态地调整计划并执行新计划等问题,从虚拟组织理论和 APS 系统角度加以探讨和分析,并提出创新的理论和方法,同时结合案例验证了理论和方法的可行性和有效性。Lin 等(2011)[109]也探讨了在需求不确定情况下,TFT‒LCD 产能计划系统的稳健性和鲁棒性问题,同时考虑了该系统的有限结构灵活性和切割尺寸限制的约束,以此提出了一种两阶段随机规划模型,该模型能够有效提升 TFT‒LCD 产能计划系统的鲁棒性。Choi 等(2011)[110]提出了基于决策树方法的可重入流水车间调度方法,并将其应用到了 TFT‒LCD 车间调度,取得了良好的调度效果。朱龙涛(2012)[111]以 TFT‒LCD 行业为例研究了部分行为因素(公平偏好、损失规避)在供应链协调中的影响及策略。袁静(2013)[112]将虚拟单元构建方法应用到 TFT‒LCD 中 LCM 企业的半自动化模组组装调度中,详细阐述了在应用过程中的问题,并构建了 0‒1 非线性混合整数规划模型,结合算例用 Lingo11.0 软件包对模型进行了验证。Chou 等(2014)[113]针对 TFT‒LCD 模组组装建立了以最大完工时间(makespan)、延迟工作的数量、总的机器准备时间为多个目标的多品种、具有与序列相关的机器准备时间的柔性作业车间的调度模型,提出了一种结合变步长邻近下降搜索法(VND)和 TOPSIS 评价技术的多目标混合遗传算法(MO‒HGA),并经过经验数据的运算验证了该算法的有效性。侯丰龙等(2016)[24]将机器学习和遗忘效应添加在 TFT‒LCD 模组组装调度过程中,并应用布谷鸟搜索算法对该调度模型加以运算。

TFT‒LCD 产业中无论是单厂生产计划调度还是多厂供应链系统协同生产计划与调度,都是一个复杂"人—机—环境"系统。但上述文献在计划调度研究中除了文献[24]

[111]考虑了部分行为因素,其他都很少考虑人的行为因素的影响。

1.2.2 MRO 服务中心多技能工调度研究

1.2.2.1 多技能工调度研究现状

多技能工主要是指掌握了多项不同的技能的员工。多技能工调度主要是指企业对于掌握了多项不同的技能的员工进行任务的分派。多技能工调度已经应用到项目调度、人员培训、流水线设计等方面。Heimerl 总结出按照技能特性可以将员工分成三类,即掌握单技能的员工,掌握多技能的员工和掌握全技能的员工;按照效率特性可以将员工分为两类,即员工效率异质和效率同质。此外,其认为员工效率可能是静态的,也可能考虑到学习效应和遗忘效应的情况下是动态的[114]。现有的研究也确实如此。Sun 和 Wu 针对多项目调度中的人员指派问题,以最小化外包费用为目标建立混合非线性规划模型。在实验中,员工是多技能或者全技能的,效率异质且动态变化[115]。Caramia 和 Bellenguez 等,认为服务工程师技能是多种的,不是所有任务都能胜任,指派任务考虑了服务匹配[116,117]。Liu 等对于单元式生产过程中多技能工的分配和培训进行分析,以培训费用最少和员工作业时间平衡为目标建立模型。在实验中考虑员工是多技能或者全技能的,且效率同质[118]。Liu 等研究了流水线设计优化问题,以最小化工期和拖延为目标表建立模型,其中考虑多执行模式,多个并行项目,多技能工,资源限制等约束[119]。Chua 等提出了一种适用于多技能全职和兼职员工分配的启发式算法,并对于餐饮行业的一个餐厅的数据进行求解。该启发式算法能够产生平均偏离分支定界解约 10% 的解,大大减少了计算时间[120]。王一帆等以最小化项目工期为目标,针对多技能人力资源约束的项目调度问题,提出了一种两阶段遗传局域搜索算法[121]。张猛等对于多技能资源约束项目调度问题,以最小化完工时间建立模型,并提出了基于局部两作业资源需求的改进串行调度机制遗传算法[122]。陈蓉等研究了考虑员工随机离职情况下的新产品研发项目组合人员调度问题,建立了多技能员工调度的多目标随机优化模型,并验证了模型的可行性[123]。MRO 服务中心多技能工调度主要是指多技能的维修工人为地理上分散的客户点提供上门的服务[124]。袁彪等研究了多类型护理人员约束下的家庭护理企业中人员调度及路线优化问题,比较了采用单一类型和多类型护理人员的运营成本,分析使用多类型护理人员的合理性[125]。

1.2.2.2 学习效应和遗忘效应研究现状

学习效应是人的行为效应中最重要的组成部分。由于机器或人工不断重复加工相同或相似的工件,以及不断积累知识和经验,机器或员工的操作越来越熟练,加工位置靠后的工件实际加工所用的时间会变短,这一带有学习性质的现象由 Rohrbach 率先发现并命名为学习效应(Learning Effect)[126]。Wright 在研究飞机制造业的生产效率时发现单位生产成本随着产量的增加而降低,进而绘制出经验曲线[127]。Yelle 首次将该曲线命名为学习曲线来描述生产力的变化[128]。自此学习效应开始广泛应用到生产计划、人员调度、质量改进等研究中。遗忘效应指的是等候加工的时间对工件的实际加工时间有影响,工件的开工时间越晚其实际加工时间越长。Gupta 首次提出了遗忘效应[129]。

在 Wright 学习曲线的基础上,根据研究的内容和环境的不同,学者们将学习曲线进行变型。Biskup 认为工件的加工时间与该工件之前的加工数量有关[130]。Kuo 和 Yang 认为学习效应与员工作业时间有关[131]。

1.2.2.3　多服务中心调度研究现状

多服务中心的调度主要包括多物流中心的配送优化、多车场车辆路径问题、多车间调度等。Haolong 和 Jing 针对多个应急物流中心对多个灾害影响点调度问题,以最小化最早救援时间、最迟救援时间和数量建立模型,并证明该算法可以帮助决策者做出合理的决定[132]。Nagy 和 Salhi 等研究了多车场多客户车辆路径问题,提出求解单一和多车场车辆取货和送货路径问题的启发式算法[133]。Yanhai 等研究了紧急订单情况下的多车间重调度问题,以原始作业和紧急订单的加权时间作为目标函数[134]。张俊伟等提出了一种多仓库多配送点情况下的配送算法,给出一种由仓库向配送点的派车方案[135]。吴伟考虑了车辆最终返回所属服务中心,研究了多服务中心多车型混合装卸车辆路径问题[136]。黄英杰等提出一种基于改进遗传算法的层次化多车间计划和调度优化方案[137]。代乙君等分析了两阶段多车间调度的特点,建立最小化分段的最大完工时间为目标的分段在加工车间、装配车间以及堆场中的调度数学模型[138]。上述对于多服务中心的调度研究主要关注点在于存在多个服务中心的情况下,如何满足调度要求,达到最优目标,而对于多个服务中心的多技能工调度的策略研究较少。

1.2.2.4　干扰管理研究现状

干扰管理[139]针对各种实际问题和干扰事件的性质,建立相应的优化模型和有效的算法,快速、及时地给出处理干扰事件的最优调整计划。该调整计划不是针对干扰发生后状态的完全彻底的重新建模优化,而是以干扰发生时系统的状态为基础,生成对系统扰动最小的调整方案。干扰管理的理念自提出以来,被广泛地应用到铁路客运业务[139,140]、生产调度[142]、航空[143,144]、物流配送[145]等多个领域。

干扰管理是一种致力于实时处理干扰事件的方法论。调度过程中无法完全规避干扰的影响。在客运铁路运营中,意外事件要求铁路运营商调整其时间表和资源计划,Veelenturf 等提出了一种综合考虑铁路列车安排表和时刻表以及客运需求的改变的实时中断管理方法[140]。在生产调度中,当一个干扰发生时已有一部分任务已经完成的情况下,最小化干扰的影响是非常困难的,Jiang 等基于中断管理和物联网,研究设计了一个实时状态分析器来识别干扰,并提出了一个处理中断的恢复模型[142]。传统的解决航班干扰问题包括飞机交换、航班取消、船员交换、后备人员和乘客重新预订,Marla 等提出了一种解决航班延误和恢复的新方法,即飞行计划,使飞机的飞行速度发生变化,来解决航班问题[143]。突发事件是造成供应中断风险的重要因素,Zhang 等为了改善供应中断风险管理的效果,从风险管理的角度构建了供应链突发事件应急管理模型,结果表明基于案例推理的风险评估、风险识别、风险控制和风险评估机制能够有效地应对供应中断风险[146]。Gu 等研究了再制造与制造一体化供应链中生产中断对销售的影响以及生产中断管理方法,用系统动力学方法改进了生产中断的 R/M 集成供应链系统动力学模型,给出了生产中断发生后备用计划的编制方法[147]。Wang 等在具有加工时间恶化的单机排序问题中,研究了多个突发订单到达的处理问题,并且建立了以最小化系统运行成本和最小化工件完工时间偏差的双目标模型[148]。上述研究中已经将干扰管理应用到生产调度、铁路运营、飞机航班延误、供应链等各个领域,取得了显著的研究成果,但是对于服务中心员工调度的干扰管理研究较少。

1.2.2.5　疲劳效应研究现状

疲劳效应是指员工在工作过程中由于工作时间过长,造成工作效率下降的情况。疲劳效应与机器的恶化效应非常类似。机器的恶化效应是指机器加工过程中,越晚被加工的工件,加工时间越长。因此本书对疲劳效应的研究现状的综述将包含恶化效应。Li 等[149]考虑了具有可控处理时间(资源分配)和恶化效应的单机调度,并讨论完工时间和总资源消耗成本的加权和、完工时间固定时的总资源消耗成本、最佳资源分配和最佳工作顺序等三个目标,证明这些问题在多项式时间内可解。Yang 等[150]研究了多个共同到期日的单机分配和调度问题,其中作业的处理时间取决于它在作业序列中的位置及其资源分配,建立了一般位置依赖的恶化效应和两种资源分配模型。Lee 等[151]研究了考虑了恶化效应和维护活动同时进行的不相关的并行机的总体提前和拖延惩罚调度,目标是共同确定最佳维护活动位置,所有工作的最佳共同到期日期,以及最小化早期和延迟成本总和的最佳时间表。徐云琴等[152]研究了学习效应和恶化效应对含 AGV 柔性车间调度问题的影响,构建了以完工时间最短为目标的数学模型,实验对比了学习效应、恶化效应、学习-恶化效应、不考虑效应四种情况下加工时间的差异。郭苗苗等[153]研究工件加工时间具有恶化效应和凸资源关系的单机排序问题,目标为在最大完工时间小于或等于给定常数的条件下找到使得总资源消耗量最少的工件的最优排序和最优的资源分配。朱悦等[154]考虑了存在于手术时间和手术间准备时间的学习效应和存在于医疗团队间准备时间的恶化效应,构建了包含手术间准备时间和医疗团队间准备时间的排程模型。

1.2.2.6　前景理论研究现状

前景理论是描述性范式的一个决策模型,被广泛应用到解决多准则决策问题、报童问题。Häckel 等将期望效用理论与累积前景理论进行了比较,定量地分析行为偏差对能源效率投资决策的影响[155]。Clark 等将前景理论,特别是禀赋效应,应用到家庭迁移的研究当中,证实了自我评估风险和禀赋效应对迁移的影响[156]。Bao 等基于前景理论和证据推理方法,提出了一种能解决标准值是直觉模糊数和属性权重信息未知的多属性决策问题[157]。在适当的地点安装光伏发电厂一直是系统规划人员和投资者面临的一个关键问题,Liu 等利用灰色累积期望理论从可持续发展的角度研究光伏电站选址问题,并验证了其方法的有效性[158]。有限理性的战略顾客行为对于供应链优化运营管理有着重要的影响。陈志松分别在理性期望效用理论和前景理论视角下,构建了考虑战略顾客行为的短生命周期产品供应链集中决策与契约协调模型,并进行了对比数值分析[159]。张婕等基于前景理论,充分考虑了水污染治理过程中地方政府、企业以及中央政府的心理特征,构建了政企合谋的监管模型,并得到了对地方政府和排污企业合谋监管的均衡解[160]。尚优等针对多方案多准则情形下的混合多准则决策问题,以参考点设计为切入点,设计了基于前景理论和非参数检验的决策方法[161]。王学慧等为解决创业机会评价与优选问题,利用云理论建立自然语言云模型,结合 TOPSIS 方法,把正(负)理想方案作为机会选择的参照点,基于前景理论求解各创业机会的综合前景值,从中选取最优创业机会,并验证了该方法的科学性和可行性[162]。王增强等针对突发事件的复杂性和决策团队损失规避的心理行为特征,提出了基于多粒度不确定语言和前景理论的应急方案选择方法[163]。褚宏睿等通过引入回购和缺货惩罚因素研究了 3 种情形下报童最优订货量问题,给出了前景理论最优订货量与回购价格及缺货惩罚价格的函数变化关系[164]。

1.2.3   国内外护士排班研究现状

1.2.3.1   国内护士排班研究现状

护士排班问题是指在符合一系列法律法规以及医院的一些规章制度的情况下,如何将一定周期内的工作妥帖地安排给一定数量的护士。在给护士安排排班表时,也要考虑护士的一些偏好,同时尽量使在排班周期内每个护士的 APN 班次相同,从而体现护士排班表的公平性。

早期的护士排班研究最早可以追溯到 20 世纪 60 年代[165]。在国内,护士排班的研究起步较晚,而且参与护士排班的研究人员也不如国外那么多。国内在研究护士排班的问题上主要分为三类: 精确算法、启发式算法以及混合算法。在运用精确算法求解过程中,能够将问题的最优解精确地求解出来。但是,当问题的规模增大,精确算法的时空复杂度会大大增加,有时可能会得不到问题的解。随着科学技术的进步以及国外先进技术的引进,越来越多的国内研究者尝试采用启发式算法来对护士排班问题进行求解。虽然利用启发式算法可能得不到一个精确的解,但是能够在有限的时间内得到满意解。这也是启发式算法能够得到较快发展的一个原因。

在精确算法求解研究中,国内较早研究护士排班的学者是沈吟东。沈吟东、苏光辉[166]通过设计一系列的动态变换规则,求解出了带约束的护士排班模型,解决了一周内28 个护士的排班问题。郭海男、曲刚、唐加福[167]等在求解护士排班模型之前,运用时间序列的方法来对病人进行预测,紧接着利用排队论对护士的需求量进行求解,随后建立了一个整数规划的模型并用 cplex 进行求解。彭黄莉、牛占文[56]运用目标规划模型对连续性排班问题进行了求解,且在排班过程中利用了系数可变的原则,在实际排班过程中,模型中的系数可以根据排班者的经验进行设定。艾杰[168]利用整数规划中的分支定界算法对护士排班模型进行求解,在设计模型时,文中考虑了较多的硬约束条件。

在混合算法中,欧阳冀等[169]提出了一种基于整数规划与演化优化的混合算法来求解护士排班模型,在求解过程中将护士排班问题分成 2 步:在第一步中采取整数规划模型使其满足全部硬约束条件和优化部分软约束条件;在第二步中采用演化优化算法对剩余的软约束条件进行优化,解决了一个月内 30 个护士的排班问题。孙雪松[170]等运用遗传算法与变邻域搜索算法的混合模型为 12 个护士安排了一周的排班表。在求解过程中,首先对护士排班表进行初始化,然后采用遗传算法将初始排班表进行搜索从而生成一个中间的排班表,最后采用变邻域算法生成一个满足医院要求的护士排班表。

在启发式算法中,王超、董兴业[171]利用变邻域搜索算法对护士排班问题进行了求解。在模型求解的过程中,采用了三种邻域结构,并且当算法陷入局部最优时,会对当前解采取随机扰动,从而能够在一定程度上使算法跳出局部最优解。苏宙行、王卓、吕志鹏[172]将带权禁忌搜索算法应用到求解多阶段护士排班的问题中,同时将一种复合邻域结构同 3 种互斥的简单邻域结构进行结合,并在搜索各邻域的概率上采用了一种动态调整的策略,最终将该算法运用到第二届全球护士排班竞赛上,并取得了不错的成绩。许丹、刘洪伟、齐二石[173]运用遗传算法对护士排班模型进行求解。在求解过程中,采用了两阶段的求解方法,首先根据一些约束条件和护士本身的偏好为每名护士生成可用的班型,然后利用遗传算法将可用的班型分配给每名护士,当在该班次内护士人数不能满足需求时,会给护士安排加班策略,并以最小化医院的成本为目标,最终生成一个满意的护士排班表。并分析了不同护士人数下,医院的护士人力成本。牛奔等[174]将改进的细菌觅食优化算法运用在护士排班问题上,通过与传统的细菌觅食算法和粒子群算法相比较,说明该算法在解决护士排班问题中有较大的潜力。Tai-Hsi Wu 等[175]用粒子群算法来解决带有约束的护士排班问题,Tai-Hsi Wu 等在粒子群更新的过程中加入了变异算子,从而扩大了粒子群的搜索范围。

综上所述,国内学者在护士排班问题的研究上越来越深入,越来越多的学者投入到护士排班问题的研究当中。国内学者在求解护士排班问题时,一般都是基于单目标问题进行求解,很少针对护士排班问题设计多目标问题来进行求解。也有一些学者在设计护士排班时,将多目标问题考虑在内,在求解的过程中采用的是线性加权算法[176]。线性加权算法有如下的缺点:(1)获取均匀分布的帕累托解集比较困难;(2)需要根据专家的经验来确定权重;(3)需要多次运算才能创建帕累托解集;(4)权重通常都是正数;(5)在解集之间不会进行信息交换。因此,本书在求解多目标的问题上采用的帕累托解集来进行求解,从而能够避免以上的缺点,但同时也降低了算法的求解速度。

1.2.3.2　国外护士排班研究现状

国外在护士排班问题上的研究可以追溯到 20 世纪 60 年代[165]，较国内研究护士排班问题要开始得早。虽然国外的护士排班制度不同于国内的 APRN 的排班模式，但是其研究方法还是值得我们借鉴的。同样，在护士排班问题上，国外学者在研究护士排班问题上也分为三类：精确算法、启发式算法以及混合算法。

在精确算法求解上，A. A. Musa 和 U. Saxena[177]运用单阶段目标规划算法对医院的一个科室的 11 个护士进行了排班，并在模型中加入了护士对周末工作的偏好，最后得到了一个满意的排班表。M. N. Azaiez 和 S. S. Al Sharif[178]运用 0 - 1 规划线性来对护士排班问题进行求解，在建立护士排班模型时，同时考虑了医院的目标以及护士的偏好，该模型利用 lingo 软件运行了 6 个月才得到最终的结果。B. Jaumard、F. Semet 和 T. Vovor[179]提出了 0 - 1 列生成模型，在该模型中以最小化工资成本、最大化员工偏好和维持团队的平衡为目标。H. H. Millara[180]提出了一种 12 小时轮班护士的循环和非循环排班的数学模型，在模型中通过微小的修改就能够适应循环和非循环模型，将当地医院的数据喂给该模型并最终通过 cplex 进行求解。L. Trilling、A. Guinet、D. L. Magny[181]运用整数规划和约束规划来解决麻醉科室的护士排班(ANSP)问题，以最大化排班表的公平性为目标函数。G. Baskaran、A. Bargiela 和 R. Qu[182]通过信息粒度转换来简化护士排班问题，利用分支定界以及双单纯性来解决护士排班的整数规划问题。

在混合算法求解上，S. Hasegawa 和 Y. Kosugi[183]运用了整数规划和局部搜索的混合算法来为护士安排一个周期为四周的排班表，该算法能够在短时间内创建一个具有基本约束的排班表。K. A. Dowsland 和 J. M. Thompson[184]将禁忌搜索算法和经典整数规划模型相结合，为英国一家大型医院提供了护士排班问题的解决方案。Z. Zhang、Z. Hao 和 H. Huang[185]提出了一种混合的优化算法，该算法结合了遗传算法和变邻域搜索算法来处理现代医院中高度约束的护士排班问题，并且该算法能够应用于具有大量约束的其他资源分配问题。E. K. Burkea[186]等运用启发式排序和变邻域搜索，并且通过组合和重复使用启发式排序和变邻域搜索来提高解的质量。

在启发式算法上，U. Aickelin、K. A. Dowsland[187]运用遗传算法来解决护士排班问题，其在遗传算法中加入了互补变异算子，并且成功地解决了英国的一家大型医院的护士排班问题。J. J. Wu、Y. Lin[188]等人运用蚁群算法来解决护士排班问题，并针对护士排班专门提出了 ACO - NR 算法，很好地解决了护士排班问题。N. Todorovic、S. Petrovic[189]运用改进的蜂群算法来解决护士排班问题，在改进的算法中交替使用建设性和本地搜索阶段，在建设性阶段中将未安排的班次分配给可用的护士，在本地搜索阶段提高解决方案的质量，最后运用比利时医院的数据进行评估，并取得很好的结果。F. Dellacroce、F. Salassa[190]运用变邻域搜索解决了护士排班问题。E. K. Burke、P. D. Causmaecker 和 G. V. Berghe[191]运用禁忌搜索算法为比利时的一家医院成功地设计了护士排班表,且与之前的商用软件相比节省了很多的时间。S. W. Lin、Y. E. Lee 等[192]运用模拟退火算法为台北某医院的急诊科的 100 名护士安排了排班表,并使之能够满足硬约束和软约束条件。C. C. Lo、C. C. Lin 等[193]研究了 CLONALG 和 aiNet 两种人工免疫算法,结果表明两种人工免疫算法都很高效,但是在护士排班问题上 CLONALG 更高效。

综上所述,国外已经有很多学者在研究护士排班问题,但是国外的护士排班问题很少是基于 APN[194]的排班模式。在国内,大多数医院都是基于 APN 的排班模式。

1.2.3.3　国际护士排班大赛介绍

第一届护士排班大赛成功地于 2010 年在英国举行[195],该次排班大赛成功地吸引了众多队伍前来参加。现将第一届护士排班大赛的模型介绍如下:

在护士排班中需要满足一系列的硬约束条件和软约束条件,其中硬约束条件是在任何时候都必须满足的条件,软约束条件是满足得越多,该排班表的质量越好。其硬约束条件有:(1) 所有的班次都必须分配给护士;(2) 一个护士在一天之内只能上一个班次。其中软约束条件有 13 条,每违反一条就加一个单位的惩罚值,详细的软约束介绍在文献[195]中。与国际护士排班大赛相比,本书根据国内的实际情况加入了更多的硬约束条件,每增加一条硬约束条件,其求解难度会成倍地增加。下面,简单介绍一下在国际护士排班大赛中取得较好成绩的一些算法。

Zhipeng Lu、Jin-Kao Hao[196]在文献中针对护士排班大赛提出了一种自适应邻域搜索方法(ANS)。ANS 基于搜索历史,共同使用两个不同的邻域移动并自适应地在三种强化和多样化搜索策略之间切换。该算法能够提升其中的 12 组算例的结果,在其他 39 个算例中与其他算法相当。C. Valouxis 和 C. Gogos[197]等在排班过程中使用了两阶段战略并使用了整数规划的方法,在第一阶段中,确定了每位护士在整个周期中每一天的工作量;在第二阶段中,分配了具体的每日轮班。此外,在安排部分护士排班表时还运用了局部优化技术,使得该团队在国际护士排班大赛中取得了第一名的好成绩。I. X. Tassopoulos、I. P. Solos 和 G. N. Beligiannis[198]在文献中使用了两阶段的可变邻域搜索算法,且在计算过程中采用了九种交换机制。实验结果表明,该算法在时间限制内改善了两个实例的最佳已知结果,同时在其他 48 个实例中能达到已知的最优结果。H. G. Santos 和 T. A. M. Toffolo[199]等将整数规划方法应用于国际护士排班大赛中,提出并评估了改进的切割生成策略和原始启发式算法,能够将目前已知的解决方案提升 15% 的效果。M. A. Awadallah 和 A. T. Khader[200]等将和声搜索算法(HSA)应用于国际护士排班大赛中,并针对 NSP 问题对其进行了两大改进:(1) 用内存考虑算子中的全局最优粒子群优化取代随机选择,以提高收敛速度;(2) 建立多基调程序以改善局部搜索。E. K. Burke 和 T. Curtois[201]将分支定界算法和弹射链算法应用于国际护士排班大赛中,并取得了不错的成绩。

综上所述,国际护士排班大赛已经产生了很多优秀的算法,并且取得了很不错的成绩。但是针对国内的护士排班问题,会有更多的硬约束条件。硬约束条件在排班过程中是必须满足的,这给研究国内的护士排班问题增加了更多的难度。本书正是针对国内护士排班的情况,在排班过程中考虑了护士排班表的公平和护士的满意度的同时,设计了长期稳定的排班表和短期需要加班的排班表。在求解出了一组帕累托非劣解时,结合累积前景理论、模糊理论和不满意度隶属函数对所求得的帕累托非劣解进行排序,给决策者提供一个参考。

1.2.4 基于行为运筹的离散制造过程优化调度国内外研究现状

1.2.4.1 国外研究现状

1936年,美国康奈尔学校的怀特博士研究了飞机制造过程,得出了单件工时随产量增加而下降的规律,并在航空科学期刊提出了学习曲线。目前,学习曲线被广泛应用于质量改进、计划安排、库存与生产批量决策、作业调度、流程改造、成本控制与技术更新等方面。在作业调度和计划安排方面,Biskup(1999)首先提出了基于学习效应的生产调度模型,在该模型中,学习效应与待加工工件位置和学习效应因子有关[203]。在 Biskup 的模型中,当学习效应因子较小时,实际的加工时间变化太快。Behdi 等(2014)提出了一个新的通用一般流水车间模型,既考虑了学习效应,又考虑了多变量约束、释放时间及机器维修等,并通过启发式算法求解模型[204]。

在实际生产中,由于零件具有相似性,零件加工可以从以前的加工过程中获得经验,即具有学习效应,学习效应与零件的加工位置和已知加工的时间有关;同时,由于零件之间的差异性以及加工时间间隔,学习效果又有一定程度的遗忘。Ebbinghaus 在学习效应下研究了遗忘效应,发现学习时间越长,遗忘效应越明显。Globerson 等(1989)进行了一项实验,实证结果显示:员工遗忘的程度是间断的长度和间断之前所获经验的函数[205]。Beiley(1989)通过实验研究对生产环境中的遗忘现象有了新的发现[206]。例如,他认为遗忘率不是学习率的函数。也就是说,一个工人可以以不同的比率学习和遗忘。Arzi 和 Shtub(1997)研究了精神及机械方面的学习-遗忘效应,发现积累指数函数可以有效地描述学习效应,学习过程中断会明显地产生遗忘效应[207]。

在不耐烦行为研究方面。Gershwin 和 Tan(2009)研究了具有止步行为顾客的生产库存系统最优生产控制策略,得到最优策略为阈值型策略[208]。以上是在需求随机、生产确定的情形下进行的研究。Benjaafar(2010)根据基于库存水平的生产阈值和决定何时接单的准入阈值,提出了一种优化策略,数值实验表明了策略的有效性[209]。

1.2.4.2 国内研究现状

在国内,杨明明(2011)研究了带有学习-遗忘效应的单机排序问题,根据不同学习效应传递情形,提出了三种模型[210]。黄宇菲等(2011)研究了劳动密集型产业中学习-遗忘效应,并提出了相应模型,探讨了劳动技能培训与巩固、短期雇佣与长期雇佣等对员工生产率的影响[202]。基于学习-遗忘效应,王桂娜(2013)建立了单机系统的维护模型[211]。

在不耐烦研究方面,张小洪等(2004)综合考虑顾客退货、库存损失等随机因素对最优库存策略的影响,构造出一种具有不耐烦顾客行为的随机库存系统模型,并用动态规划方法求解[212]。Wang和Jiang等(2012)研究了一种顾客具有止步行为的生产控制策略问题,并运用马尔科夫决策过程分析寻得最优控制策略[213]。

可以看出,基于行为的生产运作研究成果颇丰,基于行为的生产运作已经有了一定的理论基础。学者们已经将学习效应、遗忘效应以及不耐烦行为应用到生产运作、供应链及库存系统等研究中去。但是,研究大多是将人的行为加入到比较简单的模型中去,将行为因素纳入复杂制造系统中去的研究较少。其次,学者们大多基于行为的某一方面,对生产系统进行一定的分析及研究,全面考虑行为因素的研究相对较少。另外,对于学习效应以及遗忘效应的研究较多,对于不耐烦行为的研究相对较少。

1.2.5　具有学习-遗忘效应的半导体批调度问题研究国内外研究现状

目前,国内外学者对考虑学习效应和遗忘效应的生产调度问题已有较多研究,但是还没有针对半导体批调度问题中存在学习-遗忘效应的研究。

1.2.5.1　半导体批调度问题研究现状

早在20世纪80年代末期就出现了有关半导体生产调度问题的文献,但直至1993年,Kumar[214]才提出半导体生产制造系统为可重入生产系统的概念,并将其列入不同于Flow-shop和Job-shop等经典调度问题的第三类生产调度问题。随后,国内外学者纷纷开始对一系列半导体生产调度问题进行理论研究和实验研究。其中,分批排序问题是从半导体生产过程中提炼出来的一种新型的排序问题,已有很多学者和工业界人士在半导体批调度问题的理论和实践方面做了大量工作。

Uzsoy[215]首先提出了工件尺寸大小不同的单批处理机调度问题,证明了求解这类问题的最小化最大完工时间为强NP-hard,并给出了优化该类问题的启发式算法。Kumar[216]、Mason[217]、Hwang[218]等提出了一系列应用于半导体生产过程实时调度的启发式规则,例如最小交货优先、临界值调度、最长加工时间、先到优先等。Hochbaum和Landy[218]研究了半导体最终测试阶段中存在m种类型待加工工件的批调度问题,优化目标为最小跨度时间,提出一种近似算法进行求解。Melouk等[219]首先采用元启发式算法求解带有不同加工时间和不同工件尺寸的单批处理机调度问题,并提出使用模拟退火求解该类问题。梁静等[220]将一种双层蚂蚁算法应用于非等效平行机的炉管批调度中,仿真实验表明该算法能够得到较好的可行解,并优于其他启发式算法。李莉等[221]提出了一种同时考虑即将到来工件与下游设备负载情况的半导体生产中批加工设备调度规则(SRB),并通过仿真实验证明SRB能够更好地改善半导体生产的整体性能。

Damodaran 等[222]采用遗传算法求解具有不同工件尺寸的单批处理机调度问题,并通过仿真实验的结果证明该算法优于一般模拟退火算法。马慧民等[223]针对半导体炉管区批调度问题,设计了一种双层粒子群算法,外层采用基于文化进化算法的并行粒子群算法进行批计划问题的求解,内层采用传统的粒子群算法求解调度问题,通过仿真结果表明该算法优于梁静等的双层蚁群算法。Monch 和 Schabacker[224]针对复杂流水线的批调度问题,考虑生产过程中工件之间不同的转换时间,提出了一种改进瓶颈转移策略,并将复杂流水线问题分解为若干个子问题,通过遗传算法进行求解。田晓雨等[225]从半导体生产中批处理设备的实际情况着手,考虑了工件动态时间到达的问题,利用蚁群算法实现了单台批处理机问题的优化调度。郭乘涛等[226]构建了一种整合蚁群组批与规则调度的混合蚁群算法,求解半导体晶圆制造系统中并行批处理机的组批与调度问题,通过仿真实验证明了混合蚁群算法的有效性和实用性。

1.2.5.2 学习效应研究现状

关于生产过程中学习效应的研究始于 20 世纪 30 年代,美国康奈尔大学的 Wright[227]博士在研究飞机制造业的生产效率时发现,单位生产成本随着产量的增加而降低,进而提出 80% 假设,即产量增加一倍,单位成本会降低 20%。有关生产时间或者成本的学习效应理论在提出后不久就得到了实际应用,但直到 1999 年 Biskup[228]才首次将学习效应概念应用于调度领域。Biskup[229]将有关学习效应的调度问题分为两类:一类是与工件加工位置有关的学习效应,即只考虑已经加工完成工件的数量,这类学习效应存在于以机器加工为主、人工操作为辅的生产情况中,例如芯片、集成电路的生产过程;另一类是与已加工工件时间和有关的学习效应,即注重已经加工完成工件的时间之和,考虑生产过程中工人积累经验的影响,这类学习效应在大规模定制等以人工操作为主的生产过程中广泛存在。

与工件加工位置有关的学习效应模型最早由 Biskup[228]提出,即 $P_{jr} = P_j r^a$(j,$r =$ 1,2,…,n),其中 P_j 和 P_{jr} 分别为工件 J_j 的基本加工时间和实际加工时间;r 为工件加工位置;$a \leqslant 0$ 为常数,是学习因子,$a = \lg l / \lg 2$,l 为学习率。Biskup 还证明了在工件引入学习效应的情况下,目标函数为极小化共同工期偏差与总完工时间和的单机排序问题是多项式可解的。之后,很多学者在 Biskup 学习效应模型的基础上进行了研究。Mosheiov[230]采用相同的学习效应模型研究平行机调度问题,证明了对于优化目标为最小化最大完工时间和最小化总完工时间两种情况,可将其转变为指派问题进行求解,但求解该问题的多项式时间算法的复杂度比原经典调度问题高。Wang 和 Xia[231]在流水作业调度问题中考虑了与位置有关的学习效应,对优化目标为最小化最大完工时间与最小化总完工时间和的问题给出了最坏竞争比为 m 的近似算法。Wang 等[232]进一步推广了 Biskup 提出的学习效应模型,提出 Dejong 学习效应模型,并对目标函数分别为最大完工时间和总完工时间的具有 Dejong 学习效应的单机排序问题进行了探讨。

在许多实际生产过程中,由于机器或者工人的加工时间较长,即学习过程较长,经验积累会影响加工时间。因此,考虑与已加工工件时间和有关的学习效应对后面工件加工时间的影响很有必要。Kuo 和 Yang[233] 认为工件的实际加工时间可能与已经加工完的所有工件的加工时间和有关,首先提出一种与加工时间有关的学习效应模型,即 $P_{jr} = P_j \left(1 + \sum_{i=1}^{r-1} p_{[i]}\right)^a$,其中 $a \leqslant 0$ 为学习因子,1 是保证该模型为学习效应模型的修改项,同时也保证了第一个加工工件的时间等于基本加工时间,并证明了优化目标为最小化总完工时间的单机排序问题,通过 SPT 指派规则即可得到最优解。之后,Kuo 和 Yang[234] 对上述模型进行了修改,将模型分为 $P_{j1} = P_j$, $r = 1$ 和 $P_{jr} = P_j \left(\sum_{i=1}^{r-1} p_{[i]}\right)^a$, $r \geqslant 2$ 两部分。Koulamas 和 Kyparisis[235] 提出一种不同的与加工时间有关的学习效应模型: $P_{ir} = P_i \left(1 - \dfrac{\sum_{i=1}^{r-1} P_{[i]}}{\sum_{i=1}^{n} P_{[i]}}\right)^b = P_i \left(\dfrac{\sum_{i=r}^{n} P_{[i]}}{\sum_{i=1}^{n} P_{[i]}}\right)^b$,其中 $b \geqslant 1$。Cheng 等[236] 在考虑 Biskup,Kuo 和 Yang 提出的模型同时存在时的情况下,提出了一种新的学习效应模型,即加工时间不仅与工件的加工位置有关,还与之前已经加工完工件的加工时间和有关。Lee 和 Wu[237] 研究了工人和机器同时具有学习效应的情形,提出一种学习效应与加工位置和加工时间都相关的整合模型,并证明了单机环境和特殊情形下的流水车间调度问题具有多项式时间算法。

1.2.5.3　学习-遗忘效应研究现状

实际生产过程中,工人或机器通过积累经验获得学习效应,缩短实际加工时间,然而由于加工工件的差异性、机器的退化以及加工过程的中断,工人或机器会产生遗忘效应,学习效应会减弱,使得实际加工时间延长。已有很多学者对学习-遗忘效应进行了实验研究。Ebbinghaus[238] 通过长期实验研究学习和记忆,发现遗忘在学习之后立即开始,并根据实验结果绘成描述遗忘进程的曲线,即著名的艾宾浩斯(Ebbinghaus)记忆遗忘曲线。Arzi 和 Shtub[239] 研究了精神及机械方面存在的学习-遗忘效应,发现可以通过累积指数函数很好地描述学习效应,而且学习过程的中断会导致学习效果减弱,即产生遗忘效应。Nembhard 和 Uzumeri[240] 通过收集生产中的数据,对群体中个体的学习-遗忘效应进行测量,并在前人的研究基础上,建立了学习遗忘曲线,对不同复杂程度的工作任务进行了参数测量工作。

Lee[241] 首次提出具有学习效应和遗忘效应的调度模型,针对单机排序问题构建了两个数学模型: $p_{ir} = \alpha_i t r^a$,其中 t 为工件开始加工时间,r 为工件的加工位置,$a < 0$ 为学习因子,α_i 为遗忘因子; $p_{ir} = (p_0 + \alpha_i t) r^a$,其中 p_0 为工件的基本加工时间,$a < 0$ 为学习因子,α_i 为遗忘因子。Wang 和 Cheng[242] 提出 $p_{ir} = \alpha_i (b + ct) r^a$,其中 α_i 为遗忘因子,b、c 为大于 0 的常数,针对单机调度问题给出了最小化最大完工时间、总完工时间和加权完工时间的多项式时间算法,同时针对某些特殊情形下的双机调度问题给出一种

多项式时间算法。张新功等[243]提出 $p_{jr}(t) = p_j\alpha(t)r^a$，并证明了优化目标为最小化最大完工时间的单机调度问题通过 SPT 指派规则可获得最优解。王桂娜等[244]以成组生产的单机系统为对象，基于 Chiu[245]的遗忘率模型，提出了一种同时考虑学习效应和遗忘效应的成组调度模型，其学习效应与工件的加工位置和已经加工的时间都有关，并通过算例分析验证了模型的有效性。

由上述文献可知，在以往考虑学习效应的生产调度研究中，学习效应模型较为单一，遗忘效应也容易被忽略，且大多数学习模型的应用仍局限于单机环境。即使是流水车间作业环境，一些学者也仅通过近似算法如多项式时间算法，对某些特殊情形进行了验证。虽然已有很多学者分别对半导体批调度问题和具有学习-遗忘效应的生产调度问题进行研究，但没有学者将二者结合起来，没有考虑半导体批调度问题中学习-遗忘效应的影响。

1.2.6 基于布谷鸟算法考虑学习-遗忘效应的项目调度研究国内外研究现状

1.2.6.1 资源受限项目调度研究现状

资源受限项目调度(RCPSP)作为一类 NP-hard 问题，尽管求解困难，但在实际项目中的应用十分广泛，一直以来备受国内外学者的关注。用于求解 RCPSP 问题的算法主要有两大类：精确算法和启发式算法[248]。精确算法中又主要包括 0-1 规划法[249]、分支定界法[250-254]等，其在求解 30 个及以下任务的小规模问题上效果显著，可在无时间限制的条件下求出最优解[255]。而对于 60 个及以上任务的大规模问题启发式算法效果则更优。RCPSP 的编码方式主要有以下三种[256]：活动列表(Activity List，AL)[257]，随机键(Random Key Representation，RKR)[257]及优先规则(Priority Rule Representation，PRR)。目前的智能优化算法大多采用基于优先规则的方式进行求解[258]。RCPSP 最早经由 Kelley[259]提出的调度生成方案(Schedule Generation Scheme，SGS)进行解码，后由 Kolisch 等[260-262]提出两种不同的调度生成方案：并行调度生成方案(Serial SGS，SSGS)及串行调度生成方案(Parallel SGS，PSGS)。邓林义等[263]同时将并行与串行加以混合，对不同规模的实例加以分析。

在启发式算法方面，Kolisch[260-262]的自适应搜索算法、Baar[264]的禁忌搜索算法、Hartmann[265]的遗传算法、Bouleimen[266]的模拟退火算法、Zhang[267]的粒子群算法等已被证实为求解 RCPSP 的几种成功启发式算法[268]。然而，对于求解连续函数优化问题的启发式算法，不能直接用于求解 RCPSP 这一离散类问题的优化，因此近年来的研究大多集中于对智能算法的混合与改进。例如：叶春明[269]等人基于混沌粒子群算法求解关键链项目调度问题，程翔等[270]利用正态云模型提出一种改进的细菌觅食优化算法，聂慧[271]等人将布谷鸟算法与差分进化算法相结合，孙晓雅[272]将扩展调度机制引入人工蜂群算法，郑晓龙[273]等提出基于序的果蝇算法，杨波[274]等人将蚁群算法加以改进并提出一种求解 RCPSP 的修正蚁群算法。

表 1‑1　RCPSP 的求解算法

求解算法	算法分类	算法改进	参考文献
精确算法	0‑1 规划法		Patterson 等[249]
	分支定界法		Brucker 等[250‑254]
	遗传算法	精英保留	刘士新等[268]
		向前向后回溯	Alcaraz 等[302]
		模糊控制器	Kim 等[303]
		文化	吴亚丽等[304]
	禁忌搜索算法		Baar 等[264]
	模拟退火算法		Bouleimen 等[266]
	蚁群算法		杨波等[274]
	粒子群算法	动态多目标	曲红等[305]
		拟牛顿	丁知平等[306]
		混沌	戴明月等[307]
		协同震荡	戴明月等[307]
		双种群	何杰光等[308]
	果蝇算法		郑晓龙等[273]
	蜂群算法		孙晓雅等[272]
	布谷鸟算法	差分进化	聂慧等[271]
	细菌觅食算法	云自适应	程翔等[270]

从相关文献来看,近年来,方晨[275]、王凌[276]等在 RCPSP 的扩展形式方面给出了较为全面的研究综述:Long 等[277]提出了求解模糊资源受限项目调度(FRCPSP)的一种关键链法。Wang 等[278]针对鲁棒资源受限项目调度(FRCPSP)考虑多种不确定性因素,以生成达到鲁棒性指标最优的调度。喻小光等[279]提出一种柔性资源约束的项目调度问题(FRCPSP)并建立了基本模型加以求解。José 等[280]对多模式资源受限项目调度(MRCPSP)加以研究并提出一种新的 SAT 求解法。郑晓龙等[273]针对任务工期为随机变量的随机资源约束项目调度问题(SRCPSP)实现随机环境下的有效评价。Doreen

等[281]研究了多项目资源受限项目调度问题(RCMPSP)同时构建了带时间和成本的模型。张颖等[282]以网络净现值最大化为优化目标,将 RCPSP 与现金流加以结合。周树发等[283]首次将成本和质量纳入项目调度中,综合考虑时间、成本、资源、质量的多目标项目调度均衡优化问题。

表 1－2　RCPSP 的类型

RCPSP 问题形式	缩　写	参考文献
经典 RCPSP (Resource-Constrained Project Scheduling Problem)	RCPSP	Hartmann 等[309]
模糊 RCPSP (Fuzzy Resource-Constrained Project Scheduling Problem)	FRCPSP	Long 等[277]
鲁棒 RCPSP (Robust Resource-Constrained Project Scheduling Problem)	RRCPSP	Wang 等[278]
随机 RCPSP (Stochastic Resource-Constrained Project Scheduling Problem)	SRCPSP	郑晓龙等[273]
柔性 RCPSP (Flexible Resource-Constrained Project Scheduling Problem)	FRCPSP	喻小光等[279]
多模式 RCPSP (Multi-Mode Resource-Constrained Project Scheduling Problem)	MRCPSP	José 等[280]
多项目 RCPSP (Resource-Constrained Multi-Project Scheduling Problem)	RCMPSP	Doreen 等[281]
RCPSP 网络净现值 (Resource-Constrained Project Scheduling Problems with Discounted Cash Flows)	RCPSPDCF	张颖等[282]

综合国内外资源受限项目调度问题来看,近年来的大多数文献趋向于将 RCPSP 以优先规则的形式加以编码,同时以串行调度方案进行解码,并应用经典的改进仿生群智能优化算法来求解大规模项目,而对 RCPSP 在新兴智能算法上的研究几乎空白。同时目前普遍的对 RCPSP 问题的求解仍然集中于对编码及解码方式的改进,而将人的行为效应与 RCPSP 相结合的研究尚未起步。

1.2.6.2　学习–遗忘效应研究现状

学习效应的理念最早于 20 世纪 30 年代经美国学者 Wright[284]提出,该研究者发现生产固定单位产品的平均时间不是一直不变的,而是随着时间的增加及生产产量的增多出现逐渐下降的情况。虽然其发现首次存在于飞机的零件制造中,但一经提出,便引发诸多学者的讨论与关注,更多有关学习效应在其他领域的研究由此产生。直至90 年代,Biskup[285,286]成为首个将学习效应应用于生产调度中的学者,其巨大的贡献更是提出了可用于计算的基于工件位置学习效应的数学模型。此后,学习效应与被加工工件的位置、加工时间及不同学习率的紧密联系逐渐被揭露。Kuo 等[287,288]认为工件的生产时间可能同时还与先前已完工的工件加工时间有关,并再次提出基于工件时间的另一类学习效应模型。Lee 等[289]结合 Biskup 与 Kuo 的学习效应模型,在此基础上提出最新的同时基于工件位置和工件时间的学习效应模型,大致的理念可描述为:工件的加工时间越长,学习效果的作用就越显著,同时对后续的其他工件的影响就越强[290]。

　　然而在实际生产中,学习效应并不会使工件生产的时间持续减少,而是随着生产量的逐渐累加,最终趋于稳定的状态。同时因机器故障或员工操作的失误而产生的不合格产品,也会使学习效应不能完全符合生产的实际。Baloff[291-294]已在其研究中表明,员工的生产效率会因生产时间的中断而受到极大影响,这种中断时间就包括了员工的休息时间。此后,继学习效应的发现与研究之后,生产中出现的遗忘现象也逐渐进入研究者的视线,越来越多的研究开始围绕遗忘效应加以展开。1989 年,Globerson[295]在一次实验中进一步证实,遗忘效应与生产中断的时间、中断前的生产经验及遗忘率有关,且遗忘率越高,遗忘情况越显著,并提出了原始的可用于计算的遗忘效应数学模型。随着遗忘效应模型的提出,对遗忘曲线的研究也慢慢展开。Ebbinghaus[296]根据实验结果,描绘出了著名的艾宾浩斯遗忘曲线,并进一步揭露人类遗忘的秘密:记忆数量的百分比并不是一个固定的数值,而是随着累计时间的增加,逐渐下滑,虽然刚开始遗忘的速度相对较快,但最终亦会达到某种平衡状态。与此同时,该研究者还得出结论:遗忘往往发生于学习之后。学习与遗忘往往是同时进行、相互影响的,人们在持续学习的过程中,会逐渐熟练被重复使用的技能,即常说的"熟能生巧"。另一方面,当这种知识不再被重复,遗忘便随之发生,故这一发现促使研究者们倾向于将学习与遗忘相结合进行探讨。

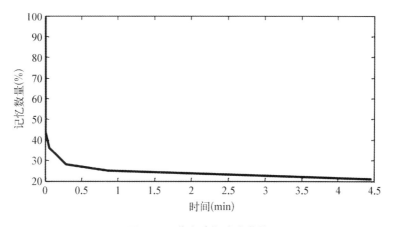

图 1 - 4　艾宾浩斯遗忘曲线

随后,Badiru[297]学者进一步发现并定义:员工数、工艺水平、作业中断时间及产品返工时间为影响学习遗忘模型的四个重要因素,它们的增减还会相应地造成企业成本的升降。Arzi 等[298]则将学习-遗忘效应应用于机械研究领域,将遗忘效应又进一步定义为学习中断发生之后学习效果的减弱,并建立累计指数函数加以描述。Nembhard 等[299]结合任务工作的不同规模及复杂程度,测量了单独员工在生产作业中的学习遗忘情况。研究者 Lee 等[300]首次系统地提出了同时具有学习效应及遗忘效应的数学模型,并将该模型应用于生产调度领域中。黄宇菲等[301]在学习遗忘曲线的模型(Learn-Forget Curve Model, LFCM)基础之上,对员工的生产效率进一步研究,同时分析了员工工作时间的长短与其带来的成本之间的相互关系。

下表 1-3 为学习效应模型与学习-遗忘效应模型的分类:

表 1-3 效应模型分类

学习效应模型	参考文献	学习-遗忘效应模型	参考文献
基于工件位置	Biskup 等[285,286]	VRVF(Variable Regression Variable Forgetting,变量回归变量遗忘)	Carlson 等[310]
		VRIF(Variable Regression Invariant Forgetting,变量回归不变遗忘)	Elmaghraby 等[311]
基于工件时间	Kuo 等[287,288]	RC(Recency Model,近因模型)	Nembhard 等[312]
		PID(Power Integration Diffusion,能量积分扩散模型)	Sikströms 等[313]
基于工件位置和时间	Lee 等[289]	LFCM(Learn-Forget Curve Model,学习-遗忘曲线模型)	Jaber 等[314]

在浏览国内外有关学习-遗忘效应的文献时,笔者发现该行为效应于生产生活中的实际存在已被学术界肯定,但大多数研究依然局限于机器生产调度领域,而对项目调度的应用研究十分匮乏。与此同时,先前的研究大多仅限于单一的学习率或遗忘率的取值,却忽略了不同学习因子及遗忘因子的差异可能对结果带来的不同影响。而且学习与遗忘的关联性也表明,遗忘率亦会随着学习率的取值而变化。因此,本研究将涉及一种新兴智能算法并结合常用的混合搜索算法加以改进,考察混沌布谷鸟算法对解决RCPSP 问题的效果,同时将考虑学习-遗忘效应与不考虑行为效应的情况进行对比,利用学习-遗忘效应模型(LFCM)分析人的行为因素对工期与调度造成的影响。

1.2.7 TFT-LCD 多阶段多目标调度优化研究国内外研究现状

1.2.7.1 TFT-LCD 研究现状

目前对 TFT-LCD 生产过程的研究已涉及领域主要有存货管理[315]、生产布局设计[316-318]、物流运输优化[319]、需求预测[320]、生产调度优化等。TFT - LCD 生产厂常有多站点，因此存在多个生产现场的容量规划问题，Chen 等[321]建立了混合整数线性规划（MILP）模型，以利润最大化为目标函数，采用迭代两阶段影子价格启发式算法找到满意方案。Lin 等[322]建立了内嵌线性规划（LP）的随机动态规划（SDP）模型，能够在市场需求不确定的情况下，即时响应新的需求信息，产生动态容量扩充策略。Won 等[323]从力学和摩擦学性能角度评价 TFT 和 CF 玻璃，减少 TFT - LCD 在磨削清洗过程中的表面损伤。Cen 等[324]利用非精确增强拉格朗日算法实现低秩矩阵重构，实验表明这种方法能够有效检测不同光照条件下，TFT - LCD 面板上各种形状及类型的表面缺陷。此外，国外学者开展了对 TFT - LCD 生产中产生污染物的处理措施研究。Colades 等[325]提出采用电芬顿技术处理 TFT - LCD 生产过程中产生的废水，实验证明该技术能够有效去除 68% 的总有机碳含量和 79% 的化学需氧量。Yoshida 等[326]提出利用以氢氧化钠为主要有效成分的化学制剂改善 TFT 及 CF 基板中铟的回收率。Lin 等[327]提出采用喷雾法从 TFT - LCD 工业废渣粉末中提取硅酸钠，制作用于吸附二氧化碳的二氧化硅吸附剂。TFT 面板技术及 TFT 材质一直是行业内的热门研究领域，近些年，学者对透明非晶铟镓锌氧化物薄膜晶体管（a - IGZO TFT）进行了相关研究[328-329]，a - IGZO TFT 的载流子迁移率高，能够有效提升 TFT - LCD 的分辨率，显示屏同等功耗下，降低成本。近来，可折叠显示屏逐渐登上了历史舞台。Bae 等[330]研究了机械应力对可折叠显示屏中低温多晶硅（low-temperature polycrystalline silicon, LTPS）TFT 可靠性的影响。Shin 等[331]研究了电气-机械混合应力对可折叠 TFT 稳定性的影响。Lee 等[332-333]提出裂纹对 LTPS TFT 结构机械应力的影响，而采用裂纹引导钝化层控制裂纹位置可以提高 LTPS TFT 的可靠性。Kang 等[334]提出应用图像重定位技术，压缩显示屏折叠、弯曲部分的图像，解决图像失真问题，为客户提供更好的视觉体验。在 TFT - LCD 生产调度优化研究中，主要采用的方式有：建立仿真模型、优化调度策略、建模并应用算法寻优等。

上游 Array（阵列制造）阶段包含较多可重入制造工艺。在 TFT - LCD 生产 Array 阶段研究领域，于洪伟[335]基于仿真软件 EM - Plant 建立了 Array 制程仿真模型，通过研究调度策略，缩短产品生产周期，减少在加工工件数量。Choi 等[336]以 TFT - LCD 制造中 Array 加工阶段为例，提出基于决策树选择调度规则的可重入混合流水车间实时调度机制，用以解决 Array 阶段多目标实时调度问题。与基于仿真的调度方法相比，降低了计算复杂性，能够快速生成调度解。盛碧琦[337]借助统计学理论、数据挖掘及批间控制算法，结合 TFT - LCD 加工子过程中相关特性，对 Array 阶段的玻璃基片进行即时估计及实时监控，确保产品品质前提下，节约生产成本，提高生产效率。

中游 Cell（面板成盒）阶段包含大量并行机制造工艺。在 TFT - LCD 生产 Cell 阶段研究领域，Lin 等[338]通过改进加工物品单位批号的发放时间及派发规则，提高 Cell 阶段生产效率。Horng-Huei 等[339]基于约束理论中"鼓—缓冲—绳"系统，提出应用于 Cell 阶段的约束定制模型,通过平衡生产线工作负荷水平,提高 Cell 阶段生产效率。Yang Taho 等[340]对 Cell 后半段贴偏光板到 COG(Chip-on-Glass)工站进行 Arena 仿真建模,并提出神经网络方法,实现多目标动态调度优化。Tai 等[341]提出一种混合整数规划模型,将 Cell 阶段液晶注入问题(LCISP)看成具有准备时间及工序最大等待时间的等效并行机批加工调度问题,求得该调度的最小总机器工作量。徐峰等[342]提出加入精英保留策略后的改进遗传算法,解决 Cell 阶段以加权最小化最大完工时间和及时交货为调度目标,具有设备准备时间的工件调度问题。

下游 Module(模块组装)阶段可看为求解柔性作业车间。在 TFT‐LCD 生产 Cell 阶段研究领域,Chung 等[343]提出了一种混合整数线性规划(MILP)模型,结合三种有效的启发式算法,求解具有不同准备时间限制的 TFT‐LCD 制造中 Module 阶段调度问题。Lin 等[344]提出了基于降级产品的物料计划,结合瓶颈设备调度解决 Module 阶段调度问题。Chou 等[345]结合杂交变领域搜索(VND)和遗传算法,解决以最小化最大完成时间、加权延迟工件、总机器调整时间为目标的 TFT‐LCD 制造中 Module 阶段调度问题。Gen 等[346]提出一种混合遗传算法,解决以最小化最大完成时间、总工作负荷,最大化准时交货率为目标的 Module 阶段调度问题。Che 等[347]提出另一种混合遗传算法,解决以最小化最大完工时间、延迟工件比率、机器调制时间为目标的 Module 阶段调度问题。Shin 等[348]针对具有返工情况的 TFT‐LCD 制造中 Module 阶段调度问题,提出了 GRPD(Greedy Rework Probability with Due-dates)算法,通过随机产生的测试问题,验证了 GRPD 算法的有效性。

上述文献在传统调度基础上,通过宏观生产计划或过程控制提升 TFT‐LCD 三阶段的生产效率,在启发式算法及智能算法的调度问题应用中,改进后的算法能够有效优化解的精度,但研究大多集中在单一目标问题,而研究多目标调度问题则是采用简单加权作为目标函数的求解方法,现实情况中存在需要同时考虑多个目标最优化的情况。在 TFT‐LCD 生产调度问题优化领域,国内外学者主要侧重于对下游 TFT‐LCD 制造中 Module 制程进行研究,TFT‐LCD 上游 Array 制程的研究文献相对较少,TFT‐LCD 中间制程 Cell 制程的研究文献也相对匮乏,缺少对 Cell 制程整个生产工艺流程的多目标调度研究,且传统仿真建模的计算复杂,耗费时间长,生成调度解单一,也很少见到将行为效应应用在 TFT‐LCD 调度问题中。

1.2.7.2　学习效应研究现状

20 世纪 30 年代,美国康奈尔大学的 Wright[349]博士以科学为依据,首次提出学习效应在航空制造中的存在,观察到航空业的生产成本随着生产的进行逐渐减少,并进一步描述说产品的产出翻一番,其单位生产成本将降低 20%,这是学习效应理论首次在生产制造过程中被应用,随后学习效应逐渐被学者们所关注。在经典生产调度问题中,加工时间常被定义为一个常数,而在实际生产过程中,随着工人(机器)工作时间的增加,单个工件的加工时间将会逐渐减少。Biskup[350]首次将学习效应引入生产调度领域,提出了与工件加工位置相关的学习效应模型,研究表明在具有学习效应的单机问题中,工件的加工时间与其被加工顺序有关,并证明了具有学习效应,以最小化最大完工时间为优化目标的单机问题多项式可解。之后一段时期,学者在 Biskup 提出的学习效应模型基础上对该模型进行应用。Mosheiov[351]首先将同一学习效应模型加入到单机调度问题中,以最小化最大完成时间或最小化总完工时间为调度目标,其次 Mosheiov[352]研究了普遍性工件学习效应模型,将其应用到非等效并行机调度问题中,以最小化延期时间或最小化总完工时间为调度目标,分别证明了两个调度问题虽然比没有加学习效应模型时算法的复杂度升高,但该问题依然多项式时间内可解。Kuo 等[353]将学习效应引入具有准备时间的并行机调度问题中,并证明了该问题多项式可解。Eren[354]将与加工位置相关的学习效应模型应用于流水作业车间调度问题,以最小化最大完成时间为调度目标,应用HILP 模型对所提问题进行求解。Wang 等[355]将与加工位置相关的学习效应模型应用于流水作业车间调度问题,以最小化最大完成时间或最小化总完成时间为调度目标,提出了解决调度问题的近似算法。Chen[356]将与加工位置相关的学习效应模型应用于双目标并行机流水作业车间调度问题,以最小化加权总完工时间和最大空闲时间为目标,应用分支定界法解决小规模的生产调度问题,采用两种启发式算法解决大规模的生产调度问题,并验证了算法的有效性。Wang[357]在 Biskup 提出的学习效应模型基础上,对该模型进行了推广,由此提出 Dejong 学习效应模型,并将其应用在以最小化最大完成时间和最小化最大总完成时间为调度目标的单机调度问题中。

学习效应的主流研究方向,除了与工件加工位置相关的学习效应(这类研究对象主要以机器为主)外,还有一类与已加工工件的时间相关的学习效应,这类研究对象主要是生产线上的工人,研究情况主要是大规模生产中,进行人工操作的工人,由于经验累积而形成的单件加工时间缩短的情况[358]。Kuo 等[359]首次提出与已加工时间相关的学习效应模型,第一个加工工件的时间为基础时间,其后工件加工时间与工件各自加工时间有关联,并将此模型应用在以最小总完成时间为调度目标的单机调度问题中,并采用 SPY指派规则求得具有学习效应的单机调度问题最优解。随后,Kuo[360]在该模型基础上,将学习效应模型修改为分段形式,并将其应用在以最小化最大完成时间为目标的单机调度问题中。曹磊等[361]通过研究不同类型工件之间的学习效应,发现相邻加工工件的加工时间差越小,即工件越相似,学习效应越明显。Cheng[362]同时考虑了工件加工位置及工件已加工时间,建立了与这两个因素都相关的学习效应模型,并将其应用在调度问题中。Lee[363]也研究了与工件加工位置及工件已加工时间相关的学习效应,并将其应用在单机调度问题及特殊情况下的流水车间调度问题中,并证明所研究问题在多项式时间内可解。

1.2.7.3　学习退化效应研究现状
在实际生产过程中,随着加工时间的推移,每道工序的加工时间会随着工人的熟练度上升、机器的磨合情况而缩短,工人或机器的单个工件加工时间会逐渐缩短,但当机器被安排加工的工件还未完成前道工序或更换不同产品簇而产生等待时间时,累计的学习效应将减弱,运转状态则会被削弱,再加工工件的实际加工时间增加。前者称为学习效应,由 Wright[349] 提出,后者称为退化效应,与之相对应的有遗忘效应。调度领域应用中,两者的数学模型类似,遗忘效应多用以描述研究对象主要为人时的情况,退化效应则对应着描述对象主要为机器时的情景。目前学者在生产调度研究中较少综合考虑退化效应。而结合实际生产情况来看,退化及遗忘效应是存在于生产过程中的,将其考虑进调度问题,能够帮助学者们建立更精确的生产模型。Yang 等[364] 将遗忘效应引入生产调度领域,研究发现在具有遗忘效应的生产调度问题中,工件的加工时间与其被加工的机器和加工顺序有关,并证明了具有退化效应,以提前完成时间、拖期时间、生产成品为惩罚目标函数的调度问题多项式可解。Lee[365] 首次将学习及遗忘效应应用在单机调度问题中,构建了两种学习-遗忘效应模型。赵静等[366] 应用改进萤火虫算法求解具有学习退化效应的阻塞流水车间调度问题,研究表明最大完工时间随学习效应因子的增大而增加,随退化因子的减小而减少。侯丰龙等[367] 运用布谷鸟算法,求解具有学习-遗忘效应的 TFT‐LCD 模块组装调度问题,结果表明大批量生产过程中,机器调整时间对效率的影响远大于工件累计学习能力对效率的影响。Chiu[368] 建立了同时具有学习和退化效应的批处理加工模型,研究表明了大批量加工的必要性。

上述文献将学习及遗忘/退化效应应用在生产调度问题中,研究学习及遗忘/退化效应在单机、并行机,流水车间、柔性作业车间以及批处理多类调度问题中的作用机制及影响程度。TFT‐LCD 面板成盒阶段需要考虑装配工序前后不同状态工件多道工序的机器选择及加工先后顺序,而 TFT‐LCD 模块组装阶段生产不同产品有着不同的加工工艺路径,且同一机器可加工多个工艺,加大了优化调度方案难度,也将凸显学习退化效应的作用效果。

参 考 文 献

[1] Weiss H J, Mark E G. Production and Operations Management [M]. Allyn and Bacon, 1989.

[2] 苏生.多工厂生产计划与调度优化模型与求解算法 [D].哈尔滨工业大学,2007.

[3] Boudreau J, Hopp W, Mcclain J, et al. On the Interface Between Operations and Human Resources Management [J]. Manufacturing & Service Operations Management, 2003, 5(3): 179 - 202.

[4] 刘作仪,查勇.行为运作管理: 一个正在显现的研究领域 [J].管理科学学报,2009,12(4): 64 - 74.

[5] Croson R, Donohue K. Behavioral causes of the bullwhip and the observed value of inventory information [J]. Management Science, 2006, 52(3): 323 - 336.

[6] Qin Y，Wang R，Vakharia A J，et al. The newsvendor problem：Review and directions for future research[J]. European Journal of Operational Research，2011，213(2)：361 - 374.

[7] Tversky A，Kahneman D. Judgment under uncertainty：Heuristics and biases [J]. Science，1974，185：1124 - 1131.

[8] Aranda J，Easterbrook S. Anchoring and adjustment in software estimation [J]. Acm Sigsoft Software Engineering Notes，2005，30(5)：346 - 355.

[9] Gino F，Pisano G. Toward a Theory of Behavioral Operations [J]. Manufacturing & Service Operations Management，2008，10(4)：676 - 691.

[10] 崔鉴,陈剑,肖勇波.行为库存管理研究综述及前景展望[J].管理科学学报,2011,14(6)：96 - 108.

[11] 张敏,唐伟勤,张隐.行为生产：提高预测力的新视角[J].科技进步与对策,2009,26(10)：1 - 5.

[12] 张敏,陈荣秋.基于前景理论的项目管理计划行为分析[J].工业工程与管理,2008,13(6)：54 - 59.

[13] 张敏.项目进度管理的行为不确定性及其控制策略研究[D].华中科技大学,2011.

[14] 刘咏梅,李立,刘洪莲.行为供应链研究综述[J].中南大学学报(社会科学版),2011,17(1)：80 - 88.

[15] 李江峰.基于悲观和乐观偏差的行为报贩问题的研究[D].厦门大学,2012.

[16] 张鹏,张杰,马俊.考虑期望损失厌恶的供应链契约与协调[J].管理评论,2015,27(4)：177 - 186.

[17] 简惠云.基于风险和公平偏好的供应链契约及其实验研究[D].中南大学,2013.

[18] 韩姣杰.基于有限理性与互惠和利他偏好的项目多主体合作行为研究[D].西南交通大学,2013.

[19] 王晓微.过度自信和需求不确定性对供应链系统的影响[D].北京工业大学,2014.

[20] 张巍,朱艳春,孙宝文,等.基于信任的虚拟企业伙伴选择模型构建及仿真[J].计算机集成制造系统,2015,21(2)：528 - 536.

[21] 陈志祥.学习曲线及在工业生产运作研究中的应用综述[J].中国工程科学,2007,9(7)：82 - 88.

[22] 韦娜,苏强.员工学习曲线与人为装配缺陷的关系研究[J].人类工效学,2014,20(1)：68 - 71.

[23] 刘颖,张新功.具有学习效应的三层供应链排序问题[J].运筹学学报,2016,20(1)：31 - 42.

[24] 侯丰龙,叶春明,耿秀丽.同时具有学习和遗忘效应的 TFT - LCD 模块组装调度问题研究[J/OL].计算机应用研究,2016(12).http：//www.cnki.net/kcms/detail/51.1196.TP.20160311.1833.002.html.

[25] 沈捷.知识型员工工作压力及其与工作满意度、工作绩效的关系研究[D].浙江大学,2003.

[26] 弋敏.知识型员工工作压力实证研究[D].西安理工大学,2007.

[27] 赵秀清.知识型员工工作压力与工作绩效关系研究[D].首都经济贸易大学,2012.

[28] 刘颖何.企业员工的压力分析与管理策略[D].西南财经大学,2013.

[29] 姜凤珍,胡斌.人与组织的合作与冲突行为研究及鲁棒性分析——基于群体性突发事件[J].系统管理学报,2015(5)：664 - 672.

[30] 曹阳华,孔繁森.基于情绪模型的 U 型装配线工人合作仿真[J].计算机集成制造系统,2015,21(12)：3209 - 3221.

[31] 李景海,周松兰.异质性个体、知识创造与创新驱动政策转向[J].学习与实践,2015(11)：17 - 26.

[32] 黄海洋,叶春明,等.基于银行服务系统的不耐烦行为[J].工业工程,2015,18(6)：44 - 48.

[33] Simon H A. Models of Man [M]. New York：John Wiley and Sons，1957.

[34] Chopra S，Lovejoy W，Yano C. Five decades of operations management and the prospect ahead [J]. Management Science，2004，50(1)：8-14.

[35] Hopp W J. Fifty Years of Management Science[J]. Management Science，2004，50(l)：1-7.

[36] Johnson S M. Optimal two-and three-stage production schedules with setup times included [J]. Naval research Logistics，1954，61-68.

[37] Lawler E L，Lenstra J K，Kan A H G R，et al. Sequencing and scheduling：Algorithms and complexity [J]. Handbooks in operations research and management science，1993，4：445-522.

[38] Graves S C，Rinnooy Kan A H，Zipkin P H. Handbooks in operations research and management science [J]. Logistics of Production and Inventory. Elsevier Science Publishers. North Holland. The Netherlands，1993，4：3-50.

[39] Biskup D. A state of the art review on scheduling with learning effect [J]. European Journal of Operational Research，2008，(188)：315-329.

[40] Webb G K. Integrated circuit (IC) pricing [J]. High Technology Management Research，1994，(5)：247-260.

[41] 陈宗建.二象对偶时间视角下权衡定律的机理及应用研究 [D].华中科技大学,2010.

[42] Pinedo M. Scheduling：Theory，algorithm and system [M]. 3th Edt. New Jersey：Prentic Hall，2008.

[43] 郑雪艳.中国劳动密集性企业90后激励研究 [D].武汉科技大学,2010.

[44] 罗娅妮.90后员工就业观及其对策研究——以苏州工业园区胜浦街道为例 [D].苏州大学,2013.

[45] 李景海,周松兰.异质性个体、知识创造与创新驱动政策转向[J].学习与实践,2015(11)：17-26.

[46] 周济.智能制造——"中国制造2025"的主攻方向[J].中国制造工程,2015,26(17)：2273-2284.

[47] 车海刚."供给侧结构性改革"的逻辑[J].中国发展观察,2015(11)：1.

[48] 刘作仪,查勇.行为运作管理：一个正在显现的研究领域[J].管理科学学报,2009(4)：64-74.

[49] Wright T P. Factors affecting the cost of airplanes [J]. Journal of the Aeronautical Sciences (Institute of the Aeronautical Sciences)，2012，3(4).

[50] 黄宇菲,汪应洛.基于学习遗忘曲线模型的员工生产率研究[J].管理学报,2011,8(9)：69.

[51] 杜少甫,谢金贵,刘作仪.医疗运作管理：新兴研究热点及其进展[J].管理科学学报,2013,16(8)：1-19.

[52] 兰烯.人口老龄化对医疗费用的影响及其机制的实证研究 [D].西南财经大学,2014.

[53] 闫亚敏,张薇,龚梅.护理冲突管理与护士离职率的相关性研究进展[J].护理管理杂志,2012,12(2)：112-114.

[54] 李晓燕,邢立群.浅谈影响护士工作积极性的原因与对策[J].科学时代,2012(6).

[55] 苑玲玲.探讨我国护士排班问题的研究进程及发展[J].价值工程,2017(35)：244-245.

[56] Sarucan A. Applicability of artificial bee colony algorithm for nurse scheduling problems [J]. International Journal of Computational Intelligence Systems，2014，7(sup1)：121-136.

[57] 彭黄莉,牛占文.基于目标规划的连续性排班问题研究[J].武汉理工大学学报(信息与管理工程版),2013,35(5):718-722.

[58] Chen T L, Chen Y Y, Lu H C. A capacity allocation and expansion model for TFT-LCD multi-site manufacturing[J]. Journal of Intelligent Manufacturing, 2013, 24(4): 847-872.

[59] 赵光华.供应链协同生产计划排程方法研究——以 TFT-LCD 行业为例[D].中南大学,2012.

[60] 邵志芳,刘仲英.在供应链决策中的多阶生产规划支持模式研究[J].计算机工程,2007,35(9):1-3.

[61] 叶春明.基于学习效应的行为生产调度新模式研究[J].企业经济,2015(4):5-10.

[62] 王洁,方卫宁,苗冲冲,等.地铁行车调度系统人误行为识别方法研究[J].中国安全科学学报,2014,24(4):62-68.

[63] 李章维,郭冰冰,明洁,等.基于居民出行行为分析的公交线路调度研究[J].计算机科学,2014,41(s1):94-97.

[64] 吴丽荣.考虑乘客等待行为的柔性路径公交车实时调度方法[D].大连理工大学,2014.

[65] 王婷婷,杨琴,黄琳,等.基于顾客行为特征的超市收银口优化调度方案[J].计算机工程与应用,2016,52(3):266-270.

[66] Spector P E, Fox S. The Stressor-Emotion Model of counterproductive work behavior[M]. 2005.

[67] Sackett P R, Devore C J. Counterproductive behaviors at work[M]. 2001.

[68] Bordia P, Restubog S L, Tang R L. When employees strike back: investigating mediating mechanisms between psychological contract breach and workplace deviance[J]. Journal of Applied Psychology, 2008, 93(5): 1104-1117.

[69] 张永军,廖建桥,赵君.国外反生产行为研究回顾与展望[J].管理评论,2012,24(7):84-92.

[70] 郭小玲.差序式领导、互动公平对反生产行为的影响研究[D].浙江理工大学,2013.

[71] 陆成.工作满意度及忠诚度与知识员工反生产行为的关系研究[D].东华大学,2013.

[72] 李雪丽.绩效考核对知识型员工反生产行为影响研究[D].郑州大学,2013.

[73] 郭小星.心理资本、反生产行为与企业管理人员工作绩效的关系研究[D].重庆大学,2014.

[74] 朱盆兄.制造企业员工反生产行为归因及控制研究[D].兰州理工大学,2014.

[75] 付佳.组织支持感、组织公平感对反生产行为的影响[D].大连理工大学,2014.

[76] 王立君.工作特征对员工反生产行为影响的实证研究[D].辽宁大学,2015.

[77] 牛琬婕.顾客不公平对员工反生产行为的影响:研究情绪耗竭的中介效应与认同的调节效应[D].兰州大学,2015.

[78] 曹梦雷.伦理型领导、团队伦理气氛与员工反生产行为关系研究[D].山东大学,2015.

[79] 陈雪芳,张洁.敏捷化智能制造单元及其关键技术[J].组合机床与自动化加工技术,2005,(6),13-16.

[80] 孟飚,范玉青,林楠.模块化精益生产组织改造评估与决策[J].计算机集成制造系统,2006,12(7):1141-1145.

[81] 王康周,江志斌,李娜,等.不耐烦行为生产库存系统最优生产和分包控制[J].工业工程与管理,

2012,17(4)：65－70.

[82] 姜洋,孙伟,丁秋雷,等.考虑行为主体的单机调度干扰管理模型[J].机械工程学报,2013,49(14)：191－198.

[83] 尚倩.基于心理负荷的生产效率研究[D].浙江大学,2013.

[84] 张晓冬,郭栓银,陈进等.基于组织学习的生产系统人人合作方式的仿真研究[J].管理工程学报,2013,27(3)：103－109.

[85] Madureira A, Pereira I, Pereira P, et al. Negotiation mechanism for Self-organized system with collective intelligence [J]. Neurocomputing, 2014, 132：97－110.

[86] Qiu J J, Zhao C C, Zhang X D, et al. A comparative simulation on corrective maintenance strategies in cellular manufacturing considering worker collaboration [C]. 2014：202－207.

[87] 赵东方,张晓冬,章恩武等.动态制造环境下生产单元组织行为建模研究[J].软科学,2015(10)：136－140.

[88] 赵灿灿,赵东方,邱君降.基于人机集成模型的生产单元人因失误行为仿真[J].计算机集成制造系统,2016,22(8).

[89] Fransoo J J, Wäfler T T, Wilson J J. Behavioral operations in planning and scheduling [M]. Springer Berlin Heidelberg, 2011.

[90] Lin J T, Chen T L, Huang C C. A hierarchy planning model for TFT-LCD production chain [J]. International Journal of Electronic Business Management, 2004, 2(1).

[91] Shin H J, Leon V J. Scheduling with product family set-up times：an application in TFT-LCD manufacturing [J]. International Journal of Production Research, 2004, 15(20)：4235－4248.

[92] 邵志芳.多重入生产类型供应链协同规划决策支持模式研究——以 TFT－LCD 产业为例[D].同济大学,2007.

[93] Lin J T, Chen Y Y. A multi-site supply network planning problem considering variable time buckets — A TFT-LCD industry case [J]. The International Journal of Advanced Manufacturing Technology, 2007, 33(9)：1031－1044.

[94] Trappey A J C, Lin G Y P, Ku C C, et al. Design and analysis of a rule-based knowledge system supporting intelligent dispatching and its application in the TFT-LCD industry [J]. The International Journal of Advanced Manufacturing Technology, 2007, 35(3)：385－393.

[95] Hsieh K L, Lu Y S. Model construction and parameter effect for TFT-LCD process based on yield analysis by using ANNs and stepwise regression [J]. Expert Systems with Applications, 2008, 34(1)：717－724.

[96] Park B C, Park E S, Choi B K, et al. Simulation based planning and scheduling system for TFT-LCD Fab in Proceedings of the 40th Conference on Winter Simulation [C]. 2008：2271－2276.

[97] Wang S J, Liu S F, Wang W L. The simulated impact of RFID-enabled supply chain on pull-based inventory replenishment in TFT-LCD industry [J]. International Journal of Production Economics, 2008, 112(2)：570－586.

［98］ Sha D Y，Chen P K，Chen Y. The strategic fit of supply chain integration in the TFT-LCD industry［J］. Supply Chain Management，2008，13(5)：339 - 342.

［99］ Shen C. Assessment of manual operation time for the manufacturing of thin film transistor liquid crystal display：A bayesian approach［C］. American Institute of Physics Conference Series. American Institute of Physics Conference Series，2009：168 - 177.

［100］ Liu Y H，Lin S H，Hsueh Y L，et al. Automatic target defect identification for TFT-LCD array process inspection using kernel FCM-based fuzzy SVDD ensemble［J］. Expert Systems with Applications，2009，36(2)：1978 - 1998.

［101］ Lin J T，Chen T L，Lin Y T. Critical material planning for TFT-LCD production industry［J］. International Journal of Production Economics，2009，122(2)：639 - 655.

［102］ Chung S H，Pearn W L，Tai Y T. Fast and effective algorithms for the liquid crystal display module (LCM) scheduling problem with sequence-dependent setup time［J］. Journal of the Operational Research Society，2009，60(7)：921 - 933.

［103］ Chen W L，Huang C Y，Lai Y C. Multi-tier and multi-site collaborative production：Illustrated by a case example of TFT-LCD manufacturing［J］. Computers & Industrial Engineering，2009，57(1)：61 - 72.

［104］ 于洪伟.TFT - LCD 厂的 ARRAY 制造系统仿真与调度技术研究［D］.东北大学,2009.

［105］ Wu H H，Chen C P，Tsai C H，et al. Simulation and scheduling implementation study of TFT-LCD Cell plants using Drum-Buffer-Rope system［J］. Expert Systems with Applications An International Journal，2010，37(12)：8127 - 8133.

［106］ Yang T，Lu J C. A hybrid dynamic pre-emptive and competitive neural-network approach in solving the multi-objective dispatching problem for TFT-LCD manufacturing［J］. International Journal of Production Research，2010，48(16)：4807 - 4828.

［107］ Shin H J，Kang Y H. A rework-based dispatching algorithm for module process in TFT-LCD manufacture［J］. International Journal of Production Research，2010，48(3)：915 - 931.

［108］ Wu C H，Lin J T，Wu H H. Robust production and transportation planning in thin film transistor-liquid crystal display (TFT-LCD) industry under demand and price uncertainties［J］. International Journal of Production Research，2010，48(20)：6037 - 6060.

［109］ 卢建樑.多阶多厂区生产计划与排程方法研究——以 TFT - LCD 产业为例［D］.天津大学,2011.

［110］ Lin J T，Wu C H，Chen T L，et al. A stochastic programming model for strategic capacity planning in thin film transistor-liquid crystal display (TFT-LCD) industry［J］. Computers & Operations Research，2011，38(7)：992 - 1007.

［111］ Choi H S，Kim J S，Lee D H. Real-time scheduling for reentrant hybrid flow shops：A decision tree based mechanism and its application to a TFT-LCD line［J］. Expert Systems with Applications，2011，38(4)：3514 - 3521.

[112]　朱龙涛.考虑部分行为因素的供应链利益分配与协调策略研究[D].重庆大学,2012.

[113]　袁静.面向液晶模组生产车间的虚拟单元构建问题研究[D].江苏科技大学,2013.

[114]　Chou C W, Chien C F, Gen M. A multi-objective hybrid genetic algorithm for TFT-LCD module assembly scheduling [J]. IEEE Transactions on Automation Science & Engineering, 2014, 11(3): 692 - 705.

[115]　Heimerl C, Kolisch R. Scheduling and staffing multiple projects with a multi-skilled workforce [J]. OR Spectrum, 2010, 32: 343 - 368.

[116]　Wu M C, Sun S H. A project scheduling and staff assignment model considering learning effect [J]. Int J Adv Manuf Technol, 2006, 28: 1190 - 1195.

[117]　Caramia M, Giordani S. A new approach for scheduling independent tasks with multiple modes [J]. Journal of Heuristics, 2009, 19, 15(4): 313 - 329.

[118]　Bellenguez M O, Neron E. A branch-and-bound method for solving multi-skill project scheduling problem [J].Operations Research, 2007, 41(2): 155 - 170.

[119]　Liu C G, Yang N, Li W J, et al. Training and assignment of multi-skilled workers for implementing seru production systems [J]. Int J Adv Manuf Technol, 2013, 69: 937 - 959.

[120]　Liu Q M, Geng X L, Dong M et al. Scheduling optimization of design stream line for production research and development projects [J]. Engineering Optimization, 2017, 49(5): 896 - 914.

[121]　Chua P C, Wirawan H T and Chua T J. Multi-skilled manpower scheduling with part-time consideration: Case study [A]. 2017 IEEE International Conference on Industrial Engineering and Engineering Management (IEEM), Singapore, 2017, 60 - 64.

[122]　王一帆,刘士新,陈迪.求解多技能人力资源约束的项目调度问题的两阶段算法[J].东北大学学报(自然科学版),2014,02: 184 - 189.

[123]　张猛,陆志强.多技能资源约束项目调度问题的改进算法[J].计算机集成制造系统,2016,03: 782 - 792.

[124]　陈蓉,梁昌勇,叶春森,蒋丽.考虑随机离职的新产品研发项目组合多技能员工调度模型[J].系统工程理论与实践,2018,38(01): 164 - 176.

[125]　陈迪,孙福权,刘士新.MRO 服务中心多技能员工优化调度模型[J].东北大学学报(自然科学版),2016,07: 927 - 930.

[126]　袁彪,刘冉,江志斌.多类型家庭护理人员调度问题研究[J].系统工程学报,2017,32(01): 136 - 144.

[127]　Rohrbach A. Economical production of all-metal airplanes and seaplanes [J]. Journal of the Society of Automotive 1927, 20: 57 - 66.

[128]　Wright, T P. Factors affecting the cost of airplanes [J]. Journal of Aeronautical Sciences, 1936, 3(4): 122 - 128.

[129]　Yelle L E. The learning curve: Historical review and comprehensive survey [J]. Decision Sciences, 1979, 10(2): 302 - 328.

[130]　Gupta J N D, Gupta S K. Single-facility scheduling with nonlinear processing times [J].

Computers & Industrial Engineering，1988，14(4)：387-393.

[131] Biskup D. Single-machine scheduling with learning considerations [J]. European Journal of Operational Research，1999，115(1)：173-178.

[132] Kuo，W H，& Yang，D L. Minimizing the total completion time in a single-machine scheduling problem with a time-dependent learning effect [J]. European Journal of Operational Research，2006，174，1184-1190.

[133] Wu H L and Liu J. A multi-agent genetic algorithm based on natural coding for emergency resources scheduling problems [C]. 2016 IEEE Congress on Evolutionary Computation (CEC)，Vancouver，BC，Canada，2016，pp. 2706-2711.[2016-11-21].

[134] Nagy G，Salhi S. Heuristic algorithms for single and multiple depot vehicle routing problems with pickups and deliveries [J]. European Journal of Operational Research，2005. 162：126-141.

[135] Hu Y H，Ye F F，Guo Z Q，et al. Multi-shop rescheduling problem under rush orders [C]. 2009 Fifth International Conference on Natural Computation，Tianjin，2009，pp. 40-44.[2009-12-28].

[136] 张俊伟,王勃,马范援.多仓库多配送点的物流配送算法 [J].计算机工程,2005,21：202-204.

[137] 吴伟.基于 TransCAD 的多服务中心多车型混合装卸车辆路径问题研究 [J].科技信息,2013,25：102-104.

[138] 黄英杰,姚锡凡,谭伟,等.基于遗传算法的多车间计划与调度的研究(英文) [J].科学技术与工程,2010,15：3734-3740.

[139] 代乙君,张志英,王维泽.运输能力有限的分段两阶段多车间调度问题 [J].计算机工程与应用,2016,07：222-228+235.

[140] Yu G，Qi X. Disruption management：Framework，models and applications [M]. Singapore：World Scientific Publishing，2004.

[141] Veelenturf L P，Kroon L G，Maróti G. Passenger oriented railway disruption management by adapting timetables and rolling stock schedules [J]. Transportation Research Part C：Emerging Technologies，2017，80：133-147.

[142] Xu P J，Corman F，Peng Q Y，et al. A train rescheduling model integrating speed management during disruptions of high-speed traffic under a quasi-moving block system [J]. Transportation Research：Part B，2017，104：638-666.

[143] Jiang Y，Ding Q L，Wang X H. A recovery model for production scheduling：combination of disruption management and internet of things [J]. Scientific Programming，2016.1-9.

[144] Marla L，Vaaben B，Barnhart C. Integrated disruption management and flight planning to trade off delays and fuel burn [J]. Transportation Science，2017，51(1)：88-111.

[145] Dorndorf U，Jaehn F，Chen L，et al. Disruption management in flight gate scheduling [J]. Statistica Neerlandica，61(1)，92-114.

[146] 丁秋雷.客户时间窗变化的物流配送干扰管理模型——基于行为的视角 [J].中国管理科学,

2015,23(05)：89 - 97.

[147]　Zhang D H，Sheng Z H，Du J G，et al. A study of emergency management of supply chain under supply disruption [J]. Neural Computing & Applications，2014，24(1)，13 - 20.

[148]　Gu Q L，Gao T G. Production disruption management for R/M integrated supply chain using system dynamics methodology [J]. International Journal of Sustainable Engineering，2017，10 (1)：44 - 57.

[149]　Wang D J，Wang J J，Liu C L，et al. Disruption management for multiple new orders in production scheduling with deteriorating processing time [J]. Systems Engineering Theory & Practice，35(2)，368 - 380.

[150]　Li L，Wang J J. Scheduling jobs with deterioration effect and controllable processing time [J]. Neural Computing & Applications，2018，29(11)：1163 - 1170.

[151]　Yang S J，Lee H T，& Guo J Y. Multiple common due dates assignment and scheduling problems with resource allocation and general position-dependent deterioration effect. International Journal of Advanced Manufacturing Technology，2013，67(1 - 4)：181 - 188.

[152]　Lee H T，Yang D L，& Yang S J. Multi-machine scheduling with deterioration effects and maintenance activities for minimizing the total earliness and tardiness costs. International Journal of Advanced Manufacturing Technology，2013，66(1 - 4)：547 - 554.

[153]　徐云琴,叶春明,曹磊.具有行为效应的含 AGV 柔性车间调度研究 [J].计算机应用研究,2019,10：1 - 10.

[154]　郭苗苗,闫萍,汪佳,王吉波.具有恶化效应和凸资源分配关系的单机排序问题 [J].运筹与管理,2017,2606：102 - 106.

[155]　朱悦,张玉林,宋旼珊.考虑手术间及医疗团队间准备时间的手术排程 [J].东南大学学报(自然科学版),2015,4506：1218 - 1222.

[156]　Häckel B，Stefan P，and Timm T. Explaining the energy efficiency gap-expected utility theory versus cumulative prospect theory [J]. Energy Policy，111，414 - 426.

[157]　Clark W，Lisowski W. Prospect theory and the decision to move or stay [J]. 2017，114(36)：7432 - 7440.

[158]　Bao T，Xie X，Long P，& Wei Z. MADM method based on prospect theory and evidential reasoning approach with unknown attribute weights under intuitionistic fuzzy environment [J]. Expert Systems With Applications，2017，88，305 - 317.

[159]　Liu J，Xu F，Lin S. Site selection of photovoltaic power plants in a value chain based on grey cumulative prospect theory for sustainability：A case study in northwest China [J]. Journal of Cleaner Production. 2017，148，386 - 397.

[160]　陈志松.前景理论视角下考虑战略顾客行为的供应链协调研究 [J].管理工程学报,2017,31(4)：93 - 100.

[161]　张婕,刘枚莲.基于前景理论的水污染治理政企合谋监管 [J].系统工程.2017,35(2)：45 - 50.

［162］ 尚优,江文奇.基于前景理论和非参数检验的混合多准则决策［J］.系统工程.2017,35(2)：137－144.

［163］ 王学慧,董墨菲.基于云理论与前景理论的创业机会优选［J］.科技管理研究.2016,36(04)：234－238

［164］ 王增强,蒲云,尹念红.基于多粒度不确定语言和前景理论的应急方案选择［J］.2016,25(05)：844－867.

［165］ 褚宏睿,冉伦,张冉等.基于前景理论的报童问题:考虑回购和缺货惩罚［J］.2015,18(12)：47－57.

［166］ Huang H, Lin W, Lin Z, et al. An evolutionary algorithm based on constraint set partitioning for nurse rostering problems［J］. Neural Computing & Applications，2014,25(3－4)：703－715.

［167］ 沈吟东,苏光辉.带约束的护士排班模型和基于变换规则的优化算法［J］.计算机工程与科学,2010,32(7)：99－103.

［168］ 郭海男,曲刚,唐加福.基于历史数据的护士弹性排班问题的研究［C］.物流系统工程学术研讨会,2011.

［169］ 艾杰.基于分支定界算法的护士排班模型研究［J］.科学技术与工程,2012,12(13)：3074－3077.

［170］ 欧阳骥,林伟佳,卓晓燕,等.基于整数规划与演化优化混合的护士排班问题求解算法［J］.计算机应用研究,2015,32(12)：3660－3664.

［171］ 孙雪松,郑西川,郝安琪,等.遗传算法与变邻域搜索混合模型在护士排班中的应用［J］.北京生物医学工程,2015,34(6)：612－615.

［172］ 王超,董兴业.求解护士排班问题的变邻域搜索算法［J］.计算机应用,2013,33(2)：338－352.

［173］ 苏宙行,王卓,吕志鹏.求解多阶段护士排班问题的带权禁忌搜索算法［J］.中国科学:信息科学,2016,46(7)：834.

［174］ 许丹,刘洪伟,齐二石.基于护士排班问题的加班策略比较研究［J］.系统工程学报,2018(2).

［175］ Niu B, Wang C, Liu J, et al. Improved bacterial foraging optimization algorithm with information communication mechanism for nurse scheduling［M］. Intelligent Computing Theories and Methodologies. Springer International Publishing, 2015：701－707.

［176］ Wu T H, Yeh J Y, Lee Y M. A particle swarm optimization approach with refinement procedure for nurse rostering problem［M］. Elsevier Science Ltd.，2015.

［177］ 周书橙.护士排班的启发式算法研究与排班管理系统的设计实现［D］.北京交通大学,2016.

［178］ Musa A A, Saxena U. Scheduling nurses using goal-programming techniques［J］. A I I E Transactions，1984，16(3)：216－221.

［179］ Azaiez M N, Al Sharif S S. A 0－1 goal programming model for nurse scheduling［J］. Computers & Operations Research，2005，32(3)：491－507.

［180］ Jaumard B, Semet F, Vovor T. A generalized linear programming model for nurse scheduling［J］. European Journal of Operational Research，1998，107(1)：1－18.

［181］ Millara H H. Cyclic and non-cyclic scheduling of 12 h shift nurses by network programming［J］. European Journal of Operational Research，1998，104(3)：582－592.

［182］ Trilling L，Guinet A，Magny D L. Nurse scheduling using integer linear programming and constraint programming [J]. IFAC Proceedings Volumes，2006，39(3)：671－676.

[183] Baskaran G，Bargiela A，Qu R. New solution for a benchmark nurse scheduling problem using integer programming [C]. International Conference on It Convergence and Security. IEEE，2014：1－4.

[184] Hasegawa S，Kosugi Y. Solving nurse scheduling problem by integer-programming-based local search [C]. IEEE International Conference on Systems，Man and Cybernetics. IEEE，2006：1474－1480.

[185] Dowsland K A，Thompson J M. Solving a nurse scheduling problem with knapsacks，networks and tabu search [J]. Journal of the Operational Research Society，2000，51(7)：825－833.

[186] Zhang Z，Hao Z，Huang H. Hybrid swarm-based optimization algorithm of GA & VNS for nurse scheduling problem [C]. International Conference on Information Computing and Applications. Springer-Verlag，2011：375－382.

[187] Burkea E K，Post G，Qu R，et al. A hybrid heuristic ordering and variable neighbourhood search for the nurse rostering problem [J]. European Journal of Operational Research，2008，188(2)：330－341.

[188] Aickelin U，Dowsland K A. Exploiting problem structure in a genetic algorithm approach to a nurse rostering problem [J]. Journal of Scheduling，2015，3(3)：139－153.

[189] Wu J J，Lin Y，Zhan Z H，et al. An ant colony optimization approach for nurse rostering problem [C]. IEEE International Conference on Systems，Man，and Cybernetics. IEEE Computer Society，2013：1672－1676.

[190] Todorovic N，Petrovic S. Bee colony optimization algorithm for nurse rostering [J]. IEEE Transactions on Systems Man & Cybernetics Part B，2013，43(2)：467－473.

[191] Dellacroce F，Salassa F. A variable neighborhood search based matheuristic for nurse rostering problems [J]. Annals of Operations Research，2014，218(1)：185－199.

[192] Burke E K，Causmaecker P D，Berghe G V. A hybrid tabu search algorithm for the nurse rostering problem [C]. Asia-Pacific Conference on Simulated Evolution and Learning. Springer Berlin Heidelberg，1998：187－194.

[193] Lin S W，Lee Y E，Chen L C，et al. Applying simulated annealing to the nurse rostering problem in an emergency department [C]. the 21st ispe international conference on concurrent engineering. 2014.

[194] Lo C C，Lin C C，Wang C T，et al. Artificial immune systems for intelligent nurse rostering [C]. IEEE International Conference on Industrial Engineering and Engineering Management. IEEE，2008：862－866.

[195] 张爽,马红梅,沈向英.APN 排班模式对临床护理工作影响的 Meta 分析 [J].中国护理管理，2014,14(8)：834－838.

[196] Haspeslagh S，Causmaecker P D，Schaerf A，et al. The first international nurse rostering

competition 2010 [J]. Annals of Operations Research，2014，218(1)：221 - 236.

[197]　Z Lü, Hao J K. Adaptive neighborhood search for nurse rostering [J]. European Journal of Operational Research，2012，218(3)：865 - 876.

[198]　Valouxis C，Gogos C，Goulas G，et al. A systematic two phase approach for the nurse rostering problem [J]. European Journal of Operational Research，2012，219(2)：425 - 433.

[199]　Tassopoulos I X，Solos I P，Beligiannis G N. A two-phase adaptive variable neighborhood approach for nurse rostering [J]. Computers & Operations Research，2015，60(C)：150 - 169.

[200]　Santos H G，Toffolo T A M，Gomes R A M，et al. Integer programming techniques for the nurse rostering problem [J]. Annals of Operations Research，2016，239(1)：1 - 27.

[201]　Awadallah M A，Khader A T，Al-Betar M A，et al. Global best Harmony Search with a new pitch adjustment designed for Nurse Rostering [J]. Journal of King Saud University-Computer and Information Sciences，2013，25(2)：145 - 162.

[202]　Burke E K，Curtois T. New approaches to nurse rostering benchmark instances [J]. European Journal of Operational Research，2014，237(1)：71 - 81.

[203]　黄宇菲,汪应洛.基于学习遗忘曲线模型的员工生产率研究[J].管理学报,2011,8(9):69.

[204]　Biskup D. Single-machine scheduling with learning considerations [J]. European Journal of Operational Research，1999，115(1)：173 - 178.

[205]　Vahedi-Nouri B，Fattahi P，Tavakkoli-Moghaddam R，et al. A general flow shop scheduling problem with consideration of position-based learning effect and multiple availability constraints [J]. The International Journal of Advanced Manufacturing Technology，2014，73(5 - 8)：601 - 611.

[206]　Globerson S，Levin N，Shtub A，1989. The impact of breaks on forgetting when performing a repetitive task. IIE Transactions 21，376 - 381.

[207]　Bailey C D，1989. Forgetting and the learning curve：a laboratory study. Management Science 35，346 - 352.

[208]　Arzi Y，Shtub A，1997. Learning and forgetting in mental and mechanical tasks：a comparative study. IIE Transactions 29，759 - 768.

[209]　Tan B，Gershwin S B. Analysis of a general Markovian two-stage continuous-flow production system with a finite buffer [J]. International Journal of Production Economics，2009，120(2)：327 - 339.

[210]　Saif B，Mohsen E H，Huang T. Optimal control of a production-inventory system with both backorders and lost sales [J]. Naval Research Logistics，2010，57(3)：252 - 265.

[211]　杨明明,张淑娟,韩翔凌.具有学习效应的间歇批生产的单机排序问题[J].重庆师范大学学报（自然科学版),2011,3:004.

[212]　王桂娜,俞秉昊,潘尔顺.成组生产下的考虑学习和遗忘效应的调度策略[J].工业工程与管理，2013,17(5):60 - 64.

[213] 张小洪,陈剑,潘德惠.有限耐烦期随机库存系统的最优控制[J].中国管理科学,2004,12(2)：38－43.

[214] 王康周,江志斌,李娜,等.不耐烦行为生产库存系统最优生产和分包控制[J].工业工程与管理,2012,17(4).

[215] Kumar P R. Re-entrant lines[J]. Queueing Systems, 1993, 13(1－2)：87－110.

[216] Uzsoy R. Scheduling a single batch processing machine with non-identical job sizes[J]. International Journal of Production Research, 1994,(32)：1615－1635.

[217] Kumar S, Kumar P R. Fluctuation smoothing policies are stable for stochastic re-entrant[J]. Discrete Event Dynamic Systems, 1996, 6(2)：361－370.

[218] Mason S J, Fowler J W, Carlyle W M. A modified shifting bottleneck heuristic for minimizing total weighted tardiness in complex job shop[J]. Journal of Scheduling, 2002, (5)：247－262.

[219] Hwang H, Sun J U. Production sequencing problem with re-entrant work flows and sequence dependent set up times[J]. Computers & Industrial Engineering, 1997, 33(5)：773－776.

[220] Hochbaum D S, Landy D. Scheduling semiconductor burn-in problem operations to minimize total flow time[J]. Operations Research, 1997, 45, 874－885.

[221] Melouk S, Damodaran P, Chang P Y. Minimizing makespan for single machine batch processing with non-identical job sizes using simulated annealing[J]. International Journal of Production Economics 2004, (87)：141－147.

[222] 梁静,钱省三,马良.基于双层蚂蚁算法的半导体炉管制程调度研究[J].系统工程理论与实践,2005,(12)：96－101.

[223] 李莉,乔非,吴启迪.半导体生产线批加工设备调度规则[J].系统仿真学报,2006,18(9)：2419－2425.

[224] Damodaran P, Manjeshwar P K, Srihari K. Minimizing makespan on a batch-processing machine with non-identical job sizes using genetic algorithms[J]. International Journal of Production Economics, 2006, 103(2)：882－891.

[225] 马慧民,叶春明.半导体炉管区批调度问题的粒子群优化算法研究[J].计算机集成制造系统,2007,13(6)：1121－1126.

[226] Monch L, Schabacker R. Genetic algorithm-based subproblem solution procedures for a modified shifting bottleneck heuristic for complex job shops[J]. European Journal of Operational Research, 2007, vol：177.

[227] 田晓雨,乔非,李莉.基于蚁群算法的单台批加工设备调度[J].机电一体化,2008,(3)：32－35.

[228] 郭乘涛.基于问题分解与蚁群算法的半导体晶圆制造系统调度方法的研究[D].上海：上海交通大学,2012.

[229] Wright T P. Factors affecting the cost of airplanes[J]. Journal of Aeronautical Sciences, 1936, (3)：122－128.

[230] Biskup D. Single-machine scheduling with learning considerations[J]. European Journal of

Operational Research，1999，(115)：173 - 178.

[231] Biskup D. A state-of-the-art review on scheduling with learning effect [J]. European Journal of Operational Research，2008，(188)：315 - 329.

[232] Mosheiov G. Scheduling problems with a learning effect [J]. European Journal of Operational Research，2001，(132)：687 - 693.

[233] Wang J B，Xia Z Q. Flow-shop scheduling with a learning effect [J]. The Journal of the Operational Research Society，2005，(56)：1325 - 1330.

[234] Wang J B，Wang M Z，Xia Z Q. Single machine scheduling problems with general learning effect [J]. Journal of mathematical research and exposition，2005，25(4)：642 - 646.

[235] Kuo W H，Yang D L. Minimizing the total completion time in a single-machine scheduling problem with a time-dependent learning effect [J]. European Journal of Operational Research，2006，174(2)：1184 - 1190.

[236] Kuo W H，Yang D L. Minimizing the makespan in a single machine scheduling problem with a time-based learning effect [J]. Information Processing Letters，2006，(97)：64 - 67.

[237] Koulamas C，Kyparisis G J. Single-machine and two-machine flow-shop scheduling with general learning function [J]. European Journal of Operational Research，2007，(178)：402 - 407.

[238] Cheng E T C，Wu C C，Lee W C. Some scheduling problems with sum-of-processing-times-based and job-position-based learning effects [J]. Information sciences，2008，178 (11)：2476 - 2487.

[239] Lee W C，Wu C C. Some single-machine and m-machine flow-shop scheduling problems with learning consideration [J]. Information Sciences，2009，(179)：3885 - 3892.

[240] Ebbinghaus H. Memory：A contribution to experimental psychology [M]. New York 1885 (Transl. by Ruger H A，Bussenius C E，1964).

[241] Arzi Y，Shtub A. Learning and forgetting in mental and mechanical tasks：a comparative study [J]. IIE Transactions 1997，29(9)：759 - 768.

[242] Nembhard D A，Uzumeri M V. Experiential learning and forgetting for manual and cognitive tasks [J]. International Journal of Industrial Ergonomics，2000，25(4)：315 - 326.

[243] Lee W C. A note on deteriorating jobs and learning in single-machine scheduling problems [J]. International Journal of Business and Economics，2004，(3)：83 - 89.

[244] Wang J B，Cheng T C E. Scheduling problems with the effects of deterioration and learning [J]. Asia-Pacific Journal of Operational Research，2007，(24)：245 - 261.

[245] 张新功,李文华.具有学习与退化效应的单机排序问题.河南科学,2008,(26)：398 - 400.

[246] 王桂娜,俞秉昊,潘尔顺.成组生产下的考虑学习和遗忘效应的调度策略 [J].工业工程与管理,2012,17(5)：60 - 64.

[247] Chiu H N. Discrete time-varying demand lot-sizing models with learning and forgetting effects [J]. Production Planning and Control，1997，8 (5)：484 - 493.

[248] 李程.半导体晶圆制造系统(SWFS)炉管区组批派工策略研究 [D].上海交通大学,2011.

[249] 王宏.求解资源受限项目调度问题算法的研究 [D].天津大学,2005.

[250] Patterson J，Huber W. A horizon-varying zero-one approach to project scheduling [J]. Management Science，1974，20：990-998.

[251] Demeulemeester E L，Herroelen W S. New benchmark results for the resource-constrained project scheduling problem [J]. Management Science，1997，43(11)：1485-1492.

[252] Brucker P，Knust S，Schoo A，et al. A branch and bound algorithm for the resource-constrained project scheduling problem [J]. European Journal of Operational Research，1998，107(2)：272-288.

[253] Mingozzi A，Maniezzo V，RICCIARDELLI S，et al. An exact algorithm for the resource-constrained project scheduling problem based on a new mathematical formulation [J]. Management Science，1998，44(5)：714-729.

[254] Möhring R H，Schulz A S，Stork F，et al. Solving project scheduling problems by minimum cut computations [J]. Management Science，2003，49(3)：330-350.

[255] Dorndorf U，Pesch E，Phan-huy T. A time-oriented branch-and-bound algorithm for resource-constrained project scheduling with generalized precedence constraints [J]. Management Science，2000，46(10)：1365-1384.

[256] 刘士新,宋健海.求解资源受限项目调度问题的约束规划/数学规划混合算法[J].控制理论与应用,2011,28(08)：1113-1120.

[257] Dominik Šišejković. Evolution of scheduling heuristics for the resource constrained scheduling problem [D]. Croatia：University of Zagreb，2016.

[258] 郑环宇,王凌,方晨.求解 RCPSP 的一种改进化学反应算法 [J].2012.

[259] 谢阳.基于粒子群算法的带干扰的项目调度问题研究 [D].上海理工大学,2012.

[260] Kelley J E，The critical path method：resources planning and scheduling [J]. Industrial scheduling，1963，347-365.

[261] Kolisch R，Sprecher A，Drexl A. Characterization and generation of a general class of resource-constrained project scheduling problem [J]. Management Science，1995，41(10)：1693-1703.

[262] Kolisch R，Sprecher A. PSPLIB — A project scheduling problem library [J]. European Journal of the operational Research，1996，96：205-216.

[263] Kolisch R. Serial and parallel resource-constrained project scheduling methods revisited：theory and computation [J]. European Journal of Operational Research，1996，90(2)：320-333.

[264] 邓林义,林焰,金朝光.采用优先规则的粒子群算法求解 RCPSP [J].计算机工程与应用,2009,45(10)：40-44.

[265] Baar T，Brucker P，Knust S. Tabu-search algorithms for the resource-constrained project scheduling problem [EB/OL]. Technical report，Universitat Osnabruck，http：//www.bwl.uni-kiel.de/，1997

[266] Hartmann S. A competitive genetic algorithm for resource-constrained project scheduling [EB/OL]. Technical report, Manuskripte aus den Instituten fur Betriebswirtschaftslehre der Universitat Kiel, http：//www.bwl.uni-kiel.de/, 1997，451

[267] Bouleimen K, Lecocq H. A new efficient simulated annealing algorithm for the resource-constrained project scheduling problem [EB/OL]. Technical report, Service de Robotique et Automatisation, Universitéde Liège, http：//www.bwl.uni-kiel.de/1998

[268] Zhang Hong, Li Xiao-dong, Li Heng. Particle swarm optimization-based schemes for resource-constrained project scheduling [J]. Automation in Construction，2005(14)：393－404.

[269] 刘士新,王梦光,唐加福.一种求解资源受限工程调度问题的遗传算法[J].系统工程学报,2002(01)：1－7.

[270] 叶春明,潘登,潘逢山.基于混沌粒子群算法的关键链项目进度管理研究[J].计算机应用研究, 2011,28(03)：890－891＋894.

[271] 程翔,刘升.资源受限项目调度问题的云自适应混合细菌觅食算法求解[J].小型微型计算机系统,2016,37(12)：2733－2738.

[272] 聂慧,刘波,韦向远,刘振丙.一种求解资源受限项目调度问题的差分进化-布谷鸟搜索算法[J].桂林理工大学学报,2014,34(02)：315－321.

[273] 孙晓雅.人工蜂群算法求解资源受限项目调度问题[J].微型机与应用,2011,30(19)：70－72＋75.

[274] 郑晓龙,王凌.随机资源约束项目调度问题基于序的果蝇算法[J].控制理论与应用,2015,32(04)：540－545.

[275] 杨波,万仲平,尹德玉.资源约束项目排序问题的一种修正蚁群算法[J].工程数学学报,2007(03)：437－445.

[276] 方晨,王凌.资源约束项目调度研究综述[J].控制与决策,2010,25(05)：641－650＋656.

[277] 王凌,郑环宇,郑晓龙.不确定资源受限项目调度研究综述[J].控制与决策,2014,29(04)：577－584.

[278] Long L D, Ohsato A. Fuzzy critical chain method for project scheduling under resource constraints and uncertainty [J]. Int J of Project Management, 2008，26(6)：688－698.

[279] Wang J. Constraint-based schedule repair for product development projects with time-limited constraints [J]. Int J of Production Economics, 2005，95(3)：399－414.

[280] 喻小光,战德臣,聂兰顺,初佃辉,徐晓飞.柔性资源约束的资源水平项目调度问题[J].计算机集成制造系统,2010,16(09)：1967－1976.

[281] José Coelho, Mario Vanhoucke. Multi-mode resource-constrained project scheduling using RCPSP and SAT solvers [J]. European Journal of Operational Research，2011, 213(1).

[282] Doreen Krüger Armin School, Managing and modeling general resource transfers in (multi-) project scheduling, OR Spectrum [J]. 2010, 32：369－393.

[283] 张颖,刘艳秋,汪定伟,王福利.RCPSP中现金流优化问题的HGA方法[J].基础自动化,2001

(04)：5-7.

[284] 周树发,刘莉.工程网络计划中的多目标优化问题[J].华东交通大学学报,2004(02)：10-13.

[285] Wright T P. Factors affecting the cost of airplanes[J]. Journal of Aeronautical Sciences，1936，3(4)：122-128.

[286] Biskup D. Single-machine scheduling with learning considerations [J]. European Journal of Operational Research，1999，(115)：173-178.

[287] Biskup D. A state-of-the-art review on scheduling with learning effect[J]. European Journal of Operational Research，2008，(188)：315-329.

[288] Kuo W H，Yang D L. Minimizing the total completion time in a single-machine scheduling problem with a time-dependent learning effect[J]. European Journal of Operational Research，2006，174(2)：1184-1190.

[289] Kuo W H，Yang D L. Minimizing the makespan in a single machine scheduling problem with a time-based learning effect[J]. Information Processing Letters，2006，(97)：64-67.

[290] Lee W C，Lai P J，Wu C C. Erratum to 'Some single-machine and m-machine flow-shop scheduling problems with learning considerations'[J]. Information Sciences：an International Journal，2010，180(6)：1073.

[291] 徐云琴.含搬运机器人的柔性车间调度问题研究[D].上海理工大学,2017.

[292] Baloff N. Startups in Machine-Intensive Production Systems [J]. Journal of Industrial Engineering，1966，17：25-32.

[293] Baloff N. The Learning Curve：Some Controversial Issues[J]. Journal of Industrial Economics，1966，14：275-282.

[294] Baloff N. Estimating the parameters of the Startup Model — An empirical approach[J]. Journal of Industrial Engineering，1967，8：248-253.

[295] Baloff N，Kennelly J W. Accounting implications of product and process start-ups[J]. Journal of Accounting Research，1967，5：131.

[296] Globerson S. Incorporating forgetting into learning curves [J]. International Journal of Operations & Production Management，1987，7(4)：80-94.

[297] Ebbinghaus H. Memory：A contribution to experimental psychology[M]. New York，1885.

[298] Badiru A B. Multivariate analysis of the effect of learning and forgetting on product quality[J]. International Journal of Production Research，1995，33(3)：777-794.

[299] Arzi Y，Shtub A. Learning and forgetting in mental and mechanical tasks：a comparative study [J]. IIE Transactions，1997，29(9)：759-768.

[300] Nembhard D A，Uzumeri M V. Experiential learning and forgetting for manual and cognitive tasks[J]. International Journal of Industrial Ergonomics，2000，25(4)：315-326.

[301] Lee W C. A note on deteriorating jobs and learning in single-machine scheduling problems[J]. International Journal of Business and Economics，2004，(3)：83-89.

[302] 黄宇菲,汪应洛.基于学习遗忘曲线模型的员工生产率研究[J].管理学报,2011,8(09)：1325-1331.

[303] Alcaraz J, Maroto C. A robust genetic algorithm for resource allocation in project scheduling [J]. Annals of Operations Research, 2001, 102：83-109.

[304] Kim K W, Gen M, Yamazaki G. Hybrid genetic algorithm with fuzzy logic for resource-constrained project scheduling [J]. Applied Soft Computing, 2003, 2(3)：174-188.

[305] 吴亚丽,张立香.基于文化遗传算法的资源受限项目调度[J].系统工程,2009,27(04)：78-83.

[306] 曲红,吴娟.基于动态多目标粒子群优化算法的资源受限研发项目进度[J].系统工程,2007(09)：98-102.

[307] 丁知平.拟牛顿粒子群优化算法求解调度问题[J].计算机应用研究,2012,29(01)：140-141+144.

[308] 戴月明,汤继涛,纪志成.协同震荡搜索混沌粒子群求解资源受限项目调度问题[J].计算机应用,2014,34(06)：1798-1802.

[309] 何杰光,陈新度,陈新,刘强.求解资源受限项目调度的双种群准粒子群算法[J].计算机集成制造系统,2015,21(09)：2446-2457.

[310] Hartmann S. Project scheduling under limited resources：Models, methods, and applications [M]. Berlin：Springer, 1999.

[311] Carlson J G, Rowe R G. How much does forgetting cost? [J]. Industrial Engineering, 1976, 8(9)：40-47.

[312] Elmaghraby S E. Economic manufacturing quantities under conditions of learning and forgetting (EMQ/LaF) [J]. Production Planning and Control, 1990, 22(1)：196-208.

[313] Nembhard D A, Uzumeri M V. Experiential learning and forgetting for manual and cognitive tasks [J]. International Journal of Industrial Ergonomics, 2000, 25(8)：315-326.

[314] Sikster M S, Jaber M Y. The Power Integration Diffusion Model for production breaks [J]. Journal of Experimental Psychology Applied, 2002, 8(3)：118-126.

[315] Jaber M Y, Bonney M. Production breaks and the learning curve：The forgetting phenomenon [J]. Applied Mathematical Modeling, 1996, 20(3)：162-169.

[316] Kang H Y, Lee A H I, Lai C M. A fuzzy goal programming with mixed 0-1 integer model approach for color filter inventory management in TFT-LCD manufacturing [C]. Service Operations and Logistics, and Informatics. Service Operations and Logistics, and Informatics, 2008, 2：2707-2712.

[317] Liu Y S, Tang L N, Ma Y Z, et al. TFT-LCD module cell layout design using simulation and fuzzy multiple attribute group decision-making approach [J]. Applied Soft Computing, 2017, 11：1863-1870.

[318] Wang P S, Yang T, Chang M C. Effective layout designs for the Shojinka control problem for a TFT-LCD module assembly line [J]. Journal of Manufacturing Systems, 2017, 44：255-269.

[319] Lu J M, Twu L J, Wang M J. Risk assessments of work-related musculoskeletal disorders among the

TFT-LCD manufacturing operators [J]. International Journal of Industrial Ergonomics，2016，52：40 - 51.

[320]　Chang D S，Te Lai S. Implementation of cross-generation automation transportation system in the TFT-LCD industry [J]. The International Journal of Advanced Manufacturing Technology，2015，78(5 - 8)：753 - 763.

[321]　Lee C Y，Chiang M C. Aggregate demand forecast with small data and robust capacity decision in TFT-LCD manufacturing [J]. Computers & Industrial Engineering，2016，99：415 - 422.

[322]　Chen T L，Lin J T，Wu C H. Coordinated capacity planning in two-stage thin-film-transistor liquid-crystal-display (TFT-LCD) production networks [J]. Omega，2014，42(1)：141 - 156.

[323]　Lin J T，Chen T L，Chu H C. A stochastic dynamic programming approach for multi-site capacity planning in TFT-LCD manufacturing under demand uncertainty [J]. International Journal of Production Economics，2014，148：21 - 36.

[324]　Won M S，Amanov A，Kim H J，et al. Evaluation of the mechanical and tribological properties of a TFT-LCD panel [J]. Tribology International，2014，73(5)：95 - 100.

[325]　Cen Y G，Zhao R Z，Cen L H，et al. Defect inspection for TFT-LCD images based on the low-rank matrix reconstruction [J]. Neurocomputing，2015，149：1206 - 1215.

[326]　Colades J I，Luna M D G D，Su C C，et al. Treatment of thin film transistor-liquid crystal display (TFT-LCD) wastewater by the electro-Fenton process [J]. Separation and Purification Technology，2015，145：104 - 112.

[327]　Yoshida H，Izhar S，Nishio E，et al. Recovery of indium from TFT and CF glasses of LCD wastes using NaOH-enhanced sub-critical water [J]. Journal of Supercritical Fluids，2015，104：40 - 48.

[328]　Lin L Y，Bai H. Facile and surfactant-free route to mesoporous silica-based adsorbents from TFT-LCD industrial waste powder for CO_2 capture [J]. Microporous and Mesoporous Materials，2013，170(2)：266 - 273.

[329]　Liu X，Hu H，Ning C，et al. Investigation into sand mura effects of a-IGZO TFT LCDs [J]. Microelectronics Reliability，2016，63：148 - 151.

[330]　Wang R Z，Wu S L，Li X Y，et al. The electrical performance and gate bias stability of an amorphous InGaZnO thin-film transistor with HfO_2 high-k dielectrics [J]. Solid-State Electronics，2017，133：6 - 9.

[331]　Bae M S，Park C，Shin D，et al. Effects of mechanical stresses on the reliability of low-temperature polycrystalline silicon thin film transistors for foldable displays [J]. Solid-State Electronics，2017，133：1 - 5.

[332]　Shin D，Bae M S，Yun I. Instability of oxide thin film transistor under electrical-mechanical hybrid stress for foldable display [J]. Microelectronics Reliability，2016，64：109 - 112.

[333]　Lee S M，Park C，Yun I. Crack-guided effect on dynamic mechanical stress for foldable low

temperature polycrystalline silicon thin film transistors［J］. Microelectronics Reliability，2016，64，84－87.

［334］ Sang M L，Yun I. Effect of selectively passivated layer on foldable low temperature polycrystalline silicon thin film transistor characteristics under dynamic mechanical stress［J］. Microelectronics Reliability，2017，76，606－609.

［335］ Kang L W，Weng M F，Jheng C L，et al. Content-aware image retargeting for image display on foldable mobile devices［J］. Procedia Computer Science，2015，56：104－110.

［336］ 于洪伟.TFT－LCD 厂的 Array 生产制造系统仿真与调度技术研究［D].东北大学,2009.

［337］ Choi H S，Kim J S，Lee D H. Real-time scheduling for reentrant hybrid flow shops：A decision tree based mechanism and its application to a TFT-LCD line［J］. Expert Systems with Applications，2011，38(4)：3514－3521.

［338］ 盛碧琦.半导体/TFT－LCD 制程统计建模与批间控制研究［D].江苏大学,2012.

［339］ Lin J T，Wang F K，Peng C C. Lot release time and dispatching rule for a TFT-LCD cell process［J］. Robotics and Computer-Integrated Manufacturing，2008：228－238.

［340］ WU H H，CHEN C P，Tsai C H. Simulation and scheduling implementation study of TFT-LCD Cell plants using Drum-Buffer-Rope system［J］. Expert Systems with Applications，2010，37(12)：8127－8133.

［341］ Yang T，Lu J C. A hybrid pre-emptive and competitive neural-network approach in solving the multi-objective dispatching problem for TFT-LCD manufacturing［J］. International Journal of Production Research，2010，48(16)：4807－4828.

［342］ Tai Y T，Lai C M. The liquid crystal injection scheduling problem［J］. International Journal of Production Research，2011，49(2)：467－484.

［343］ 徐峰,步丰林.改进遗传算法求解混合流水装配作业调度问题［J].微型电脑应用,2013,29(9)：58－61.

［344］ Chung S H，Tai Y T，Pearn W L. Minimising makespan on parallel batch processing machines with non-identical ready time and arbitrary job sizes［J］. International Journal of Production Research，2009，47(18)：5109－5128.

［345］ Lin C C，Kang J R，Liu W Y，et al. Modeling the master production scheduling system with downgraded products for a TFT-LCD module factory［C］. Proceeding of the 2012 IEEE IEEM. Washington：IEEM Computer Society，2012：459－463.

［346］ Chou C W，Chien C F. A multi-objective hybrid genetic algorithm for TFT-LCD module assembly scheduling［J］. IEEE Transactions on Automation Science and Engineering，2014，11(3)：692－705.

［347］ Gen M，Zhang W，Lin L. Multiobjective hybrid genetic algorithms for manufacturing scheduling：Part II case studies of HDD and TFT-LCD［C］. ICMSEM. Berlin：Springer，2015，362：27－54.

［348］ Che W，Chen F. A multi-objective hybrid genetic algorithm for tft-lcd module assembly scheduling

[J]. IEEE Trans on Automation Science and Engineering，2014，3(11)：692 - 705.

[349]　Shin H J，Kang Y H. A rework-based dispatching algorithm for module process in TFT-LCD manufacture [J]. International Journal of Production Research，2010，48(3)：915 - 931.

[350]　Wright T P. Factors affecting the cost of airplanes [J]. Journal of Aeronautical Sciences，1936，3(4)：122 - 128.

[351]　Biskup D. Single-machine scheduling with learning considerations [J]. European Journal of Operational Research，1999，115(1)：173 - 178.

[352]　Mosheiov G. Scheduling problems with a learning effect [J]. European Journal of Operational Research，2001，132(3)：687 - 693.

[353]　Mosheiov G，Sidney J B. Scheduling with general job-dependent learning curves [J]. European Journal of Operational Research，2003，147(3)：665 - 670.

[354]　Kuo W H，Yang D L，Hsu C J. An unrelated parallel machine scheduling problem with past-sequence-dependent setup time and learning effects [C]. The 40th International Conference on Computers & Industrial Engineering. Amsterdam：Elsevier，2010：1 - 3.

[355]　Eren T，Guner E. Flow-shop scheduling with general job-dependent with learning effect [J]. Journal of Defence Sciences，2003，2(2)：1 - 11.

[356]　Wang J B，Xia Z Q. Flow-shop scheduling with a learning effect [J]. The Journal of the Operational Research Society，2005，56(11)：1325 - 1330.

[357]　Chen P，Wu C C，Lee W C. A bi-citeria two machine flow-shop scheduling problem with a learning effect [J]. Journal of Operation Research Society，2006，57(9)：1113 - 1125.

[358]　Wang J B，Wang M Z，Xia Z Q. Single machine scheduling problems with general learning effect [J]. Journal of mathematical research and exposition，2005，25(4)：642 - 646.

[359]　Biskup D. A state-of-the-art review on scheduling with learning effect [J]. European Journal of Operational Research，2008，188(2)：315 - 329.

[360]　Kuo W H，Yang D L. Minimizing the total completion time in a single-machine scheduling problem with a time-dependent learning effect [J]. European Journal of Operational Research，2006，174(2)：1184 - 1190.

[361]　Kuo W H，Yang D L. Minimizing the makespan in a single-machine scheduling problem with a time-based learning effect [J]. European Journal of Operational Research，2006，97(2)：64 - 67.

[362]　曹磊，叶春明，包晓晓.改进果蝇算法求解带有学习效应的 PFSP [J].数学理论与应用，2015，35(1)：103 - 114.

[363]　Cheng W C，Wu C C，Lee W C. Some scheduling problems with sum-of-processing-times-based and job-position-based learning effects [J]. Information Sciences，2008，178(11)：2476 - 2487.

[364]　Lee W C，Wu C C. Some single-machine and m-machine flow-shop scheduling problems with learning consideration [J]. Information Sciences，2009，179(22)：3885 - 3892.

［365］　Yang S J，Lee H T，Guo J Y. Multiple common due dates assignment and scheduling problems with resource allocation and general position-dependent deterioration effect ［J］. The International Journal of Advanced Manufacturing Technology，2013，67(1－4)：181－188.

［366］　Lee W C. A note on deteriorating jobs and learning in single-machine scheduling problem ［J］. International Journal of Business and Economics，2004，3(1)：83－89.

［367］　赵静，叶春明.基于萤火虫算法的学习遗忘效应 BFSP 问题研究［J］.上海理工大学学报,2014,36(6)：585－590.

［368］　侯丰龙,叶春明,耿秀丽.同时具有学习和遗忘效应的 TFT－LCD 模块组装调度问题研究［J］.计算机应用研究,2016,33(12)：3573－3578＋3662.

［369］　Chiu H N. Discrete time-varying demand lot-sizing models with learning and forgetting effects ［J］. Production Planning and Control，1997，8(5)：484－493.

第二章
生产计划调度中行为因素影响及应用模式研究

2.1　相关理论概述与生产计划调度中行为因素应用模式研究

2.1.1　行为科学相关理论

行为(Behavior)的主体是人,一般指人的有意识、有目的的社会活动,是人与环境相互作用的产物和表现[1]。狭义上行为仅指个体的外显动作,如工作、跑步、游泳等,这些动作可被别人的感官观察得知或被有关设备记录下来;广义上的行为,除了那些外显的动作外,还包含有人的生理、心理、思维等内在因素,如动机、意识、思考、信念、价值观等,它们是外显行为的内在驱动力(Drive),具有决定行为的可能性和趋向。行为离不开行为人,也离不开外在的环境刺激。当行为的主体是个人时,那是个人的行为;当行为的主体是部门、科室等时,那是群体的行为;当行为主体是企业、政府、机关等时,那是组织的行为。

人的行为具有如下特点:

一是适应性,即人的行为反应既要符合环境的要求又要满足本身的需求;

二是多样性,不同的人在不同的时间、地点等条件下会做出多种多样的行为反应;

三是动态性,人的行为会随着时间地点的变化而不断发展变化;

四是可控性,人的行为可以通过各种措施,如培训、教育、奖励等,消除消极行为,诱导和发回积极行为;

五是关联性,人的行为实质是人的生理、心理因素与客观环境相互作用的结果和表现。

人类行为无一不是动机性行为。动机原意就是引起动作之意,即引起个体行为、维持该行为并将此行为导向某一目标的过程。所以,凡是能够引起行为发生的原因或条件都可称为动机。动机种类复杂,可分为三类:一是生理性动机,它是生物共同的需要,又称原始性驱力;二是心理性动机,如情绪、寻求愉快、好奇等都是心理性动机的反应;三是社会性动机,由于其起源于后天社会环境的学习,又可称为"学习动机"或"衍生性动机",它是个体对社会的人际互动关系经验的总结,并且可导致个体本能的驱力的改变。

影响行为的因素可分为个人因素、环境因素和文化因素三个方面。个人因素包含有生理构造、个体背景、身心状况等;环境因素包含有物质环境、生物环境、社会环境等;文化因素指一个社会或组织的知识、道德、价值观和习惯等。

行为的现象非常复杂,为了研究和揭示人的行为现象,学者提出了多种行为模式理论,主要包括以下七种模式:

一是"S→R"模式,S代表刺激(Stimulus),R代表反应(Response),箭头表示神经系统的作用,这种模式表示一种刺激一定可以引起某种反应,此反应仅显示固定的发射活动;

二是"S→O→R"模式,其中O表示有机体(Organism),该模式指出刺激不能单独决定反应,有机体才是决定反应的因素,一个人的行为通常都是基于某种刺激或某种状况的存在从而传达到个人的神经系统内,每个人由于生活状况、知识背景、身体状况及情绪等不同,反应也会有不同;

三是个体与其周围环境的函数关系,由勒温(Lewin)基于团体力学的构想和实验研究而提出,将情境中影响是 $B=f(P.—E)$ 模式,其中B表示个体的行为、f是函数、P表示个体的特征、E表示环境,该模式表明行为团体行为的各种因素以场内力学的概念来处理,这就是著名的"场地理论";

四是李斯特的行为模式,其是基于行为的因果关系、目标导向及刺激等三个基本因素而建立的;

五是赫赛(Hersey)模式,认为一切行为是一系列动机的活动,动机是行为的动因,它引起活动并维持活动导向目标,这种激发动机的目标称为"诱因",每个人有很多动机,但行为被最强的"优势动机"决定,该模式表示影响一个人的行为必须要了解其最重要的动机,然后对诱因进行排序才能获得预期的效用,并指出影响动机的因素主要有两个,分别为期望和可行性;

六是哥德蒙(Goldiamond)模式,该模式是基于哥德蒙的实验得出,由一系列描述性模式组成,主要涉及奖赏与惩罚对行为的影响;

七是科勒斯(Kolasa)模式,这是从系统分析方法的角度对行为模式的描述,即"投入-输出系统",该行为模式注重体系内外的相互关系,用可以观察的实体现象来说明行为过程,并指出反馈是模式中重要的一部分,从而构成一个闭路线圈系统,比较切合实际,具体模式图如图 2-1 所示。

如果将人的行为模式看作一个系统,那么认知心理学、行为主义心理学两门学科将分别对应"黑箱白化"方法和"黑箱"控制方法。认知心理学主要研究人类行为心理机制

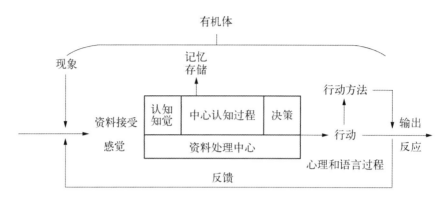

图 2 - 1 "投入-输出系统"行为模式图

系统的输入和输出之间发生的内部心理过程,尽可能将黑箱白化,探讨其内部结构和功能过程,被视为一种纯粹的自然科学。行为主义心理学主张采用客观方法研究人类行为,通过对行为的研究确定刺激与反应之间的规律,从而预测和控制有机体的行为,采用的是黑箱控制方法。此外,社会心理学作为研究个体和群体的规律的一门学科,也为在企业运作环境中研究人的行为提供了非常重要的理论依据,它主要研究受他人和群体制约下的个体思想、情感和行为。

上述学科的研究成果指出人的行为不是简单的刺激-反应,而是会通过人这个有机体的知觉、认知、个体特质反应、思考、动机及目标等个体生理、心理因素在环境刺激下交互作用并导致特定或一系列的行动、方法或手段。因此,行为科学作为一门研究人的行为的学科,是综合了认知心理学、社会心理学、文化人类学及统计学,甚至包含经济学等知识形成的一门含有多种交叉学科的学问。同时行为科学也是一门经验科学,其研究方法多采用观察法、实验法和调查法,研究工具在"量化"的效度上无法与自然科学相比,其研究人性特征,人性特征多半不能测量,只能从有关外显行为观察测量的结果去推断,这样由间接测量所得数据事实与个体内在真相之间可能会存在相当的差距,目前,以科学测量方式研究人性的尝试依然在摸索阶段。

2.1.2 行为运作管理理论及方法

刘作仪和查勇[2](2009)对行为运作管理的定义指出,行为运作管理主要研究人的行为和认知过程及它们对运作系统和过程的影响。行为运作管理的目的就是减少运作管理的研究与实际的差距,将更加符合现实的人的行为纳入运作系统的研究之中。Gino和Pisano[3](2008)、Loch 和 Wu[4](2007)以及 Bendoly、Croson 和 Goncalves[5](2010)也都从认知心理学、社会心理学、系统动力学和群体动力学四个学科中梳理了已有的行为研究成果,为学者在运作管理研究中考虑人的行为特征提供了一定的借鉴。Bendoly、Donohue 和 Schultz[6](2006)将行为运作研究范畴分为以下六个方向:产品开发、库存管理、生产与作业流程管理、质量管理控制、采购与战略外包以及供应链管理。

　　在行为运作管理的思路和方法方面,Boudreau 和 Hopp[7](2003)指出要重视运作管理和人力资源管理的结合,要在它们之间提供接口,其思路图如 2-2 所示。陈宗建[8](2010)根据李怀祖[9](2004)的学科定位频谱图(如图 2-3)指出行为运作管理反映了自然科学或社会科学和人文学科在运作管理学科中的融合,并将导致运作管理研究范式的改变。此外,Gino 和 Pisano[3](2008)梳理了现有行为运作管理(BOM)的研究方法,并从其与传统运作管理(OM)的关系角度进行了划分了如下五类。

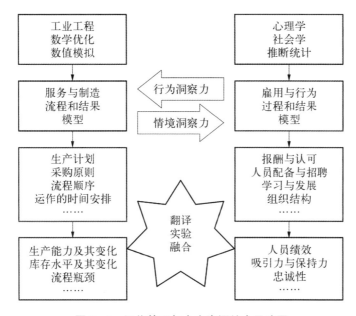

图 2-2　运作管理与人力资源结合思路图

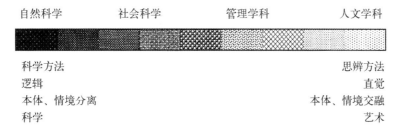

自然科学　　　　社会科学　　　　　管理学科　　　　人文学科

科学方法　　　　　　　　　　　　　　　　　　思辨方法
逻辑　　　　　　　　　　　　　　　　　　　　直觉
本体、情境分离　　　　　　　　　　　　　　本体、情境交融
科学　　　　　　　　　　　　　　　　　　　艺术

图 2-3　学科定位频谱图(李怀祖,2004)

　　一是复制研究(replication studies),是指以心理学或行为决策理论的研究结果为起点,直接将其复制或修正应用到现有运作管理的研究中,以观测能否直接应用或已经发生质变。

　　二是理论测试研究(theory-testing studies),是指通过模拟实验来检验现有运作管理的理论与现实是否相符及具体偏差,主要包含三种方法:规范性研究,即通过标准化实验来模拟预期结果;描述性研究,即通过实验描述和行为测试以解释心理因素带来的偏差;规定性研究,即寻求防范行为偏差的技术方案以降低和消除系统性失误带来的影响。

三是理论产生式研究(theory-generating studies),通过现有的行为运作数学模型,根据实际行为人的行为特征如偏好等,修正模型假设,并在修正过的假设基础上寻求模型的优化方案,试图更新现有行为运作理论。

四是适应性研究(adaptation studies),这类研究直接从行为运作管理的问题、现象或困惑着手,从行为运作角度对潜在行为加以解释,一般应用于系统动力学模型的研究。

五是特殊类型的 OM 研究(OM-specific studies),指针对特定的运作管理问题或情境,综合运用多种方法,如实验室实验、现场研究、建模和实证分析,分析并解决这些特定运作管理问题。

在以上对 BOM 的研究中,从不同的角度和方法对运作管理中的行为因素加以研究,逐步放松了传统运作管理的两个假设:一个是寻找调节物质系统和组织行为的严格定律;另一个是大多数规范的分析模型中关于"所有参与到运作系统中的行为人是完全理性的"的假设。而陈宗建[8](2010)指出现有行为运作管理的研究只是逐步改变或扩展了后一种"完全理性人"的假设,对前一种寻找严格定律的假设却依然在遵循,其从二象对偶时间视

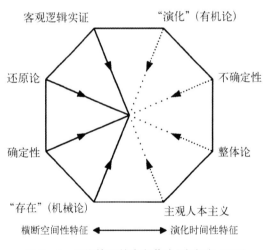

图 2 - 4　运作管理的全息范式(陈宗建,2010)

角提出了行为运作管理(主要是战略层面)的全息研究范式,该范式如图 2 - 4 所示,左边的还原论和机械论认为"要理解整体必须先要理解局部",右边的整体论和有机论则主张"要理解局部必须先要理解整体"。陈宗建认为运作管理应坚持"局部就是整体"的全息思想,整体存在于其每一部分之中,比如当航空公司忽视了客户的预订时,客户不会机械地认为,只是整体(整个航空公司)中的这一小部分(个别预订)做得不好,而是会针对航空公司这个整体说道:你们不懂得怎样经营航空公司。

2.1.3　有限理性基本理论

20 世纪 50 年代,西蒙(Simon)[10,11]对新古典经济学理论中的完全理性假设提出质疑,揭示传统经济学理性决策中假设行为主体"全知全能"并排除心理因素对人的行为的影响的缺陷,认为人作为个体的能力是有限的,包括认知方面(知识、计算、想象力等)和心智能力(心态情绪控制、偏好、个性不足等)等。同时外部环境又存在诸多不确定性和不可控因素,而信息也具有不对称性,所以人的决策行为必定是有限理性的。1996 年

Arrow[12]提出有限理性(bounded rationality)概念,指人的行为是有意识地理性的,但是这种理性是有限的。因为,首先,人所面临的环境是复杂的、不确定的,牵涉的交易活动越多,这种不确定性越大,人所能获取的信息越不完全;其次,人对环境信息的认知、转化、运算等能力是有限的。

有限理性理论主要有三个观点:一是手段-目标链的内涵有一定的矛盾,会导致不准确的结论;二是决策者追求理性,但又不是最大限度地追求理性,他只要求有限理性;三是决策者在决策中追求"满意解",而非"最优解"。可知,人类在面对复杂的环境下,趋向于简化决策方法,或仅仅满足于用简单的启发式方法、凭借经验、习惯和惯例等去寻求事情的满意方案,这也就导致了在面对相同的复杂决策环境时,不同的人会有不同的决策结果。

在有限理性观点下,不同学者也从不同的角度积极探讨了有限理性下决策人的决策方法、模式及模型[13],这些模型主要包含两类:一类是考虑决策主体和决策过程的模型,另一类是度量有限理性实现程度的模型。

西蒙(Simon)单纯从决策者着手,在考虑决策者信息处理和能力有限的情况下,提出决策者在面临不确定时只考虑备选项是否当下达到了自己的满意水平,据此决策取舍,而不考虑各种可能出现的结果对自己效用的影响。据此,Simon提出在决策时引进简化的报酬函数,对于取值范围不限于两个不同值的一般报酬函数可通过引入基数效用函数得到近似函数:

$$V_{(s)} = V(W_{(s)}) \qquad (2-1)$$

上式中所得只需取(1, 0)两值之一,或取(1, 0, −1)三值之一,可理解为"满意、不满意"或"胜、平、负"。

Conlisk[14](1996)建立的有限理性决策过程模型考虑了思考努力成本因素,指出决策者在考虑报酬函数最大化时会综合考虑思考努力成本,从而在两者中间找到一个均衡。具体模型如下:

$$\max_{T} E\left\{\prod[X(T)]\right\} - CT \qquad (2-2)$$

其中 T 为时间,X 为决策变量,为原问题的目标函数,C 为思考努力的单位成本。

在对有限理性度量的研究中,Luce[15](1959)应用概率方法,并认为行为人的目标函数就是最大化其预期效用,建立了如下模型:

$$\max_{q} V(\theta) = \max_{q} \sum_{i=1}^{n} p_i(q) u_i(\theta) \qquad (2-3)$$

其中 θ 表示行为人,$p_i = p_s(\alpha_i) \dfrac{e^{qu_i}}{\sum\limits_{i=1}^{n} e^{qu_i}}$,$i = 1, 2, ..., n$ 为该模型假设的行为人从有 n 物品的集合 S 中选择物品 α_i 的概率,$q \geq 0$ 表示选择的准确程度,u_i 为备选集合 S

中 i 物品带来的效用值。当 $q=0$ 时，$p_i=1/n$，表示行为人缺乏理性；当 $q=\infty$，p_i 趋向于 1，效用最大，认为行为人完全理性；当 $q \in (0, \infty)$ 时，行为人的预期效用介于两者之间，认为行为人处于有限理性。由于有限理性并不是简单的概率选择问题，所以该模型的实用性有待考察。江涛等[16]（2007）对该模型提出修正，将有限理性实现程度的因素划分为三类：认知(r)、环境(e)和随机扰动(ε)，并定义了有限理性系数 $q=q(r, e, \varepsilon)$。从而 Luce 模型改为如下：

$$\max_{r, e} \sum_{i=1}^{n} p_i(r, e, \varepsilon)u_i$$
$$s.t. \begin{cases} c(r) \leqslant R \\ n(e) \leqslant E \end{cases} \qquad (2-4)$$

其中，$c(r)$ 是认知成本函数，且 $\dfrac{\partial c}{\partial r}>0$，$\dfrac{\partial c^2}{\partial r^2}<0$；

$n(e)$ 是环境成本函数，且 $\dfrac{\partial n}{\partial e}>0$，$\dfrac{\partial n^2}{\partial e^2}<0$。但该改进模型未说明三因素与有限理性的关系及影响三因素的路径和方式。

李亮[17]（2005）基于成本-收益原则提出了如下有限理性度量模型：

$$F=\omega_1(\pi_1-C_{r1})+\omega_2(\pi_2-C_{r2})+...+\omega_n(\pi_n-C_{rn}) \qquad (2-5)$$

其中 ω_i 是行为在整个行为组合中所占的权重系数，且为 $\omega_1+\omega_2+...+\omega_n=1$ 每个的成本；为每个的期望收益。F 值越大代表行为人的理性程度越高，F_{min} 表示完全非理性状态，F_{max} 表示完全理性状态，$F \in (F_{min}, F_{max})$ 当表示有限理性状态。

何大安[18]（2004）在提出的有限理性度量模型中将行为人有限理性影响因素分成认知能力、环境不确定性、信息不完全性，并考虑了时间因素，具体模型如下：

$$F(X, Y, Z)=aX+bY+cZ+\varepsilon;$$
$$F(X_d, Y_d, Z_d) \leqslant F(X, Y, Z) \leqslant F(X_g, Y_g, Z_g); \qquad (2-6)$$
$$F(X_{t+1}, Y_{t+1}, Z_{t+1}) > F(X_t, Y_t, Z_t);$$

其中，X 表示认知能力，Y 表示环境不确定性，Z 表示信息不完全性，ε 表示随机变量；$F(X_d, Y_d, Z_d)$，$F(X, Y, Z)$，$F(X_g, Y_g, Z_g)$ 分别表示即时有限理性、实际有限理性、潜在有限理性三种状态；第三个式子表示时间因素对有限理性实现程度存在正相关。由于该模型很多变量不能量化，因此实用性不足，并且时间因素是否对有限理性实现程度具有促进作用还需商榷。

2.1.4　不确定情况下行为决策相关方法和理论

当在研究中考虑人的行为时，往往牵涉到对系统的不确定性和鲁棒性的研究，因为人的行为具有复杂性、决策环境可能也瞬息万变,在企业的实际经营中通过规范化方法得出的决策往往是短时的、瞬时的,在可变而不确定的情况下,人的决策行为往往偏向于利用简化的规则、经验等进行决策。不确定性和风险有所不同,虽然不确定性是风险的起源,但是也有相关学者[19]认为风险是能确定未来结果概率的不确定事件,而不确定性是指无法确定未来结果概率的。人的行为也许是千差万别的,但是学者认为在不确定情况下人们的决策确实有规律可循的,经典的两种基本理论就是期望效用理论和前景理论。

2.1.4.1　期望效用理论

最早关于不确定性问题的研究是数学家,早在 18 世纪,数学家从数学角度提出数学期望值(Expected Value)理论:

$$EV = \sum X_i \times P_i \qquad (2-7)$$

上式表示获得报酬的概率为,指出人们在面对不确定时,将根据所得期望值最大的方案进行决策。

但 1727 年 Nicolas Bernoulli 提出的圣彼得堡悖论,对数学期望值理论进行了挑战。1738 年 Nicolas Bernoulli 解释了圣彼得堡悖论,其认为人们的不确定性决策与其对风险的态度有关,即人们并不太关心所获得的期望值,而是关注所得给自己带来的效用(满足感),并且随着总财富值的增加,边际效用会递减。其数学表达式如下:

$$EU = \sum U(X_i) \times P_i \qquad (2-8)$$

其中 $U(X_i)$ 表示 X_i 的效用函数[可用对数函数表示: $U(X) = a\ln(X)$], P_i 为获得报酬 X_i 的概率。

1944 年 Von Neumann 和 Morgenstern 在上述理论基础上认为人们在不确定情况下的决策依据其对选择对象的偏好关系,如果赋予一些理性假设和公理就可以逻辑地分析人们基于这些偏好的选择和后果,从而提出期望效用(Expected Utility)理论。其中的一些假设和公理[20]有完备性、传递性、相消性、占优性、不变性等假设及独立性和连续性公理。其给出当状态空间有两种可能结果时预期效用形式:

$$U(p, x, y) = u(x)p + u(y)(1-p) \qquad (2-9)$$

其中 x、y 分别为状态空间的两种可能结果, $u(x)$、$u(y)$ 分别为对应效用函数值,表示以概率 p 获得 x,以 $1-p$ 获得 y。并指出对于风险中性者,效用函数为线性;对于风险偏好者,效用函数为凸函数;对于风险规避者,效用函数为凹函数。

后来一些学者也对期望效用理论进行了改进和替代,如由于经典期望效用理论中 p 为客观概率,较难得到,一些学者提出"主观期望效用理论"等。

2.1.4.2　前景理论

期望效用理论作为理性决策理论,在人们的现实决策中往往违背其中的一些假设和公理,最著名的有 1988 年诺贝尔奖得主 Allais 建立的阿莱斯悖论(Allais Paradox)和 1961 年 Ellsberg 提出的违背相消性的埃尔斯伯格悖论。而且在现实中人们的决策行为显示,人们进行决策时不仅仅依赖问题本身,还依赖人们学习所得的知识和实践所得的经验。在面临复杂、不确定性的决策问题时,由于时间、信息加工能力、先前经验等的约束和限制,人们往往不可能应用理性原则进行复杂的逻辑运算,而只能依据自己的直觉,如此往往会使得决策产生一定的偏差和不一致,这些偏差大致可分为三类[20],分别为代表性直觉与偏差、易得性直觉和偏差、锚定和调整。

代表性直觉与偏差包含:结合谬论,指随着情景细节数量的增多,所得情景发生的概率只能逐渐降低,但是其代表性和由此带来的外在显现可能性会上升;小数法则,指人们用小样本来反映总体性质产生的偏差;忽视事件先验概率,该类研究表明,有关先验概率的信息如果和人们对因果关系的认知相一致时,人们会使用先验概率信息,当增加附加信息时,如果附加信息属于事件相关因素时,人们也将愿意运用先验概率,但当附加信息属于非相关因素时,人们却往往会忽略先验概率信息;非回归性预测;有效性幻觉。

易得性直觉和偏差指人们因记忆能力或知识有限,在决策时大多会利用自己所熟悉的或能够通过想象构造得到的信息,而导致给予那些容易看见和记忆的信息较大的权重或比重。这种易得性直觉和偏差主要有以下几种:由媒体报道导致、由关联和想象导致、由视觉导致、由生动性描述导致、由结果估计导致等。

锚定和调整主要指人们在做估计和判断时,往往会选择一个参照点或初始值,对目标或得失的判断往往以此参照点为锚点,或在此基准上加以调整得到一个新的决策或方案。

以上人们在不确定下的决策属于依靠简化的原则或标准,属于启发式规则。

在阿莱斯悖论、埃尔斯伯格悖论和启发式规则研究下,人们渐渐认为期望效用理论不能描述实际人们的决策过程,只能描述人们在理性下"应该怎么做"。而现实中"人们实际做了什么"却不能从期望效用理论中得出。由此,一些学者抛弃期望效应理论,尝试构建新的决策理论,1979 年 Kahneman 和 Tversky[21] 提出"前景理论"(Prospect Theory),通过总结违反传统理论的部分,提出其理论基础的三个效应:一是确定性效应(Certainty Effect),指相对于不确定结果,人们更看重确定性结果;二是反射效应(Reflection Effect),指人们面对得失选择时,偏好相反;三是分离效应(Isolation Effect)或框架效应,指对于同一个不确定情景,不同的描述方式会导致不同的偏好选择。

具体的基于前景理论的决策过程主要分为编辑和评价两个阶段。

(1)编辑阶段。

编辑阶段主要对前景行为进行简化和加工,使得决策变得更容易,主要包含四个步骤：一是编码(coding)，指根据参照点把一个前景行为编译为主体的获得或损失，需要注意的是参照点根据效用理论知其与目前水平有关，根据分离效应可知其与描述方式有关等；二是合并(combination)，指将前景行为中出现相同结果概率的行为合并；三是分解(segregation)，指将具有严格正或负的行为分解为无风险和有风险两部分，以方便评价；四是消除(cancellation)，一种是前面所说分离效应的消除，另一种是不同前景行为相同因子的消除。

（2）评价阶段。

评价阶段指对经过编辑简化后的前景行为进行评价，依据价值最大化原则进行选择和决策。前景行为的总价值 V 由价值函数 v 和决策权重函数 π 线性加权所得，v 价值函数反映行为的主观价值，代表结果与参照点的偏离程度，π 权重函数反映概率 p 对前景行为价值的影响。其经典模型如下式所示：

$$V(x, p; y, q) = v(x)\pi(p) + v(y)\pi(q) \tag{2-10}$$

其中，$v(0) = 0$，$\pi(0) = 0$，$\pi(1) = 1$。

其中价值函数具有如图 2-5 所展示的特性。决策权重函数具有与真实概率 p 相关、过分重视小概率事件、次可加性、次确定性、次比例性等特征，具有如图 2-6 所展示的特性。

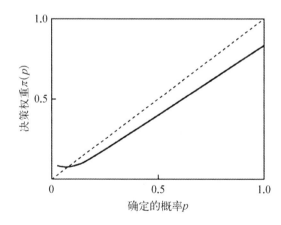

图 2-5　价值函数特性(转自孙多勇，2005)

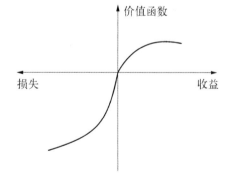

图 2-6　决策权重函数(转自孙多勇，2005)

前景理论中参考点的选择也至关重要，可直接决定个人对行为结果的得失看法。

前景理论虽然能解释很多人们实际决策时的情景，但其不满足"一阶占优原则"[22]，因此，Kahneman 和 Tversky 在 1992 年又提出累积前景理论等。

2.1.5　虚拟组织理论

虚拟组织是指两个或两个以上的，或在法律意义上独立的并且具有核心能力的公司、机构、个人(包括供应商、制作商和客户),为迅速向市场或用户提供某种产品和服务,组成的一种临时性(非永久性)、非固定化的互相信任、相互合作的组织联盟,即动态联盟[23]。

虚拟组织不是一个企业,是一些欲结盟的企业在自愿互利原则下,通过契约方式结合起来的合作模式,以期实现降低交易费用、实现优势互补、减少不确定性、提高市场竞争力等目的,是由多个独立企业组成的虚拟组织单位,在这个组织单位中,每个企业都贡献各自的核心能力和资源,相互信任,相互协作,以使整个虚拟组织价值最大化。该组织模式能够有效、快速应对瞬息万变的市场需求环境,突破了组织边界、空间及时间的限制,具有如下特点:

一是各成员企业资源和核心能力的互补性;

二是组织边界的模糊性,传统组织中,边界被认为是稳定、一致和连续的,而虚拟组织是由临时组织建立,它打破了传统企业组织结构的层次和界限;

三是组织结构扁平化、信息化,削减了中间层次,能够对市场需求或环境变化迅速做出应对;

四是组织构成的动态化;

五是对环境变化的敏感性与响应的敏捷性。

虚拟组织这种动态联盟,其实质是采用了项目管理类似的形式,对具有复杂或产销垂直一体化的企业的供应链协作管理也具有借鉴意义。

2.1.6　经典生产计划与调度

在第一章中已经提到生产计划调度与具体的生产品类等密切相关,不同的品类的产品,其工艺特点、生产调度模式等也不尽相同。根据工艺特点,制造过程可分为流程生产型和离散生产型两大类。流程生产型又可分为连续过程和批量过程,离散生产型可分为按库存生产 MTS(Make To Stock)、按订单制造 MTO(Make To Order)。按生产产品的种类批量可以分为小品种大批量、中等品种中等批量、多品种小批量和单件生产方式。按生产驱动模式可分为订单驱动型和预测驱动型生产方式。按生产组织模式可分为福特流水线生产方式和丰田精益生产方式。制造企业竞争的主要目标是质量、交货期、柔性、成本等。

经典的生产计划与调度问题,都是一种受约束优化决策问题。生产计划需要决策产品需求量在多个计划周期内的分摊量,生产调度需要对已定的生产任务进行分配和排序。生产计划可以用四元组表示法 $\langle \alpha, \beta, \gamma, \delta \rangle$ 来表示,其中 α 表示给定的产品需求量、产品工艺过程、生产产品的能力单元的产能等信息,代表问题的输入;β 表示问题需要决策的内容,如每个能力单元负责生产哪些需求或生产过程、每个生产过程的生产量等,代表问题的输出;γ 表示约束,如订单需求约束、产能约束、工艺约束等;δ 表示问题的优化目标,如最大化总利润、最小化总成本、各能力单元的均衡等。生产调度可以用三要素法 $\alpha \mid \beta \mid \gamma$ 表示,其中 α 表示生产加工的环境,如并行机车间、置换流水车间、柔性车间、开放车间等; β 表示约束条件,包含有加工准备时间、交货期、任务切换时间等; γ 表示优化目标,一般包含最小化最大完成时间、最小化总完工时间等时间指标,总利润最大化、总成本最小化、惩罚最小化等经济指标,最小化提前时间、最小化拖延时间、最小化拖延任务等交货期型指标。

在生产计划调度的算法方面,包含有精确算法、近似算法、基于规则启发式算法、元启发式算法和智能算法等,近年来,智能算法因其在运算上时间和空间优势,在学术研究和企业实际调度中得到广泛的应用。

生产计划调度系统是一个人—机器—环境的系统,其中系统中牵涉到的人包含有领导决策者、管理者、执行者、操作者和顾客,人的行为对系统的影响举足轻重。

2.1.7　行为运作细分领域的现有行为研究模式

行为运作管理正处于初步探索阶段,行为运作管理研究的主要方向和领域包含[24]:产品开发、库存管理、生产和作业流程管理、质量管理控制、采购和战略外包和供应链管理。Elliot Bendoly 等[24](2006)在总结从 1985—2005 年间的 *Journal of Operations Management*、*Journal of Applied Psychology*、*Manufacturing and Service Operations Management*、*Decision Sciences*、*Management Science*、*Production and Operations Management* 六大期刊的关于运营管理和行为研究交叉结合的文章,系统归纳了运营模型中相关的行为假设,并将其划分了意图、行为、反应三个方面,并以此提出行为运作管理的研究框架。

目前国内学者在库存管理、供应链管理、生产及项目管理四个方面做了行为研究方面的综述和导入式研究。本书认为行为运作的研究为运作管理的细分领域提供了研究思路、方向及理论依据,但行为运作管理的成果体现在各细分领域的研究中,细分领域在行为因素方面的深入研究,将使得行为运作管理更加丰富起来。下面本书对这四个方面学者提出的研究模式及创新研究成果进行整理和介绍。

2.1.7.1　行为库存管理

行为库存管理最经典的研究多集中在报童模型、牛鞭效应等。崔崟等[25](2011)根据 Gino 和 Pisano(2008)总结出的行为运作管理研究的五种方法(复制研究、理论测试研究、理论产生式研究、适应性研究、特殊类型的研究),认为这些研究主要包含以下两个方面:一是行为因素的发现与解释;二是基于行为因素的理论产生。作者根据对行为库存管理相关的文献特别是关于报童模型的研究,总结认为非理性行为可以分为两类:一类是具有普遍性的非理性行为,如均值偏向、需求追逐、供应链契约下的决策等;另一类是差异化(异质性)的决策行为。关于第一类具有普遍性的非理性行为方面的研究主要集中在归纳这些行为、探寻这些行为的内在原因(包含有过度自信、锚定和调整及近因效应等)、这些行为造成的决策影响,关于第二类差异化的行为方面的研究主要集中考察造成不同群体之间异质性决策的决定变量,如认知过程、文化差异、管理经验等。由此,作者从5方面切入提出行为库存管理如图2-7的研究框架图。

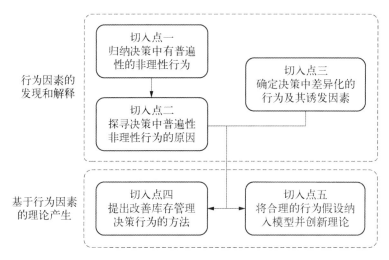

图 2-7　行为库存管理研究的整体框架(崔崟等,2011)

在将行为因素加入库存管理后,学者对系统的影响的改善方法有动态反馈、群体决策、优化备选方案集合、供应链信息共享、修改运作系统参数、提供培训及决策支持等。崔崟等(2011)将其划分为三类:

一是增加决策主体的信息;

二是通过改变模型参数来改变系统结构;

三是改变决策主体,如群体决策等。

本书认为崔崟等学者关于行为库存的管理的综述和研究思路,深化了 Gino 和 Pisano 总结的五种行为运营管理研究方法,从"发现问题-分析问题-解决问题-理论产生"的逻辑思维,更系统地产生了行为库存管理的研究思路。其研究框架对其他行为运作领域具有借鉴意义,但其提出的解决思路方法针对库存管理领域,并非普适性的解决思路,对其他行为运作领域的研究和发展借鉴意义不大。此外,作者更加细致地将行为划分为普遍性行为和异质性(差异化)行为,本书认为这是非常必要的。

2.1.7.2　行为供应链

供应链管理牵涉很多的企业流程,其包含采购、仓储、运输、分销等。刘咏梅等[26](2011)等通过相关文献搜索和编码研究的方法,对国内外有关供应链的相关研究进行综述。作者通过构建统计要素给出了归纳和总结行为供应链的现有研究框架:

1. 研究的三个维度,分别为研究层次、研究方法、研究主题;

2. 研究层次包含个体层、群体和组织层、文化层;

3. 研究方法包含数学建模、概念性方法、实验、调查、模拟、案例研究、二手数据等;

4. 研究主题包含有基本理论、供应链战略、采购、供应关系、协调与契约、库存订货、牛鞭效应等。

作者根据统计得出,在国外的行为供应链的研究各研究主题都有涉及,较为均衡;在研究层面上大多集中在个人层面,考察个人决策中的行为因素如情绪、有限理性、对风险的态度和决策偏差等,其次是群体和组织层面,多是关于人际互动的基础理论研究,也出现了一些在文化层面上的一些研究;在研究方法上实验和数学建模并重。

在国内的行为供应链的研究大多集中在供应链伙伴关系、供应链协调和契约、库存订货等,其他主题较少涉及;在研究层面上也大多集中个人层面,多考察有限理性和风险偏好,在群体和组织层面多研究企业间博弈及互动关系,在文化层面的研究尚无;在研究方法上主要采用建模方法,实证研究较少。

本章认为,刘咏梅等在行为供应链的综述研究中着重归纳相关文献和描述现有供应链在行为因素研究方面的现状,对未来行为供应链如何发展和规范并未涉及。

2.1.7.3 行为生产

华中科技大学研究团队张敏、唐伟勤等[27]在2009年5月在刘作仪、查勇[2](2009)提出行为运作管理的概念之前,率先提出了行为生产的概念,并通过对近10年来国内外相关文献的系统整理和比较,对行为生产的研究框架和路径提出了展望。

作者认为行为生产的研究不是研究行为过程,而是研究这些认知和行为的偏差给生产运营管理带来的影响。作者在传统生产运营管理的研究脉络(如图2-8)基础上提出行为生产领域的研究脉络(如图2-9),认为行为研究是在将心理学等学科的研究成果应用到传统生产领域,将非理性过程添加到模型中,修正生产模型。并且作者认为,将行为科学、心理学、管理学等成熟研究成果或理论应用到生产领域研究主体的实际行为时,必须要通过调查、实验、仿真以挖掘现象的本质。

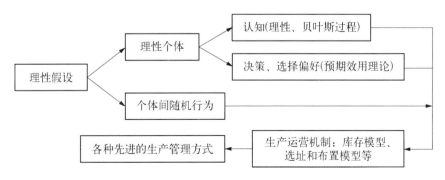

图2-8 传统生产运用理论研究脉络[26]

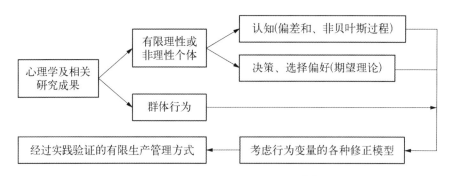

图 2-9　行为生产领域研究脉络[11]

此外作者设想了行为生产知识结构梯形框架,从下至上分成理论与技术、决策方法、机理研究三个层次,并指出机理研究为探寻事件发生的内在逻辑和规律,可以提供在不同场合和场景下的分析范式,指导实际生产实践活动,是研究的重点和难点。

最后作者还展望了行为生产的发展路径,本章将其总结为如下三个阶段。

第一阶段:行为识别和揭示阶段;此阶段侧重描述性研究,旨在挖掘理论与实际不一致的行为假设或现象。

第二阶段:归纳和理论形成阶段;此阶段旨在归纳、概况行为特征,提炼行为变量,将其应用到传统理性决策的分析框架中,使得改进后的决策模型既包含理性、客观因素又包含主观心理和环境因素,以促使更加普适性的模型或理论的形成。

第三阶段:检验和论证阶段;将新模型在理论和实践中加以检验和论证。

本书认为,在行为生产的综述方面,作者所提出的模型是 Gino 和 Pisano(2008)提出的理论产生式研究的深入,该类研究的内容具体在 2.1.2 节有详细介绍。作者对行为生产的发展路径上的展望,可描述为作者从学科发展理论的角度出发对 Gino 和 Pisano 提出的五种现有研究方法在时间上的发展方向或趋势的阶段划分。此外,作者提出的行为生产知识梯形框架层次的划分,系统地描述了有关行为研究的知识或方法形成和发展的几个方向或层次,不仅适用于行为生产,对其他行为研究领域也具有借鉴意义。

2.1.7.4　行为项目管理

项目管理属于运作管理下更细分的领域,目前还尚未有学者进行综述式研究,但是已经有学者在项目管理的相关领域中研究了主体行为,如张敏(2011)[28]在其博士学位论文中就比较系统地研究了行为因素对项目进度管理的影响,并提出了相应的控制策略。

作者认为有关行为的研究是属于多门学科的交叉研究,应该在结合管理学、经济学、心理学等学科的理论基础上,借鉴规范的系统优化、决策建模方法,使得定性理论分析与定量建模论证相结合统一。在具体分析时,应通过不同时点、不同情景的决策主体的行为模式的比较,通过个别案例和一般性分析结合,探寻并验证影响行为模式的机理,同时找出相对最优的控制决策方案。

同时作者主张在行为相关研究时应采用多种技术相结合的方法,如实验设计、数据分析、行业调查、建模等,来发现影响运作绩效的新行为或认知因素。作者在文章中则采用了以下研究方法:

(1) 描述性和规范性结合;

(2) 数学模型推导与实际经济意义结合;

(3) 实证和模型优化结合。

本书作者在项目进度管理中研究行为因素所运用的方法既有理论定性分析又有规范化的模型定量分析,同时又结合仿真、问卷和情景实验方法,挖掘了具有实际管理意义的结论和策略,并在研究中考虑了不同时点(跨期问题)、不同场景的环境因素,在一个研究主题下基本应用了 Gino 和 Pisano 提出的五种研究方法,对有关行为研究的学科领域提供了较好的研究范式。此外,作者也无意识地将主体行为分为了普遍性(一般性)行为和差异化(个别)行为,并主张在考虑不同时点、不同情景下的行为模式对比的基础上探讨行为模式机理。但作者研究的是将执行者、操作者的行为看作不确定因素,进而考察管理者在不确定情况下的项目工期计划决策时的拖延行为以及控制策略。

2.1.8 行为研究系统界定模型(Parachute 模型)的提出

在上述较多的研究中,虽然都牵涉到行为因素的研究,但都很少具体地对相关研究中的行为内涵及行为的影响因素加以确定和探讨,有一些也只是根据现有的行为研究的总结归纳并划分了行为的类别,如朱龙涛[29](2012)根据 Loch 和 Wu[4](2007)给出的行为运作管理的定义,将影响运作管理的主体人的行为分为三类,分别为:决策中的直觉启发式和偏差、社会交互作用、文化因素。在决策中的直觉启发式类行为中不仅包含即时性倾向和损失规避,还包含有限理性、过度自信、复杂性规避、风险态度、锚定和从众心理等。社会交互作用类行为主要包含了社会心理学知识,包含公平偏好、契约、信任、博弈、互惠利他等行为因素。文化行为类中文化指一个群体在过去的时间积累的经验,被群体所有成员无条件自动接受的一系列规则和规范,因为人的行为可以在后期社会中的学习中加以约束和改变,知识和技能是在人类社会中通过个体、群体、社会学习而积累和传播的。在 Gino 和 Pisano(2008)[3]关于行为运作的定义中指出侧重分析人的行为和认知能力对运作系统及过程的影响,在此定义中作者将行为和认知作为两种行为研究系统的因素,而根据行为科学关于行为的定义,认知能力属于人的内在驱动行为,作者将行为和认知分开描述,可见,作者定义中的行为的含义应该是人的外显动作类行为,作者对此并没有做详细的界定和描述。Elliot Bendoly 等[6](2006)运用统计、总结、归纳文献的方法,将行为因素划分为意图、行动、反应三类,研究表明,现有(截至 2005 年)有关行为因素研究中 62%集中于行动,18%在于研究意图,20%在于研究反应,其中作者所说的"意图"是指反映决策主体真实目标模型的准确度,"行动"是指模型中有关参与主体的行为规则或隐藏行为,反应是指模型参数变化时人们的响应(如管理规则、环境变化等),此种分类建立在将人看作简单的"刺激-反应"的行为模式。

　　从上述经典通用的研究系统中考虑的行为因素的分类看,学者都是大多通过文献中已经研究的行为因素的分类,描述的是现实情况,其不能给后来的研究者在研究系统中发现更多的行为因素提供系统的研究指导、分析框架和路径,只是提供了研究的"切入点",告诉学者的是"现在学者都是如何在系统中研究行为因素的",如此,使得后来的研究者如"盲人摸象",将导致不可避免的"片面性"。下面本书在行为科学相关理论及已有研究成果的基础上,尝试对行为因素研究的框架进行探讨,以期为后来提供一种系统的行为研究界定和分析路径。

　　行为科学在广义上将人的行为分为内在驱动行为和外显行为,在上述学者的研究中关于行为的描述也都注意了对这两类行为的区分。关于影响行为的因素可从 2.1.1 节中描述的行为模式归纳总结,划分为有机个体、情境及环境、信息。如此,本书提出图 2-10 的行为研究系统界定模型,由于其形状如降落伞,故称其为降落伞模型(Parachute 模型)。

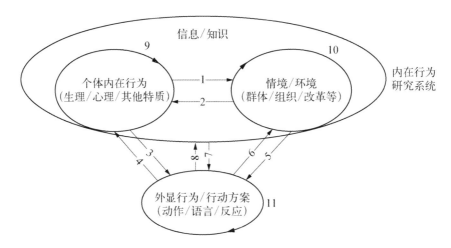

图 2-10　行为研究系统界定降落伞(Parachute)模型图

　　首先,该模型共包含四个大部分(因素)和 11 条路径,四大部分(因素)分别为个体内在行为(如生理、心理、其他特质等)、情境与环境因素(如群体、组织、改革等)、信息与知识因素、外显行为与行动方案(如动作、语言、反应等),11 条路径分别在图中进行了标注,路径表示各因素内部因素及知识研究、积累、转化、升华等相互作用(如路径 9、10、11)及各因素间的研究的因果追溯方向或成果应用、转化或促进路径(如路径 1—8,每条路径可能包含有两种含义:因果追溯和成果促进)。其中个体内在行为、情境与环境因素、信息与知识因素共同构成内在行为研究系统,并且信息和知识因素包含个体内在行为和情境与环境因素,因为个体内在行为是人的有机体对信息和知识的加工或认知过程,情境与环境因素又属于信息和知识因素的一部分,属于对信息环境的知识分类。总体上,该模型分为了外在行为研究系统和内在行为研究系统,这两部分又是息息相关而不可分割的统一体。外显行为或行动方案具有可观察性,是系统的输出部分,内在行为研究系统具有不可观察性,包含信息的输入、认知和转化,侧重思辨。并且,模型各路径最终组成的是一个往复循环的系统,同时也会在研究和知识的积累下不断丰富和膨胀。

其次,模型的组成和构成因素虽然看似简单,但是每个因素下都有很多的研究主题或子因素,若将各类主题添加到模型中,从排列组合角度考虑其相互作用可知,这将是一个非常复杂的系统,其实,人的行为本身就是非常复杂的,是一个庞大的黑匣子。下面,我们暂且应用该模型来阐述现有的一些有关行为研究学科或成果的研究分析路径,验证一下模型的适用性。

(1) 认知心理学[4]研究驱动行为的心理过程,包括动机、思想、决策、推理和情感,研究的主题有记忆、注意力、知觉、推理、创造力、知识表达以及问题的解决等,研究的着力点属于"个体内在行为"部分,研究分析路径主要涉及模型中的 9(内部因素相互作用)、及 1(因果追溯)、3(因果追溯)。

(2) 社会心理学[2]研究人在社会环境下的行为的性质和原因,重点研究人与人之间的互动和关联,研究的着力点属于"情景或环境"部分,研究分析路径主要涉及模型中 5(成果促进)—4(因果追溯)—3(成果促进)—6(成果促进)路径,研究的环境或情境是社会。

(3) 1.2.1 节综述的"反生产行为"的研究,其研究的着力点属于"外显行为或行动方案"部分,研究分析路径主要涉及的是模型中 4(因果追溯)、6(成果促进)。

由以上的三个分析案例可知,在应用模型分析时,应首先找准研究问题的着力点,然后按照路径及路径的两种含义分析研究问题所牵涉到的研究路径及行为研究因素,从而对所研究的行为研究系统进行界定。

最后,根据模型对行为运作研究系统的着力点和分析路径加以分析:行为运作研究,根据相关定义可知,其属于在运作的情境下,研究相关行为影响因素,其着力点属于"情境和环境"部分,其分析路径可考虑有 5(因果追溯)—4(因果追溯)—3(成果促进)—6(成果促进)(如压力或疲劳导致的旷工等反生产行为)、5(因果追溯)—4(因果追溯)—1(成果促进)(如拖期导致的不耐烦行为等)、10(内部因素相互作用,如考虑的社会情境下的公平偏好、信任等及文化情境下的行为等)、2(因果追溯,如决策中启发式直觉的考察)。

从上述对模型的检验和应用可知,Parachute 模型可以较好地对不同行为相关的研究根据着力点和路径分析方式加以界定和区别,能够给予有关行为相关的研究系统一个清晰的分析框架,辨识各研究问题或研究因素的类别和相互关系,有助于系统性的行为研究知识的形成。

此外,在行为相关的研究领域,为了对研究进行跟踪汇总可以结合表 2 - 1,将已有研究的行为因素实时跟踪汇总到表格中,为实践和后来研究提供直观的参考知识库。表 2 - 1 中也应将行为标为普遍性和差别性两类,针对这两类行为的研究方法应该有所差别。

表 2 - 1　行为研究成果汇总样表

个体内在行为		外显行为/行动方案		情境或环境						信息或知识
分类	行为	行为主体	行为	群体	组织	文化	决策			
生理	学习	操作者	反生产	信任	激励		公平偏好			
	记忆				惩罚		风险偏好			
		执行者	拖延				互惠利他			
							锚定效应			
心理	情绪	管理者	领导风格				框架效应			
							过度自信			
特质	人格	顾客	不耐烦							

2.1.9　生产计划调度行为因素研究新模式

2.1.9.1　现有研究方法及解决思路

根据 1.2.1.1 节行为生产计划调度的文献综述可知,行为生产计划调度研究较为成熟的便是"反生产行为"的研究,并且近来呈现热门的趋势。根据 2.2.2 节提出的行为研究系统界定模型可知,"反生产行为"的研究着力点在外显行为,根据路径分析,该"反生产行为"研究可分为以下三个方面。

一是由外显行为追溯内在行为机理:如陆成[30](2013)探讨了工作满意度及忠诚度与知识员工反生产行为的关系,未岔兄[31](2014)侧重研究了制造企业员工反生产行为的归因及控制策略。

二是"反生产行为"与情境或环境的影响关系研究:如郭小玲[32](2013)关于差序式领导情境中的互动公平行为与反生产行为之间的影响关系,付佳[33](2014)探讨了组织情境下组织支持感和组织公平感与反生产行为的影响关系,牛琬婕[34](2015)在顾客行为情境下探讨了顾客不公平与员工反生产行为的影响关系,曹梦雷[35](2015)在领导及团队情境下探讨了伦理行为因素与员工反生产行为的影响关系。

三是"反生产行为"自身内涵、影响及与其他外显行为关系研究:如 Spector 和

Fox[36](2005)、Sackett 和 DeVore[37](2001)、Bordia[38]等(2008)、张永军[39]等(2012)对该行为的内涵、影响均做了相关概述,王立君(2015)[40]从工作特征出发,探究了其对员工反生产行为影响。

除了"反生产行为"的研究,也有很多学者以生产计划调度系统情境为着力点,考虑不同的行为主体、行为因素等与该研究系统的相互作用关系,如王康周等[41](2012)在生产库存系统中考虑了的不耐烦行为,尚倩[42](2013)从情绪、疲劳、动作的角度考虑员工的生产心理负荷与生产效率的关系,张晓冬等[43](2013)研究了生产单元中成员学习效应与组织合作行为的关系,韦娜等[44](2014)探讨了员工学习曲线与装配缺陷的关系,赵灿灿、赵东方等[45](2016)探讨了人因失误行为对生产单元的生产效率和组织柔性的影响。

上述研究中关于各类行为因素对生产计划调度系统的影响的探讨,在"发现问题—分析问题"阶段,侧重行为因素的发现和识别。

在对这些行为影响偏差的纠正或控制策略的研究方面,即"解决问题"方面,学者的研究思路则主要包含以下三个方面:

(1)增加系统柔性应对行为影响,如赵东方[46](2015)建立了一种基于个体、团队、组织的组织行为模型,使系统能够在动态制造环境中保持组织柔性,减少了动态制造环境对生产单元的影响,孟飚等[47](2006)从精益组织中多种行为方式模块化的角度,以适应可变的制造环境状态,灵活安排生产任务;

(2)加强行为不确定下的干扰管理,如姜洋[48](2013)在单机调度中考虑了行为主体,基于前景理论的基础上,通过构建干扰度量模型来控制主观行为因素给调度系统带来的干扰偏差问题;

(3)增加干预措施纠正影响偏差,如生产再调度方面的研究,学者主要设计了两种模式,一是动态调度模式,二是预调度—反馈调度模式。

上述三种针对行为不确定性的研究解决思路,更多地偏向规范化研究,侧重不去考虑行为人的动机过程,只研究人的行为对系统的影响偏差,并从柔性、干扰管理等角度纠正或控制偏差。

虽然人们的心理过程较为复杂,但学者[3]认为人类的行为与理性之间的偏差具有规律性,如 Kahneman 和 Tversky[21]提出的前景理论,描述的就是人们在决策时实际与理性情况下的偏差行为规律。

2.1.9.2　基于系统情境界定的全局行为因素研究框架模式

行为研究系统界定模型即 Parachute 模型侧重从行为研究系统的考虑行为因素的思路和分析路径进行分析。如果针对具体的研究系统涉及的具体研究方法、思路和框架,则 Parachute 模型就不适用了,并且已有很多学者据此进行了总结和归纳,如 2.1.7 节阐述的崔釜等[25](2011)的两种分类、五个切入点行为库存研究框架(图 2-7),刘咏梅等[26](2011)提出的三个维度、三个层次研究框架,张敏、唐伟勤等[27]提出的研究脉络和梯形知识框架模型(图2-9),Elliot Bendoly等[6](2006)总结的"意图—行动—反应"针对目标偏差、行动规则、环境参数变化的研究思路、方法和框架等。

上述针对特定研究系统下的行为研究模式或框架在一定程度上都能给后来的学者以指导,他们也是从不同的思维角度对 Gino 和 Pisano[3](2008)归纳的复制研究(replication studies)、理论测试研究(theory-testing studies)、理论产生式研究(theory-generating studies)、适应性研究(adaptation studies)、特殊类型的研究(OM-specific studies)五种方法进行详细划分和归类,Elliot Bendoly 的"意图—行动—反应"也是建立在"刺激-反应"行为模式下的行为研究规范化研究思路。

但总体来看,上述研究提出的行为研究框架或模式更多的侧重规范化的研究方法。从陈宗建提出的"全息范式"(图2-4)看,行为的研究思想应该注重的是"个体既是整体",不仅对普遍性的行为加以探讨,也应该对个体的非普遍行为(差异化行为)加以关注。由此,本文根据"发现问题—分析问题—解决问题"的思路,结合前人的研究成果,提出基于情境界定的"全息范式"下的生产计划调度行为研究模式,如图2-11。

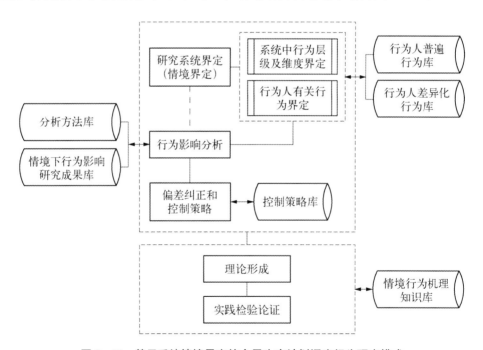

图2-11 基于系统情境界定的全局生产计划调度行为研究模式

图2-11行为研究模式,主体研究路径为"研究系统界定—行为影响分析—偏差纠正和控制策略—理论形成—实践检验论证"规范化研究路线,同时借助信息管理系统工具,注重行为人普遍行为库、行为人差异行为库、分析方法库、情境下行为影响研究成果库、控制策略库、情境行为机理库等六大知识数据库的建立。其中"行为人普遍行为库"

包含已有学科研究成果中的普遍行为、情境下人的行为特性等信息,"行为人差异行为库"主要包含系统中行为人的生理、心理、个性等特质及外在经验、学习、事件驱动下的外显行为或行动,"分析方法库"包含数学建模、概念性方法、实验、调查、模拟、案例研究、实证数据等,"情境下行为影响研究成果库"主要包含已有研究中关于特定情境下主要行为影响因素、行为因素对目标的敏感程度等信息,"控制策略库"包含采取怎样的策略或措施控制不利因素、引导有利因素以纠正行为带来的偏差,"情境行为机理库"包含在相关行为研究中形成的理论。特别是"行为人差异行为库"应在企业管理过程中侧重对行为人各种情境下的行动、反应的记录,甚至可以包含应用模糊数学等理论和方法的行为分析过程,以期根据这些信息知识的经验积累,通过归纳、演绎的方法为后期生产计划调度管理提供行为预测、控制和决策参考价值,是该模式中的一个重要环节。

此外,图 2-11 中"系统中行为层级及维度界定"中行为层级包含领导层、管理层、执行层、操作层、顾客层等,行为维度包含个体、管理层、群体、团队与组织(文化)、企业与企业等,对系统中行为层级及维度的界定,有助于对系统中行为因素及类别的全面而系统的识别和考虑。模型中将人的行为也进行了划分,包含普遍行为和差异行为。"行为影响分析"环节目的在于在一定资源约束下,识别系统中的主要行为影响因素,根据有限理性理论,人们在收益和思考成本的双重约束下做出决策时会倾向于选择一个"满意解"而非"最优解"。

2.1.9.3 新模式下的研究方法及思路

在图 2-11 所提出的"全息范式"下的行为研究模式建立在已有相关学科或研究的成果之上,提出的生产计划调度系统中考虑行为因素的主要研究步骤主要包含如下。

首先,研究系统情境的界定。

对系统情境的界定,主要包含系统的经典问题架构、系统中行为人层次、系统中行为维度的分析,同时借鉴已有相关学科理论和研究成果,对研究的系统或情境进行全面的考察和分析,其中"行为人层次"主要包含决策者、管理者、执行者、操作者和顾客等,"行为维度"主要包含个体、管理层、群体、团队与组织(文化)、企业与企业等,相关学科主要有认知心理学、社会心理学及统计学、社会学、行为经济学、文化人类学、行为金融、市场营销学等。

其次,系统中行为人的行为因素影响分析。

在对研究系统情境进行全面的分析后,需要采用一定的分析方法对系统中行为人的行为因素对系统效益影响的程度加以考察分析,在权衡目标效益和思考努力成本的基础上选出对系统效益影响较为显著的几种行为因素。

最后,偏差纠正和控制策略的提出。

在辨识出系统的主要行为影响因素后,应采用数学模型等规范化方法和描述性方法相结合的方法,提出几种偏差纠正和控制的策略方案,为企业管理提供一定的决策参考价值。

此外,随着特定研究系统下的行为因素的不断丰富,如此将促进相关理论的形成,进而是在实践中对理论加以检验和论证。

该研究模式提出依托信息管理系统注重五大知识数据库的建立、丰富和拓展。系统行为研究中不仅包含普遍行为的影响偏差分析,也包含行为动机过程的管理和分析特别是行为人的差异化行为,体现了"个体即整体"的思想。

如此,在行为研究引起的偏差的纠正和控制策略上,要求采用多种方法的结合:

(1) 定量和定性结合。

(2) 归纳和演绎结合。基于演绎的方法要求学者从公理、原理或学说出发,以传统模型为基础,运用逻辑推理得出,基于归纳的方法要求学者在观察或实验的基础上对现实进行概述,对模型进行改进、解释和验证。

(3) 描述性和规范性研究结合。

(4) 数学模型与实证结合。

新模式更加系统地考虑实际研究问题或情境中的行为,不仅注重考虑行为人的普遍行为,也将结合企业的实际情况考虑行为人的差异性行为,更注重理论和已有研究成果的引进、实践验证和实证分析及信息和知识在时间上的积累,有助于全面发现和研究系统中行为因素。

2.2　生产计划调度中员工个体异质行为因素与多主体行为因素研究

根据第一章关于 TFT‐LCD 行业和制造流程的介绍,TFT‐LCD 行业制造流程主要包含 Array、Cell、Module 三大制程。Array、Cell 制程由于设备较为昂贵,在生产计划中侧重设备利用率的提升,多采用备货推式生产方式;Module 制程面向顾客,采用的是订单拉式生产方式。在计划生产调度中考虑人的行为因素尚处于初步发展阶段,研究框架、知识体系、研究成果尚不丰富和充足,上章提出的行为研究模式只能给出行为分析的思路和方向,也是为了更全面系统的在研究系统中考虑人的行为。但如果领域知识和成果尚不丰富和充足,研究较为庞大的系统会更加复杂,因此在计划生产调度领域考虑人的行为因素的研究,也应先从较小或较为简单的系统着手,发掘或寻找新的行为影响因素,并考察该因素对系统造成的影响的情况。因此本章以 TFT‐LCD 典型的模组组装厂生产调度研究系统为对象,考察系统内行为人的某些行为因素对系统的影响。

2.2.1　TFT‐LCD 模组组装过程描述

TFT‐LCD 模组组组装过程是 TFT‐LCD 制造的后段制程,在这个过程中组装厂需要将顾客定制的电子元部件装在 TFT‐LCD 面板上,组装成顾客需要的薄膜晶体管液晶显示屏。

其主要流程如图 2‐12 所示[49,50]。

图 2‐12 中描述模组组装过程从 Cell 单元开始,然后将制作好的偏光片、极光板装在 TFT 液晶屏上,并配上提供了扫描信号和数据信号的驱动(IC)电路及装有控制电路等 PCB 板的电路集成模块,再加上背光源,之后采用一定的电路连接技术进行封装,最后连同外框(Frame)等部件组成显示模块。组装模块完成后,需进行检验和产品质量分级,不合格的进入修复处理过程,之后产品进行老化处理和终检后进行包装出厂,按订单交付给顾客。

图 2‐12 中给出的是 TAB(Tape Automated Bonding,带式自动组装技术)电路连接技术下的模组组装流程,该技术便于实现多引线同时键合,主要用在小尺寸显示的驱动电路上,目前电路连接技术还包含有[51] COG

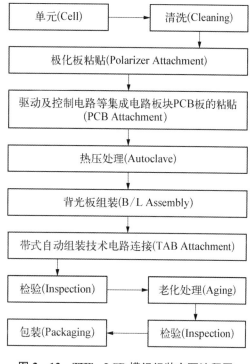

图 2‐12　TFT‐LCD 模组组装主要流程图

(Chip On Glass)组装技术,主要应用在大尺寸显示的驱动电路上。

此外,并不是所有的产品都包含图 2‐12 的全部流程,甚至还会有其他额外的装配流程的添加,如有的顾客要求的产品类型是 3D 类型时,则需要有将“3D 衬底层压处理”流程和最后的“3D 校准”流程。如果客户订单只是半成品元件,则产品不必走完所有流程,需将半成品进行包装交付给客户。

2.2.2　TFT‐LCD 模组组装系统情境界定分析

本章主要根据 2.1 节提出的行为研究模式中的“情境界定”方法对 TFT‐LCD 模组组装生产计划调度系统的详细辨识和分析。

在 TFT‐LCD 行业,大多数制造过程都采用了自动化过程,但在一些过程依然需要依靠行为人来完成,特别在模组组装过程中有更多的员工参与。如图 2‐2 中的两个产品检查流程都需要人来操作,以识别产品缺陷或将产品进行质量分级处理等。根据 Shen[53] 文中描述可知,这些有关人工操作的流程占有的时间通常会在 4 小时到 1 天(12 小时)之间,而根据文献[54] 中有关 TFT‐LCD 模组组装过程的描述可知,Module 制造过程的时间大约为 2 天(48 小时),如此可见,在模组组装过程中组装任务一定的情况下,操作者的操作时间将占用产品总生产时间的 8%—25%,是模组组装过程的重要组成部分,该时间的变化对整个模组组装过程也会产生不小的影响。

Parachute 模型对行为研究系统的界定主要包含三个子过程:一是系统传统经典模型;二是系统中行为层次;三是系统中行为维度。下面从这三个过程或步骤对 TFT - LCD 模组组装生产调度系统进行系统情境界定。

首先,TFT - LCD 模组组装生产调度在传统的研究中,可看作是柔性作业车间调度(Flexible Job-Shop Scheduling Problem, FJSP)问题[55,56],即在一般作业车间调度中改变了"每道工序只能在唯一的确定的机器上加工"的条件,允许每道工序在多台不同的机器或工位上加工,且在不同的机器上加工所需时间也有所不同的一类调度问题。

其次,对 TFT - LCD 模组组装生产调度系统中的行为层次界定时,由于本文主要考虑的是在车间任务确定情况下的调度问题,因此该研究系统涉及的行为层主要包含操作层员工,在模组组装车间中主要指产品检验人员。

最后,本书 TFT - LCD 模组组装生产调度系统中的行为维度的界定根据行为层主要包含操作层员工,则行为维度界定在个体行为层面,包含个体的内在行为和外显行为。

根据以上三个步骤的系统的界定可知,本书研究的 TFT - LCD 模组组装过程行为生产调度问题是考虑产品检验人员内在和外显行为的 FJSP 调度问题。

根据文献搜索,考虑操作层员工内在和外显行为的文献并不多,主要有尚倩(2013)[42]文中从心理负荷的角度考察的生产员工的情绪和疲劳内在心理和生理行为,姜洋(2013)[57]考虑的操作员工在干扰下的不满意内在心理行为,韦娜(2014)[44]研究的员工学习行为与装配缺陷外显行为,曹阳华等(2015)[58]研究的 U 型装配线上的员工情绪内在行为模型下的合作外显行为,赵灿灿等(2016)[45]考虑的生产单元人的失误外显行为等,本书将其汇总在表 2 - 2 中。结合 Parachute 模型的行为研究系统界定方法可知,上述我国学者的相关研究文献主要包含三种研究路径:一是情境下的内在行为研究;二是情境下的外显行为并追溯和探讨内在行为机理;三是情境下外显行为与环境的相互关系。

表 2 - 2　已有研究中操作层个体行为汇总表

内在行为	外显行为/动作
情绪	装配缺陷
疲劳	操作失误
学习率	合作和冲突
干扰不满意	—

根据文献研究成果和认知心理学等相关理论可知,外显行为多是在内在行为动机下

的驱动结果,外显行为可以运用定量方法与生产目标联系起来,因此内在行为可以依据其可能促使的外显行为进而建立其与生产目标之间的联系。因此,本书侧重研究 TFT – LCD 模组组装中的操作层内在异质行为。

FJSP 调度问题由于放宽了传统作业车间的条件,因此更加符合实际生产情况,但也意味着更加复杂。FJSP 问题包含两个子问题:一是工序的加工机器的确定;二是工序加工在机器上的排序即何时开始、何时结束情况。同时,有关 FJSP 调度问题的评价指标或优化目标也较多,一般包含有以下四种[59]:

一是最小化最大完工时间,每个工件的最后一道工序的完成时间称为完工时间,所有工件的完工时间的最大值即是最大完工时间(makespan),它主要衡量车间的生产效率,在研究中被广泛应用;

二是最小机器最大负荷,在 FJSP 调度中存在选择机器的过程,因此,各台机器的负荷会随着调度方案的不同而不同,如果某机器负荷最大,其将成为瓶颈设备,想要提高设备利用率,则必须使各机器负荷平衡且尽量小;

三是最小化总机器负荷,由于同一工序在不同机器上加工时间不同,则机器总负荷会随着调度方案的不同而不同,该目标需考虑在最大完工时间相同的情况下,减少所有机器的总负荷量即消耗成本;

四是最小化最大提前或拖期,在准时制的生产中则需要考虑交货期问题,该问题要求工件完工时间尽可能接近交货期,即使得最大提前完工时间及最大的拖期完工时间最小。

为了侧重研究系统中的行为因素,本章采用最小化最大完工时间为 FJSP 调度的指标,同时暂不考虑各产品簇之间切换时的调整时间等。

根据上述具体的研究系统界定和分析,本章的研究问题可以具体描述为"以最小化最大完工时间为目标,考虑 TFT – LCD 模组组装中的操作层内在异质行为的 FJSP 调度问题"。

2.2.3 考虑员工内在异质性行为的问题描述

2.2.3.1 基本假设

根据模组组装实际情况及 FJSP 调度模型,确立本文研究问题的以下假设条件[59]:

(1) 一台机器同时只能加工一个工件;

(2) 同一工件的同一道工序同一时刻只能被一台机器加工;

(3) 每道工序一旦开始加工,中间不能中断;

(4) 各工件优先级相同;

(5) 同一工件的工序有先后约束,不同工件的工序无先后约束;

(6) 所有工件在零时刻均可以被加工;

（7）批量不可拆分。

2.2.3.2　符号说明

为方便描述,定义以下符号。

n——工件数。

m——机器数。

i,e——机器序号,i,$e=1,2,…,m$。

j,k——工件序号,j,$k=1,2,…,n$。

M_i——机器 i,$i=1,2,…,m$。

J_j——工件 j,$j=1,2,…,n$。

Ω——总的机器集。

h_j——工件 j 的工序数量。

l——工序序号,$l=1,2,…,h_j$。

Ω_{jh}——工件 j 的第 h 道工序的可选加工机器集。

m_{jh}——工件 j 的第 h 道工序的可选加工机器数量。

O_{jl}——工件 j 的第 l 道工序。

M_{ijl}——工件 j 的第 l 道工序在机器 i 上加工。

p_{ijl}——工件 j 的第 l 道工序在机器 i 上加工的时间。

s_{jl}——工件 j 的第 l 道工序加工开始时间。

c_{jl}——工件 j 的第 l 道工序加工完成时间。

d_{jl}——工件 j 的交货期。

C_j——每个工件的完成时间。

$C_{\max}$——最大完工时间。

T_0——所有工件工序总数,$T_0=\sum_{j=1}^{n}h_j$。 　　　　　　　　　　　　(2－11)

L——一个足够大的正数。

此外还有两个 0－1 变量,分别为:

$$x_{ijl}=\begin{cases}1,&工序O_{jl} 选择在机器 i 上加工;\\0,&否则;\end{cases}$$

$$x_{ijlkh}=\begin{cases}1,&工序O_{jl} 先于 O_{kh} 加工;\\0,&否则。\end{cases}$$

2.2.3.3　一般 FJSP 问题的描述

传统 FJSP 问题可描述如下[59]:n 个工件在 m 台机器上加工,每个工件包含一道或多道工序,工序顺序已知,每道工序可以在多台不同的机器上加工,工序的加工时间随机器的不同而不同,为每道工序选择最合适的机器,并确定每台机器上的各道工序的最优加工顺序及开工时间为输出结果,保证整个系统的某些性能指标得以优化或达到最优。从上述描述可知,FJSP 调度问题包含两个子问题:一是选择各工件的各工序的加工机器;二是确定各机器上各工序的加工先后顺序及开始时间等。

本章研究的调度目标为最小化最大完工时间,其数学表达式如 2-12 所示。

$$f = \min(\max_{1 \leqslant j \leqslant n}(C_j)) \tag{2-12}$$

FJSP 的约束条件可用下列数学表达式表示。

$$s_{jl} + x_{ijl} \times p_{ijl} \leqslant c_{jl} \tag{2-13}$$
$$(i = 1, 2, \dots, m; j = 1, 2, \dots, n; l = 1, 2, \dots, h_j)$$

$$c_{jl} \leqslant s_{j(l+1)} \tag{2-14}$$
$$(j = 1, 2, \dots, n; l = 1, 2, \dots, h_j - 1)$$

上两式表示了每个工件的各工序先后顺序约束。

$$c_{jh_j} \leqslant C_{\max} \tag{2-15}$$
$$(j = 1, 2, \dots, n)$$

上式表达了每个工件的完工时间约束,即每个工件完工时间不可能大于最大完工时间。

$$s_{jl} + p_{ijl} \leqslant s_{kh} + L(1 - y_{ijlkh})$$
$$(j = 0, 1, 2, \dots n; k = 1, 2, \dots, n; l = 1, 2, \dots, h_j; \tag{2-16}$$
$$h = 1, 2, \dots, h_k; i = 1, 2, \dots, m)$$

$$c_{jl} \leqslant s_{j(l+1)} + L(1 - y_{ikhj(l+1)})$$
$$(j = 1, 2, \dots n; k = 0, 1, 2, \dots, n; l = 1, 2, \dots, h_j - 1; \tag{2-17}$$
$$h = 1, 2, \dots, h_k; i = 1, 2, \dots, m)$$

上两式表达了同一时刻同一台机器只能加工工件的一道工序的条件约束。

$$\sum_{i=1}^{m_{jl}} x_{ijl} = 1 \tag{2-18}$$
$$(l = 1, 2, \dots, h_j; j = 1, 2, \dots, n)$$

上式表达了同一时刻一台机器只能加工一道工序的约束。

$$\sum_{j=1}^{n} \sum_{l=1}^{h_j} y_{ilkh} = x_{ikh} \tag{2-19}$$
$$(i = 1, 2, \dots, m; k = 1, 2, \dots, n; h = 1, 2, \dots, h_k)$$

$$\sum_{k=1}^{n}\sum_{h=1}^{hk} y_{ilkh} = x_{ijl}$$
(2-20)

$$(i=1, 2, ..., m; j=1, 2, ..., n; l=1, 2, ..., h_j)$$

上两式表达了每台机器存在循环操作的可能。

$$s_{jl} \geqslant 0, c_{jl} \geqslant 0$$
(2-21)

$$(j=0, 1, 2, ..., n; l=1, 2, ..., h_j)$$

上式表达了开始时间、完成时间等参数的非负约束。

2.2.3.4　操作者内在异质行为的成熟度模型描述

曹阳华[58]在研究 U 型装配线的工人操作时考虑了工人的工作速度与疲劳、进度、失误、态度(情绪)等的相关关系。但由于 U 型装配线既有员工的工作操作行为又有需要员工合作的行为,而在 TFT－LCD 模组组装的过程中员工的操作主要涉及检验工作,主要通过相应的设备来检查产品的瑕疵或等级,不涉及工人间的合作行为,因此其提出的行为模型并不适合本章的研究系统。

胡冶岩[1]在其著作《行为管理学》中,介绍了"员工成熟度"的概念。员工成熟度包含工作成熟度、心理成熟度。

工作成熟度指能力,即一个人承担任务的能力;能力＝知识＋技能＋经验。

心理成熟度指意愿,即完成任务的心理状态;意愿＝动机＋信心＋投入。

本文将此"员工成熟度"的概念引进到研究系统中,结合表 2－2 总结的现有文献关于此类研究的研究成果中有关操作工的情绪、疲劳、注意力等内在行为因素,提出"员工成熟度"的数学模型,如式 2－22 所示。

$$R = \alpha A + \beta W + \gamma E + \varepsilon$$
(2-22)

其中 R 表示员工成熟度指标,A 表示操作者能力,W 表示操作者意愿,E 表示操作者状态(包含心理和生理状态),ε 表示其他随机扰动变量,α、β、γ 分别表示为变量系数,表示三种变量对员工成熟度的权重,且有 $\alpha+\beta+\gamma=1$。 此外,A 可从知识、技能、经验三个因素加以度量,W 可从动机、信心、投入度加以度量,E 可从情绪、疲劳度、注意力等加以度量。

且根据文献[41,43,44,56]可知,式中各变量对生产效率具有显著性影响,并且根据实际观察、归纳可得,在 TFT－LCD 组装过程中,检验者的速度与能力、意愿及状态息息相关。但目前行为人的行为机理还有待研究。本文在对"员工成熟度"的度量上,应用模糊数学理论,从模糊评价的方法加以度量,可表示为式(2－23)。

$$\mu(R) = \alpha \frac{n(A)}{N(A)} + \beta \frac{n(W)}{N(W)} + \gamma \frac{n(E)}{N(E)}$$
(2-23)

其中各变量的 $\dfrac{n}{N}$ 值指实际评语等级量与工作要求标准等级量的比,可用来表示员工工作速度与标准工时的比率关系,具体各因素对工作速度的总的影响系数求解符合式(2－24)[57]所示,已经过实际证明。

$$\lambda = \lambda_A \cdot \lambda_W \cdot \lambda_E \qquad (2-24)$$

同时,在 TFT－LCD 模组组装过程中,对于同一个员工,A、W 变量具有长期累积效应,在短期内可看作不变,E 具有短期交替重复效应,如人的疲劳指劳动者在工作一段时间后,由于长时间的脑力或体力活动,身体机能即思维判断力、动作的灵敏性降低,但经过适当休息后机能又能快速得到恢复。

2.2.3.5　基于操作者成熟度异质性行为的 TFT－LCD 模组组装调度数学模型

根据一般 FJSP 调度模型,结合 TFT－LCD 模组组装实际过程可知,如果在 FJSP 中考虑操作者异质行为,则需要将具有人工操作的机器或工位独立出来考虑。该操作位可看成一类特殊的机器,其上的加工时间与标准工时不同。因此在对既有操作位又有自动化机器的模组进行组装过程中,可在传统只包含机器 M 的基础上进行如下分类:$M_{0*} = [M_{01}, M_{02}, ..., M_{0j}, ...]$ 员工工位集合和 $M_{1*} = [M_{11}, M_{12}, ..., M_{1j}, ...]$ 加工机器集合。

在 M_{0*} 工位集合中,工件加工时间不仅跟操作者的能力和意愿水平有关,还跟操作者的状态有关。但在短期调度中,可认为每个工位对应的员工的能力和意愿水平不变,设其生产速度与标准工时的比率参数为 $\lambda_{0*} = [\lambda_{01}, \lambda_{02}, ..., \lambda_{0j}, ...]$,且为正数,$\lambda$ 大于 1 说明操作者能力和意愿水平较低导致操作效率低于标准,λ 大于 0 小于 1 说明操作者能力和意愿水平较高从而操作效率高于标准。而短期内,状态水平则会呈现交替往复的变化,本文以曹阳华(2013)[60]文中关于疲劳的参数(与疲劳相关的工作速度分两档:前 60 min 不疲劳,以标准时间生产;后 45 min 疲劳状态,工作速度下降,是标准工时的 1.2 倍)建立起关于状态的阶段函数模型如式(2－25)所示,式(2－25)建立在工序 O_{jl} 选择在机器 M_{0i} 上加工的条件上,且时间单位为 min(分钟)。

$$p_{0ijl} = \begin{cases} p_{ijl}, & \text{当 } \mathrm{mod}(s_{jl},\ 105) < 60 \text{ 且} \\ & \mathrm{mod}(s_{jl},\ 105) + p_{ijl} < 60; \\ 1.2\, p_{ijl} + \mathrm{mod}(s_{jl},\ 105) + p_{ijl} - 60, & \text{当 } \mathrm{mod}(s_{jl},\ 105) < 60 \text{ 且} \\ & \mathrm{mod}(s_{jl},\ 105) + p_{ijl} > 60; \\ 1.2\, p_{ijl}, & \text{当 } \mathrm{mod}(s_{jl},\ 105) > 60. \end{cases}$$

$$(2-25)$$

当工序 O_{jl} 选择在机器 M_{1i} 上加工时,则有工序实际加工时间与标准工时相等,即如式(2－26)所示。

$$p_{1ijl} = p_{ijl} \qquad\qquad (2-26)$$

目标函数和其他约束条件与2.3.3.3节条件除了 p_{ijl} 的表达式对应式(2-25)和式(2-26)改变外,其他都保持一致,如此得到基于操作者成熟度异质性行为的 TFT - LCD 模组组装调度数学模型。

2.2.4 基于改进遗传算法的问题求解过程

FJSP 问题是 JSP 问题的扩展,它包含为工序分配机器和将机器上的工序进行排序两个子过程,是比 JSP 问题更加复杂的 NP - Hard 问题[61]。针对 FJSP 问题的求解方法可以分为两类,一类为精确算法,一类是类似算法。精确算法只能解决小规模 FJSP 问题,类似算法如遗传算法[62]、优先分配规则[63]、模拟退火算法[64]等,能快速得到问题较优解,比较符合实际要求。张国辉(2009)[65]及张明(2015)[66]分别对柔性作业车间调度问题的方法及算法做了综述性的研究。

遗传算法根据"物竞天择,适者生存"的自然进化准则,具有隐含并行性和全局解搜索的特点,在生产调度领域得到广泛的应用[67]。刘琼、张超勇等(2009)[67]及张国辉、高亮等(2009)[68]将遗传算法加以改进和优化应用到 FJSP 调度问题中,得到了较好的应用效果。刘胜等(2016)[69]运用了改进的遗传算法求解了多目标的 FJSP 问题。王小蓉等(2015)[70]及 Chou 等(2014)[56]将其他算法如蚁群算法、多目标算法等与遗传算法相结合来考察 FJSP 的调度问题。

遗传算法是一种通过随机产生问题的初始解,再运用一定的交叉、变异等操作规则将初始解更新换代,运用合适的适用度函数或目标函数对产生的新解进行检验和选择,这样通过多次的迭代、交替循环,逐步得到目标的最优解或次优解的一种最优解搜索通用方法。Michalewicz(1994)[71]总结了遗传算法的五个基本要素,分别为:编码和解码、种群初始解产生方法、适应度函数的设计、遗传算子的设计(包含交叉、变异、选择等)、遗传参数的设置(如种群的规模、遗传算子的概率等)。本文尝试应用文献[67]提出的改进遗传算法求解考虑员工异质性行为的 FJSP 调度问题,该改进遗传算法的主要步骤如下。

第 1 步:应用基于工序和机器的染色体编码规则及基于随机值的双机器选择方法初始化随机产生 P 个染色体个体,P 为种群规模参数。

第 2 步:根据目标函数(最大加工时间)计算个体适应度,评价个体适用度值。

第 3 步:判断是否满足终止条件,最满足则输出最好解,结束算法,否则转第 4 步。

第 4 步:选择策略选取新的下一代种群。

第 5 步 a:按交叉概率 P_c,将两父代根据选择的交叉操作交叉 n 次,从父代和所有后代中选择最优两个染色体转入成为下一代。

第 5 步 b:按变异概率 P_m 选择个体,根据选择的变异操作生成新染色体个体。

第 6 步:将根据选择、交叉、变异后得到的新个体组成下一代种群,转第 2 步。

文献[66]提出的改进遗传算法的特点有：一是在初始解的产生工序的加工机器集合时，随机挑中两台机器，添加 0—1 随机值的判定，若随机值小于 0.8，则选择加工时间短的机器，否则将选择加工时间长的机器；二是编码操作采用基于工序的基因序和基于工件机器集的基因序，能有效进行编码解码求解；三是采用 IPOX 进行工序的交叉操作，采用引入随机整数 0、1 的 MPX 方法进行工序加工机器的交叉；四是采用插入的工序基因序变异操作和采用替换的机器基因序变异操作；五是采用锦标选择和精英保留策略进行选择操作。

本章在文献[66]的基础上，对算法的编码过程进行了改进：将基于机器的编码分为两行，一行记录机器的机器号，一行记录机器加工对应工件的加工时间。这样的改进，让整个运算过程更加简便。基于 matlab 和下文实例的编码代码可见附录的"实例编码 matlab 代码"部分。

2.2.5　实例运算与结果分析

2.2.5.1　实例描述

根据文献[59,71,72,58]有关文献的实例及 TFT－LCD 模组组装厂的实际生产流程等情况，设计如下实例：待加工工件信息如表 2－3、图 2－13 所示；各工序在各机器或工位上加工时间的标准工时如表 2－4 所示。

表 2－3　待加工工件的信息

工　件	工件批量	产品类	工　序
J_1	300	A	O_{11}—O_{15}
J_2	400	A	O_{21}—O_{27}
J_3	450	T	O_{31}—O_{38}

表 2－4　各工序的标准测量加工工时（单位：秒）

工序	检验	清洗			粘贴			热压	组装		老化	包装	
	M_{01}	M_{11}	M_{12}	M_{13}	M_{14}	M_{15}	M_{16}	M_{17}	M_{18}	M_{19}	M_{110}	M_{111}
O_{11}	—	30	35	—	—	—	—	—	—	—	—	—
O_{12}	—	—	—	58	50	55	—	—	—	—	—	—
O_{13}	—	—	—	—	—	—	25	—	—	—	—	—
O_{14}	20	—	—	—	—	—	—	—	—	—	—	—
O_{15}	—	—	—	—	—	—	—	—	—	—	8	8

续　表

工序	检验	清洗		粘贴			热压	组装		老化	包装	
	M_{01}	M_{11}	M_{12}	M_{13}	M_{14}	M_{15}	M_{16}	M_{17}	M_{18}	M_{19}	M_{110}	M_{111}
O_{21}	—	30	35	—	—	—	—	—	—	—	—	—
O_{22}	—	—	—	60	58	62	—	—	—	—	—	—
O_{23}	—	—	—	—	—	—	28	—	—	—	—	—
O_{24}	—	—	—	—	—	—	—	—	—	80	—	—
O_{25}	25	—	—	—	—	—	—	—	—	—	—	—
O_{26}	—	—	—	—	—	—	—	—	—	—	9	7
O_{31}	—	32	38	—	—	—	—	—	—	—	—	—
O_{32}	—	—	—	72	65	68	—	—	—	—	—	—
O_{33}	—	—	—	—	—	—	30	—	—	—	—	—
O_{34}	—	—	—	—	—	—	—	60	65	—	—	—
O_{35}	—	—	—	—	—	—	—	—	—	75	—	—
O_{36}	30	—	—	—	—	—	—	—	—	—	—	—
O_{37}	—	—	—	—	—	—	—	—	—	—	10	9

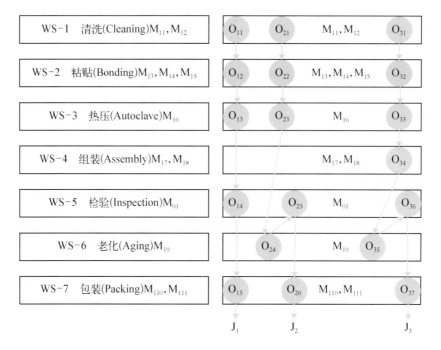

图 2‑13　案例中机器及工件工序流程图

2.2.5.2　运算结果

本章应用 matlab 对改进的遗传算法进行编程，具体运算环境：matlab r2010a、处理器：Intel(R)Core(TM)i7 - 3770 CPU @ 3.40 GHz、内存 4 GB、操作系统：Windows7 专业版。

本文设置的运算参数为[66]：种群规模 $P=100$，IPOX 的交叉概率设为 45%，MPX 交叉概率 45%，交叉次数为 n，变异概率均为 2%，选择概率 $r=0.8$，最大进化代数为 100。

下面针对本题添加的行为因素的模型的参数的不同，分别展示运算结果，结果单位均为分钟(min)。

(1) 不考虑行为人成熟度时的运算结果

结果如图 2 - 14 所示。

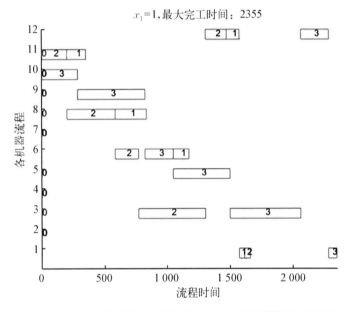

图 2 - 14　不考虑员工成熟度($x_1=1$)时的最优调度甘特图

(2) 考虑行为人能力和意愿成熟度时的运算结果

当参数为 $\lambda_{01}=1.2$ 时，结果如图 2 - 15 所示，当参数为 $\lambda_{01}=0.8$ 时，结果如图 2 - 16 所示。

(3) 考虑行为人状态成熟度(真实加工速度是阶段函数)时的运算结果

即 M_{01} 的速度具有式(2 - 25)的阶段性变化规律，此时的运算结果如图 2 - 17 所示。

(4) 考虑能力、意愿、状态成熟度时的运算结果

在 M_{01} 的速度具有式(2 - 25)的阶段性变化规律的考虑下，同时考虑能力、意愿参数。此时，当参数为 $\lambda_{01}=1.2$ 时，结果如图 2 - 18 所示；当参数为 $\lambda_{01}=0.8$ 时，结果如图 2 - 19 所示。

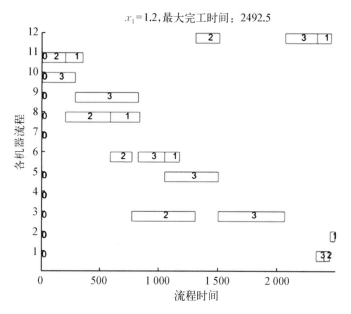

图 2–15　参数为 $\lambda_{01}=1.2$ 时 $(x_1=1.2)$ 最优调度的甘特图

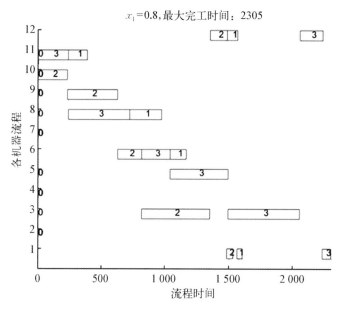

图 2–16　参数为 $\lambda_{01}=0.8$ 时 $(x_1=0.8)$ 最优调度的甘特图

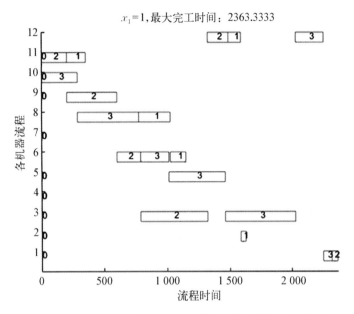

图 2－17 只考虑状态因素成熟度时的最优调度甘特图

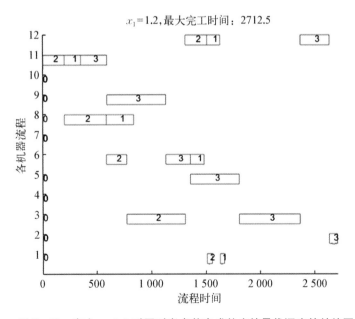

图 2－18 在 $\lambda_{01}＝1.2$ 时同时考虑状态成熟度的最优调度的甘特图

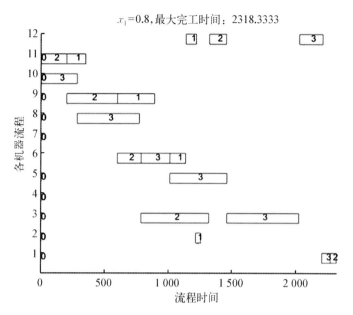

图 2‐19   在 $\lambda_{01}=0.8$ 时同时考虑状态成熟度的最优调度的甘特图

2.2.5.3   结果分析与讨论

根据上一节展示的各参数下的具体结果如下：当不考虑员工成熟度时,最优的最大完工时间是 2 355 min;当只考虑员工成熟度中的能力和意愿因素时,令参数 $\lambda_{01}=1.2$ 时,最优的最大完工时间是 2 492.5 min,令参数 $\lambda_{01}=0.8$ 时,最优的最大完工时间是 2 305 min;当只考虑员工成熟度中的状态因素时,最优的最大完工时间是 2 363.333 3 min;既考虑员工成熟度中的能力和意愿因素,又考虑员工状态因素时,令参数 $\lambda_{01}=1.2$ 时,最优的最大完工时间是 2 712.5 min,令参数 $\lambda_{01}=0.8$ 时,最优的最大完工时间是 2 318.333 3 min。

由上述结果可知：当只考虑员工成熟度中的能力和意愿因素时,令参数 $\lambda_{01}=1.2$ 时,此时的最优的最大完工时间比不考虑员工行为时多 137.5 min,令参数 $\lambda_{01}=0.8$ 时,最优的最大完工时间比不考虑员工行为时少 50 min;当只考虑员工成熟度中的状态因素时,此时的最优的最大完工时间比不考虑员工行为时多 7.666 7 min;当既考虑员工成熟度中的能力和意愿因素,又考虑员工状态因素时,令参数 $\lambda_{01}=1.2$ 时,此时的最优的最大完工时间比不考虑员工行为时多 357.5 min,令参数 $\lambda_{01}=0.8$ 时,最优的最大完工时间比不考虑员工行为时少 36.666 7 min。

由 357.5＞137.5、36.666 7＜50、7.666 7 为多出的时间可知,员工的状态(疲劳)周期性变化行为将对生产调度产生负效应,使得实际的完工时间大于按照标准工时计算的调度时间。由 137.5＞7.666 7 可知,员工的能力和意愿因素对生产计划调度的影响程度远远大于短期性和周期性的员工状态对生产计划调度的影响程度。由 357.5－137.5＞50－36.666 7 可知,能力和意愿因素不足的员工与员工的状态因素的叠加效果远远大于能力和意愿因素充足的员工与员工的状态因素的相消效果,即能力和意愿不足的员工在周期性的状态影响下,将大大增加完工时间。但是能力和意愿较高的员工可以抵消由于状态因素造成的拖期行为。

由上述分析可知,在企业运作中,应注重员工能力和意愿的提升,如此将大大提高生产的效率和预防拖期惩罚的能力,该项措施的效果比让员工加班加点更加有效。

生产计划调度中多主体行为因素多牵涉到供应链协同生产计划调度系统,尤其在TFT-LCD行业由于需求具有季节性波动、前段制程因设备昂贵需考虑设备利用率目标、后端制程需考虑顾客需求目标等的特殊性,在 TFT-LCD 企业间或企业的多工厂内的供应链的协调一致性将对企业发展和提升企业竞争力至关重要。

2.2.6　供应链协同中行为因素研究概述

在供应链协同生产计划调度系统中人的相互关系、沟通、不确定下的决策等行为因素较多,牵涉到的行为研究系统也更加复杂。国内的学者在供应链协同中人的互动行为关系已做了丰富的研究工作,如齐翔[72](2008)着重探讨了利他行为并建立了群体条件下利他行为的生存博弈模型及其他因素的博弈及演化模型,寿志钢、苏晨汀等[73](2008)基于信任理论研究了计算信任、能力信任和善意信任三类企业间信任关系对零售商和供应商的依从和合作的影响,叶飞、薛运普[74](2011)研究得出供应链伙伴间的信息共享可以以关系资本中的信任及关系承诺等维度为中间变量从而作用于企业绩效,朱龙涛[29](2012)运用利润效用函数及数值运算探究了供应商和零售商各自及相互的公平偏好对利益分享率的影响并研究了分散和集中系统下零售商损失规避对供应链决策的影响。张向阳[75](2012)在有限理性理论的基础上研究了有限理性的损失厌恶、安全优先、心理账户三个因素等零售商订货行为的影响,黄松[76](2012)考虑了顾客行为及供应商、制造商、零售商的公平关切及损失规避对供应链效率及利润的影响,陈杏蕊[77](2012)主要考虑了添加决策者后悔心理的报童决策模型,冯君莲[78](2013)建立了基于内生偏好系数的采购模型并指出通过调节回购契约的相关参数能使单个损失规避型零售商和单个制造商组成的两级供应链达到协调状态等研究成果。简惠云[79](2013)从风险与公平偏好行为因素方面对传统的三种常见供应链契约及协调问题进行了理论及实验研究,韩姣杰(2013)[80]在项目管理中考虑了项目成员的有限理性与互惠和利他偏好行为对委托人和代理人合作及代理人努力的影响并提出了实用的惩罚、利益分享等管理策略,郝忠原(2013)[81]从参照点的角度考虑了零售商损失规避时及委托代理人具有过度自信情形时供应链契约设计优化问题,张鹏、张杰等[82](2013)研究了具有损失厌恶的零售商和一个风险中性的供应商两阶段供应链系统并证明了零售商的损失厌恶行为不会对批发价、收入共享及回购契约的协调状态造成影响。王晓微[83](2014)研究了一般随机需求与需求依赖销售努力的两种报童问题情境下具有过度自信行为因素的报童模型对最优订货量、报童努力程度和利润的影响,赵灿灿、邱君降等[84](2014)提出了一种能够体现供应链的成员行为特性的供应链运作集成仿真模型,张鹏[85](2015)从博弈着手探讨在不同的供应链运作情境下损失规避、期望损失厌恶及社会偏好行为因素对供应链决策的影响,仇民才[86](2015)详细探讨了损失规避、公平关切单个或共同因素对供应链保险契约的影响,张巍、朱艳春等[87](2015)在采用模糊图理论的基础上构建了基于信任的虚拟企业伙伴选择模型,陈俊霖、赵晓波等[88](2015)构建了考虑公平关切的强化学习模型,任亮、黄敏等[89](2016)提出了基于累计期望效用理论的考虑拖期厌恶行为因素的第四方物流路径优化问题。

本章将上述文献中牵涉到的行为因素进行了归纳,如表 2‑5 所示。

表 2‑5 供应链中行为因素研究成果汇总表

行为因素	行为因素解释	相关文献
互惠/利他行为	定义:指个体在特定的时间和空间条件下,牺牲自己的适应性来促进和提高另一个个体的适应性行为[71]。 模型:利他行为系数 θ 与经济生活水平 $x(t)$ 和文化道德水平 $y(t)$ 密切相关。 互惠模型:合作双方的合作努力具有线性关系。	齐翔[72](2008)、韩姣杰[80](2013):在参与主体数目较多的项目团队中,互惠偏好对团队成员合作努力和生产努力的促进作用就越大;互惠作为一种惩罚不合作行为的措施,其惩罚作用只有对于合作积极性不高、单位努力成本较高的团队成员才有作用;而对合作积极性较高、单位努力成本较低的团队成员,则互惠策略的实施可能挫伤他们的合作积极性;等等。
信任	定义:信任是一种甘愿暴露弱点的心理状态,这种状态基于的是信任者对被信任者的意图和行为的积极期望,即期望被信任者未来的意图和行为都不会损害信任者的利益[73]。 分类:情境信任、品质信任;能力信任、善意信任、计算信任。	寿志钢、苏晨汀等[73](2008):零售商的能力与善意与供应商对零售商的依从与合作都有显著正相关关系;供应商对零售商的计算信任会显著地促进供应方对零售商的合作,但并不一定会影响供应商对零售商的依从度;多种信任对关系行为的交互影响更为复杂。 张巍、朱艳春等[87](2015):构建了基于能力、动机、持续性三个指标的基于信任的虚拟企业伙伴选择模型。
信息共享		叶飞、薛运普[74](2011):"信息共享‑信任‑营运绩效""信息共享‑信任‑关系承诺‑运营绩效"。
公平偏好	零售商公平偏好时会关注自己和供应商之间的利润差异;供应商公平偏好时会关注自己和零售商之间的利润差异。	朱龙涛[29](2012):仅零售商具有公平偏好时,零售商要求的销售收益分享率要大于无公平偏好时的分享率;仅供应商具有公平偏好时,供应商给零售商的销售收益分享率要小于无公平偏好时的分享率,从而导致零售商的努力水平降低等。 黄松[76](2012):提出了两种不公平效用函数,分别为有利的不公平性和不利的不公平性。 简惠云[79](2013)

行为因素	行为因素解释	相关文献
		仇民才[85](2015)：零售商的最优订货量随其公平关切系数的增加而减少；在分散情形(批发价格契约)下，供应链不能达到系统最优，但是引进保险契约可以使供应链双方达到 Pareto 最优。陈俊霖、赵晓波等[87](2015)：构建了考虑公平关切的强化学习模型，研究发现，在个体自我学习及社会学习实验环境下，备用供应商的横向公平关切程度均较为显著，而信息共享对备用供应商的横向公平关切偏好的影响不明显。
损失规避(有限理性)	通过在期望效用函数中当利润为负时增加的损失厌恶系数来表示。	朱龙涛[29](2012)：分散和集中系统下，由于零售商损失规避的特点，其最优订购量和期望效用都随着损失规避程度的增加而减小；在分散系统由于双方信息不完全，供应链效率进一步降低；在集中系统中由于信息共享，提供了零售商的最优订货量。张向阳[74](2012)：采用了"参考点"模型，研究发现随着损失厌恶程度与零售的订货量成反比关系。黄松[75](2012)：研究表明，如果供应商风险规避程度越高，将严重影响供应链的运作效率。冯君莲[77](2013)：回购契约。郝忠原[80](2013)张鹏、张杰等[81](2015)：在具有损失厌恶的零售商和一个风险中性的供应商两阶段供应链系统中，零售商的损失厌恶行为不会对批发价、收入共享及回购契约的协调状态造成影响，但是，期望损失厌恶行为将导致研究的供应链系统的成本消耗，从而降低供应链效率。张鹏[84](2015)：商品定价较高时，损失规避行为驱使零售商采取保守的订货策略，使得最优订货量趋于均值需求等。仇民才[85](2015)：零售商的最优订货量随其损失规避系数的增加而减少等。
安全优先(有限理性)	目标是决策风险最小化	张向阳[75](2012)：零售商的安全优先行为会使其订货量小于或至多等于无安全约束下的订货量。
心理账户(有限理性)	指决策者会将资金投入进行分类别管理的心理行为：每一项决策的投入被分配到不同的心理账户，不同心理账户表明了决策者对该方案的要求的盈利目标及风险预期，彼此间是相互独立的[75]。	张向阳[75](2012)

行为因素	行为因素解释	相关文献
后悔厌恶	定义：指当个体感觉到若以前做出其他的决策，会得到比现在更好的结果时产生的一种基于认知的消极情感[77]。 目标：期望修正效应最大化。	陈杏蕊[77]（2012）
风险规避或偏好	模型：报童条件风险值模型。	简惠云[79]（2013）
过度自信	定义：指人们总是倾向于高估自己的判断力及其他能力[81]。 一般模型：设置一个真实状态参数，根据设置与真实状态的偏差值度量自信水平。	郝忠原[81]（2013） 王晓微[83]（2014）：建立了预测的市场需求均值与实际需求的均值相同但预测的方差比实际的方差小的过度自信报童模型；研究表明过度自信报童的利润总是不高于理性报童；过度自信水平越高，报童的销售努力水平越低；等等。
社会偏好	定义：指供应链中，在建立良好的关系的前提下，供应链一方对另一方的收入表示关切。	张鹏[85]（2015）
拖期厌恶		任亮、黄敏等[89]（2016）

由表 2-5 总结的供应链中研究的行为因素的总结可知，学者的研究多集中在考虑供应链中主体的公平偏好、损失规避行为，次之是信任、互惠/利他行为。由上述文献可知，公平偏好、损失规避行为、信任、互惠/利他行为等行为因素对供应链协调或契约都有着不同程度的影响。但这些行为是否是普遍存在的，和行为主体的一些属性（如性别、知识、经验等）是否具有一定的影响还需进一步探讨。

本章尝试以 TFT-LCD 企业的供应链协同问题为原型，构建供应链各行为主体相关的问卷考察表，在大学生及专业人群中加以调查，以初步探讨供应链相关行为的普遍性及与行为主体属性的影响关系。

2.2.7　供应链生产计划调度各主体行为因素调研问卷设计（以 TFT-LCD 某产品为例）

本节主要根据 TFT-LCD 实际生产过程进行了解的基础上，首先介绍调研方法及样本的选择，随后详细阐述问卷测量问题的选择和确定流程。

2.2.7.1　基于虚拟组织理论的 TFT-LCD 某产品组织结构描述

文献[23]给出了 TFT-LCD 某企业的 T 产品的制程和物料供给树形结构（图 2-20 所示），并根据虚拟组织理论给出了对 T 产品的组织结构图，T 产品涉及的制程及物料提前期汇总表如表 2-6 所示。在图 2-20 中，总指挥即营运总监负责全程联合计划及排程管理,副总指挥即各主要制程计划总监负责制程工厂的主要原料和零组件的供应及生产计划策略和方向等,规划协调即各阶各厂区计划经理负责计划调度并协调监督所属厂区的计划排程实施情况,基层作业层即各阶各厂区计划专员负责及时根据上级战略战术调整信息、开展各种计划并监督实施以及向上级反映异常。如此形成的联合计划组织能够实现信息迅速共享、计划排程及时调整,以减少库存堆积,提升整体竞争能力和应对市场变化能力。

表 2-6　T产品涉及制程及物料提前期汇总表[23]

制　　程	物料品名	产　　地	物料提前期①	累积提前期②
Array	玻璃基板	日本	28 天	53 天
	彩色滤光片	韩国	21 天	46 天
Cell	Array 完工品	台北	15 天	25 天
	偏光片	日本	28 天	38 天
Module	Cell 完工品	台南	10 天	10 天
	IC	美国	72 天	72 天
	PCBA	昆山	84 天	84 天
	BLU(背光模组)	广州	28 天	28 天
	Module 加工	深圳	3 天	/

注：① 指该物料在下个制程投入前的累积准备、等待、加工及运输时间。
　　② 指该物料相对于最终产品投入前的累积提前期。

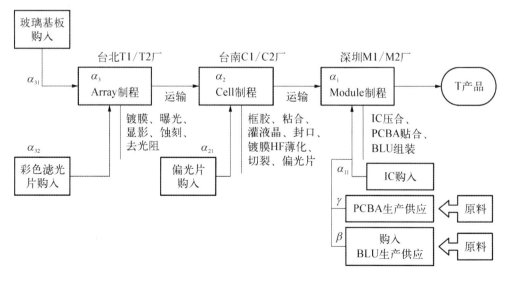

图 2-20　T产品的制程和物料供给树形图[23]

从图 2-21 可知,在该组织中各层生产商与供应商之间有信息交流活动、生产商和供应商内部也有上下级的信息交流活动,在 T 产品供应链协同的过程中存在多个主体的交互行为,根据 Parachute 行为界定模型,该类行为的着力点在情境及环境处,研究的是社会企业协同合作环境,根据前面可知,在该情境下,目前研究的行为因素有公平关切、损失规避、信息共享、信任、互惠利他、风险偏好等。下面,本文以此为原型,以常见的在协调过程中遇到的问题为情境,设计相关调查问卷,考察总指挥层、副总指挥层、协调层、作业层及供应商等多行为主体的供应链协同行为对调度的影响及其与性别、经验等个体属性的关系。

2.2.7.2　基于供应链协同过程各主体行为因素问卷设计

根据上节基于虚拟组织理论的 TFT-LCD 供应链协同调度过程中的组织结构关系的分析可知,该过程可以简化为"供应商-制造商-顾客(订单)"的三级供应链关系模型。其中此虚拟组织结构是由制造商为领导核心,各主体包含营运总监、各制程计划总监、各厂计划经理、各厂计划员、顾客等。本文为了研究此三级供应链关系中的各层级组织主体的公平关切、损失规避、信息共享、信任、互惠利他、风险偏好等行为因素的普遍性及与性别、经验等个体属性的关系,对调度问卷的设计进行了如下考虑。

(1) 调研内容。

在调研问卷的内容上,首先为了探讨主体行为与个体性别、经验属性的关系,问卷中需涉及性别、年龄、学历、对生产制造管理了解度等基础信息的收集,其中年龄、学历、对生产制造管理了解度作为经验的度量因子。

其次本文研究的主体行为因素有公平关切、损失规避、信息共享、信任、互惠利他、风险偏好,这些将作为本文考察的自变量,需应用心理学方法对调查对象的这些因素进行初步测量,本文采用简化 pymetrics games 职业特性测量工具为描述性语句,对这些行为因素进行量化测量。

最后,根据 TFT-LCD 供应链协同生产计划调度过程中的实际情境设定一定的描述语句,在借鉴文献[72]的基础上,选定依从、合作为供应链协同的因变量。同时,由于系统包含供应商、制造商、顾客三类主体,所以,在问卷设计时考虑了分别以供应商、制造商、顾客为描述主体,考察另外两个主体的依从、合作因变量的状态。

除此之外,为了对环境中其他变量进行控制,如制造商规模、供应商产品的质量等,这些控制变量将在问卷开始处进行详细的情境描述。

具体的调研问卷的内容及形式见附录。问卷中第 5、6、7、8、9、10 题分别对应考察了信任、公平关切、互惠利他、损失规避、风险偏好、信息共享的程度,11—16 题描述了顺从因变量,17—20 题描述了合作因变量。

(2) 调研样本选择及方法。

本文的调研样本的对象是上海理工大学的学生,根据初期的问卷的整理,若在相关

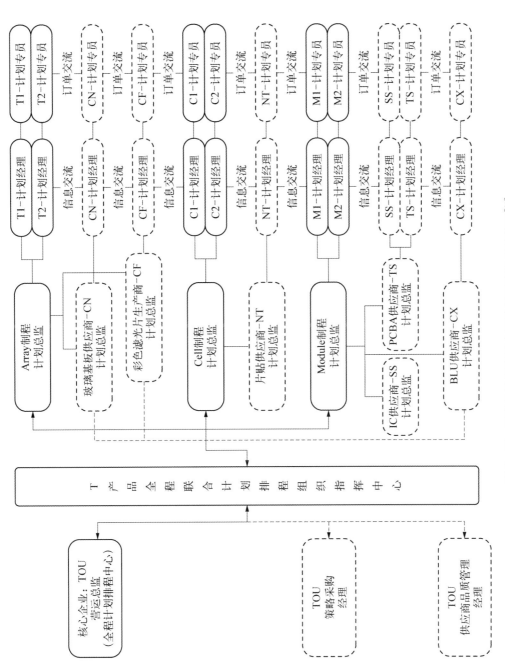

图 2 - 21　T产品的供应链全程计划调度组织结构图[23]

专业或学历上有所偏向或不均的话,需有针对性地到相应专业发放和收集问卷,以平衡和扩大相应的样本量。

调研的方法采用电子问卷和纸质问卷发放的方法。

(3) 各因子的度量方法。

问卷中各因子的度量以模糊数学理论为基础,将各因子进行量化。针对不同类别的题目,采用不同的量化标准。因变量依从、合作、响应速度的度量,采用的是李克特五级量表,即题目的答案包含非常同意、同意、无所谓(不确定)、不同意、非常不同意五个选项,而对应的每个回答给一个分数,如是针对因子的有利项目,那么答案从非常同意到非常不同意分别对应 5、4、3、2、1 分,对不利项目分别对应的就是 1、2、3、4、5 分。自变量性别、经验的度量值详见表 2 - 7 所示。普遍性行为自变量的度量值取决于调研者的选择值与最大值的比。为了防止不同量级的影响,本文已相应在量化标准设置时进行了归一化处理。

表 2 - 7 自变量性别、经验相关选项度量值对应表

性别	度量值	对生产制造管理了解度	度量值	学历	度量值	年 龄	对应度量值
男	1	精通	5	大一	1	15—20 岁	1
女	0	熟悉	4	大二	2	21—26 岁	2
		了解	3	大三	3	27 岁及以上	3
		一般	2	大四	4		
		完全不懂	1	研一	5		
				研二	6		
				研三	7		
				博士	8		

2.2.8 问卷统计结果分析与讨论

2.2.8.1 问卷结果统计

电子问卷收集 80 份,其中有效问卷 45 份。纸质问卷发放 80 份,收集 80 份,其中有效问卷 60 份。本次调查有效问卷共 105 份,有效率约为 66%。从问卷收集来看,电子问卷收集方式不佳。问卷的有效性判断主要根据记录的问卷填写时间,若小于 60 秒则为无效问卷,其次根据问卷 11 到 20 题的选项,若选项均为某一项则为无效问卷。

之后为了防止数据录入出现错误,本文先将问卷文字录入到 Excel 中,形式如图 2 - 22所示。然后,根据 2.2 节描述的各选项的模糊数学度量方法和对应的度量值,将 Excel 中对应的选项进行替换,转换后统计形式如图 2 - 23 所示。

1	序号	1、	2、学	3、年龄	4、对生产	5、假	6、在	7、假	8、假	9、假设有A和B两种不同的投资	10、假	11、作为一	12、作为一	13、作为	14、作为一	15、作为一	16、作为一	17、作为一	18、作为一	19、作为一	20、作为一个联盟
2	1	女	研三	21-26岁	熟悉	50	3	0	6	投资A：50%，投资B：50%	3	同意	同意	不同意	同意	同意	不确定	同意	不同意	同意	不同意
3	2	男	研三	27岁及以上	了解	10	8	10	40	投资A：50%，投资B：50%	2	非常同意	同意	同意	同意	同意	同意	同意	不确定	非常同意	不确定
4	4	男	研一	21-26岁	完全不懂	29	6	15	32	投资A：50%，投资B：50%	5	不确定	不确定	同意	不确定	不确定	同意	同意	不同意	不确定	不确定
5	5	男	研二	21-26岁	了解	10	4	5	20	投资A：80%，投资B：20%	3	同意	同意	不确定	非常同意	同意	同意	同意	同意	同意	不确定
6	6	男	博士	27岁及以上	熟悉	0	5	0	0	投资A：80%，投资B：20%	3	不确定	不确定	不确定	同意	同意	同意	同意	同意	同意	同意
7	7	女	研二	21-26岁	一般	20	3	10	20	投资A：80%，投资B：20%	5	不确定	不确定	不确定	不确定	同意	同意	不确定	不确定	不确定	不确定
8	8	男	博士	27岁及以上	熟悉	0	5	0	0	投资A：80%，投资B：20%	2	不确定	不确定	不确定	不确定	同意	同意	同意	同意	同意	同意
9	9	女	研三	21-26岁	完全不懂	30	8	15	30	投资A：50%，投资B：50%	3	不确定	不确定	不同意	同意	不确定	同意	同意	同意	同意	非常同意
10	10	女	研二	21-26岁	熟悉	6	10	0	12	投资A：80%，投资B：20%	9	同意	不确定	不同意	同意	同意	非常同意	同意	同意	不确定	不确定
11	11	男	研一	21-26岁	一般	30	2	10	30	投资A：50%，投资B：50%	5	不确定	不确定	不确定	同意	非常同意	非常同意	非常同意	非常同意	非常同意	不确定
12	12	女	研二	21-26岁	一般	35	4	5	16	投资A：20%，投资B：80%	5	同意	同意	同意	同意	同意	同意	同意	不确定	同意	同意
13	13	女	研二	21-26岁	熟悉	60	5	0	11	投资A：50%，投资B：50%	3	同意	不确定	不同意	同意	不确定	同意	同意	不同意	非常同意	非常不同意
14	14	男	研二	21-26岁	一般	20	6	18	38	投资A：80%，投资B：20%	6	同意	不确定	不确定	不确定	不确定	不确定	不确定	同意	同意	同意
15	15	男	研二	21-26岁	了解	29	4	11	60	投资A：80%，投资B：20%	6	不确定	非常同意	不同意	同意	不确定	同意	不同意	同意	同意	不确定
16	16	女	研二	21-26岁	一般	12	10	15	20	投资A：100%，投资B：0%	10	不确定	同意	不同意	同意	不确定	不确定	不确定	不确定	非常同意	同意
17	17	男	研二	21-26岁	了解	44	6	24	35	投资A：80%，投资B：20%	7	同意	不确定	同意	非常同意	同意	同意	同意	非常同意	同意	同意
18	18	男	研二	21-26岁	一般	20	7	15	15	投资A：80%，投资B：20%	4	同意	同意	不同意	同意	同意	同意	同意	同意	同意	同意
19	19	男	研三	21-26岁	了解	30	2	0	30	投资A：50%，投资B：50%	5	同意	同意	同意	同意	同意	不确定	同意	不确定	不确定	不同意
20	20	女	研三	21-26岁	一般	21	6	9	25	投资A：80%，投资B：20%	7	同意	同意	不确定	不确定	同意	同意	同意	同意	同意	不确定
21	21	男	研二	21-26岁	一般	60	10	15	57	投资A：80%，投资B：20%	7	同意	同意	同意	同意	不同意	不确定	不确定	不确定	不同意	不确定
22	22	男	研二	21-26岁	了解	37	7	16	32	投资A：80%，投资B：20%	6	不确定	不确定	同意	同意	同意	不确定	同意	不确定	不确定	同意
23	23	女	研二	21-26岁	了解	25	4	10	20	投资A：80%，投资B：20%	4	同意	同意	同意	同意	同意	同意	同意	同意	同意	同意
24	24	女	研一	21-26岁	完全不懂	23	3	10	28	投资A：20%，投资B：80%	6	不确定	不确定	同意	不同意	同意	同意	不确定	不确定	不同意	不确定
25	25	男	研三	21-26岁	了解	0	4	0	25	投资A：100%，投资B：0%	4	非常同意	同意	同意	同意	同意	同意	同意	同意	同意	同意

图 2-22　问卷原始数据录入形式图

序号	1、性别	2、学历	3、年龄	4、对	5、信任	6、公平公平关切	7、互惠利	8、损失规避	9、风险偏好	10、信息	11、信息	12、	13、	14、	15、	16、顺从	17、作	18、作	19、作	20、合作
1	0	7	2	4'50	3	7'0	6	0.3	4	4	4	4	4	3	21	4	2	4	2	12
2	1	7	3	3'10	8	2'10	40	0.5	5	4	4	4	4	4	25	4	3	5	3	15
3	1	5	2	1'29	6	4'15	32	0.5	4	4	4	3	3	4	20	4	2	4	3	12
4	1	6	2	3'10	4	6'5	20	0.2	3	3	3	5	4	4	21	3	4	4	3	15
5	1	8	3	4'0	5	5'0	0	0.3	3	3	3	3	4	4	20	4	3	4	4	16
6	1	6	2	2'20	3	7'10	20	0.2	3	3	2	3	4	4	20	3	4	3	3	12
7	0	8	3	4'0	5	5'0	0	0.2	3	3	4	4	4	4	20	4	3	4	4	16
8	1	7	3	1'30	5	2'15	30	0.3	4	3	3	4	5	5	19	4	4	4	5	17
9	0	6	2	4'6	10	0'0	12	0.2	3	3	3	2	3	4	19	4	5	3	3	14
10	0	5	2	2'30	2	8'10	30	0.5	3	4	3	4	4	5	23	5	5	5	4	18
11	1	6	2	2'35	4	6'5	16	0.8	3	4	3	4	5	4	24	4	3	4	1	15
12	0	6	2	4'60	5	5'0	11	0.5	4	3	3	4	4	2	20	5	2	5	3	12
13	0	6	2	2'20	6	4'18	38	0.2	4	3	3	3	4	4	19	4	4	4	3	15
14	1	6	2	3'29	4	6'11	60	0.2	3	3	2	2	3	4	21	3	4	5	3	13
15	0	6	2	2'12	10	0'15	20	0.0	3	3	3	4	4	4	19	3	3	4	4	15
16	1	6	2	3'44	6	4'24	35	0.2	4	3	3	4	5	5	24	4	5	5	4	17
17	0	7	2	2'20	7	3'15	15	0.2	4	5	4	5	5	3	22	4	5	4	4	16
18	1	6	2	2'20	6	8'0	30	0.5	4	4	4	4	3	4	23	4	4	4	2	12
19	0	7	2	3'30	7	4'9	25	0.2	3	3	3	4	4	3	22	3	2	5	3	15
20	0	6	2	2'21	6	0'15	57	0.2	4	4	4	2	3	4	21	4	3	4	2	11
21	1	6	2	2'60	10	3'16	32	0.2	3	4	4	4	2	3	24	3	4	3	3	14
22	1	6	2	3'37	7	6'10	20	0.2	4	3	3	4	4	5	20	4	4	4	4	16
23	0	5	2	3'25	4	7'10	28	0.8	3	4	4	4	4	4	24	3	3	2	3	11
24	1	7	3	1'23	3	6'0	25	0.0	5	3	4	4	4	4	20	3	4	4	4	16
25	1	7	2	3'0	5	9'0	60	0.0	4	4	4	4	4	4	25	4	4	4	4	15
26	1	5	2	1'60	1				4	5	5	4	4	4	26	4	4	4	3	15

图 2－23　问卷选项度量值替换形式图

经过初步统计分析,本次问卷调研对象男女比例分别约为 53%、47%。调研对象全部为研究生及以上学历,其中研一约占 13%,研二约占 47%,研三约占 30%,博士约占 10%。调研对象 90% 处于 21—26 岁。对生产制造管理熟悉的占 20%,了解的占 30%,一般的占 30%,完全不懂的占 20%。

此外,在问卷中由于问题设置原因,第 6 题是对公平关切的度量,而调研对象给出的数值越高,代表公平关切度越低,在结果分析时,应用最大值减去调研者的选择值。

2.2.8.2　分析与讨论

本章问卷结果分析,主要应用 spss 软件对各自变量和因变量进行相关性分析,结果如表 2－8 所示。

表 2－8 中,每两个变量的结果中的第一行表示相关性系数,第二行是 95% 显著性水平下的 t 检验的 sig 值,当 sig 值小于 0.05 是表示两变量有显著相关性,第一行的相关性系数上方有一个"＊"的,表示具有 0.05 水平的相关性,有两个"＊"的(＊＊),表示具有 0.01 水平的相关性。

首先,从表 2－8 中查看顺从和合作两个因变量除了与各自的问题变量具有正的相关性,与其他自变量没有显著的相关性。而顺从与合作间具有正的相关性,这与文献 [72] 的相关结论具有一致性。

然后,从表中可以看出各自变量间也有一定的相关性。从上至下依次分析为:性别与各变量都不具有显著相关性;经验、信任、损失规避相互间具有负的相关性,即人的经验越丰富,对别人的信任度越会降低,损失规避行为越弱;公平关切与各变量都不具有显著相关性;互惠利他和损失规避、信息共享具有正的相关性,即人如有互惠利他行为,则会有规避损失的偏好,也会更愿意与他人信息共享;损失规避行为除了与经验负相关,与信任、互惠利他正相关外,与顺从、合作的总体目标无显著相关性,但与组成顺从和合作的部分问题具有相关性,如与问题 12、13 具有正的相关性,与问题 15、17 具有显著负的相关性,说明损失规避行为在某些情境下,将会对供应链的协同合作产生较大的影响;风险偏好与其他自变量无显著相关性,但与问题 18 具有显著负的相关性,说明风险偏好者在具有损失风险的情况下倾向于选择不合作,而非冒险选择合作;信息共享行为除了与互惠利他行为因素具有显著正的相关性外,与问题 17 具有显著负的相关性,即信息共享值越高,而在实际的合作中反而越不倾向于进行信息共享,究其原因,可能与参与调研者过高预估了自己的信息共享值有关,在具体的决策情境下则表现更接近实际。

2.2.8.3　结论

根据上一节的分析和讨论,我们可以得出以下结论:

(1) 行为人的性别属性与信任、公平关切、互惠利他、损失规避、风险偏好、信息共享等普遍性行为因素无显著相关性;

表2-8　各个因素的 Pearson 相关性分析结果表

		1 性别	经验	5 信任	6 公平关切	7 互惠利他	8 损失规避	9 风险偏好	10 信息共享	问题11	问题12	问题13	问题14	问题15	问题16	顺从	问题17	问题18	问题19	问题20	合作
1 性别	Pearson 相关性	1	.292	-.160	.053	.270	.307	-.088	-.076	-.127	-.021	.292	.209	-.125	-.137	.071	.031	.158	.023	.055	.106
	显著性（双侧）		.117	.397	.779	.150	.099	.643	.690	.504	.913	.117	.267	.510	.469	.710	.871	.405	.904	.773	.577
经验	Pearson 相关性	.292	1	-.377	-.019	-.332	-.433*	-.099	-.304	-.007	-.009	-.085	.095	.021	-.133	-.040	.194	-.103	.219	-.103	.049
	显著性（双侧）	.117		.040	.919	.073	.017	.602	.103	.972	.962	.657	.617	.912	.483	.835	.306	.588	.245	.589	.796
5 信任	Pearson 相关性	-.160	-.377	1	.131	.100	.454*	.197	.047	.145	.144	.087	.217	-.261	-.222	.060	-.137	-.140	-.083	-.356	-.281
	显著性（双侧）	.397	.040		.491	.600	.012	.296	.804	.446	.449	.647	.249	.164	.239	.751	.471	.461	.661	.054	.133
6 公平关切	Pearson 相关性	.053	-.019	.131	1	-.272	.052	.281	-.210	-.083	.196	.266	-.136	.304	.066	.214	-.035	.041	.045	-.317	-.114
	显著性（双侧）	.779	.919	.491		.146	.784	.132	.266	.662	.299	.156	.475	.103	.727	.256	.853	.831	.812	.087	.550
7 互惠利他	Pearson 相关性	.270	-.332	.100	-.272	1	.410*	-.055	.405*	-.331	-.068	.208	-.097	-.353	-.195	-.251	-.209	.000	-.093	.307	.040
	显著性（双侧）	.150	.073	.600	.146		.025	.772	.026	.074	.723	.270	.611	.056	.301	.181	.267	1.000	.624	.099	.835
8 损失规避	Pearson 相关性	.307	-.433*	.454*	.052	.410*	1	-.082	.290	.118	.442*	.380*	.073	-.410*	-.209	.174	-.546**	.171	-.157	-.106	-.186
	显著性（双侧）	.099	.017	.012	.784	.025		.666	.120	.535	.015	.039	.701	.025	.268	.359	.002	.365	.407	.577	.324
9 风险偏好	Pearson 相关性	-.088	-.099	.197	.281	-.055	-.082	1	-.162	-.251	-.221	.091	-.254	-.053	-.023	-.233	.132	-.435*	-.141	-.326	-.336
	显著性（双侧）	.643	.502	.296	.132	.772	.656		.392	.180	.242	.632	.176	.782	.903	.215	.487	.016	.459	.079	.070

续　表

		1 性别	经验	5 信任	6 公平关切	7 互惠利他	8 损失规避	9 风险偏好	10 信息共享	问题11	问题12	问题13	问题14	问题15	问题16	顺从	问题17	问题18	问题19	问题20	合作
10 信息共享	Pearson 相关性	-.076	-.304	.047	-.210	.405*	.290	-.162	1	-.296	.013	.025	.029	-.267	-.031	-.167	-.378*	-.010	-.154	.006	-.164
	显著性（双侧）	.690	.103	.804	.266	.026	.120	.392		.112	.947	.894	.879	.155	.872	.378	.039	.960	.415	.975	.385
问题11	Pearson 相关性	-.127	-.007	.145	-.083	-.331	.118	-.251	-.296	1	.382*	.168	.246	.226	.030	.697**	.186	.206	.138	-.063	.161
	显著性（双侧）	.504	.972	.446	.662	.074	.535	.180	.112		.037	.376	.191	.229	.876	.000	.326	.274	.467	.739	.396
问题12	Pearson 相关性	-.021	-.009	.144	.196	-.068	.442*	-.221	.013	.382*	1	.207	.000	-.220	-.347	.357	-.399*	-.031	.040	-.268	-.225
	显著性（双侧）	.913	.962	.449	.299	.723	.015	.242	.947	.037		.272	1.000	.244	.060	.053	.029	.872	.832	.151	.232
问题13	Pearson 相关性	.292	.085	.087	.266	.208	.380*	.091	.025	.168	.207	1	.175	.037	.262	.389*	.009	.092	.347	.093	.206
	显著性（双侧）	.117	.657	.647	.156	.270	.039	.632	.894	.376	.272		.356	.848	.162	.033	.962	.628	.060	.624	.275
问题14	Pearson 相关性	.209	.095	.217	-.136	-.097	.073	-.254	.029	.246	.000	-.175	1	.210	.266	.526**	.260	.370*	.483**	.184	.485**
	显著性（双侧）	.267	.617	.249	.475	.611	.701	.176	.879	.191	1.000	.356		.266	.155	.003	.165	.044	.007	.331	.007
问题15	Pearson 相关性	-.125	.021	-.261	.304	-.353	-.410*	-.053	-.267	.226	-.220	-.037	.210	1	.584**	.564**	.599**	.461*	.243	.257	.558**
	显著性（双侧）	.510	.912	.164	.103	.056	.025	.782	.155	.229	.244	.848	.266		.001	.001	.000	.010	.196	.171	.001
问题16	Pearson 相关性	-.137	-.133	-.222	.066	-.195	-.209	-.023	-.031	.030	-.347	-.262	.266	.584**	1	.379*	.390*	.480**	.290	.295	.542**
	显著性（双侧）	.469	.483	.239	.727	.301	.268	.903	.872	.876	.060	.162	.155	.001		.039	.033	.007	.120	.113	.002

续　表

		1 性别	经验	5 信任	6 公平关切	7 互惠利他	8 损失规避	9 风险偏好	10 信息共享	问题11	问题12	问题13	问题14	问题15	问题16	顺从	问题17	问题18	问题19	问题20	合作
顺从	Pearson 相关性	.071	-.040	.060	.214	-.251	.174	-.233	-.167	.697**	.357	.389*	.526**	.564**	.379*	1	.345	.450*	.256	.094	.418*
	显著性（双侧）	.710	.835	.751	.256	.181	.359	.215	.378	.000	.053	.033	.003	.001	.039		.062	.013	.172	.621	.022
问题17	Pearson 相关性	.031	.194	-.137	-.035	-.209	-.546**	.132	-.378*	.186	-.399	.009	.260	.599**	.390*	.345	1	.137	.291	.139	.504**
	显著性（双侧）	.871	.306	.471	.853	.267	.002	.487	.039	.326	.029	.962	.165	.000	.033	.062		.469	.118	.464	.005
问题18	Pearson 相关性	.158	-.103	-.140	.041	.000	.171	-.435*	-.010	.206	-.031	-.092	.370*	.461*	.480**	.450*	.137	1	.255	.530**	.774**
	显著性（双侧）	.405	.588	.461	.831	1.000	.365	.016	.960	.274	.872	.628	.044	.010	.007	.013	.469		.174	.003	.000
问题19	Pearson 相关性	.023	.219	-.083	.045	-.093	-.157	-.141	-.154	.138	.040	-.347	.483**	.243	.290	.256	.291	.255	1	.103	.605**
	显著性（双侧）	.904	.245	.661	.812	.624	.407	.459	.415	.467	.832	.060	.007	.196	.120	.172	.118	.174		.587	.000
问题20	Pearson 相关性	.055	-.103	-.356	-.317	.307	-.106	-.326	.006	-.063	-.268	-.093	.184	.257	.295	.094	.139	.530**	.103	1	.728**
	显著性（双侧）	.773	.589	.054	.087	.099	.577	.079	.975	.739	.151	.624	.331	.171	.113	.621	.464	.003	.587		.000
合作	Pearson 相关性	.106	.049	-.281	-.114	.040	-.186	-.336	-.164	.161	-.225	-.206	.485**	.558**	.542**	.418*	.504**	.774**	.605**	.728**	1
	显著性（双侧）	.577	.796	.133	.550	.835	.324	.070	.385	.396	.232	.275	.007	.001	.002	.022	.005	.000	.000	.000	
	N	105	105	105	105	105	105	105	105	105	105	105	105	105	105	105	105	105	105	105	105

*. 在 0.05 水平（双侧）上显著相关。
**. 在 .01 水平（双侧）上显著相关。

（2）行为主体的经验属性与信任、损失规避具有负的相关性,人的相关经验越多,会越不容易信任别人,面对损失时会更加选择规避损失;

（3）注重互惠利他的行为主体一般会更加倾向规避损失,同时也更愿意与他人共享信息;

（4）根据损失规避、风险偏好、信息共享与特定问题具有显著相关性可知,当决策情境发生某些变化时,行为人的普遍性行为因素将对决策产生显著性的影响,由此也更加证明了行为因素可能成为研究系统的显著影响因素。如果在研究时忽略人的行为因素,将导致研究结果与实际存在显著的偏差,同时也进一步指出了本文基于情境的行为因素研究模式的正确性。

2.3　本章小结

本章在相关书籍和文献阅读的基础上,对行为生产计划调度牵涉到的行为科学、行为运作管理、有限理性、不确定情况下行为决策、生产计划与调度等领域的相关基础和研究理论及方法加以简单阐述,主要包含全息范式理论、有限理性理论、期望效用理论、前景理论、虚拟组织理论等。如此,以形成在生产计划调度中行为因素研究的研究边界和框架的划定,并在了解相关学科的研究理论基础上,避免在该领域研究中出现重复研究,以期在已有理论和研究基础上得出更有突破性的研究成果。

通过文献阅读和归纳总结,发现在现有行为因素相关的研究中,学者对行为因素的界定、框架、路径等没有做系统而深入的探讨,过于侧重对研究主题中单一或几个普遍性行为的影响探讨和研究。本章在结合有关行为因素的研究成果和行为科学相关理论的基础上,提出行为因素研究学科的系统界定模型（Parachute 模型）,通过该模型可以清楚地了解影响行为的因素类、各类学科有关行为的研究路径和内容等。同时,本章在行为研究系统界定模型基础上,提出一种在"全息范式"下的较为系统的在生产计划调度中研究行为因素的模式,并对现有考虑行为因素的系统的研究方法和控制策略进行了归纳总结,最后,对新模式下的行为因素的研究方法和控制策略进行了初步探讨。

根据 TFT－LCD 模组组装过程的详细分析,结合运用 2.1 节提出的系统情境界定方法,对 TFT－LCD 模组组装研究系统进行考虑行为因素的界定分析。经系统情境分析得出,该系统涉及的行为人主要包含操作层,行为维度主要涉及个体层,然后,结合已有相关操作层的行为研究并根据行为科学有关"员工成熟度"的理论,提出对操作者内在异质行为的度量模型——员工成熟度模型。此外,本章详细描述了考虑操作者异质行为的 TFT－LCD 调度模型,并结合刘琼等关于 FJSP 调度的改进遗传算法,就 TFT－LCD 模组组装实际案例进行运算。通过对员工成熟度参数的变化的结果分析得出:员工的状态(疲劳)周期性变化行为将对生产调度产生负效应,使得实际的完工时间大于按照标准工时计算的调度时间;员工的能力和意愿因素对生产计划调度的影响程度远远大于短期性和周期性的员工状态对生产计划调度的影响程度;能力和意愿因素不足的员工与员工的状态因素的叠加效果远远大于能力和意愿因素充足的员工与员工的状态因素的相消效果,即能力和意愿不足的员工在周期性的状态影响下,将大大增加生产完工时间;能力和意愿较高的员工可以抵消由于状态因素造成的拖期行为。如此可知,企业在运作中,应注重员工能力和意愿的提升,如此将大大提高生产的效率和预防拖期惩罚的能力,该项措施的效果比让员工加班加点更加有效。

以 TFT‑LCD 行业 T 产品供应链协同计划生产调度过程为原型,考察了生产计划调度中的多主体行为属性及一些普遍的行为因素对生产计划调度中的供应链协同的影响。本章主要采用情境描述模拟对控制变量加以控制,应用 pymetrics games 职业特性测量工具的简化描述方法对调研对象的公平关切、损失规避、信息共享、信任、互惠利他、风险偏好行为因素自变量进行度量,采用依从、合作两个因变量对供应链协同程度进行考察。最后,本章应用模糊数学理论对所得的问卷进行统计,并采用 spss 软件进行了相关性分析,得出以下结论:一是行为人的性别属性与信任、公平关切、互惠利他、损失规避、风险偏好、信息共享等普遍性行为因素无显著相关性;二是行为主体的经验属性与信任、损失规避具有负的相关性,人的相关经验越多,会变得越不容易信任别人,面对损失时会更加选择规避损失;三是注重互惠利他的行为主体一般会更加倾向规避损失,同时也更愿意与他人共享信息;四是当决策情境发生某些变化时,行为人的普遍性行为因素将对决策产生显著性的影响。由此,这些结论更加证明了行为因素可能成为研究系统的显著影响因素,如果在研究时忽略人的行为因素,将导致研究结果与实际存在显著的偏差,同时也进一步指出了本文基于情境的行为因素研究模式的正确性。本章的研究对相关的生产实践工作具有一定的参考价值,同时也初步运用问卷调查的方式对多主体行为进行考察,为未来的研究提供一定的借鉴。

参 考 文 献

[1] 胡冶岩.行为管理学[M].北京:经济科学出版社,2006:9‑13.

[2] 刘作仪,查勇.行为运作管理:一个正在显现的研究领域[J].管理科学学报,2009,12(4):64‑74.

[3] Gino F, Pisano G. Toward a theory of behavioral operations [J]. Manufacturing & Service Operations Management,2008,10(4):676‑691.

[4] Loch C H, Wu Y. Behavioral operations management [J]. Foundations & Trends in Technology Information & Operations Management,2007,1(3):121‑232.

［5］　Bendoly E，Croson R，Goncalves P，et al. Bodies of knowledge for research in behavioral operations［J］. Production & Operations Management，2010，19(4)：434 - 452.

［6］　Bendoly E，Donohue K，Schultz K L. Behavior in operations management：Assessing recent findings and revisiting old assumptions［J］. Journal of Operations Management，2006，24(6)：737 - 752.

［7］　Boudreau J，Hopp W，McClain J O，et al. On the interface between operations and human resources management. Manufacturing & Service Operations Management，2003，5(3)：179 - 202.

［8］　陈宗建.二象对偶时间视角下权衡定律的机理及应用研究［D].华中科技大学,2010.

［9］　李怀祖.管理研究方法论［M].西安：西安交通大学出版社,2004.

［10］　Simon H A. A behavioral model of rational choice［J］. Quarterly Journal of Economics，1955，69(1)：99 - 118.

［11］　Simon H A. Models of Man［M］. New York：Wiley，1957.

［12］　Arrow K J，Colombatto E，Perlman M，et al. The rational foundations of economic behavior［M］. London：Macmillan Press L.t.d.，1996.

［13］　陈彩虹,陈东平.典型有限理性模型的评述［J].统计与决策,2010(1)：149 - 150.

［14］　Conlisk J. Why bounded rationality?［J］. Journal of Economic Literature，1996，34(2).

［15］　Luce R D. Individual choice behavior：A theoretical analysis［M］. New York：Dover Publications (Wiley)，1959.

［16］　江涛,覃琼霞.有限理性下的个体决策：一种分析框架［J].南方经济,2007(12)：24 - 31.

［17］　李亮.影响有限理性实现程度的因素分析［D].南京理工大学,2005.

［18］　何大安.行为经济人有限理性的实现程度［J].中国社会科学,2004(4)：91 - 101.

［19］　俞文钊.当代经济心理学［M].上海：上海教育出版社,2004,136.

［20］　孙多勇.突发性社会公共危机事件下个体与群体行为决策研究［D].国防科学技术大学,2005.

［21］　Kahneman D，Tversky A. Prospect theory：An analysis of decisions under risk［J］. Econometrica，1979，47：313 - 327.

［22］　李江峰.基于悲观和乐观偏差的行为报贩问题的研究［D].厦门大学,2012.

［23］　卢建樑.多阶多厂区生产计划与排程方法研究——以 TFT - LCD 产业为例［D].天津大学,2011.

［24］　Bendoly E，Donohue K，Schultz K L. Behavior in operations management：Assessing recent findings and revisiting old assumptions［J］. Journal of Operations Management，2006，24(6)：737 - 752.

［25］　崔崟,陈剑,肖勇波.行为库存管理研究综述及前景展望［J].管理科学学报,2011,14(6)：96 - 108.

［26］　刘咏梅,李立,刘洪莲.行为供应链研究综述［J].中南大学学报(社会科学版),2011,17(1)：80 - 88.

［27］　张敏,唐伟勤,张隐.行为生产：提高预测力的新视角［J].科技进步与对策,2009,26(10)：1 - 5.

［28］　张敏.项目进度管理的行为不确定性及其控制策略研究［D].华中科技大学,2011.

［29］　朱龙涛.考虑部分行为因素的供应链利益分配与协调策略研究［D].重庆大学,2012.

［30］　陆成.工作满意度及忠诚度与知识员工反生产行为的关系研究［D].东华大学,2013.

[31]　未岔兄.制造企业员工反生产行为归因及控制研究[D].兰州理工大学,2014.

[32]　郭小玲.差序式领导、互动公平对反生产行为的影响研究[D].浙江理工大学,2013.

[33]　付佳.组织支持感、组织公平感对反生产行为的影响[D].大连理工大学,2014.

[34]　牛琬婕.顾客不公平对员工反生产行为的影响:研究情绪耗竭的中介效应与认同的调节效应[D].兰州大学,2015.

[35]　曹梦雷.伦理型领导、团队伦理气氛与员工反生产行为关系研究[D].山东大学,2015.

[36]　Spector P E, Fox S. The Stressor-Emotion Model of counterproductive work behavior[M]. 2005.

[37]　Sackett P R, Devore C J. Counterproductive behaviors at work[M]. 2001.

[38]　Bordia P, Restubog S L, Tang R L. When employees strike back: investigating mediating mechanisms between psychological contract breach and workplace deviance[J]. Journal of Applied Psychology, 2008, 93(5): 1104 - 1117.

[39]　张永军,廖建桥,赵君.国外反生产行为研究回顾与展望[J].管理评论,2012,24(7): 84 - 92.

[40]　王立君.工作特征对员工反生产行为影响的实证研究[D].辽宁大学,2015.

[41]　王康周,江志斌,李娜,等.不耐烦行为生产库存系统最优生产和分包控制[J].工业工程与管理,2012,17(4): 65 - 70.

[42]　尚倩.基于心理负荷的生产效率研究[D].浙江大学,2013.

[43]　张晓冬,郭栓银,陈进等.基于组织学习的生产系统人人合作方式的仿真研究[J].管理工程学报,2013,27(3): 103 - 109.

[44]　韦娜,苏强.员工学习曲线与人为装配缺陷的关系研究[J].人类工效学,2014,20(1): 68 - 71.

[45]　赵灿灿,赵东方,邱君降.基于人机集成模型的生产单元人因失误行为仿真[J].计算机集成制造系统,2016,22(8).

[46]　赵东方,张晓冬,章恩武等.动态制造环境下生产单元组织行为建模研究[J].软科学,2015(10): 136 - 140.

[47]　孟飚,范玉青,林楠.模块化精益生产组织改造评估与决策[J].计算机集成制造系统,2006,12(7): 1141 - 1145.

[48]　姜洋,孙伟,丁秋雷,等.考虑行为主体的单机调度干扰管理模型[J].机械工程学报,2013,49(14): 191 - 198.

[49]　Lin J T, Chen T L, Huang C C. A hierarchy planning model for TFT-LCD production chain[J]. International Journal of Electronic Business Management, 2004, 2(1).

[50]　田雨.TFT - LCD 制造工艺的研究[D].华中科技大学,2008.

[51]　刘萍.ACF 在 LCD 中的应用与发展[J].电子工艺技术,2002,23(6): 236 - 262

[52]　Shen C. Assessment of manual operation time for the manufacturing of thin film transistor liquid crystal display: A bayesian approach[C]. American Institute of Physics Conference Series. American Institute of Physics Conference Series, 2009: 168 - 177.

[53]　卢建樑.多阶多厂区生产计划与排程方法研究——以 TFT - LCD 产业为例[D].天津大学,2011.

［54］　侯丰龙,叶春明,耿秀丽.同时具有学习和遗忘效应的 TFT－LCD 模块组装调度问题研究［J/OL］.计算机应用研究,2016(12).http://www.cnki.net/kcms/detail/51.1196.TP.20160311.1833.002.html.

［55］　Chou C W, Chien C F, Gen M. A Multi-objective Hybrid Genetic Algorithm for TFT-LCD Module Assembly Scheduling［J］. IEEE Transactions on Automation Science & Engineering, 2014, 11(3)：692－705.

［56］　姜洋,孙伟,丁秋雷,等.考虑行为主体的单机调度干扰管理模型［J］.机械工程学报,2013,49(14)：191－198.

［57］　曹阳华,孔繁森.基于情绪模型的 U 型装配线工人合作仿真［J］.计算机集成制造系统,2015,21(12)：3209－3221.

［58］　高亮,张国辉,王晓娟.柔性作业车间调度智能算法及其应用［J］.2012.

［59］　曹阳华,孔繁森.基于行为研究的 U 型装配线仿真［J］.计算机集成制造系统,2013,19(11)：2765－2772.

［60］　Garey M R, Johnson D S, Sethi R. The complexity of flow-shop and job-shop scheduling［J］. Mathematics of Operations Research, 1976, 1(2)：117－129.

［61］　Pezzella F, Morganti G, Ciaschetti G. A genetic algorithm for the flexible job-shop scheduling problem［M］. Advanced Research on Computer Science and Information Engineering. Springer Berlin Heidelberg, 2011：3202－3212.

［62］　Montazeri M, Vanwassenhove L N. Analysis of scheduling rules for an FMS［J］. International Journal of Production Research, 1990, 28(4)：785－802.

［63］　Najid N M, Dauzere-Pérès S, Zaidat A. A modified simulated annealing method for flexible job-shop scheduling problem［J］. 2002, 5.

［64］　张国辉.柔性作业车间调度方法研究［D］.华中科技大学,2009.

［65］　张明.柔性作业车间调度问题优化算法研究［D］.江南大学,2015.

［66］　刘琼,张超勇,饶运清,等.改进遗传算法解决柔性作业车间调度问题［J］.工业工程与管理,2009,14(2)：59－66.

［67］　张国辉,高亮,李培根,等.改进遗传算法求解柔性作业车间调度问题［J］.机械工程学报,2009,45(7)：145－151.

［68］　刘胜,于海强.基于改进遗传算法的多目标 FJSP 问题研究［J］.控制工程,2016,23(6)：816－822.

［69］　王小蓉,李蓓智,周亚勤,等.基于混合遗传算法的柔性作业车间调度研究［J］.现代制造工程,2015(5)：39－42.

［70］　Michalewicz Z. Genetic algorithms ＋ data structures ＝ evolution programs (2nd, extended ed.)［C］. Springer-Verlag New York, Inc. 1994：631－653.

［71］　齐翔.互惠利他行为的演化模型与仿真［D］.华中科技大学,2008.

［72］　寿志钢,苏晨汀,杨志林,等.零售商的能力与友善如何影响供应商的关系行为——基于信任理论的实证研究［J］.管理世界,2008(2)：97－109.

［73］　叶飞,薛运普.供应链伙伴间信息共享对运营绩效的间接作用机理研究——以关系资本为中间变量［J］.中国管理科学,2011,19(6)：112－125.

［74］　张向阳.基于有限理性行为的报童订货决策研究［D］.天津大学,2012.

［75］　黄松.考虑行为因素的供应链定价与库存决策模型研究［D］.华中科技大学,2012.

［76］　陈杏蕊.考虑决策者行为的报童模型研究［D］.东北大学,2012.

［77］　冯君莲.异质偏好的供应链优化决策与协调研究［D］.湖南大学,2013.

［78］　简惠云.基于风险和公平偏好的供应链契约及其实验研究［D］.中南大学,2013.

［79］　韩姣杰.基于有限理性与互惠和利他偏好的项目多主体合作行为研究［D］.西南交通大学,2013.

［80］　郝忠原.考虑成员决策参考点的契约设计研究［D］.南京大学,2013.

［81］　张鹏,张杰,马俊.考虑期望损失厌恶的供应链契约与协调［J］.管理评论,2015,27(4)：177－186.

［82］　王晓微.过度自信和需求不确定性对供应链系统的影响［D］.北京工业大学,2014.

［83］　赵灿灿,邱君降,张晓冬.面向主体行为的供应链运作过程仿真模型［J］.计算机集成制造系统,2014,20(10)：2572－2581.

［84］　张鹏.基于行为因素的供应链决策模型研究［D］.对外经济贸易大学,2015.

［85］　仇民才.不同行为因素影响下的供应链保险契约研究［D］.江苏科技大学,2015.

［86］　张巍,朱艳春,孙宝文,等.基于信任的虚拟企业伙伴选择模型构建及仿真［J］.计算机集成制造系统,2015,21(2)：528－536.

［87］　陈俊霖,赵晓波,宋亚楠,等.一类供应链中考虑公平关切的学习效应行为实验研究［J］.运筹与管理,2015(2)：20－28.

［88］　任亮,黄敏,王兴伟.考虑客户拖期厌恶行为的 4PL 路径优化问题［J］.计算机集成制造系统,2016,22(4)：1148－1154.

［89］　Chen W L, Huang C Y, Lai Y C. Multi-tier and multi-site collaborative production：Illustrated by a case example of TFT-LCD manufacturing［J］. Computers & Industrial Engineering, 2009, 57(1)：61－72.

第三章
MRO 服务中心多技能工调度研究

3.1 引 言

随着经济的发展,社会上出现了服务人员上门进行服务的现象。在 MRO 维修领域,也存在维修工人上门服务的现象。比如客户家中空调需要进行维修,将空调拆下来,送回厂里进行维修是不切实际的,因此空调企业有一批专门上门维修的服务人员。他们通常掌握多项技能,了解电工、机械等常识,独立或通过合作,进入到客户家中提供维修服务。这种类似现象的不断发生和普及,对企业员工提出更高的技能要求,企业为求利益的最大化,综合考虑社会上的需求,招聘或培养更多的多技能工为企业服务。因此对于多技能工的研究逐渐受到学者的重视。多技能工需要考虑员工掌握的技能与客户的需求技能相匹配,因此不能直接套用单技能工的调度模型,需要进一步切合多技能工调度实际进行深入的研究。

目前对涉及人的研究总是假设人是理性的,是机械的,而不考虑作为人该有的包括情绪、行为等因素。但是在实际生活中,人并非完全理性的,也并非机械式工作的,员工存在类似学习效应、遗忘效应等行为效应。因此企业人员调度需要考虑员工的行为效应。在多技能工调度中,由于对某项技能的重复长时间的使用可能会产生学习效应,而使得员工的该技能的效率提高。由于对某项技能长时间的未使用可能会产生遗忘效应,而使得员工的该技能的效率降低。在 MRO 多技能工调度中考虑人的学习效应和遗忘效应将更加切合实际情况。

随着经济的发展,客户需求的激增,许多服务型企业在不同的成市设立不同的分公司,甚至一个城市也会设立多个服务点。因此在研究服务中心员工调度问题的时候应该考虑多个服务中心的情况,而不是像传统的服务中心调度问题的研究那样只针对一个服务中心。

每一个服务中心都是为了给服务中心所在地点周边的客户提供更加优质和快捷的

服务,这就涉及单个服务中心提供服务的客户的地理位置范围。单个服务中心在区域内是否有自己的独立人员调度权力,如 A 区域由服务中心 1 负责服务,服务中心 1 拥有自己的领导层和员工,能根据区域内客户情况生成自己的调度方案,其他服务中心人员不得干涉其日常工作。如果服务中心没有独立的人员调度权,由整个城市的调度系统统一安排调度,那么 A 区域的某个客户也可以由服务中心 2 进行服务。两种不同的调度策略会对企业的利益产生不同的影响,哪一种策略最优最有利于企业的利益是企业管理者关注的内容,也是值得学者研究的。本章节在单服务中心调度已有的研究成果基础上进行 MRO 多服务中心多技能工调度的研究,是具有实际意义的。

传统的对于员工的相关研究总是将员工看作理性人,不考虑人的情绪、行为等非理性因素,但是随着研究取得的不断进展,这种观念逐渐改变,越来越多的学者将人的行为因素考虑到员工调度当中,使得他们的研究结果更加符合实际情况。在 MRO 多技能工调度研究当中,员工需要外出提供多项技能的维修服务,是长时间的、高压力的。在长时间的工作过程中,多技能员工不可避免地会产生疲劳效应。疲劳效应是指劳动者连续工作一段时间后,出现工作能力暂时降低的现象。疲劳是一种生理心理状态,是人体适应内外环境改变的防御机制的一种生理反应,是主观感受,是人体自身的一种保护性反应。疲劳表现在心理方面的称为心理疲劳。它本质上是一种紧张,一种倦于工作的反应。也就是说,个体并非由于一些客观的疲劳导致不能工作,而是主观上由于种种心理原因而不想工作。

员工是 MRO 服务中心调度问题中主要因素,因此不能不考虑员工因长期在外工作产生的疲劳效应。员工在工作一段时间之后出现疲劳效应,表现在工作上就是员工的工作效率下降,单个任务的完成时间加长。忽视疲劳效应可能会增加员工工作负担,出现过度压榨员工劳动力,损害员工身心健康的状况,最终致使客户产生不满意情绪和企业利益受到损失。员工的疲劳效应类似机器的恶化效应,机器在工作一段时间之后出现恶化效应,表现在工作上就是机器的工作效率下降,单个工件的完成时间加长。关于员工连续工作一段时间后产生疲劳,使得工作效率下降,完成任务所耗费时间延长的情况少有研究。

传统的多技能维修工人调度研究是员工从服务中心出发,去往客户所在地提供维修服务,不考虑调度过程会出现任何会影响调度进行的问题。但是在现实生活中,会出现很多能影响调度过程进行的问题,如多技能维修工人突然请假、客户突然中止服务需求,个别客户突然增加某个技能的需求,多技能维修工人去往客户点的路途时间由于交通等因素延长,等等。这些不可抗的因素会影响调度过程的进行,但是在以往的研究中并未考虑,是不符合实际情况的,因此本章节将会在多技能维修员工调度过程中考虑若干个干扰对调度结果的影响。

3.2　基于行为效应的 MRO 服务中心
多技能工调度优化

3.2.1　MRO 服务中心调度问题

3.2.1.1　问题描述

MRO 服务中心调度问题可以作如下定义：服务中心共有 S 名熟练员工，该服务中心的员工掌握的技能种类总数为 K，服务中心需要为地理上分散的 I 项任务提供服务。每个任务由不同的技能子任务组成，且不同任务的技能需求不一定相同。每位员工掌握的技能种类不一定相同，只能提供自己已经掌握的技能的服务。设 $E_{SK} = \{\rho_{sk} \mid s \in S, k \in K\}$ 是员工技能矩阵，$\rho_{sk} = 1$ 表示员工 s 已经掌握 k 技能，$\rho_{sk} = 0$ 表示员工 s 未掌握该技能。因此在制定服务中心多技能工调度方案的时候需要考虑员工掌握的技能与客户需求的技能相匹配。在 MRO 多技能工调度中，每个员工将负责多个任务，由于员工累计某项技能的作业时间，将产生该技能的学习效应，提高作业效率；员工在任务之间的转移时间和等待时间，会产生遗忘效应，降低作业效率。

在研究该问题时，本章给出如下假设：

（1）只有一个服务中心；

（2）每项技能子任务只需要员工 1 人；

（3）维修任务开始后不能中断，不能中途换人；

（4）任务的各项技能工作单独进行，互不影响；

（5）在一个任务中，若两项或两项以上技能子任务由同一个员工进行作业，则该员工作业时间是其负责的所有技能子任务作业时间之和；

（6）学习效应与累计作业时间有关，若技能作业出现中断（如先处理 A 技能任务，再处理 B 技能任务，接着处理 A），则需要重新计算累计作业时间。

3.2.1.2　行为效应——学习效应和遗忘效应

本文主要研究行为效应中的学习和遗忘效应。在 Wright 学习曲线的基础上，根据研究的内容和环境的不同，学者们将学习曲线进行变形。Biskup 认为工件的加工时间与该工件之前的加工数量有关[1]。随着加工工件数量的不断增加，下一个工件的实际加工时间将会减少，如式（3-1）所示。

$$p_j(v) = a_j v^{-a} \quad j, v = 1, 2, \ldots, n \qquad (3-1)$$

其中 $p_j(v)$ 表示第 j 个工件的加工时间，a_j 表示工件 j 的正常加工时间，j 是第 j

个工件，v 是工件 j 在序列中的位置，α 是用来表示学习率的常数，n 是工件总数量。Kuo 和 Yang 认为学习效应与员工作业时间有关[2]。随着员工作业时间的不断增加，下一个工件的实际加工时间将会减少，如式(3-2)所示。

$$\hat{p}_{jr} = p_j \left(1 + \sum_{i=1}^{r-1} p_i\right)^a \quad r, j = 1, 2, \ldots, n \tag{3-2}$$

其中 $\hat{p}_{jr}$ 是工件 j 的实际加工时间，p_j 表示工件 j 的正常加工时间，$\alpha < 0$ 是学习率，r 是工件 j 在序列中的位置，j 表示第 j 个工件，n 是工件总数量。

对于员工在 MRO 服务中的指派问题，不同任务的技能子任务正常加工时间存在差异，因此影响学习效率的主要因素是员工对于同一项技能的累计加工时间，参考 Kuo 和 Yang 的学习曲线公式，员工学习曲线可用式(3-3)表示。

$$\hat{t}_{sik}^r = t_{sik}^r \left(1 + \sum_{j=1}^{r-1} t_{sk}^j\right)^{b_{sk}} \quad r, j = 1, 2, \ldots, I; s = 1, 2, \ldots, S; k = 1, 2, \ldots, K$$

$$\tag{3-3}$$

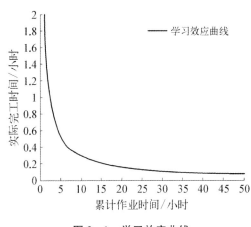

图 3-1　学习效应曲线

其中 $\hat{t}_{sik}^r$ 表示排序在 r 的任务 i 中技能 k 子任务的实际加工时间，t_{sik}^r 表示排序在 r 的任务 i 中技能 k 子任务的正常加工时间，b_{sk} 表示员工 s 对于技能 k 的学习率。假设任务 A 中包含的 B 技能子任务的标准作业时间是 2 小时。员工 1 已经掌握技能 B，若不考虑学习效应，员工 1 完成任务 A 中 B 技能子任务的实际时间标准作业时间。假设员工 1 对技能 B 的学习率为 0.85，随着员工累计作业时间的增加，如图 3-1 所示，实际完工时间将会减少。

员工遗忘效应与非作业时间有关，员工遗忘曲线可用式(3-4)表示。

$$\hat{t}_{sik}^r = t_{sik}^r \left(1 + \sum_{j=1}^{r-1} t_{sk}^j\right)^{c_{sk}} \quad r, j = 1, 2, \ldots, I; s = 1, 2, \ldots, S; k = 1, 2, \ldots, K$$

$$\tag{3-4}$$

其中 $\hat{t}_{sik}^r$ 表示排序在 r 的任务 i 中技能 k 子任务的实际加工时间，t_{sik}^r 表示排序在 r 的任务 i 中技能 k 子任务的正常加工时间，$\sum_{i=1}^{r-1} w_{sk}^j$ 表示员工在技能 k 在序列位置 r 的任务之前的累积非作业时间，c_{sk} 表示员工 s 对于技能 k 的遗忘率(与员工有关)。假设某员工对于某项技能遗忘率为 0.45，该任务标准作业时间是 2 小时，则该项技能任务的实际完成时间如图 3-2 所示,实际完工时间将会增加。

　　参考 Lai 和 Lee 提出的结合学习效应和遗忘效应的函数[3],则学习效应和遗忘效应的函数可如式(3-5)表示。

$$
\hat{t}_{sik}^{r} = \frac{t_{sik}}{E_{sik}}
\begin{cases}
\left(1 + \sum_{j=1}^{r-1} t_{sk}^{j}\right)^{b_{sk}} & if \ \sum_{j=1}^{r-1} w_{sk}^{j} \leqslant T \\
\left(1 + \sum_{j=1}^{r-1} t_{sk}^{j}\right)^{b_{sk}} \left(1 + \sum_{j=1}^{r-1} w_{sk}^{j} - T\right)^{c_{sk}} & if \ \sum_{j=1}^{r-1} w_{sk}^{j} > T
\end{cases}
\tag{3-5}
$$

　　其中 $\hat{t}_{sik}^{r}$ 表示排序在 r 的任务 i 中技能 k 子任务的实际加工时间;t_{sik}^{r} 表示排序在 r 的任务 i 中技能 k 子任务的正常加工时间;E_{sik} 表示员工的效率,是前一项技能子任务的标准时间与实际作业时间的比值;$\sum_{i=1}^{r-1} w_{sk}^{j}$ 表示员工在技能 k 在序列位置 r 的任务之前的累计非作业时间;b_{sk} 表示员工 s 对于技能 k 的学习率,c_{sk} 表示员工 s 对于技能 k 的遗忘率(与员工有关);T 是时间阈值。

　　员工的学习率表征员工的学习能力,不同的员工由于综合素质等存在个体差异,因

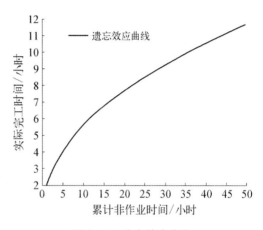

图 3-2　遗忘效应曲线

此认为他们的学习能力也是存在差异的。构建员工学习率矩阵 $B = \{b_{sk} \mid s \in S, k \in K\}$,其中 $b_{sk} < 0 (s=1, 2, ..., S; k=1, 2, ..., K)$ 表示员工 s 对于技能 k 的学习率,$|b_{sk}|$ 绝对值越大,表示其学习能力越强。

　　员工的遗忘率表示员工随着时间增加而对技能遗忘的概率,和学习率一样,不同的员工的遗忘率也存在差异。员工的遗忘率越大,表示经过相同时间,遗忘的内容越多。构建员工遗忘率矩阵 $C = \{c_{sk} \mid s \in S, k \in K\}$。其中 $c_{sk} > 0 (s=1, 2, ..., S; k=1, 2, ..., K)$ 表示员工 s 对于技能 k 的遗忘率,$|c_{sk}|$ 绝对值越大,表示其在相同的时间比其他员工遗忘的内容越多。

　　某员工对于某项技能的学习率为 0.85,遗忘率为 0.45,遗忘效应时间阈值为 3 小时,完成该技能子任务的正常时间是 2 小时,假设该技能累计非作业时间是 5 小时,则具有学习效应的完工时间和同时具有学习效应和遗忘效应的完工时间如图 3-3 所示。由图 3-3 可知当累计非作业时间一定时,考虑遗忘效应情况下的加工时间比未考虑遗忘效应情况下的加工时间要长,说明遗忘效应会降低员工作业效率。

　　假设该技能累计作业时间是 5 小时,则具有遗忘效应的完工时间和同时具有学习效

应和遗忘效应的完工时间如图 3-4 所示。由图 3-4 可知,当累计作业时间一定时,考虑学习效应情况下的加工时间比未考虑学习效应情况下的加工时间要短,说明学习效应有助于提高员工作业效率。

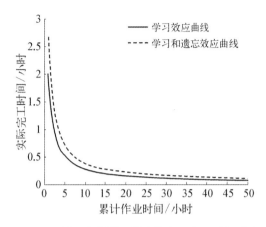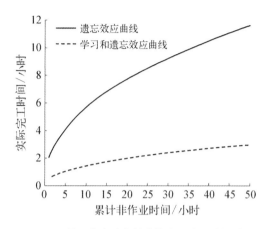

图 3-3　是否考虑学习效应的实际完工时间对比　　**图 3-4　是否考虑遗忘效应的实际完工时间对比**

3.2.2　调度模型

3.2.2.1　变量定义

模型中定义的参数如下。

s　表示员工索引($s=1, 2, …, s$);

k　表示技能索引($k=1, 2, …, k$),其中 $k=1$ 表示处于服务中心使用的虚技能;

i　表示任务索引($i=1, 2, …, i$),其中 $i=1$ 表示处于服务中心的虚工作;

L_i　表示任务 i 的位置坐标($i=1, 2, …, i$);

D_{ij}　表示任务 i 到任务 j 的直线距离($i, j=1, 2, …, i$);

t_{ij}　表示员工从任务 i 到任务 j 的时间($i, j=1, 2, …, i$);

r_i　表示任务 i 的技能总个数($i=1, 2, …, i$);

t_{si}　表示员工 s 到任务 i 的时间($s=1, 2, …, s; i=1, 2, …, i$);

h_i　表示员工最早到达 i 的时间($i=1, 2, …, i$);

t_i　表示任务 i 开始动工时间($i=1, 2, …, i$);

f_{si}　表示员工 s 在任务 i 完成技能工作的时间($s-1, 2, …, s; i=1, 2, …, i$);

f_i　表示任务 i 的完成时间($i=1, 2, …, i$);

t_{sik}　表示员工 s 完成任务 i 中技能 k 子任务花费的时间($s=1, 2, …, s; i=1, 2, …, i; k=1, 2, …, k$)。

3.2.2.2　数学模型建立

引入如下决策变量:

$$x_{sij} = \begin{cases} 1 & \text{表示员工 } s \text{ 离开任务点 } i \text{ 后直接去任务点 } j, \, i \neq j \\ 0 & \text{其他} \end{cases}$$

$$y_{sik} = \begin{cases} 1 & \text{表示员工 } s \text{ 在任务点 } i \text{ 使用技能 } k \\ 0 & \text{其他} \end{cases}$$

$$z_{sti} = \begin{cases} 1 & \text{表示员工 } s \text{ 在 } t \text{ 时刻在任务点 } i \\ 0 & \text{其他} \end{cases}$$

$$\phi_{stk} = \begin{cases} 1 & \text{表示员工 } s \text{ 在 } t \text{ 时刻使用 } k \text{ 技能} \\ 0 & \text{其他} \end{cases}$$

$$\min(T) \tag{3-6}$$

$$\sum_{s=1}^{S} \sum_{k=1}^{K} y_{sik} = r_i \quad \forall i \tag{3-7}$$

$$\sum_{k=1}^{K} y_{sik} \leqslant \sum_{k=1}^{K} \rho_{sk} \quad \forall i, \, \forall s \tag{3-8}$$

$$t_{si} - x_{sij} t_{ij} \geqslant f_j \quad i, j \in A, \, i \neq j \tag{3-9}$$

$$\sum_{i=1}^{I} x_{sil} - \sum_{j=1}^{I} x_{slj} = 0 \quad \forall s, \, \forall l \tag{3-10}$$

$$\sum_{i=1}^{I} z_{sti} = 1 \quad \forall s, \, \forall t \tag{3-11}$$

$$\sum_{k=1}^{K} \varphi_{stk} \leqslant 1 \quad \forall s, \, \forall t \tag{3-12}$$

$$t_i = \max(t_{1i}, t_{2i}, \ldots, t_{si}) \tag{3-13}$$

$$f_{si} = t_i + \sum_{k=1}^{K} t_{sik} \quad \forall s \tag{3-14}$$

$$f_i = \max(f_{1i}, f_{2i}, \ldots, f_{si}) \tag{3-15}$$

$$f_i = t_i + \sum_{t=t_i}^{f_i} z_{sti} \quad \forall i \tag{3-16}$$

$$T = \max(f_1, f_2, \ldots, f_I) \tag{3-17}$$

$$\hat{t}_{sik}^r = \frac{t_{sik}}{E_{sik}} \begin{cases} \left(1 + \sum_{j=1}^{r-1} t_{sk}^j\right)^{b_{sk}} & if \, \sum_{j=1}^{r-1} w_{sk}^j \leqslant T \\ \left(1 + \sum_{j=1}^{r-1} t_{sk}^j\right)^{b_{sk}} \left(1 + \sum_{j=1}^{r-1} w_{sk}^j - T\right)^{c_{sk}} & if \, \sum_{j=1}^{r-1} w_{sk}^j > T \end{cases} \tag{3-18}$$

$$\sum_{i}^{I} \sum_{j}^{I} x_{sij} \leqslant |N| - 1 \quad 2 \leqslant |N| \leqslant I - 1, \, N \subset \{1, 2, \ldots, I\}, \, \forall s \tag{3-19}$$

$$z_{s01} = 1 \qquad (3-20)$$

其中：式(3-6)目标是服务中心所有任务的总完工时间最小，式(3-7)表示员工要满足任务点 i 的技能需求；式(3-8)表示员工一任务点使用的技能总在任数不能大于其掌握的技能总数；式(3-9)保证同一员工的两个相邻任务时间关系得到满足；式(3-10)表示员工 s 访问任务 l 后，必然从任务 l 处离开；式(3-11)表示员工在每一时刻只能存在于一个任务节点；式(3-12)表示员工在每一时刻只能使用一项技能；式(3-13)任务开始时间是所有工人都到达任务点 i 的时间；式(3-14)表示员工 s 在任务点 i 完成技能工作的时间；式(3-15)式表示任务 i 完成时间为所有技能均完成的时间；式(3-16)表示任务开始后不能中断，员工不能中途离开；式(3-17)表示任务总完工时间是最后一个任务完工的时间；式(3-18)表示员工完成技能子任务的时间与该任务之前的作业时间和等待时间有关；式(3-19)消除子回路；式(3-20)表示要求所有员工计划周期开始时($t=0$)都在中心；本时开始加工。

3.2.3 基于分段染色体编码的遗传算法

3.2.3.1 编码生成

由于传统的染色体编码方式于此问题上不具有适用性，因此本文考虑采用分段染色体编码技术[4]。染色体由向量 $X = [A \mid S_1 \mid S_2 \mid ... \mid S_K \mid]$ 表示，其中 A 表示任务安排，指的是任务开始的优先顺序 $A = [a_1, a_2, ..., a_i]$，如 $a_i = 5$ 表示任务 5 排在第 i 个基因位，也表示任务 5 按照优先顺序是第 i 个开始作业的任务；S 表示员工指派，员工指派 S_k 是指掌握 k 技能的员工在不同任务中的指派，$S_k = [S_k^1, S_k^2, ..., S_k^i]$，其中 S_k^i 表示完成第 i 基因位的任务中的 k 技能子任务的员工，$S_k^i = 0$ 表示该任务中没有 k 技能任务，因此也不需要给第 i 基因位的任务指派掌握 k 技能的员工。如服务中心目前 4 个工人，在不同程度上掌握 3 种技能、8 个任务，人员技能矩阵如表 3-1 所示(1 代表工人掌握该技能且初始效率为 1)。表 3-2 是任务对应的技能子任务的标准作业时间。

表 3-1　员工技能矩阵

技能	电工	化工	机械
员工 1	1	1	0
员工 2	0	1	1
员工 3	1	0	1
员工 4	0	1	1

表 3-2　技能子任务标准作业时间

作业时间/小时	员工1	员工2	员工3	员工4	员工5	员工6	员工7	员工8
电工任务	1	2	1	0	1	3	0	1
化工任务	2	0	3	4	2	1	1	0
机械任务	0	1	1	1	0	1	3	1

[13456278|11033103|12421040|02304234]表示一条遗传染色体。[13456278]表示任务序列,[11033103]表示处理对应位置的电工子任务的员工,[12421040]表示处理化工子任务的员工,[02304234]表示处理机械子任务的员工,如任务序列第二基因位是3,表示任务3;电工序列第二基因位是1,表示员工1,由1号员工完成任务3的电工子任务;化工和机械序列第二基因位是2,表示员工2,由2号员工完成任务3中化工和机械子任务。以此类推。

[13456278]是拟定任务开始作业顺序,具体作业顺序由人员分配决定,如任务1和任务3均需要1号员工,那么由拟定任务开始顺序得,任务1优先于任务3开始;如任务4需要2号员工,则任务1和任务4没有员工重叠,可同时开始。

3.2.3.2　适应度函数

本章采用目标函数值的倒数作为染色体的适应度。给定一条染色体序列,按照如下步骤生成适应度函数值。

步骤1　$n=1$, $t_i=0$, $t_{si}=0$, $f_i=0$, $G1=0$, $G2=0$, $G3=0$, i 是排序在 n 的任务号($s=1, \ldots, S$);

步骤2　读取任务 i 对应的员工集合 s^i,读取每个员工 s 的技能子任务 K^{si},计算员工到达时间 $t_{si}=f_j+t_{ij}$(员工 s 从其上一任务点 j 到任务点 i 的转移时间),更新累计转移时 $G1=G1+t_{ij}$;

步骤3　员工最早到达时间 $h_i=\min(t_{1i}, t_{2i}, \ldots, t_{si})$,计算任务开始时间 $t_i=\max(t_{1i}, t_{2i}, \ldots, t_{si})$,计算任务等待时间 $G2=G2+t_i-h_i$;

步骤4　计算派遣到任务 i 的员工的所有技能完时间 f_{si}, $f_{si}=t_i+\sum_{k=1}^{K^{si}} \hat{t}_{sik}$;

步骤5　计算任务 i 的完成时间 f_i, $f_i=\max(f_{1i}, f_{2i}, \ldots, f_{si})$;计算员工作业时间 $G3=G3+f_i-t_i$;

步骤6　$n \leftarrow n+1$ 更新任务点,转步骤2;

步骤7　输出 $fitness=1/\max(f_1, f_2, \ldots, f_I)$ 和 $G1$, $G2$。

3.2.3.3　选择

本文使用轮盘赌方法[5]进行染色体的选择,染色体适应度值累计的概率计算如式

$(3-21)$所示。随机生成一个0—1之间小数a，若$a \in (P_i, P_j)$，则个体j被选择到下一代。

$$P_i = \frac{\sum_{n=1}^{i} \text{fitness}_n}{\sum_{n=1}^{N} \text{fitness}_n} \tag{3-21}$$

3.2.3.4　交叉

本文对任务点的排序进行交叉，采用顺序交叉法。按照顺序取第一基因位，其中"_"表示所选的交叉位。

$$V_1: [\underline{9}84567132] \quad V_2: [\underline{8}71239546]$$

交换所选位置上的基因值，根据父染色体V_1，V_2得到子染色体V_1'，V_2'：

$$V_1': [\underline{8}84567132] \quad V_2': [\underline{9}71239546]$$

从子染色体看出，V_1'存在两个任务8，V_2'存在两个任务9，需要对此进行修正。在染色体V_1'中找到与V_2交换位上基因值相同的基因位，在染色体V_2'中找到与V_1'交换位上基因值相同的基因位：

$$V_1': [8\underline{8}4567132] \quad V_2': [971239\underline{5}46]$$

交换这两个基因位上的基因值可得到子染色体V_1''，V_2''：

$$V_1'': [8\underline{9}4567132] \quad V_2'': [971238\underline{5}46]$$

3.2.3.5　变异

对于员工序列，变异方法为重新选取该技能的员工；如[11033103]是电工的任务安排，随机选取变异点[1$\underline{1}$033103]，重新选取掌握电工技能的员工，变异后为[1$\underline{3}$033103]。对于任务序列，采用交换变异法。在父代染色体中随机选取两个基因位，交换其基因值，即改变拟定任务开始顺序。

3.2.4　算例及结果分析

本章采用分段染色体编码的遗传算法编写了matlab程序代码，在matlab2010b软件上分别进行基于技能指派的、不考虑行为效应情况下的实验，和基于技能指派的、考虑行为效应情况下的实验，以验证本文算法的有效性。

本章采用如下遗传算法参数：种群为100，交叉概率为0.2，变异概率为0.2，遗传代数为10 000。其他实验参数如下：服务中心坐标为原点$(0,0)$，任务位置坐标是均值20且方差为0的随机数，并假设员工转移的平均速度为30千米/小时；员工的学习能力和遗忘率满足正态分布，本文设置学习率为均值为-0.85，方差为0.05的正态分布；遗忘率为均值0.45，方差为0.05的正态分布。

表3-3是未考虑行为效应的实验结果。固定任务数量以及坐标不变,由表3-3观察可得,当任务数量一定时,随着多技能工数量的增加,员工转移时间和等待时间存在不明显的波动;任务总完工时间显著减少,特别是当员工数量由2增加至4时,完工时间大幅度减少。但是随着员工数量增加,作业时间出现先减少后增加的趋势,原因可能是人数增加,任务分配更加分散,导致作业时间增加。因此服务中心在接收任务订单后派遣员工时,需要考虑多技能工数量与任务数量的相适合,派遣员工过少,则超出员工负荷,导致完工时间增加;派出员工过多,导致任务分配分散,作业时间增加,也导致人力资源的浪费。服务中心根据市场中服务任务的需求——即服务的技能和人员需求——来决策服务中心指派方案,使得企业利益最大化。

表3-3　未考虑行为效应的转移时间和客户等待时间

	员工数量	服务种类	任务数目	转移时间/小时	等待时间/小时	作业时间/小时	完工时间/小时
实验1	2	3	8	6.94	2.09	35.00	22.01
实验2	4	3	8	3.42	0.18	21.00	6.09
实验3	6	3	8	6.93	0.61	22.00	5.74
实验4	8	3	8	5.79	2.39	26.00	5.07

表3-4是考虑行为效应的旅行时间和客户等待时间的实验结果。固定任务数量以及坐标不变,由表3-4观察可得当任务数量一定时,随着多技能工数量的增加,员工作业时间增加,而服务中心的任务总完工时间先减少后趋于稳定,主要原因是学习效应与员工累计作业时间有关,当员工数量增加,任务分配分散,作业出现中断,单个技能的作业时间不连续。对比表3-3和表3-4的实验结果,发现考虑学习和遗忘效应的完工时间低于未考虑学习和遗忘效应的完工时间。

表3-4　考虑行为效应的转移时间及客户等待时间

	员工数量	服务种类	任务数目	转移时间/小时	等待时间/小时	作业时间/小时	完工时间/小时
实验1	2	3	8	7.03	0.51	13.63	10.59
实验2	4	3	8	4.67	0.12	16.16	3.95
实验3	6	3	8	9.24	6.09	19.63	4.56
实验4	8	3	8	7.37	2.03	27.00	4.30

为进一步考察行为效应对指派的影响,固定多技能工数量和员工学习率遗忘率不

变,增加任务数量分别对未考虑行为效应和考虑行为效应的两种情况进行对比实验。表
3-5 是行为效应对比实验的实验结果,为了更加直观地观察两者差异,绘制了图3-5 行
为效应对比实验数据图。

表 3-5 行为效应对比实验　　　　　　　　　　　　　　　（单位:小时)

任务数目	未考虑行为效应				考虑行为效应			
	转移时间	等待时间	作业时间	完工时间	转移时间	等待时间	作业时间	完工时间
10	4.85	6.47	31	7.40	5.83	3.40	20.46	4.67
20	17.94	12.85	70	12.22	17.78	17.94	30.76	7.27
30	24.59	36.05	104	15.46	23.47	12.04	39.28	8.07
40	36.66	64.95	144	18.68	32.38	44.34	48.11	9.15

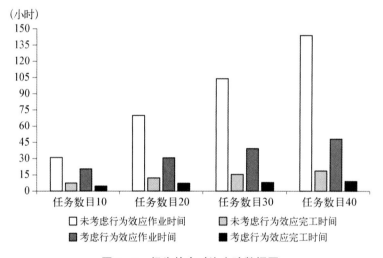

图 3-5　行为效应对比实验数据图

由表3-5观察可得,当固定多技能工数量为8和服务种类为3不变,改变任务数目
10、20、30、40,发现考虑行为效应和未考虑行为效应,随着任务数量的增加,员工作业时
间和完工时间增加,即服务中心能力一定时,随着任务数量的增加,员工负荷增加,完工
时间也增加。

未考虑行为效应情况下调度产生的作业时间和完工时间增加幅度都比考虑行为效
应情况下的增加幅度要大,且两者的差距随着任务数量的增加而增大,行为效应随着任
务数量的增加而愈加显著。表明当任务数量和员工数量在一定时,考虑行为效应的指派
能优化员工安排,缩短员工转移和等待时间。人的行为效应对企业实际利益有显著影响。
因此服务中心在制定调度计划需要考虑行为效应,使得企业调度安排更加符合实际情况。

3.3　MRO 多服务中心的多技能工调度策略研究

3.3.1　问题描述

MRO 多服务中心多技能工优化调度问题可以定义为：多个技能工从服务中心出发，为地理上分散的多个客户提供服务。每个任务由不同的技能子任务组成，且任务与任务的技能需求不一定相同。每个员工掌握的技能种类不一定相同，只能提供自己已经掌握的技能的服务，因此所能提供的服务也就存在差异。当存在多个 MRO 服务中心时，不同服务中心的多技能工的出发点不同，因此与任务的相对距离也不同，当存在该种情况时，多个服务中心可以共用一套调度系统，联合调度；也可以分开调度，只为自己管理区域内的任务进行多技能工安排。

设共有 n 个服务中心，$C = \{C_1, C_2, ..., C_n\}$ 表示服务中心集合，$l = 1, 2, ..., n$ 表示服务中心索引；$S = \{S_1, S_2, ..., S_n\}$ 表示各个服务中心的员工集合，第 l 个服务中心 C_l 的员工集合为 $S_l = \{1, 2, ..., Q_l\}$，S_l^q 表示第 l 个服务中心的第 q 个员工；$A = \{A_1, A_2, ..., A_n\}$ 表示各个服务中心任务集合，第 l 个服务中心 C_l 的员工集合为 $A_l = \{1, 2, ..., I_l\}$，A_l^i 表示第 l 个服务中心的第 i 个任务；任务点 A_l^i 的位置坐标是 $D_l^i(x, y)$，任务点 A_l^i 的技能需求总数是 R_l^i；技能总类别为 p，$K = \{1, 2, ..., p\}$ 为技能集合，$k = 1, 2, ..., p$ 表示技能索引；$S_l K = \{\rho_{qk}^l \mid q \in S_l, l \in C, k \in K\}$ 表示 S_l 的员工技能矩阵，$\rho_{qk}^l = 1$ 表示员工 S_l^q 掌握 k 技能；t_{ik}^{lq} 表示员工 S_l^q 完成任务 A_l^i 中技能 k 子任务的时间；t_l^i 表示任务 A_l^i 开始时间，t_l^{iq} 表示员工 S_l^q 到达任务 A_l^i 的时间，f_l^i 表示任务 A_l^i 完工时间，f_l^{iq} 表示员工 S_l^q 在任务 A_l^i 完成子任务时间；问题是如何在满足任务的人力资源要求和服务中心人力资源有限的前提下安排员工进行任务，使得总完工时间最小。

根据实际情况，本章给出如下假设：

（1）每项技能需要员工 1 人；

（2）维修任务开始后不能中断，不能换人；

（3）任务的各项技能工作单独进行，互不影响，任务一旦开始不能中断。

3.3.2　数学模型

3.3.2.1　多服务中心分开调度策略模型

在 3.3.1 的问题描述基础上，引入如下变量：

D_l^{ij} 表示服务中心 C_l 任务点 A_l^i 到任务点 A_l^j 的距离；

t_l^{ij} 表示服务中心 C_l 任务点 A_l^i 到任务点 A_l^j 的时间；

T_l 表示服务中心 C_l 的完工时间；

$$x_l^{ijq} = \begin{cases} 1 & \text{表示员工 } S_l^q \text{ 离开任务 } A_l^i \text{ 后到任务 } A_l^j \\ 0 & \text{其他} \end{cases}$$

$$y_{lk}^{iq} = \begin{cases} 1 & \text{表示员工 } S_l^q \text{ 在任务 } A_l^i \text{ 使用 } k \text{ 技能} \\ 0 & \text{其他} \end{cases}$$

$$z_{lt}^{iq} = \begin{cases} 1 & \text{表示员工 } S_l^q \text{ 在 } t \text{ 时刻在任务点 } A_l^i \\ 0 & \text{其他} \end{cases}$$

$$\phi_{ltk}^{q} = \begin{cases} 1 & \text{表示员工 } S_l^q \text{ 在 } t \text{ 时刻使用 } k \text{ 技能} \\ 0 & \text{其他} \end{cases}$$

$$\min T \tag{3-22}$$

约束条件

$$\sum_{q=1}^{S_l} \sum_{k=1}^{K} y_{lk}^{iq} = R_l^i \quad \forall\, i \in A_l \tag{3-23}$$

$$\sum_{k=1}^{K} y_{lk}^{iq} \leqslant \sum_{k=1}^{K} \rho_{lk}^{i} \quad \forall\, i \in A_l \tag{3-24}$$

$$\sum_{i=1}^{A_l} x_l^{ijq} - \sum_{i=1}^{A_l} x_l^{jiq} = 0 \quad \forall\, j \in A_l,\; i \neq j \tag{3-25}$$

$$\sum_{i=1}^{A_l} z_{lt}^{iq} = 1 \quad \forall\, q \in S_l \tag{3-26}$$

$$\sum_{k=1}^{K} \varphi_{ltk}^{q} \leqslant 1 \quad \forall\, q \in S_l \tag{3-27}$$

$$t_l^i = \max\{t_l^{iq}\} \quad \forall\, i \in A_l \tag{3-28}$$

$$f_l^{iq} = t_l^i + \sum_{k=1}^{K} t_{lk}^{iq} \quad \forall\, q \in S_l,\; \forall\, i \in A_l \tag{3-29}$$

$$f_l^i = \max\{f_l^{iq}\} \quad \forall\, i \in A_l \tag{3-30}$$

$$t_l^{iq} - x_l^{ijq} t_l^{ij} \geqslant f_l^i \quad i,\, j \in A_l,\; i \neq j \tag{3-31}$$

$$T_l = \max\{f_l^i\} \quad \forall\, i \in A_l \tag{3-32}$$

$$T = \max\{T_l\} \quad l \in C \tag{3-33}$$

其中：式(3-22)表示目标是总完工时间最短；式(3-23)表示任务点 A_l^i 的技能得到满足；式(3-24)表示员工在任务点使用的技能不能超过其掌握的技能；式(3-25)表示员工访问任务 A_l^i 后，必然从该任务离开；式(3-26)表示员工在某一时刻只能在一个任务点；式(3-27)表示员工在某一时刻只能使用一项技能；式(3-28)表示任务开始时间是所有员工都到达时间;式(3-29)表示员工完成任务时间是完成所有技能子任务的时间;式(3-30)表示任务完工时间是所有子任务都完成的时间;式(3-31)表示保证员工两个相邻任务的时间得到满足;式(3-32)表示服务中心 C_l 的完工时间;式(3-33)表示所有任务总完工时间。

3.3.2.2　多服务中心联合调度策略模型

在 3.3.1 的问题描述基础上,引入如下变量:

$D_{l,g}^{ij}$ 表示服务中心 C_l 任务点 A_l^i 到服务中心 C_g 任务点 A_g^j 的距离;

$t_{l,g}^{ij}$ 表示服务中心 C_l 任务点 A_l^i 到服务中心 C_g 任务点 A_g^j 的时间;

T 表示总完工时间。

$$x_{l,g}^{ijq} = \begin{cases} 1 & \text{表示员工 } S_l^q \text{ 离开任务 } A_l^i \text{ 后到任务 } A_g^j \\ 0 & \text{其他} \end{cases}$$

$$y_{lk}^{iq} = \begin{cases} 1 & \text{表示员工 } S_l^q \text{ 在任务 } A_l^i \text{ 使用 } k \text{ 技能} \\ 0 & \text{其他} \end{cases}$$

$$z_{lt}^{iq} = \begin{cases} 1 & \text{表示员工 } S_l^q \text{ 在 } t \text{ 时刻在任务点 } A_l^i \\ 0 & \text{其他} \end{cases}$$

$$\phi_{ltk}^{q} = \begin{cases} 1 & \text{表示员工 } S_l^q \text{ 在 } t \text{ 时刻使用 } k \text{ 技能} \\ 0 & \text{其他} \end{cases}$$

$$\min T \tag{3-34}$$

约束条件
$$\sum_{q=1}^{S_l} \sum_{k=1}^{K} y_{lk}^{iq} = R_l^i \quad \forall i \in A_l, \ \forall l \in C \tag{3-35}$$

$$\sum_{k=1}^{K} y_{lk}^{iq} \leqslant \sum_{k=1}^{K} \rho_{lk}^{i} \quad \forall i \in A_l, \ \forall l \in C \tag{3-36}$$

$$\sum_{i=1}^{A_l} x_l^{ijq} - \sum_{i=1}^{A_l} x_l^{jiq} = 0 \quad \forall j \in A_l, \ i \neq j, \ \forall l \in C \tag{3-37}$$

$$\sum_{i=1}^{A_l} z_{lt}^{iq} = 1 \quad \forall q \in S_l, \ \forall l \in C \tag{3-38}$$

$$\sum_{k=1}^{K} \varphi_{ltk}^{q} \leqslant 1 \quad \forall q \in S_l, \ \forall l \in C \tag{3-39}$$

$$t_l^i = \max\{t_l^{iq}\} \quad \forall i \in A_l, \ \forall l \in C \tag{3-40}$$

$$f_l^{iq} = t_l^i + \sum_{k=1}^{K} t_{lk}^{iq} \quad \forall q \in S_l, \ \forall i \in A_l, \ \forall l \in C \tag{3-41}$$

$$f_l^i = \max\{f_l^{iq}\} \quad \forall i \in A_l, \ \forall l \in C \tag{3-42}$$

$$t_l^{iq} - x_{l,g}^{ijq} t_{l,g}^{ij} \geqslant f_g^j \quad i \in A_l, j \in A_g, l, g \in C \qquad (3-43)$$

$$T = \max\{f_l^i\} \quad \forall i \in A_l, \forall l \in C \qquad (3-44)$$

其中:式(3-34)表示目标是总完工时间最短;式(3-35)表示任务点 A_l^i 的技能得到满足;式(3-36)表示员工在任务点使用的技能不能超过其掌握的技能;式(3-37)表示员工访问任务 A_l^i 后,必然从该任务离开;式(3-38)表示员工在某一时刻只能在一个任务点;式(3-39)表示员工在某一时刻只能使用一项技能;式(3-40)表示任务开始时间是所有员工都到达时间;式(3-41)表示员工完成任务时间是完成所有技能子任务的时间;式(3-42)表示任务完工时间是所有子任务都完成的时间;式(3-43)表示保证员工两个相邻任务的时间得到满足;式(3-44)表示所有任务总完工时间。

3.3.3 算例分析

3.3.3.1 实验参数设置

本章用上述基于分段染色体编码的遗传算法编写了 matlab(matlab2010b 软件)程序。本文采用如下遗传算法参数:遗传代数为 10 000 代,种群为 20 个,交叉概率为 0.2,变异概率为 0.2。其他实验参数如下:共有 3 种技能,2 个服务中心,16 个任务,8 名员工。员工技能矩阵和各个服务中心的人员安排参见表 3-6。

表 3-6 员工技能矩阵和员工安排

员工	电工	化工	机械	实验 1	实验 2	实验 3	实验 4
员工 1	1	1	0	服 1	服 1	服 1	服 1
员工 2	0	1	1	服 1	服 1	服 1	服 1
员工 3	1	0	1	服 1	服 1	服 1	服 2
员工 4	0	1	1	服 1	服 2	服 1	服 2
员工 5	1	0	1	服 2	服 2	服 2	服 2
员工 6	1	1	0	服 2	服 2	服 2	服 2
员工 7	0	1	1	服 2	服 2	服 2	服 2
员工 8	1	0	1	服 2	服 2	服 2	服 2

服务中心 1 坐标为原点(0,0),随机产生均值 20 且方差为 0 的任务位置坐标;服务中心 2 坐标为原点(40,0),随机产生均值 20 且方差为 0 的任务位置坐标;按照实验要求产生任务坐标如表 3-7 所示;任务与任务之间是欧氏距离,员工在任务之间的转移时间是 30 千米/小时。

表 3 - 7　任务时间与坐标

任务	电工	化工	机械	实验1坐标	实验2坐标	实验3坐标	实验4坐标
1	1	2	0	(12.59,16.23)	(12.59,16.23)	(12.59,16.23)	(12.59,16.23)
2	2	0	1	(−14.92,16.56)	(−14.92,16.56)	(−14.92,16.56)	(−14.92,16.56)
3	1	3	1	(5.39,−16.10)	(5.39,−16.10)	(5.39,−16.10)	(5.39,−16.10)
4	0	4	1	(−8.86,1.88)	(−8.86,1.88)	(−8.86,1.88)	(−8.86,1.88)
5	1	2	0	(18.30,18.60)	(18.30,18.60)	(18.30,18.60)	(24.76,−14.03)
6	3	1	1	(−13.70,18.82)	(−13.70,18.82)	(−13.70,18.82)	(39.93,−9.70)
7	0	1	3	(18.29,−0.59)	(18.29,−0.59)	(46.20,1.89)	(46.20,1.89)
8	1	0	1	(12.01,−14.32)	(12.01,−14.32)	(26.50,−14.46)	(26.50,−14.46)
9	3	2	0	(27.47,3.41)	(27.47,3.41)	(27.47,3.41)	(27.47,3.41)
10	0	2	2	(39.59,−11.05)	(39.59,−11.05)	(39.59,−11.05)	(39.59,−11.05)
11	1	2	0	(37.82,10.05)	(37.82,10.05)	(37.82,10.05)	(37.82,10.05)
12	2	0	1	(45.85,−9.80)	(45.85,−9.80)	(45.85,−9.80)	(45.85,−9.80)
13	1	3	1	(48.37,0.24)	(48.37,0.24)	(48.37,0.24)	(48.37,0.24)
14	0	4	1	(50.19,7.96)	(50.19,7.96)	(50.19,7.96)	(50.19,7.96)
15	1	2	0	(31.04,15.63)	(31.04,15.63)	(31.04,15.63)	(31.04,15.63)
16	3	1	1	(47.19,18.37)	(47.19,18.37)	(47.19,18.37)	(47.19,18.37)

为了验证本章算法的有效性,随机产生10组,分别对以下4组数据进行实验。

3.3.3.2　分开调度和联合调度对比实验分析

基于上述设置的参数进行仿真得到多服务中心在分开调度情况下的人员调度安排如表3-8所示。

表 3 - 8　多服务中心分开调度的人员调度

		员工1	员工2	员工3	员工4	员工5	员工6	员工7	员工8
实验1人员调度	服1	1→5→8	3→7→8	3→2→6	4→6				
	服2					14→9→12	14→9→15	10→13→16→11	10→13→16→11
实验2人员调度	服1	1→3→8→5	7→4→6	2→3→8→6					
	服2				16→14	10→12→15	16→11→15	10→13→9	13→9

续　表

		员工 1	员工 2	员工 3	员工 4	员工 5	员工 6	员工 7	员工 8
实验 3 人员 调度	服 1	1→5→6	4	2→3	1→5→6				
	服 2					9→10 →7	9→15→ 11→14	13→10→ 7→16	13→8→ 12→16
实验 4 人员 调度	服 1	3→1→2	3→4→2						
	服 2			12→7→ 16	9→14→ 13	8→10→ 13	9→10→ 5→15	11→6→ 7→16	11→6 →13

多服务中心联合调度的四组实验的完工时间,如表 3-9 所示。

表 3-9　多服务中心分开调度完工时间

	服务中心 1			服务中心 2			总时间 /小时
	工人数量	任务数量	完工时间 /小时	工人数量	任务数量	完工时间 /小时	
实验 1	4	8	10.92	4	8	11.96	11.96
实验 2	3	8	14.11	5	8	9.55	14.11
实验 3	4	6	9.07	4	10	14.76	14.76
实验 4	2	4	12.86	6	12	13.58	13.58

从表 3-9 观察可得,对比实验 1 和实验 2 发现,当任务数量不变时,服务中心 1 工人数量减少,完工时间增加;服务中心 2 工人数量增加,完工时间减少。说明任务数量不变时,多技能工的任务完工时间与工人数量反向变化。对比实验 1 和实验 3 发现,当工人数量不变,服务中心 1 的任务数量减少,完工时间也减少;服务中心 2 任务数量增加,完工时间也增加;说明当工人数量不变时,多技能工的任务完工时间与任务数量同向变化。

上述现象产生的主要原因是任务数量一定时,即服务中心的负荷一定,工人数量增加,服务中心进行任务作业的能力增强,完工时间缩短。当工人数量一定时,即服务中心能提供的服务能力是一定的,任务增加,则负荷增加,完工时间也增加;任务减少,则负荷减少,完工时间也减少。

多服务中心联合调度情况下的人员调度安排如表 3-10 所示。

表 3 – 10 多服务中心联合调度的人员调度情况

员工	员工 1	员工 2	员工 3	员工 4	员工 5	员工 6	员工 7	员工 8
实验 1 人员调度	9→5→15 →16	7→13→ 14	4→5→11 →8→1	7→13→1	9→2→3 →12	4→11→6	10→3→6	13→14→ 16
实验 2 人员调度	7→15→1 →4	12→7→ 13→1→4 →3	9→13→ 16→10	9→16→2	6	8→5→13 →11→10	14→16	12→8→ 5—15→3 →2
实验 3 人员调度	6→1→7 →9→15	6→12→7 →9→11	4→12→3 →11	4→14→3 →2	8→5→10 →3	13→1→ 10→16→ 2	13→5→ 16→15	13→14
实验 4 人员调度	1→11	9→6→11 →5→10	13→3 →16	7→14→3 →8→15	16→2	9→14→5 →12	4→1→10 →16	13→7→6 →8→15

多服务中心联合调度情况下的任务总完工时间如表 3 – 11 所示。

表 3 – 11 多服务中心联合调度完工时间

	服务中心 1		服务中心 2		总时间/小时
	工人数量	任务数量	工人数量	任务数量	
实验 1	4	8	4	8	18.01
实验 2	3	8	5	8	18.11
实验 3	4	6	4	10	18.36
实验 4	2	4	6	12	17.38

对比表 3 – 9 与表 3 – 11 的对照实验发现,多服务中心联合调度完工时间总是高于分开调度完工时间。根据表 3 – 9 和表 3 – 11 绘制出图 3 – 6 多服务中心分开调度和联合调度对比图。

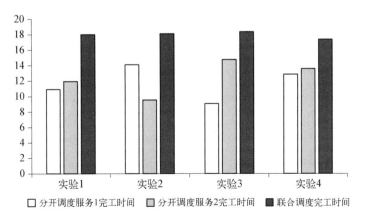

图 3 – 6 分开调度和联合调度对比图

多服务中心联合调度完工时间显著大于分开调度完工时间。主要原因是多技能工调度要考虑员工掌握的技能与任务技能需求相匹配,任务总完工时间不仅要考虑任务的作业时间,还要考虑员工在任务之间的转移时间,以及员工在任务点的等待时间。当多个服务中心联合调度时,员工能作业的任务范围扩大,转移时间增加,因此总完工时间也增加;当任务数量增加时,多技能工的调度安排更加复杂,员工在任务点的等待时间增加,完工时间也就不可避免地增加。这说明当存在多个服务中心时,企业应该采取各个服务中心分开进行任务调度的策略,而不是联合调度,这样能缩短完工时间,更符合企业的利益。

3.3.3.3　考虑学习和遗忘效应的分开调度与联合调度实验分析

MRO 服务中心多技能工调度中,员工的行为效应是不可忽视的。为了进一步证明结论的稳健性,在考虑学习效应和遗忘效应的情况下,不改变上述各组实验的参数设置,重新进行实验。

参考 Lai 和 Lee 提出的结合学习效应和遗忘效应的函数[3],则考虑学习和遗忘效应的情况下的作业时间可如下式(3-45)表示。

$$\hat{t}_{sik}^{r} = t_{sik}\begin{cases}\left(1 + \sum_{j=1}^{r-1} t_{sk}^{j}\right)^{b_{sk}} & if \ \sum_{j=1}^{r-1} w_{sk}^{j} \leqslant T \\ \left(1 + \sum_{j=1}^{r-1} t_{sk}^{j}\right)^{b_{sk}} \left(1 + \sum_{j=1}^{r-1} w_{sk}^{j} - T\right)^{c_{sk}} & if \ \sum_{j=1}^{r-1} w_{sk}^{j} > T \end{cases} \tag{3-45}$$

其中 $\hat{t}_{sik}^{r}$ 表示排序在 r 的任务 i 中技能 k 子任务的实际加工时间,t_{sik}^{r} 表示排序在 r 的任务 i 中技能 k 子任务的正常加工时间,$\sum_{i=1}^{r-1} w_{sk}^{j}$ 表示员工在技能 k 在序列位置 r 的任务之前的累计非作业时间,b_{sk} 表示员工 s 对于技能 k 的学习率,c_{sk} 表示员工 s 对于技能 k 的遗忘率(与员工有关),T 是时间阈值。

假设员工的学习能力和遗忘率满足正态分布,设置学习率为均值 0.85,方差0.05 的正态分布;遗忘率为均值 0.45,方差 0.05 的正态分布。时间阈值 T 是 5。考虑学习和遗忘效应的分开调度与联合调度实验结果如表 3-12 所示。

从表 3-12 可以看出,多服务中心联合调度完工时间显著大于分开调度完工时间。与上述实验结果相符,说明结论可靠。另外发现考虑学习和遗忘效应的分开调度完工时间均小于未考虑学习和遗忘效应的完工时间,说明学习效应有助于缩短完工时间。但是考虑学习和遗忘效应的联合调度完工时间大于未考虑学习和遗忘效应的联合调度时间,主要原因是非作业时间增加,验证了当多个服务中心联合调度时,总完工时间增加的原因是转移时间和等待时间增加。

表 3-12　考虑学习和遗忘效应的分开调度与联合调度实验结果

	分开调度服 1 完工时间/小时	分开调度服 2 完工时间/小时	联合调度完工时间/小时
实验 1	8.32	7.97	16.63
实验 2	9.57	7.38	16.13
实验 3	6.86	9.26	15.30
实验 4	9.33	10.40	15.93

3.4　考虑疲劳效应的 MRO 多技能工调度研究

3.4.1　考虑疲劳效应的 MRO 多技能工调度问题

3.4.1.1　问题描述

在 MRO 服务中心调度问题中,服务中心共有 S 名熟练员工,员工掌握的技能种类总数为 K,服务中心需要为地理上分散 I 项任务提供服务。员工在工作一段时间之后出现疲劳效应,表现在工作上就是员工的工作效率下降,单个任务的完成时间加长。在研究该问题时,本章给出如下假设:

(1) 只有一个服务中心;

(2) 每项技能子任务只需要员工 1 人;

(3) 维修任务开始后不能中断,不能中途换人;

(4) 任务的各项技能工作单独进行,互不影响。

(5) 在一个任务中,若两项或两项以上技能子任务由同一个员工进行作业,则该员工作业时间是其负责的所有技能子任务作业时间之和;

(6) 疲劳效应与员工作业时间有关,这里所指的作业时间是员工一天中开始上班之后的时间,包括任务作业时间和在任务之间的转移时间。

3.4.1.2　疲劳效应

由于目前关于疲劳效应的研究主要集中于机器恶化效应,因此本章在建立疲劳效应的疲劳模型时主要参考机器的恶化模型。

机器加工工件的一般线性恶化模型如下所示:

$$\hat{p}_{ij} = p_{ij} + b_j t_j \tag{3-46}$$

其中 p_{ij} 为基本加工时间, t_j 为该工件开始加工时间, $0 < b_j < 1$ 为恶化因子且只

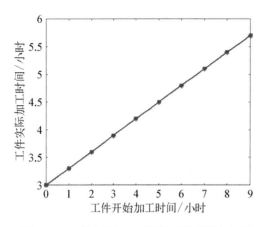

图 3 - 7 工件实际加工时间随开始时间变化图

与工件有关。假设一工件的基本加工时间 $p_{ij} = 3$ 小时，恶化因子 $b_j = 0.3$。则实际加工时间 $\hat{p}_{ij}$ 随工件开始加工时间 t_j 的变化如图 3 - 7 所示。

在图中可以看到，随着工件开始加工时间的增大，工件实际加工时间也增大。然而在实际生产加工中，当工件的开工时间足够晚，虽然机器处于恶化效应中，但是工件的加工时间不可能无限大，除非机器故障，该工件永远不可能被加工完成。人和机器不同，人具有抗压能力，不会像机器一样老化故障。在员工的作业过程中，即使该任务的开始作业时间比较晚，员工处于疲劳之中，任务的实际作业时间不可能无限大。

$$\hat{p}_{ij} = p_{ij} + b_j[\max\{t - t_j^{\min}, 0\} - \max\{t - t_j^{\max}, 0\}] \tag{3-47}$$

其中 p_{ij} 为基本加工时间，t_j 为该工件开始加工时间，$0 < b_j < 1$ 为恶化因子且只与工件有关，$t_j^{\min}$ 为开始恶化时间，$t_j^{\max}$ 为最大恶化时间。假设一工件的基本加工时间 $p_{ij} = 3$ 小时，恶化因子 $b_j = 0.3$，开始恶化时间为 2 小时，最大恶化时间为 6 小时。则实际加工时间 $\hat{p}_{ij}$ 随工件开始加工时间 t_j 的变化如图所示。

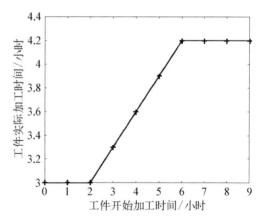

图 3 - 8 工件实际加工时间随开始时间变化图

当员工工作 T 小时以后，工作效率开始下降，任务作业时间也相应开始上升。但是效率下降到一个阈值以后，保持不变，不再继续下降。那么相应地，任务作业时间上升到一定阈值以后，不再继续上升，而是保持不变了。因此构造如下分段函数表示员工的实际作业时间

$$\begin{cases} \hat{p}_{ij} = \min\{p_{ij} + b_j(t_j - T), p_{ij}^{\max}\} & t_j > T \\ \hat{p}_{ij} = p_{ij} & t_j \leqslant T \end{cases} \tag{3-48}$$

其中 p_{ij} 为员工完成任务的正常作业时间，t_j 为该任务开始作业时间，$0 < b_j < 1$ 为员工疲劳因子且只与员工有关，T 为开始疲劳时间，$p_{ij}^{\max}$ 为该项任务最大作业时间。

3.4.2 考虑疲劳效应的 MRO 多技能工调度模型

模型中定义的参数如下。

s 表示员工索引($s=1, 2, ..., S$);

k 表示技能索引($k=1, 2, ..., K$),其中 $k=1$ 表示处于服务中心使用的虚技能;

i 表示任务索引($i=1, 2, ..., I$),其中 $i=1$ 表示处于服务中心的虚工作;

L_i 表示任务 i 的位置坐标($i=1, 2, ..., I$);

D_{ij} 表示任务 i 到任务 j 的直线距离($i, j=1, 2, ..., I$);

t_{ij} 表示员工从任务 i 到任务 j 的时间($i, j=1, 2, ..., I$);

r_i 表示任务 i 的技能总个数($i=1, 2, ..., I$);

t_{si} 表示员工 s 到任务 i 的时间($s=1, 2, ..., S$;$i=1, 2, ..., I$);

h_i 表示员工最早到达 i 的时间($i=1, 2, ..., I$);

t_i 表示任务 i 开始动工时间($i=1, 2, ..., I$);

f_{si} 表示员工 s 在任务 i 完成技能工作的时间($s=1, 2, ..., S$;$i=1, 2, ..., I$);

f_i 表示任务 i 的完成时间($i=1, 2, ..., I$);

t_{sik} 表示员工 s 完成任务 i 中技能 k 子任务花费的时间($s=1, 2, ..., S$;$i=1, 2, ..., I$;$k=1, 2, ..., K$)。

引入如下决策变量:

$$x_{sij} = \begin{cases} 1 & \text{表示员工 } s \text{ 离开任务点 } i \text{ 后直接去任务点 } j, i \neq j \\ 0 & \text{其他} \end{cases}$$

$$y_{sik} = \begin{cases} 1 & \text{表示员工 } s \text{ 在任务点 } i \text{ 使用技能 } k \\ 0 & \text{其他} \end{cases}$$

$$z_{sti} = \begin{cases} 1 & \text{表示员工 } s \text{ 在 } t \text{ 时刻在任务点 } i \\ 0 & \text{其他} \end{cases}$$

$$\phi_{stk} = \begin{cases} 1 & \text{表示员工 } s \text{ 在 } t \text{ 时刻使用 } k \text{ 技能} \\ 0 & \text{其他} \end{cases}$$

$$\min(T) \tag{3-49}$$

$$\sum_{s=1}^{S} \sum_{k=1}^{K} y_{sik} = r_i \quad \forall i \tag{3-50}$$

$$\sum_{k=1}^{K} y_{sik} \leqslant \sum_{k=1}^{K} \rho_{sk} \quad \forall i, \forall s \tag{3-51}$$

$$t_{si} - x_{sij} t_{ij} \geqslant f_j \quad i, j \in A, i \neq j \tag{3-52}$$

$$\sum_{i=1}^{I} x_{sil} - \sum_{j=1}^{I} x_{slj} = 0 \quad \forall s, \forall l \tag{3-53}$$

$$\sum_{i=1}^{I} z_{sti} = 1 \quad \forall s, \forall t \tag{3-54}$$

$$\sum_{k=1}^{K} \varphi_{stk} \leqslant 1 \quad \forall s, \forall t \tag{3-55}$$

$$t_i = \max(t_{1i}, t_{2i}, \dots, t_{si}) \tag{3-56}$$

$$f_{si} = t_i + \sum_{k=1}^{K} t_{sik} \quad \forall s \tag{3-57}$$

$$f_i = \max(f_{1i}, f_{2i}, \dots, f_{si}) \tag{3-58}$$

$$f_i = t_i + \sum_{t=t_i}^{f_i} z_{sti} \quad \forall i \tag{3-59}$$

$$T = \max(f_1, f_2, \dots, f_I) \tag{3-60}$$

$$\begin{cases} \hat{t}_{sik} = \min\{t_{sik} + b_i(t_i - T), t_{sik}^{\max}\} & t_i > T \\ \hat{t}_{sik} = t_{sik} & t_i \leqslant T \end{cases} \tag{3-61}$$

$$\sum_{i}^{I} \sum_{j}^{I} x_{sij} \leqslant |N| - 1 \quad 2 \leqslant |N| \leqslant I - 1, N \subset \{1, 2, \dots, I\}, \forall s \tag{3-62}$$

$$z_{s01} = 1 \tag{3-63}$$

其中,式(3-49)目标是服务中心所有任务的总完工时间最小,式(3-50)表示员工要满足任务点 i 的技能需求;式(3-51)表示员工一任务点使用的技能总数不能大于其掌握的技能总数;式(3-52)保证同一员工的两个相邻任务时间关系得到满足;式(3-53)表示员工 s 访问任务 l 后,必然从任务 l 处离开;式(3-54)表示员工在每一时刻只能存在于一个任务节点;式(3-55)表示员工在每一时刻只能使用一项技能;式(3-56)表示任务开始时间是所有工人都到达任务点 i 的时候;式(3-57)表示员工 s 在任务点 i 完成技能工作的时间;式(3-58)式表示任务 i 完成时间为所有技能均完成的时间;式(3-59)表示任务开始后不能中断,员工不能中途离开;式(3-60)表示任务总完工时间是最后一个任务完工的时间;式(3-61)表示员工完成技能子任务的时间;式(3-62)消除子回路;式(3-63)表示要求所有员工计划周期开始时($t=0$)都在中心。

3.4.3 算例分析

3.4.3.1 参数设置

本文算例设置该服务中心共有 4 名员工,每名员工的技能情况如表 3-13 所示。该服务中心目前有 8 项任务,每项任务的技能子任务标准作业时间和最大子任务作业时间如表 3-14 所示。

表 3‑13 员工技能矩阵

技能	电工	化工	机械
1	1	1	0
2	0	1	1
3	1	0	1
4	0	1	1

表 3‑14 技能子任务标准作业时间和最大子任务作业时间(小时)

技能种类	电工	化工	机械	电工	化工	机械
任务 1	1	2	0	2	3	0
任务 2	2	0	1	4	0	1.5
任务 3	1	3	1	2	4.5	1.5
任务 4	0	4	1	0	6	1.5
任务 5	1	2	0	2	3	0
任务 6	3	1	1	6	1.5	1.5
任务 7	0	1	3	0	1.5	4.5
任务 8	1	0	1	2	0	1.5

将服务中心坐标为原点(0，0)，任务位置坐标是均值 15 且方差为 0 的随机数，并假设员工转移的平均速度为 30 千米/小时；随机产生 8 个任务的地理坐标，如表 3‑15 所示。

表 3‑15 8 个任务的地理坐标

	任务 1	任务 2	任务 3	任务 4	任务 5	任务 6	任务 7	任务 8
X 坐标/千米	14.56	14.36	7.28	12.00	2.13	6.33	13.74	11.88
Y 坐标/千米	0.54	12.74	14.01	10.18	11.37	11.15	5.88	9.83

3.4.3.2 算例求解及结果分析

本文采用分段染色体编码的遗传算法编写了 matlab 程序代码，在 matlab2010b 软件上考虑疲劳效应情况下的员工调度实验，以验证本文算法的有效性。本文采用如下遗传算法参数：种群为 50，交叉概率为 0.2，变异概率为 0.2，遗传代数为 10 000。其他实验参数，疲劳概率为 0.15，开始疲劳时间为 3 小时。

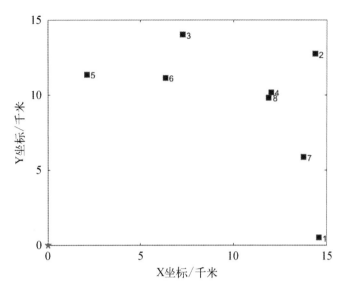

图3-9　服务中心和任务地理分布图

　　经过计算得到考虑疲劳效应的最小完工时间是 11.87 小时。此时的员工调度方案如表 3-16 所示。员工的路线如图 3-10 所示。将同样的调度方案,如果不考虑员工的疲劳效应,最小完工时间为 10.38 小时。也就是说员工产生的疲劳效应将会增加 1.49 个小时的工作时间,增加幅度约为 14.35%。员工的作业甘特图如图 3-11 所示。

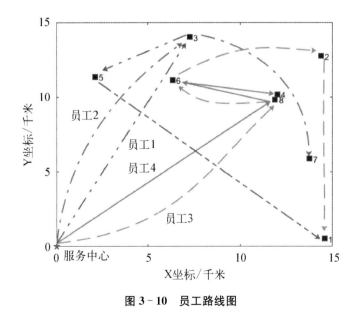

图3-10　员工路线图

表 3‑16 员工调度方案

优先级顺序	任务 8	任务 6	任务 2	任务 3	任务 5	任务 7	任务 1	任务 4
电工子任务	员工 3	员工 3	员工 3	员工 1	员工 1	\	员工 3	\
化工子任务	\	员工 4	\	员工 1	员工 1	员工 2	员工 1	员工 4
机械子任务	员工 4	员工 4	员工 3	员工 2	\	员工 2	\	员工 4

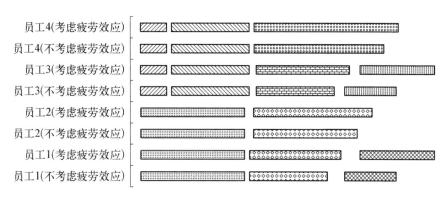

图 3‑11 员工甘特图

如图 3‑11 所示,不同的颜色和图案表示不同的任务。随着时间的增加,那些排在后面的任务的考虑疲劳效应的作业时间比不考虑疲劳效应的作业时间要长。即,时间越靠后,员工的疲劳效应越强,由于疲劳引起的工作效率下降的情况越强烈,因此员工对待单个任务作业时间就会越长。

3.5 多技能维修服务干扰管理研究

3.5.1 多技能维修服务干扰管理研究调度模型

3.5.1.1 问题描述

多技能工维修服务调度问题可定义为:服务中心共有 S 名熟练员工,员工掌握的技能种类总数为 K,服务中心需要处理地理上分散的 I 项任务。每个任务由不同的技能子任务组成,且不同任务的技能需求不一定相同。每个员工掌握的技能种类不一定相同,只能提供已掌握的技能的服务,因此需要考虑技能匹配。本章节在多技能维修员工调度过程中考虑若干个干扰对调度结果的影响。

在研究该问题时,本文给出如下假设:

(1) 只有一个服务中心;

（2）任务的每项技能需要员工 1 人；

（3）维修任务开始后不能中断，不能换人；

（4）任务的各项技能工作单独进行，互不影响；

（5）若两项或两项技能子任务由同一个员工进行作业，则该员工作业时间是所有技能子任务作业时间之和。

3.5.1.2　变量定义

模型中定义的参数如下。

s　表示员工索引（$s=1, 2, …, S$）；

k　表示技能索引（$k=1, 2, …, K$）；

i　表示任务索引（$i=1, 2, …, I$），其中 $i=1$ 表示处于服务中心的虚工作；

L_i　表示任务 i 的位置坐标（$i=1, 2, …, I$）；

D_{ij}　表示任务 i 到任务 j 的直线距离（$i, j=1, 2, …, I$）；

t_{ij}　表示员工从任务 i 到任务 j 的时间（$i, j=1, 2, …, I$）；

r_i　表示任务 i 的技能总个数（$i=1, 2, …, I$）；

t_{si}　表示员工 s 到任务 i 的时间（$s=1, 2, …, S$；$i=1, 2, …, I$）；

h_i　表示员工最早到达 i 的时间（$i=1, 2, …, I$）；

t_i　表示任务 i 开始动工时间（$i=1, 2, …, I$）；

f_{si}　表示员工 s 在任务 i 完成技能工作的时间（$s=1, 2, …, S$；$i=1, 2, …, I$）；

f_i　表示任务 i 的完成时间（$i=1, 2, …, I$）；

t_{sik} 表示员工 s 完成任务 i 中技能 k 子任务花费的时间（$s=1, 2, …, S$；$i=1, 2, …, I$；$k=1, 2, …, K$）；

C_1　表示员工在任务点之间的单位时间旅途成本；

C_2　表示员工在任务点的单位时间等待成本；

$E_{SK}=\{\rho_{sk} \mid s \in S, k \in K\}$ 是员工技能矩阵，表示员工 s 掌握 k 技能，$\rho_{sk}=0$ 表示员工 s 未掌握该技能。

3.5.1.3　数学模型建立

在 3.1 的基础上引入如下决策变量。

$$x_{sij}=\begin{cases} 1 & 表示员工 s 离开任务点 i 后去任务点 j \\ 0 & 其他 \end{cases}$$

$$y_{sik}=\begin{cases} 1 & 表示员工 s 在任务点 i 使用 k 技能 \\ 0 & 其他 \end{cases}$$

$$z_{sti}=\begin{cases} 1 & 表示员工 s 在 t 时刻在任务点 i \\ 0 & 其他 \end{cases}$$

$$\phi_{stk} = \begin{cases} 1 & \text{员工 } s \text{ 在 } t \text{ 时刻使用 } k \text{ 技能} \\ 0 & \text{其他} \end{cases}$$

模型如下：

$$\min\left(\sum_{s=1}^{S}\sum_{i=1}^{I}\sum_{j=1,\,j\neq i}^{I} x_{sij}t_{ij}C_1 + \sum_{s=1}^{S}\sum_{i=1}^{I}C_2(t_i - t_{si})\right) \tag{3-64}$$

约束条件

$$\sum_{s=1}^{S}\sum_{k=1}^{K} y_{sik} = r_i \quad \forall i \tag{3-65}$$

$$\sum_{k=1}^{K} y_{sik} \leqslant \sum_{k=1}^{K}\rho_{sk} \quad \forall i,\ \forall s \tag{3-66}$$

$$t_{si} - x_{sij}t_{ij} \geqslant f_j \quad \forall i,j,\ i \neq j \tag{3-67}$$

$$\sum_{i=1}^{I} x_{sil} - \sum_{j=1}^{I} x_{slj} = 0 \quad \forall s,\ \forall l \tag{3-68}$$

$$\sum_{i=1}^{I} z_{sti} = 1 \quad \forall s,\ \forall t \tag{3-69}$$

$$\sum_{k=1}^{K}\varphi_{stk} \leqslant 1 \quad \forall s,\ \forall t \tag{3-70}$$

$$t_i = \max(t_{1i},\ t_{2i},\ \dots,\ t_{si}) \tag{3-71}$$

$$f_{si} = t_i + \sum_{k=1}^{K} t_{sik} \quad \forall s \tag{3-72}$$

$$f_i = \max(f_{1i},\ f_{2i},\ \dots,\ f_{si}) \tag{3-73}$$

$$f_i = t_i + \sum_{t=t_i}^{f_i} z_{sti} \quad \forall i \tag{3-74}$$

$$\sum_{i=1}^{I}\sum_{j=1}^{I} x_{sij} \leqslant |N|-1,\ 2 \leqslant |N| \leqslant I-1,\ N \subset \{1,\ 2,\ \dots,\ I\},\ \forall s \tag{3-75}$$

$$z_{s01} = 1 \quad \forall s \tag{3-76}$$

式(3-64)目标是服务中心所有任务的旅途成本和等待成本最小，式(3-65)表示员工要满足任务点 i 的技能需求；式(3-66)表示员工在任一任务点使用的技能总数不能大于其掌握的技能总数；式(3-67)保证同一员工的两个相邻任务时间关系得到满足；式(3-68)表示员工 s 访问任务 l 后，必然从任务 l 处离开；式(3-69)表示员工在每一时刻只能存在于一个任务节点；式(3-70)表示员工在每一时刻最多只能使用一项技能；式(3-71)任务开始时间是所有工人都到达任务点 i 的时候；式(3-72)表示员工 s 在任务点 i 完成技能工作的时间；式(3-73)表示任务 i 完成时间为所有员工均完成技能子任务的时间；式(3-74)表示任务开始后不能中断，员工不能中途离开；式(3-75)消除子回路;式(3－76)表示要求所有员工计划周期开始时($t=0$)都在中心。

3.5.2　基于前景理论的扰动度量

3.5.2.1　扰动的分析

干扰事件发生后,需要及时生成能够最小化干扰影响的调整方案,因此对于干扰事件对各个利益主体的影响的分析尤为重要。由于多技能维修工人调度系统涉及客户、服务中心管理人员、多技能工这三个主要的利益主体,因此本文首先分析以上三者的利益受到扰动的变化,确定各个主体的首要目标。

(1) 客户。客户是服务的需求者,是多技能工的服务对象。当某个客户的服务需求发生变化时,势必会打乱整个调度计划,也就将会影响后续客户的服务。比如干扰前客户甲的维修服务需要 A 技能的员工,若干扰后客户甲需要 A 技能和 B 技能的员工,那么就需要将多技能维修工人调度系统中掌握 B 技能的员工加派给客户甲,势必会打乱加派的该员工的后续客户的服务,以至于打乱整个调度计划。如果调度计划发生改变,那么和后面客户的约定到达时间将会发生改变,会造成个别客户出现等待时间较长的情况,将增加客户的不满意度。因此从客户的利益出发,如何最小化客户的不满意度是首要目标。

(2) 服务中心管理人员。对于服务中心管理人员来说,整个调度过程中最关心的是运作的成本、客户不满意和投诉现象,影响整个企业的形象。扰动发生后,多技能维修人员的调度方案发生变化,路线也随之发生改变,必然会影响到调度的总成本。因此,从服务中心管理人员的利益出发,干扰调整方案应该适当兼顾成本因素,尽可能地降低成本,同时也需要尽量降低客户的不满意度。

(3) 多技能维修工人。多技能维修工人是整个多技能工维修服务调度系统的核心因素。扰动发生后,初始的调度方案不能顺利实施,新的调整方案必然将改变多技能维修工人的路线,影响工人的情绪。因此调整方案与初始调度方案的路线的偏差大小,是减轻多技能维修工人情绪影响的首要考虑目标。

3.5.2.2　扰动函数的确定

前景理论是行为科学中重要的行为决策理论。前景理论认为个体在做出决策时,不仅考虑最终的财富水平,更看重对于某个参考点的收益和损失。因此扰动发生后,可以以初始方案对于后续任务点的调度结果为参考点来度量对各个主体的扰动。Tversky 等给出了幂函数形式的价值函数如下[5]:

$$V=\begin{cases}\Delta x^{\alpha} & \Delta x \geqslant 0 \\ -\lambda(-\Delta x)^{\beta} & \Delta x < 0\end{cases} \tag{3-77}$$

在公式(3－77)中, Δx 是财富偏离某个参考点 x_0 的程度,当财富超过参考点,即

$\Delta x \geqslant 0$ 时,主体收益;当财富低于参考点,即 $\Delta x < 0$ 时,主体受到损失。Kahneman 等[5] 经过研究表明 $\alpha = \beta = 0.88$,$\lambda = 2.25$ 时与经验数据较为一致。

客户的扰动度量:对客户而言,越早开始维修服务越好,因此最关心的是服务开始时间。建立客户 i 的价值函数为[6]:

$$V_1^i = \begin{cases} x^{\alpha_1} & x \geqslant 0 \\ -\lambda_1(-x)^{\beta_1} & x < 0 \end{cases} \quad i = 1, \dots, I \tag{3-78}$$

其中,α_1、β_1 为客户的风险态度系数。初始方案中客户 i 的到货时间 t_{i0} 为参照点,如果调整方案中客户 i 的开始服务时间 $t_i > t_{i0}$,意味着客户 i 亏损 $(x < 0)$;反之,意味着客户 i 盈利 $(x \geqslant 0)$。客户 i 对维修服务开始时间的不满意隶属度函数可表示为:

$$\mu_1^i(t_i) = \begin{cases} 1 & t_i \geqslant R_1^i \\ \lambda_1(t_i - t_i^0)^{\beta_1} & t_i^0 \leqslant t_i < R_1^i \\ 0 & 0 \leqslant t_i < t_i^0 \end{cases} \quad i = 1, \dots, I \tag{3-79}$$

其中,λ_1 为客户损失厌恶系数,$R_1^i = t_{i0} + (1/\lambda_1)^{1/\beta_1}$。

服务中心管理人员的扰动度量:对于服务中心管理人员来说,最关心的是服务的转移成本和等待成本。因此建立服务中心管理人员的价值函数为:

$$V_2 = \begin{cases} x^{\alpha_2} & x \geqslant 0 \\ -\lambda_2(-x)^{\beta_2} & x < 0 \end{cases} \tag{3-80}$$

其中,α_2、β_2 为客户的风险态度系数。选择初始方案的转移成本和等待成本之和 f_0 为参照点,如果调整方案的成本 $f > f_0$,意味着服务中心管理人员亏损 $(x < 0)$;反之,意味着服务中心管理人员盈利 $(x \geqslant 0)$。服务中心管理人员对成本的不满意隶属度函数可表示为:

$$\mu_2(f) = \begin{cases} 1 & f \geqslant R_2 \\ \lambda_2(f - f^0)^{\beta_2} & f^0 \leqslant f < R_2 \\ 0 & 0 \leqslant f < f^0 \end{cases} \tag{3-81}$$

其中,λ_2 为服务中心管理人员损失厌恶系数,$R_2 = f^0 + (1/\lambda_2)^{1/\beta_2}$。

多技能维修工人的扰动的度量:对于多技能维修工人来说,最关心的是调整方案与初始方案的路径偏差,即路径的变动数量,主要体现在旧路段的减少,新路段的增加。由于路径的变动数量是大于或等于 0 的,因此建立多技能维修工人的价值函数:

$$V_3 = -\lambda_3(-x)^{\beta_3} \quad x < 0 \tag{3-82}$$

其中，β_3 为多技能维修工人的风险态度系数。选择 0 为参照点，如果路径的变动数量 $g > 0$，意味着多技能维修工人亏损 $(x < 0)$。维修工人的不满意隶属度函数可表示为：

$$\mu_3(g) = \begin{cases} 1 & g \geqslant R_3 \\ \lambda_3 g^{\beta_3} & 0 \leqslant g < R_3 \end{cases} \tag{3-83}$$

其中，λ_3 为多技能维修工人的损失厌恶系数，$R_3 = (1/\lambda_3)^{1/\beta_3}$。

3.5.3 干扰管理模型

3.5.3.1 干扰管理模型描述

在某个客户的维修服务需求发生变化后，以各个多技能维修工人的所在位置为虚拟的服务中心，即是调整方案的出发点。以初始服务中心为整个调度系统的终点，即各个多技能维修工人完成任务后，返回初始服务中心。示意图如图 3-12 和图 3-13 所示，黑色圆形表示已完成的任务，白色圆形表示未完成的任务，当任务 7 增加了一项 A 技能子任务，则改变了员工 A 的路线，从而也影响了员工 B 的时间线。

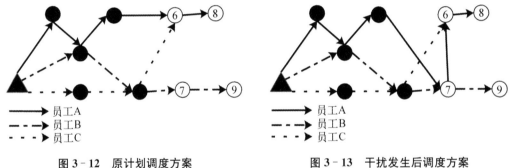

图 3-12　原计划调度方案　　　　图 3-13　干扰发生后调度方案

在研究该问题时，本节给出如下假设：

(1) 服务中心没有多余的空闲的多技能维修工人可供调度，假设剩余任务仅由初始方案中的工人完成；

(2) 多技能维修工人调度的初始方案已知；

(3) 客户的不满意度只与服务开始时间有关；

(4) 已经服务完毕的任务点不参加后续的调整方案；

(5) 干扰发生时正在进行的任务点将继续进行，直到任务结束，员工才能参与后续调度。

模型中定义的参数如下。

s　表示员工索引 $(s = 1, 2, \ldots, S)$；

n　表示未完成的任务点索引 $(n = 1, 2, \ldots, N)$；

m　表示虚拟服务中心索引$(m=1, 2, …, M)$;

T　表示扰动发生的时刻。

3.5.3.2　数学模型

以客户、服务中心管理人员、多技能维修工人的扰动度量函数为基础,采用字典序多目标规划的方法,构建干扰管理模型如下[7]。

$$\min\left(P_1 \sum_{i=1}^{I} \mu_1^i(t_i), \ P_2\mu_2(f), \ P_3\mu_3(g)\right) \qquad (3-84)$$

$$P_1 > P_2 > P_3 \qquad (3-85)$$

$$\sum_{m=1}^{M} z_{sTm} = 1 \quad \forall s \qquad (3-86)$$

$$\sum_{m=1}^{M} \sum_{n=1}^{N} x_{smn} = 1 \quad \forall s \qquad (3-87)$$

式(3-84)为目标函数,表示调整方案与初始方案的偏离最小,即最小化系统的扰动程度;式(3-85)表示不同目标的优先级,在本模型中,最小化客户扰动之和为第一目标,最小化服务中心管理人员的成本为第二目标,最小化多技能维修工人的路径偏差为第三目标。式(3-86)表示当扰动发生时,多技能维修工人所处的位置为虚拟服务中心。式(3-87)表示多技能工从虚拟的服务中心出发。

3.5.4　干扰管理模型求解

干扰管理模型由于是以初始方案的数学模型为基础的,并且需要考虑多技能维修工人掌握的技能与客户点需求的技能相匹配,增加了模型的复杂性,还要考虑干扰事件对于整个多技能维修工人调度系统的影响,因此是一个 NP-hard 模型。由于不管是求解初始方案模型或者求解干扰管理模型都需要考虑多技能维修工人掌握的技能与客户点需求的技能相匹配,遗传算法的染色体不仅可以表示出多技能工的分派方案,而且可以将客户的技能需求与掌握该技能的员工对应起来,为每个客户的每个技能子任务分派相应技能维修工人,为求解上述问题提供了可能。

3.5.4.1　算例分析

本节利用 windows7 系统 matlab(2010b)进行仿真,采用如下遗传算法参数:种群为 100,交叉概率为 0.2,变异概率为 0.2,遗传代数为 10 000。算例设计如下:某服务中心有 20 个客户点,6 名多技能维修员工,主要负责三种技能的维修服务。6 名多技能维修工人的技能矩阵如表 3-17 所示。任务位置坐标是均值 20 且方差为 0 的随机数,假设员工转移平均速度为 30 千米/小时。20 个客户点坐标以及维修技能需求如表 3-18 所示,服务中心坐标是(0,0)。

表 3‑17　多技能维修工人技能矩阵

员工	技能 1	技能 2	技能 3
员工 1	1	1	0
员工 2	1	0	1
员工 3	1	1	0
员工 4	0	1	1
员工 5	1	0	1
员工 6	0	1	1

表 3‑18　客户信息

客户点编号	1	2	3	4	5	6	7	8	9	10
X 坐标/千米	16.5	5.3	−16.1	−8.9	1.9	18.3	18.6	−13.7	18.8	18.3
Y 坐标/千米	17.4	7.1	10.3	9.7	4.3	6.2	−13.2	8.2	−18.7	−8.9
技能 1 时间/小时	2	3	1	3	2	1	2	0	1	2
技能 2 时间/小时	0	0	2	1	2	2	2	1	0	0
技能 3 时间/小时	3	3	0	0	1	1	3	1	3	1

客户点编号	11	12	13	14	15	16	17	18	19	20
X 坐标/千米	−0.6	12.0	−14.3	−3.1	16.6	11.7	18.4	6.2	−18.6	14.0
Y 坐标/千米	−18.2	−16.1	12.9	7.8	−7.3	18.0	−18.6	−2.5	−4.7	10.6
技能 1 时间/小时	3	3	3	2	1	0	1	1	3	1
技能 2 时间/小时	3	2	3	2	0	2	1	0	3	0
技能 3 时间/小时	1	0	0	0	2	2	0	3	2	1

运用遗传算法对多技能维修工人调度模型进行求解得到下述初始调度方案。

员工 1：0→14→2→13→4→16→0

员工 2：0→7→15→5→20→19→1→10→0

员工 3：0→3→12→6→11→8→0

员工 4：0→7→15→5→6→19→1→17→0

员工 5：0→14→18→9→20→11→8→17→0

员工 6：0→7→2→6→19→16→0

多技能维修工人按照上述的路线执行任务,在任务执行 10 小时时,服务中心收到一个客户需求变动的干扰事件。为验证模型有效性,采用多次实验的方法,设立以下 4 个需求量变动方案:

方案 1:客户点 4 增加技能 3 的需求 2 小时。

方案 2:客户点 10 增加技能 2 的需求 1 小时。

方案 3:客户点 11 减少技能 1 的需求 3 小时。

方案 4:客户点 19 减少技能 2 的需求 3 小时。

两个方案中,客户点增加或减少的技能需求均是在该客户点的原始需求上变动的。在执行任务 10 小时时,多技能维修工人调度系统的状态如图 3－14 所示。其中实心小方块代表已经完成的任务点,空心的小方块代表未完成的任务点,斜线的小方块代表正在进行的任务。圆圈代表服务中心。已经服务完毕的任务点不参加后续的调整方案,干扰发生时正在进行的任务点将继续进行,直到该任务结束,员工才能参与后续调度。

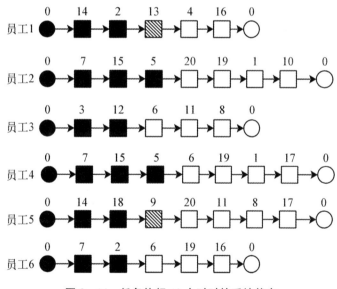

图 3－14　任务执行 10 小时时的系统状态

在执行任务 10 小时时,6 名多技能维修工人实际所在地点,即虚拟服务中心位置,为(－14.30,12.90)、(11.96,8.09)、(12.63,－13.86)、(15.34,4.31)、(18.80,－18.70)、(18.30,6.20)。

3.5.4.2　结果与分析

根据 Tversky[8],取 $\beta=0.88$,$\lambda=2.25$。 分别采取本文方法和重调度方法进行求解。本文采用的重调度方式是仿真再生成方法,即将干扰发生时还未完成的任务根据多技能工调度模型的目标和约束条件重新仿真。结果如表 3－19 和表 3－20 所示。

表 3 - 19 需求增加时不同方法的求解结果

方法		配 送 路 线	客户的扰动	服务中心管理人员的扰动	多技能维修工人的扰动
方案1	本节方法	0→14→2→13→19→10→0 0→7→15→5→6→8→1→10→0 0→3→12→4→11→0 0→7→15→5→6→4→16→17→11→0 0→14→18→9→20→16→17→0 0→7→2→6→8→19→0	1.636 8	1	1
	重调度方法	0→14→2→13→19→8→0 0→7→15→5→4→6→1→0 0→3→12→16→19→17→0 0→7→15→5→4→6→8→11→0 0→14→18→9→10→6→20→11→0 0→7→2→16→19→0	3.636 2	0	1
方案2	本节方法	0→14→2→13→4→17→0 0→7→15→5→6→11→1→0 0→3→12→1→10→0 0→7→15→5→8→16→10→0 0→14→18→9→20→19→0 0→7→2→6→11→16→19→0	1.008	1	1
	重调度方法	0→14→2→13→19→6→0 0→7→15→5→20→11→0 0→3→12→10→17→4→0 0→7→15→5→10→19→6→0 0→14→18→9→11→1→8→0 0→7→2→20→11→1→8→16→0	3.636 2	0	1

表 3 - 20 需求减少时不同方法的求解结果

方法		配 送 路 线	客户扰动	服务中心管理人员的扰动	多技能维修工人的扰动
方案3	本节方法	0→14→2→13→17→10→0 0→7→15→5→17→1→10→20→19→6→0 0→3→12→16→8→4→6→0 0→7→15→5→11→8→20→0 0→14→18→9→16→1→0 0→7→2→19→0	0.637 9	0	1
	重调度方法	0→14→2→13→17→0 0→7→15→5→16→8→20→1→0 0→3→12→4→6→11→19→0 0→7→15→5→16→8→17→0 0→14→18→9→10→0 0→7→2→4→6→11→19→0	4	0	1

续　表

方　法		配　送　路　线	客户扰动	服务中心管理人员的扰动	多技能维修工人的扰动
方案4	本节方法	0→14→2→13→17→20→4→16→0 0→7→15→5→10→19→6→1→0 0→3→12→19→11→0 0→7→15→5→6→16→0 0→14→18→9→17→10→11→6→8→1→0 0→7→2→20→11→8→0	1.000 2	0	1
	重调度方法	0→14→2→13→4→0 0→7→15→5→8→10→17→0 0→3→12→19→11→20→6→0 0→7→15→5→19→11→20→6→0 0→14→18→9→1→0 0→7→2→8→10→17→16→0	3.000 2	0	1

对表 3-19 进行分析,得出以下的结论:从客户的扰动来看,本节方法得到的结果明显优于重调度的方法。这说明干扰管理模型在降低客户不满意度方面的效果是非常显著的。从服务中心管理人员的扰动来看,本节方法的结果劣于重调度方法。从多技能维修工人的扰动来看,本节得到的方法与重调度方法结果相同,说明干扰模型和重调度方法都存在路径上的偏差。综上所述,在考虑前景理论的情况下,本节方法以最小化客户不满意度为目标建立模型,以牺牲成本为代价换来了客户不满意度的大幅度降低。从企业的长期利益来看,本节方法更加符合企业的长远发展。

对表 3-20 进行分析,得出以下的结论:从客户的扰动来看,本节方法得到的结果明显优于重调度的方法。这说明干扰管理模型在降低客户不满意度方面的效果是非常显著的。从服务中心管理人员和多技能维修工人的扰动来看,本节得到的方法与重调度方法结果相同,说明干扰模型和重调度方法都降低了成本,但是都存在路径上的偏差。

3.6　本 章 小 结

本章分析了 MRO 服务中心多技能工调度问题,建立了以最小化任务总完工时间为目标的模型,采用分段染色体编码的遗传算法进行求解并得到了结果。任务数量一定时,多技能工数量影响任务总完工时间和作业时间;员工数量一定时,任务数量对作业时间和完工时间有影响。人的行为效应对企业实际利益有显著影响。因此服务中心在制定调度计划时需要考虑行为效应,使企业调度安排更加符合实际情况。随着客户越来越重视企业服务的质量,MRO 也越来越成为企业关注的焦点,本章可为企业面向多技能工调度的决策提供指导。

然而,本章也有不足之处,实际生活中每个员工对技能的掌握程度不同,因此执行同一技能子任务时耗费的时间也会有所不同,不同员工面对不同的技能学习效应参数和遗忘效应参数也是会存在差异的。另外,员工在任务与任务之间的转移时间受到现实交通因素的影响,带有不确定性。因此,可在今后的研究中考虑员工的个体差异性和现实生活不确定性对服务中心多技能工调度的影响。

本章分析了 MRO 多服务中心的多技能工调度策略问题,建立了以最小化任务总完工时间为目标的多服务中心分开调度模型和多服务中心联合调度模型,采用分段染色体编码的遗传算法进行求解并得到了结果。研究发现任务数量一定时,多技能工的任务完工时间与工人数量反向变化;当工人数量一定时,多技能工的任务完工时间与任务数量同向变化。本文比较了多服务中心分开调度策略和联合调度策略对任务总完工时间的影响,发现相对于多服务中心联合调度策略,分开调度策略能缩短完工时间。说明当企业拥有多个服务中心时,应该采用多服务中心的多技能工分开调度策略,而不是联合调度,这更加符合企业利益。

本章可为企业面向多服务中心的多技能工调度的决策提供指导。然而,本章也有不足之处,实际生活中每个员工对技能的掌握程度不同。另外员工在任务与任务之间的转移时间受到现实交通因素的影响,带有不确定性。

疲劳效应是指劳动者连续工作一段时间后,出现工作能力暂时降低的现象。因此进行员工指派和调度的时候,考虑员工的疲劳效应更加符合实际情况。本章节在 MRO 现场服务多技能工调度中考虑员工的疲劳效应,以最小化完工时间为目标建立模型,并设计算例进行求解。在算例中求得的考虑疲劳效应的最小完工时间是 11.87 小时,比未考虑疲劳效应的最小完工时间增加 1.49 个小时的工作时间,增加幅度约为 14.35%。因此企业在进行员工调度和派遣的时候,需要考虑员工的疲劳效应,合理指派任务,员工要劳逸结合地工作。

本章不足之处是未考虑员工的差异性。员工对疲劳的敏感度存在差异,因此每位员工的疲劳率可能不同,开始疲劳时间也是有差异的,考虑员工的疲劳敏感度更加贴合实际情况。另外,员工的疲劳敏感度也可能与技能有关,员工参与某种技能的任务可能要比其他的任务在相同的时间更加容易疲劳。员工长期工作会产生疲劳效应,但是休息以后就会恢复精力,怎样做到劳逸结合,同时最大化工作效果也是值得讨论的。因此以后的研究可以从员工对疲劳的敏感度的差异,技能与疲劳的关系,以及员工劳逸结合等方面进行。

研究针对多技能维修工人调度系统的干扰管理问题。首先本章利用前景理论度量多技能工维修调度系统中的三个利益主体的干扰,即客户、服务中心管理人员和多技能维修工人,做到了权衡多个利益主体的利益。同时考虑到多技能工掌握的技能与任务需要的技能的匹配约束,以及考虑干扰发生时部分任务已经完成,部分任务正在进行的情况,多技能维修工人在干扰发生时必须先完成正在进行的工作才能进行后续的调度。最后建立了字典序的多目标客户需求变化的干扰管理模型,引入目标逐级优化的概念;文章中第一级目标为最小化客户不满意度,若服务中心追求成本最小的目标,即可将第一级目标换成最小化成本。

本章也有不足之处,即只考虑了某个客户需求变化的干扰,实际生活中可能存在多个客户需求发生变化,也存在不仅仅是客户需求发生变化的情况,比如多技能维修工人中途有事需要离开,初始计划中某个路段不可用等干扰情况。在干扰发生后若服务中心存在空闲的多技能维修员工可以救援,则又是另外一种干扰管理的情况,需要进一步研究。

参 考 文 献

［1］ Biskup D. Single-machine scheduling with learning considerations ［J］. European Journal of Operational Research, 1999, 115(1): 173 - 178.

［2］ Kuo, W H, & Yang, D L. Minimizing the total completion time in a single-machine scheduling problem with a time-dependent learning effect ［J］. European Journal of Operational Research, 2006, 174, 1184 - 1190.

［3］ Lai P J, Lee W C. Single-machine scheduling with learning and forgetting effects ［J］. Applied Mathematical Modeling, 2013, 37(16): 4509 - 4516.

［4］ 范志强,乐美龙,包节.考虑作业效率差异的同类岸桥作业调度优化［J］.工业工程与管理,2012, 02: 33 - 38.

［5］ 刘玲,李昆鹏,刘志学.生产和运输协同调度问题的模型和算法［J］.工业工程与管理,2016,02: 86 - 91.

［6］ 丁秋雷,姜洋,王文娟,齐飞.鲜活农产品冷链物流配送的干扰管理模型研究［J］.系统工程理论与实践,2017,37(9): 2320 - 2330.

［7］ 胡祥培,孙丽君,王雅楠.物流配送系统干扰管理模型研究［J］.管理科学学报,2011,14(01): 50 - 60.

［8］ Tversky A, Kahneman D. Advances in prospect theory: Cumulative representation of uncertainty［J］. Journal of Risk and Uncertainty, 1992, 5(4): 297 - 323.

第四章
考虑公平和偏好的多场景护士排班研究

4.1 引　　言

护士排班问题采用灰狼多目标优化算法考虑了多个排班目标的情况,能够求出多组非劣解,但是需要排班决策者根据各种情况选出最终排班方案,仍然需要耗费大量的工作。本章在为护士排班决策者提供决策时,根据累积前景理论、模糊理论构造不满意度隶属函数,对非劣解集进行了一个排序。决策者根据排序结果,就能较容易地选出一个排班方案。本章的研究思路如下图 4-1 所示:

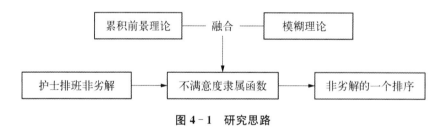

图 4-1　研究思路

在医院的某些部门,有时会产生突发事件,从而会导致医院的护理人力资源不足,进而会产生护士加班的情况。国内曾有学者对护士排班问题的加班策略进行研究,但是未曾考虑加班过程中护士工作量的公平以及护士的偏好现象,本章正是基于此在安排加班排班表的过程中考虑公平和护士偏好。在安排加班排班表过程中,在考虑公平和护士偏好的情况下,分析了两种不同的加班策略,最后针对每种策略都求出了一组护士排班表。在编码过程中,采取了不同于第三章的编码方式,最后用多目标灰狼算法进行求解,得出了一组满意的帕累托最优解。

4.2　基于累积前景理论的护士排班多目标决策问题研究

4.2.1　多目标优化问题

多目标优化问题[1],实质上是对多个目标函数进行优化的问题,广泛存在于工程应用当中,例如:车间调度[2]、护士排班[3]、电网调度[4]等领域中。在多目标优化问题中,各目标的衡量标准往往不可能完全一致,因此各目标问题往往会相互矛盾,即针对同一问题很难同时最大化或最小化不同的目标函数[5]。单目标优化问题往往存在唯一的全局最优解,与单目标优化问题不同的是,多目标优化问题不存在唯一的全局最优解,而是一系列最优解,被称为 Pareto 解集[6]。针对多目标优化求解问题,传统的优化方法有:线性加权法[7]、约束法[8]、极大极小法[9]、理想点法[10]、评价函数法[11]等方法。随着近年来智能优化算法的兴起,越来越多的智能优化算法被成功地用于求解多目标优化问题。例如:多目标遗传算法[12]、多目标模拟退火算法[13]、多目标粒子群等算法[14]、多目标蚁群算法[15]。本章是利用改进的多目标灰狼优化算法来求解多目标护士排班问题。

国内在求解护士排班多目标优化问题上,一般都采用的是线性加权法,即将多目标问题转成单目标问题来进行求解。虽然线性加权法思想简单且有较少的运算量,但是有如下缺点:(1)需要多次运算才能创建帕累托解集;(2)获取均匀分布的帕累托解集比较困难;(3)需要根据专家的经验来确定权重;(4)权重通常都是正数;(5)在解集之间不会进行信息交换。因此,本章采用改进的多目标灰狼算法来克服上述的缺点对多目标护士排班问题进行求解。

4.2.1.1　多目标优化的基本概念

不失一般性,可以将其表述为如下的最小化问题:

$$\text{Min：} \quad F(\vec{x}) = f_1(\vec{x}), f_2(\vec{x}), ..., f_o(\vec{x}) \tag{4-1}$$

在本章多目标护士排班中,分别对应于多目标护士排班中的偏差值、惩罚值和偏好值。

其约束条件为:

$$g_i(\vec{x}) \leqslant 0, \ i = 1, 2, ..., m \tag{4-2}$$

$$h_i(\vec{x}) = 0, \ i = 1, 2, 3, ..., p \tag{4-3}$$

$$L_i \leqslant x_i \leqslant U_i, \ i = 1, 2, ..., n \tag{4-4}$$

在本章多目标护士排班中,分别对应于护士排班中的硬约束条件和软约束条件。

n 表示变量的个数,o 表示目标函数的个数,m 表示不等式约束的个数,p 表示等式约束的个数,g_i 是第 i 个不等式约束条件,h_i 是第 i 个等式约束条件,$[L_i, U_i]$ 表示变量的取值范围,式(4-4)中的 x 对应一个护士排班表,称为决策变量,其组成的集合称为决策空间;$F(x)$ 为目标向量,其组成的集合称为目标空间。

由于在多目标优化问题中,各目标函数相互冲突,单个目标性能的提升,可能会引起其他目标解质量的降低。因此,在求解多目标问题过程中,不可能使每个目标均能达到最优解。在求解过程中,必然会牺牲某些目标的性能,来获得其他目标性能的提升。所以,在多目标优化问题中,类似于单目标优化的全局最优解是不存在的。在多目标优化问题中,必然不能以求解每个目标函数的最优解来获得全局最优解,而是求得帕累托最优解。帕累托最优解的概念是不存在任何一个改动,来获得比当前解更优的解。在大多数情况下,多目标优化问题中的帕累托解集一般会存在很多帕累托最优解,甚至会存在无穷多个。多目标优化问题的最优解包含了所有帕累托最优解集,在实际问题求解中,决策者需要根据实际问题从最优解中选出一个解。在 4.2.3 中,会根据累积前景理论和模糊理论对帕累托解集进行一个排序,从而提供给决策者一个参考。

定义:

1)帕累托支配:x^1,x^2 是最小多目标优化的两个可行解,解 x^1 支配 $x^2(x^1 \succ x^2)$ 当且仅当

$$对 \ \forall i, f_i(x^1) \leqslant f_i(x^2), i = 1, 2, \dots, n \tag{4-5}$$

$$\exists j, f_i(x^1) \leqslant f_i(x^2), j = 1, 2, \dots, n \tag{4-6}$$

2)帕累托最优:如果 x^1 是帕累托最优解,当且仅当不存在解 x 支配 x^1;

3)帕累托最优解集:所有帕累托最优解组成的集合;

4)帕累托前沿:所有帕累托最优解对应的目标函数值所形成的区间。

以最小化目标函数 f_1、f_2 为例,其帕累托最优解集示意图如图4-2所示:

在图4-2中,曲线上的点构成帕累托前沿,其对应的解为帕累托最优解集。在曲线上的任意一个解都是帕累托最优解,不存在任何其他解对其进行占优。在求解多目标优化问题时,应使得求得的帕累托最优解的目标函数值尽量靠近帕累托前沿,且使解空间尽量分布均匀。

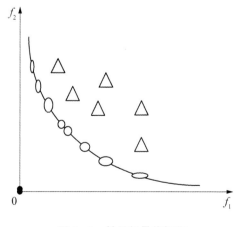

图4-2   帕累托最优解集

4.2.2 多目标护士排班模型

在后文中,我们将介绍护士排班的基本模型,其包含护士排班过程中需要遵守的硬约束条件和尽可能满足较多的软约束条件,以最小化违反软约束条件为目标函数,最终求得一个护士排班的可行解。但是在实际医院排班过程中,还有其他目标需要满足。例如,在排班过程中,我们需要使得求得的排班表尽可能公平,尽量保证每个护士的工作量大致相同。护士每天的工作本来就较多,若在排班过程中,出现不公平的现象,护士在上班过程中,可能会产生消极的心态,从而影响护士的工作效率以及同事之间的关系。另外,护士在上班过程中,可能更偏好与某些护士一起工作。例如,在上班过程中,与护士 A 相比,护士 C 更偏好与护士 B 在一起工作。若在排班过程中,将 B 和 C 安排在同一个班次工作,会提高护士 C 的工作效率,进而提高排班表的质量。

4.2.2.1 变量定义

根据上述护士排班多目标的描述,提出护士排班的整数规划模型,其数学变量定义如下:

t:排班周期内的天数;

A_avg:表示在整个排班周期内,每个护士平均上 A 班的次数;

P_avg:表示在整个排班周期内,每个护士平均上 P 班的次数;

N_avg:表示在整个排班周期内,每个护士平均上 N 班的次数;

R_avg:表示在整个排班周期内,每个护士平均休息的次数;

Ad_i^+:表示护士 i 在整个排班周期内,上 A 班超过 $A\text{-}avg$ 的次数;

Ad_i^-:表示护士 i 在整个排班周期内,上 A 班少于 $A\text{-}avg$ 的次数;

Pd_i^+:表示护士 i 在整个排班周期内,上 P 班超过 $P\text{-}avg$ 的次数;

Pd_i^-:表示护士 i 在整个排班周期内,上 P 班少于 $P\text{-}avg$ 的次数;

Nd_i^+:表示护士 i 在整个排班周期内,上 N 班超过 $N\text{-}avg$ 的次数;

Nd_i^-:表示护士 i 在整个排班周期内,上 N 班少于 $N\text{-}avg$ 的次数;

Rd_i^+:表示护士 i 在整个排班周期内,上 R 班超过 $R\text{-}avg$ 的次数;

Rd_i^-:表示护士 i 在整个排班周期内,上 R 班少于 $R\text{-}avg$ 的次数;

4.2.2.2 约束条件

4.2.2.2.1 硬约束条件

硬约束条件,即在排班过程中必须满足的条件,包括相关的法律法规以及医院的相关规章制度。

HC1:每名护士每天只能安排一个班次;

HC2:为了保证护士在工作后能够得到充分的休息,N - A 和 N - P 这样的排班顺

序是被禁止的;

在表4-1中,护士1在周二上完N班之后,紧接着周三又开始上A班,这样的安排使护士在上完N班之后没有得到充分的休息,因此是被禁止的;护士2在周一上完N班之后,在周二又接着上P班,这样的安排使护士在上完N班之后没有得到充分的休息,因此这种情况也是被禁止出现在排班表中的;

表4-1 2个护士的一周排班表

No	M	T	W	T	F	S	S
1	A	N	A	P	N	R	R
2	N	P	P	R	A	N	R

HC3:为了保证医院的服务质量,每天的各个班次等级A和等级B的护士数量之和应大于或等于等级C的护士数量;

在表4-2中,可以发现,在周一,C级护士有上A班,但是A级护士和B级护士在周一均没有上A班,这就会导致C级护士在上班过程中可能会遇到一些自己无法解决而又无法向更高级别护士请教的问题,因此这样的排班表是被禁止的。

表4-2 10个护士的一周排班表

No	等级	M	T	W	T	F	S	S
1	B	P	P	N	N	R	R	A
2	C	R	P	P	N	N	R	R
3	A	R	A	P	P	N	N	R
4	B	N	R	R	P	P	N	N
5	C	A	R	A	A	P	P	N
6	A	R	A	A	R	A	P	P
7	B	P	R	R	A	R	A	P
8	C	N	R	R	R	A	R	A
9	A	N	N	R	R	R	R	R
10	A	P	N	N	R	R	A	R

HC4:为了保证医院的服务质量,每个班次的护士人数必须满足每个班次的需求人数。

假设医院的一个部门,每天中A、B、C的各级护士各需要2名,但是在表4-3生成的排班表中,可以发现只有一个C级护士在周一上A班,这不符合医院护士人数需求的要求,因此在排班过程中是被禁止的。

表 4 - 3　10 个护士的一周排班表

No	Level	M	T	W	T	F	S	S
1	B	P	P	N	N	R	R	A
2	C	R	P	P	N	N	R	R
3	A	R	A	P	P	N	N	R
4	B	N	R	R	P	P	N	N
5	C	A	R	A	A	P	P	N
6	A	R	A	A	R	A	P	P
7	B	R	R	R	A	R	A	P
8	C	R	R	R	R	A	A	A
9	A	N	N	R	R	R	R	R
10	A	P	N	N	R	R	A	R

4.2.2.2.2　软约束条件

软约束条件是指在排班过程中需要尽量满足的约束条件,其约束条件满足的越多,其解越好。

SC1:在两周之内,护士工作的总天数应该少于 11 天;

SC2:在整个排班周期内,即 28 天,护士应该至少休息 8 天;

SC3:在任意一周内,护士应该至少休息 1 天;

SC4:在排班表中,连续休息的天数应不超过 3 天;

SC5:在整个排班周期内,即 28 天,护士上晚班的天数应不超过 8 天;

SC6:在一周内,护士上晚班的天数应不超过 3 天;

SC7:在排班表中,连续上晚班的天数应不超过 3 天。

4.2.2.3　数学模型建立

本章设立排班表的惩罚值为 z_1,以最小化为优化方向;公平值为 z_2,以最小化为优化方向;偏好值为 z_3,以最大化为偏好方向。目标函数的表达式如下:

$$\min z_1 = \sum_{i=1}^{7} w_i * s_i \tag{4-7}$$

$$\min z_2 = \sum_{i=1}^{n} w_a (Ad_i^+ + Ad_i^-) + w_p (Pd_i^+ + Pd_i^-) \\ + w_n (Nd_i^+ + Nd_i^-) + w_r (Pd_i^+ + Pd_i^-) \tag{4-8}$$

$$\min z_3 = \sum_{i_1=1}^{n} \sum_{i_2=1}^{n} p_{i_1} p_{i_2} \tag{4-9}$$

其中,

$$A\_avg = \frac{A_{\text{daily}} \cdot t}{n} \tag{4-10}$$

$$P\_avg = \frac{P_{\text{daily}} \cdot t}{n} \tag{4-11}$$

$$N\_avg = \frac{N_{\text{daily}} \cdot t}{n} \tag{4-12}$$

$$R\_avg = \frac{R_{\text{daily}} \cdot t}{n} \tag{4-13}$$

$$\sum\nolimits_{j=1}^{t} \cdot x_{ij1} + Ad_i^- - Ad_i^+ = A\_avg, \ \forall i \tag{4-14}$$

$$\sum\nolimits_{j=1}^{t} \cdot x_{ij2} + Pd_i^- - Pd_i^+ = P\_avg, \ \forall i \tag{4-15}$$

$$\sum\nolimits_{j=1}^{t} \cdot x_{ij3} + Nd_i^- - Nd_i^+ = N\_avg, \ \forall i \tag{4-16}$$

$$\sum\nolimits_{j=1}^{t} \cdot x_{ij4} + Rd_i^- - Rd_i^+ = R\_avg, \ \forall i \tag{4-17}$$

其中,等式(4-7)表示该排班表的惩罚值,式中 s_1, s_2, s_3, …, s_7 分别表示排班表违反 HC1—HC7 的次数,w_1, w_2, w_3, …, w_7 分别表示 s_1, s_2, s_3, …, s_7 的系数,由医院的决策者根据医院的实际情况来决定。等式(4-8)用来度量该排班表是否公平,该值越小,表明该排班表越公平,w_a, w_p, w_n, w_r 分别表示各项所占的权重。等式(4-9)用来计算排班表中所有护士的总偏好值,在护士的实际工作中,每个护士对其他护士的偏好各不相同,两个护士之间对彼此的偏好值也不尽相同。式中用 $p_{i_1 i_2}$ 来表示护士 i_1 对护士 i_2 的偏好,$p_{i_1 i_2} \in \{1, 2, 3, 4, 5\}$,其中 1—5 表示护士 i_1 对护士 i_2 的偏好依次降低。目标函数(4-9)的值越小,表示该排班越优。

4.2.2.4　多目标护士排班实例研究

在本节中,选取一个有 20 个护士的部门,其中该部门 A 级护士有 8 个,B 级护士有 6 个,C 级护士有 6 个(A 级护士的技能大于 B 级护士的技能大于 C 级护士的技能)。每天 A 班需要 6 个护士,P 班需要 4 个护士,N 班需要 3 个护士。其生成初始排班表的方法如第三章所述,在此不再赘述。

在护士偏好得分上,本文采取 matlab 仿真,生成两组护士偏好的得分表。然后在其他条件相同,护士偏好得分不同的情况下,求解帕累托非劣解集。

求解护士排班问题算法仿真实验环境为:Windows10 操作系统,CPU 为 Inter(R) Core(TM) i7-7700,处理器主频为 3.60 GHz,8G 内存,编程环境为 MATLAB R2017a。可以求解出两种情况下的帕累托非劣解集如下表 4-4 所示:

表 4 - 4　两组不同偏好值下的帕累托非劣解集

第一组	惩罚值	偏差值	偏好值	第二组	惩罚值	偏差值	偏好值
1	25	21.6	3 979	1	11	21.6	3 981
2	10	22.96	4 006	2	12	21.16	3 961
3	11	24.68	3 961	3	15	21.76	3 941
4	16	26.8	3 953	4	2	23.92	3 991
5	23	28.6	3 932	5	19	24.68	3 898
6	19	21.96	4 002	6	16	24.96	3 907
7	14	29	3 946	7	9	22.36	3 994
8	29	20.4	4 016	8	10	24.08	3 948
9	6	27.08	3 983	9	4	24.96	3 966
10	13	22.88	3 979	10	43	27.48	3 874
11	24	25.28	3 933	11	31	28.64	3 864
12	20	28.72	3 934	12	20	27.2	3 895
13	12	25.84	3 958	13	26	29.52	3 872
14	7	25.64	4 008	14	13	26.48	3 906
15	12	30.6	3 954	15	15	28.04	3 898
16	11	22.72	3 980	16	14	26.48	3 906
17	14	24.4	3 967	17	24	27.64	3 892
18	14	24.8	3 958	18	17	25	3 896
19	9	23.32	4 007	19	32	23.76	3 903
20	10	22.76	4 013	20	9	28.96	3 877
21	17	23.6	3 937	21	14	19	3 949
22	9	23.48	4 005	22	22	24.48	3 908
23	9	21.8	4 029	23	18	23.88	3 913
24	12	21.24	4 036	24	15	25.92	3 915
25	48	29.64	3 889	25	30	29.24	3 875
26	7	24.88	4 016	26	5	22.72	3 995
27	17	21.8	4 008	27	25	26.6	3 877
28	27	31.44	3 911	28	17	20.64	3 923
29	15	23.56	3 975	29	11	22.04	3 917
30	24	30.64	3 930	30	9	27.72	3 913
31	12	22.24	4 025	31	7	22.4	3 952
32	22	21.72	4 005	32	10	21.28	3 984
33	26	26.88	3 927				
34	16	26.44	3 956				
35	9	24.48	3 976				
36	27	29.12	3 923				
37	28	20.04	4 022				
38	8	25.88	3 974				
39	20	22.2	3 947				
40	15	21.68	4 030				
41	20	20.64	4 053				
42	13	22.32	4 001				
43	17	21.04	4 011				

两组帕累托非劣解集在空间中的分布情况如下图 4 - 3 和图 4 - 4 所示：

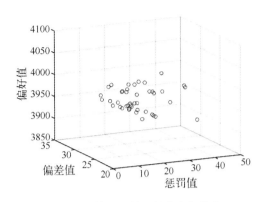

图 4－3　第一组帕累托非劣解集在
空间中的分布情况

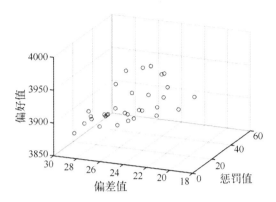

图 4－4　第二组帕累托非劣解集在
空间中的分布情况

通过上述分析可以看出,在其他条件相同,护士偏好不同的情况下,会产生不同的非劣解。因此,医院在排班过程中需要充分考虑护士的偏好,以生成更加科学合理的护士排班表。

医院相关决策者可以根据实际情况选择其中的一个解作为医院的实际护士排班表,表4－5中是从非劣解中选取了一个偏差值24.88,惩罚值为7,护士偏好值为4 016的一个解作为护士的实际排班表。从表中可以看出,该排班表能够满足硬约束条件 HC1、HC2、HC3、HC4,其软约束条件也能够尽量多的满足。

表 4－5　从帕累托非劣解集中选取一个非劣解集的护士排班表

	1	2	3	4	5	6	7	8	9	10	11	12	13	14	15	16	17	18	19	20	21	22	23	24	25	26	27	28				
No	L	M	T	W	T	F	S	S	M	T	W	T	F	S	S	M	T	W	T	F	S	S	M	T	W	T	F	S	S	A	P	N	R
1	B	P	P	P	P	R	N	N	R	R	A	R	R	A	A	A	R	R	A	P	P	P	R	N	N					6	8	6	8
2	C	A	P	P	P	P	R	N	N	R	R	A	A	R	R	A	A	A	R	A	P	P	P	P	R	N	N			8	8	5	7
3	A	R	A	P	P	P	P	R	N	N	R	R	A	R	A	A	R	A	A	R	R	A	P	P	P	P	R	N		7	8	4	9
4	B	R	R	A	P	P	P	P	R	N	N	R	R	A	R	A	A	R	A	A	R	A	A	R	A	P	P	P	P	R	8	8	3	9
5	C	A	A	A	P	P	P	P	R	N	N	R	R	A	R	R	A	A	R	A	A	A	R	R	P	P	P	P		9	8	3	8
6	A	R	R	R	A	P	P	P	P	R	N	N	R	R	A	A	R	A	R	R	A	A	R	A	P	P	P			7	7	3	11
7	B	A	R	R	R	A	P	P	P	P	R	N	N	R	R	A	R	A	R	A	A	A	R	A	R	A	P	P		8	6	3	11
8	C	R	A	A	R	R	A	A	P	P	P	P	R	N	N	N	R	R	A	A	R	A	A	A	R	A	A	R	P	11	5	3	9
9	A	A	A	R	A	A	A	A	R	P	P	P	P	R	N	N	N	R	R	R	A	R	A	A	A	A	A	A		14	4	3	7

续　表

	1	2	3	4	5	6	7	8	9	10	11	12	13	14	15	16	17	18	19	20	21	22	23	24	25	26	27	28				
10	A	A	A	A	R	A	A	R	R	P	P	P	P	R	N	N	N	R	R	A	R	R	A	A	A	R	R	R		9	4	3	12
11	B	A	R	A	A	R	R	A	R	A	A	P	P	P	P	R	N	N	N	R	R	A	R	A	A	R	R	A		10	4	3	11
12	C	R	A	A	A	A	R	A	A	R	A	P	P	P	P	R	N	N	N	R	R	A	R	R	A	A	A	A		12	4	3	9
13	A	R	R	R	A	A	R	A	A	A	A	R	R	P	P	P	P	R	N	N	N	R	R	R	A	R	R	A		8	4	3	13
14	B	N	R	R	A	R	A	A	R	R	A	R	P	P	P	P	R	N	N	N	R	R	A	R	A	A	A	A		8	4	4	11
15	C	N	N	R	A	R	R	A	A	A	R	A	A	P	P	P	P	R	N	N	N	R	R	A	A	R	R			8	4	5	11
16	A	N	N	N	R	A	A	A	R	A	A	A	R	A	R	P	P	P	P	R	N	N	N	R	R	R	A	R		8	4	6	10
17	B	R	N	N	N	R	R	A	A	A	R	A	A	R	A	A	P	P	P	P	R	N	N	N	R	R	A	A		9	4	6	9
18	C	P	R	N	N	N	R	R	A	R	R	A	A	R	A	A	A	R	P	P	P	P	R	N	N	N	R	R	A	7	5	6	10
19	A	P	P	R	N	N	N	R	R	A	R	R	R	A	R	A	R	R	A	P	P	P	P	R	N	N	N	R	R	4	6	6	12
20	A	P	P	P	R	N	N	N	R	R	A	A	R	A	A	R	R	A	R	A	P	P	P	P	R	N	N	N	R	6	7	6	9
A	6	6	6	6	6	6	6	6	6	6	6	6	6	6	6	6	6	6	6	6	6	6	6	6	6	6	6	6	avq	8.4	5.6	4.2	9.8
P	4	4	4	4	4	4	4	4	4	4	4	4	4	4	4	4	4	4	4	4	4	4	4	4	4	4	4	4					
N	4	4	4	4	4	4	4	4	4	4	4	4	4	4	4	4	4	4	4	4	4	4	4	4	4	4	4	4					
R	7	7	7	7	7	7	7	7	7	7	7	7	7	7	7	7	7	7	7	7	7	7	7	7	7	7	7	7					

在 Wu T H 等人[23]的论文中,其将公平值作为目标函数,在此可以将 matlab 仿真生成的两组护士偏好得分代入到模型中,可以求得第一组偏好得分求得的偏好值为:4 055,第二组偏好得分求得的偏好值为:3 980。在本文所求得的非劣解中,产生了护士偏好值优于 Wu T H 的情况。

4.2.3　累积前景理论和模糊理论

4.2.3.1　前景理论

前景理论于 1979 年被 Kahneman 和 Tversky[16]提出,前景的含义是在决策过程中可能出现的各种结果,前景可以表示为 $(x_1, p_1; x_2, p_2; \ldots; x_n, p_n)$(其中,$x_i$ 表示前景中选择第 i 个决策可能出现的结果;p_i 为与 x_i 相对应的概率,$1 \leqslant i \leqslant n$)。决策者在做出决策的过程中,会发生一系列的心理变化。考虑前景理论的决策者在选择决策的过程中会遵循决策者的心理规律,而不像在预期效用理论中会假设各种公理。因此,将前景理论应用于决策过程中,会得出更加符合实际的决策[17]。

对于一个给定的前景 $(x_1, p_1; x_2, p_2; ...; x_n, p_n)$,我们可以根据等式(4-18)来计算其前景值

$$V(x_1, p_1; x_2, p_2; ... ; x_n, p_n) = \sum_{i=1}^{n} w(p_i)v(x_i) \tag{4-18}$$

其中,v 和 w 分别表示价值函数和概率权重函数。

价值函数: $v(x)$的表达式如(4-18)所示:

$$v(\Delta x) = \begin{cases} (\Delta x)^\alpha, & \Delta x \geqslant 0 \\ -\lambda(-\Delta x)^\beta & \Delta x < 0 \end{cases} \tag{4-19}$$

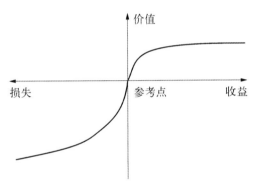

图 4-5　前景理论价值函数

其中,$\Delta x \geqslant 0$ 表示相对于参考点有收益,$\Delta x \leqslant 0$ 表示相对于参考点有损失,在收益型指标中 $\Delta x = x - x_0$(x_0 为参考点);在成本型指标中 $\Delta x = x_0 - x$。α、β 分别表示对收益和损失的偏好程度,一般 α、β 在 0 到 1 之间取值,表示敏感性递减。一般地,λ 大于 1 表示在函数图像中,损失区域比收益区域更陡峭。价值函数 $v(x)$ 的图像如图 4-5 所示:

在前景理论中,价值函数中的参考点是一个非常重要的概念,参考点的位置完全由决策者根据自己的主观感受来选择,对于同一个问题,不同的决策者会选择不同的点来作为参考点,也因此会得到不同的前景值,最终会选择不同的决策结果。

在图 4-3 中,我们可以看出:人们在面对收益风险时,会采取规避的态度;然而在面对损失风险时,会采取偏好的态度;并且,由于 $\lambda > 1$,人们在面对损失风险时会更加敏感。

$V(x)$价值函数有如下的三点数学性质:

① 由于$V'(x) > 0$,所以 $V(x)$在整个区间内是严格单调递增的;

② 在 $x > 0$时,$V''(x) < 0$,此时 $V(x)$是严格凹函数;在 $x < 0$时,$V''(x) > 0$,此时 $V(x)$是严格凸函数;

③ 当 $x > y > 0$时,$v(x) + v(-x) < v(y) + v(-y) < 0$。

概率权重函数: 由于在前景理论中,考虑了人的心理规律,因此事件发生的概率并不能直接应用于前景理论的概率权重计算中。在前景值的计算过程中需要将事件发生的概率进行转化,从而反映每个事件发生的概率对前景值的影响,是一种概率评价机制。

概率权重函数如等式(4-20)所示：

$$w(p) = \frac{p^{\gamma}}{[p^{\gamma} + (1-p)^{\gamma}]^{1/\gamma}} \qquad (4-20)$$

式中，γ 为拟合参数。

概率权重函数的图像如图4-6所示：

图中的实线表示决策权重函数，概率权重函数有如下性质：(1) 当概率 p 较小时，事件往往会被过度重视；(2) 当概率 p 较大时，事件往往会被轻视；(3) 当概率值处于极端状态时，决策者对概率的估计会处在不稳定的状态。

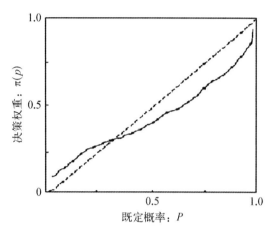

图 4-6　前景理论概率权重函数

4.2.3.2　累积前景理论

在前景理论中，存在两种缺陷[18]：(1) 可能会不满足随机性占优原理；(2) 在处理具有多个结果的前景时，处理起来会比较棘手。为了解决以上两个问题，Tversky 和 Kahneman 将累积泛函应用到前景理论中，从而形成了今天的累积前景理论。在前景理论中，模型是对每概率事件进行单独的转化。但是，由于在累积前景理论模型中引入了累积泛函，将是对整个累积分布函数进行转换。在收益和损失领域均引用了累积泛函，并且对于具有多个结果的前景时，处理起来也并不会棘手。

假设 S 是存在于自然状态中的有限集合，并将属于 S 的子集称为事件。假设只可以获得一个确切的状态，对于决策者而言，完全不知道处于何种状态。设集合 X 包含所有的结果，在 X 中，均用货币形式来表示。X 中所有的元素都是从负数到正数，有且仅有一个 0，对于其他元素均不做限制。集合中的正数表示收益，负数表示亏损。

对于任何一个不确定的前景 f 而言，我们可以将其看作是从 S 到 X 的一个函数。可以将其记为：$f(s) = x$，其中 $s \in S$，$x \in X$。在定义累积函数时，我们将集合 X 中的每个元素 x 按升序排好。然后，可将前景 f_i 看成是 (x_i, A_i) 的结果。其中，(x_i, A_i) 表示若 A_i 发生，则产生 x_i。并且，在 $i > j$ 时，x_i 严格大于 x_j，S 的一个等价划分可以是 A_i。若：$x > 0$，则 $f^+(s) = f(s)$；若：$x < 0$，则 $f^+(s) = 0$。经过以上的处理，我们可以得到 f^+。（同理，我们可以得到 f^-。）

对于每个前景 f，我们都有 $V(f)$ 与之对应。若 $V(f) \geqslant V(g)$，我们可以认为，相比于 g，更偏好于 f，或者 f 和 g 无差异。在这里，我们将容量的概念引入进来，容量 W 是一个不具有可加性的集合函数。对于容量 W，有如下性质：对于任何 $A \in S$，我们都存在一个值，

可以将这个值称为 $W(A)$，$W(空集)=0$，$W(S)=1$。若 $A \subset B$，则有 $W(A) \leqslant W(B)$。

在累积前景理论中，价值函数 v 是严格递增的。$v: X \rightarrow R$，存在 $v(x_0)=V(0)=0$。在前景 f 中，若 $-m \leqslant i \leqslant n$，则有：

$$V(f)=V(f^+)+V(f^-) \tag{4-21}$$

$$V(f^+)=\sum_{i=0}^{n} \pi_i^+ v(x_i) \tag{4-22}$$

$$V(f^-)=\sum_{i=-m}^{0} \pi_i^- v(x_i) \tag{4-23}$$

其中，$\pi_i^+(f^+)=(\pi_0^+, \pi_1^+, ...\pi_n^+)$，$\pi_i^-(f^-)=(\pi_0^-, \pi_1^-, ...\pi_n^-)$。我们可以通过容量函数 W 将其求出：

$$\pi_{-m}^-=W^-(A_{-m}) \tag{4-24}$$

$$\pi_n^+=W^+(A_n) \tag{4-25}$$

$$\pi_i^+=W^+(A_i \bigcup... \bigcup A_n)-W^+(A_{i+1} \bigcup... \bigcup A_n), 0 \leqslant i \leqslant n-1 \tag{4-26}$$

$$\pi_i^-=W^-(A_{-m} \bigcup... \bigcup A_i)-W^+(A_{-m} \bigcup... \bigcup A_{i-1}), 1-m \leqslant i \leqslant 0 \tag{4-27}$$

当 $i \geqslant 0$，则 $\pi_i=\pi_i^+$；当 $i < 0$，则 $\pi_i=\pi_i^-$，那么

$$V(f)=\sum_{i=-m}^{n} \pi_i v(x_i) \tag{4-28}$$

将前景 f 看成是风险性或者概率性前景，则可将决策权重的计算公式变换为：

$$\pi_{-m}^-=w^-(p_{-m}) \tag{4-29}$$

$$\pi_n^+=w^+(p_n) \tag{4-30}$$

$$\pi_i^+=w^+(p_i+...+p_n)-w^+(p_{i+1}+...+p_n), 0 \leqslant i \leqslant n-1 \tag{4-31}$$

$$\pi_i^-=w^-(p_{-m}+...+p_i)-w^-(p_{-m}+...+p_{i-1}), m-1 \leqslant i \leqslant 0 \tag{4-32}$$

与前景理论相比，将累积泛函引入前景理论形成累积前景理论，使得累积前景理论有如下的技术优势：(1) 同时适用于连续分布和有限个结果的期望中的情况；(2) 同样适用于不确定性和概率性的期望，并且存在"来源依赖(Source Dependence)"，即在不同的决策背景下，系统会有不同的决策权重函数与之对应；(3) 收益和损失可以被允许有不相同的决策权重。

累积前景理论的价值函数： $v(x)$ 的表达式如(4-33)所示，

$$v(\Delta x)=\begin{cases} (\Delta x)^\alpha, & \Delta x \geqslant 0 \\ -\lambda(-\Delta x)^\beta & \Delta x < 0 \end{cases} \tag{4-33}$$

累积前景理论的价值函数的形式同前景理论的价值函数,在此不再赘述。

概率权重函数:概率权重函数如等式(4-34)和(4-35)所示,

$$w^+(p) = \frac{p^\gamma}{[p^\gamma + (1-p)^\gamma]^{1/\gamma}} \tag{4-34}$$

$$w^-(p) = \frac{p^\sigma}{[p^\sigma + (1-p)^\sigma]^{1/\sigma}} \tag{4-35}$$

式中,p 为事件发生的概率,针对损失和收益分别用了不同的参数 γ 和 σ,$0 < \gamma$,$\sigma < 0$,并且参数越小,函数越弯曲。并且在损失和收益的区域,分别有凸区域和凹区域,其图形如图 4-7 所示。

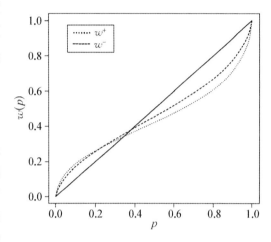

图 4-7 累积前景理论中权重函数

4.2.3.3 不满意隶属函数的确定

模糊理论:模糊理论在 L. A. Zadeh 提出的模糊集合理论的基础上,于 1965 年诞生,并获得广泛关注,后来在很多领域起到了重要的作用。模糊理论经过多年的完善和发展,其内容主要包括了模糊控制、模糊推理、模糊逻辑和模糊集合理论等方面。可以将模糊理论的思想总结为:接受现实中的模糊现象,将其研究目标设为处理概念模糊不确定的事物,并将此类问题量化为可以通过计算机处理的信息。在生活中,很多问题是不精确的,因此,用模糊集合来表示不精确的问题比用精确解来表示问题要更好。

经典集合:(1)集合里面的元素彼此互不相同;(2)元素的范围和边界非常明确。一个元素 x 要么存在于集合 A 中,要么不存在集合 A 中,不存在第三种情况。可以将其用数学表达式表示为:

$$\chi_A : X \to \{0, 1\}, \ x \mapsto \chi_A(x) = \begin{cases} 1, & x \in A \\ 0, & else \end{cases} \tag{4-36}$$

模糊子集:集合中的元素对于集合有不同程度的隶属度,不再是明确的属于或者不属于的关系。我们用 $\underset{\sim}{A}$ 来表示模糊子集,元素 x 对模糊子集 $\underset{\sim}{A}$ 的隶属程度可用 $\mu_{\underset{\sim}{A}}(x)$ 来表示,且 $\mu_{\underset{\sim}{A}}(x)$ 在[0,1]上,其中 $\mu_{\underset{\sim}{A}}$ 称为模糊子集的隶属函数。可用如下数学表达式将其表示出来:

$$\mu_{\underset{\sim}{A}} : U \to [0, 1], \ x \mapsto \mu_{\underset{\sim}{A}}(x) \in [0, 1] \tag{4-37}$$

当 $\mu_{\underset{\sim}{A}}(x) = 0.5$ 时,我们称此点 x 是模糊子集的过渡点,此点 x 不偏向任何一方,因此最具模糊性。

在前面的章节中,我们对护士排班问题进行建模,由此得到一个多目标护士排班模型,并由多目标灰狼优化算法求解得到一组帕累托最优解。对于决策者而言,从帕累托最优解中选出一个满意解是一件较为困难的事情。在多目标问题中,各子目标往往是相互矛盾的,要想每个子目标均达到最优解是极其困难的,在多目标优化问题中,往往只能求得一个满意解。因此,在本章中,将满意度原理应用到护士排班多目标问题求解中,将寻求最优解的问题转化为寻求满意解的问题,最终可以得到一个满意解。

满意度原理: 对于我们需要求解的问题 P,设 E 为问题 P 的可行域,e 是 E 中的一个元素,且 e 为问题 P 的一个可行解。若满意度标准为 M,则从可行解集合 E 到解的评价集合 N 的一个映射为:

f: E→N

若 N 中存在满意序,那么 n 被称为解 e 在准则 M 下,用户对解 e 的满意度,我们将 N 称为满意度集合。结合式(4-34)和满意度原理以及模糊理论的相关知识,我们可以得到如下的等式:

$$\mu(x) = -v\left(-\frac{x}{o}+1\right) = -\left[-\lambda\left(-\left(-\frac{x}{o}+1\right)\right)^{\beta}\right] = \lambda\left(\frac{x}{o}-1\right)^{\beta}, \ o \neq 0$$

$$(4-38)$$

或

$$\mu(x) = -v(-\alpha x) = -\left[-\lambda(-(-\alpha x))^{\beta}\right] = \lambda(\alpha x)^{\beta}。 \qquad (4-39)$$

从而可以将不同行为主体 i 的不满意度隶属函数设为:

$$\mu_i(x_i) = \begin{cases} 0, & 0 \leqslant x_i \leqslant O_i \\ \lambda_i\left(\dfrac{x_i}{O_i}-1\right)^{\beta_i}, & O_i < x_i < L_i \quad i = 1, 2, ..., I; O_i \neq 0 \\ 1 & x_i \geqslant L_i \end{cases} \quad (4-40)$$

或

$$\mu_i(x_i) = \begin{cases} \lambda_i(\eta_i x_i)^{\beta_i} & 0 \leqslant x_i < L_i \\ 1 & x_i \geqslant L_i \end{cases} \quad i = 1, 2, ..., I。 \qquad (4-41)$$

在上式中,$L_i = O_i \cdot \left(1+\dfrac{1}{\lambda_i}\right)^{\frac{1}{\beta_i}}$ 或 $L_i = \left(\dfrac{1}{\eta_i \cdot \lambda_i}\right)^{\frac{1}{\beta_i}}$,O 为累积前景理论中的参考点,用 $\mu_i(x_i)$ 衡量行为主体 i 的不满意隶属度。当人们面对亏损时,根据前面的累积前景理论可知,此时人们更易追求风险,亦即在式(4-40)中为 $O_i < x_i < L_i$ 函数段,在式(4-41)中为 $0 \leqslant x_i < L_i$ 函数段。针对不同的行为主体 i,β_i 和 λ_i 以及 η_i 都不尽相同。因此,由

它们决定的 L_i 的值也不尽相同。很多学者在确定 β_i 和 λ_i 以及 η_i 都用了很多不同的方法,本文根据 Kahneman 的研究结果来确定它们。主体 i 的不满意度隶属函数如图 4-8、4-9 所示。

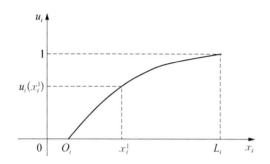

图 4-8　行为主体 i 的不满意隶属函数 1

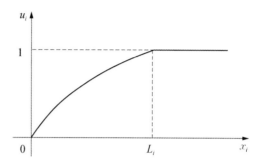

图 4-9　行为主体 i 的不满意隶属函数 2

4.2.4　护士排班多目标决策问题模型建立

护士排班系统的主要行为主体为护士,在本章中,决策者需要考虑三个多目标问题为护士选择一个满意的排班表。以兼顾最小化违反软约束、最小化不公平度、最小化护士之间的偏好值的原则,在现有的护士排班非劣解中,进行决策选择。类似于累积前景理论中需要选择参考点,在不满意度隶属函数中也需要选取状态转折点。在本节中,以多目标护士排班问题中求解的帕累托解集的结果为基础,选取不同目标的不满意度隶属函数的状态转折点,从而建立一个决策问题模型。

4.2.4.1　基于不同目标函数的度量

(1) 最小化违反软约束。

在给护士安排排班表的过程中,我们需要严格遵守硬约束条件,同时尽量满足较多的软约束条件,在前面的章节中,我们将最小化违反软约束条件看作其中一个目标函数。此时的行为主体为护士,我们将此目标函数的护士不满意度隶属函数设计成如下的形式:

$$\mu_1(z_1) = \begin{cases} \lambda_1 (\eta_1 \cdot z_1)^{\beta_1} & 0 \leqslant z_1 < L_1 \\ 1 & z_1 \geqslant L_1 \end{cases} \qquad (4-42)$$

式中, z_1 为已求得帕累托解集中违反约束条件的值,状态转折点为零点, $L_1 = \left(\dfrac{1}{\eta_1 \lambda_1}\right)^{\frac{1}{\beta_1}}$, $\eta_1 = 0.003$, $\beta_1 = 0.88$, $\lambda_1 = 2.25$。

(2) 最小化不公平度。

在给护士安排排班表的过程中,我们需要将公平考虑进来,从而安排一个较为公平的排班表。在护士的日常工作过程,若给不同的护士安排不同的工作量,难免会让护士觉得不公平,从而产生一种不良情绪,这极大地影响了护士的日常工作。如果在排班过程中,将其考虑进来,会减轻由于不公平的排班表带来的影响。因此,我们将此目标函数的护士不满意度隶属函数设计成如下的形式:

$$\mu_2(z_2) = \begin{cases} \lambda_2(\eta_2 \cdot z_2)^{\beta_2} & 0 \leqslant z_2 < L_2 \\ 1 & z_2 \geqslant L_2 \end{cases} \quad (4-43)$$

式中,z_2 为已得帕累托解集中一个解集所有班次所有护士偏离平均工作量的总和,状态转折点为零点。$L_2 = \left(\dfrac{1}{\eta_2\lambda_2}\right)^{\frac{1}{\beta_2}}$,$\eta_2 = 0.003$,$\beta_2 = 0.88$,$\lambda_2 = 2.25$。

(3)最小化护士之间的偏好值。

在护士的日常工作中,与不同的护士一起共事会产生不同的偏好。若护士 A 与护士 B 在工作当中相处得比较满意,则护士 A 对护士 B 偏好值就较低,反之护士 A 对护士 B 的偏好值就较高。因此,在安排护士排班表的过程中,需要尽量产生较低的偏好值,从而能够产生一个较为满意的护士排班表。因此,我们将此目标函数的护士不满意度隶属函数设计成如下的形式:

$$\mu_2(z_3) = \begin{cases} 0 & 0 < z_3 \leqslant \underline{z_3} \\ \lambda_2\left(\dfrac{z_3}{\underline{z_3}} - 1\right)^{\beta_3} & \underline{z_3} < z_3 < L_3 \\ 1 & z_3 \geqslant L_3 \end{cases} \quad (4-44)$$

式中,z_3 为已得帕累托非劣解集中护士之间的偏好值,状态转移点 $\underline{z_3}$ 为 z_3 的中位数,$L_3 = \underline{z_3} \cdot \left(1 + \dfrac{1}{\lambda_3}\right)^{\frac{1}{\beta_3}}$,$\beta_3 = 0.88$,$\lambda_3 = 2.25$。

4.2.4.2 基于累积前景理论的决策问题模型建立

到目前为止,累积前景理论已在多个领域得到应用,例如:选择满意的投资组合方案[19]、选择满意的应急物流路径方案[20]、对服务衍生方案进行决策[21]等领域。并且在生产调度领域,已经有学者将前景理论、满意度隶属函数以及模糊理论结合起来,来解决生产调度领域[22]中的不确定事件的干扰问题。

本节在参考生产调度领域的基础上,将累积前景理论、模糊理论以及不满意度隶属函数应用到护士排班多目标决策的问题上,并对此问题进行建模,以此获得决策问题模型。现对此模型作如下几点的说明:

(1)此模型适用于在已经求得多目标帕累托非劣解集的基础上,对多目标进行决策。

(2)由于在多目标护士排班问题中,不满意度隶属函数均非负,因此选择 $w^+(p)$ 作为累积前景理论中的权重函数。

（3）在实际应用过程中，可以根据具体情况对模型中的参数进行调整。

（4）在计算原发生概率时，我们将单个目标的函数值进行排列得到一个序号，然后对序号进行公式转换得到一个概率。

（5）由于帕累托非劣解集本身的特性，我们采用此模型可以帮助决策者有效地缩小决策范围，得到帕累托非劣解集的一个满意度排序。

将累积前景理论、模糊理论、满意度隶属函数应用到护士排班多目标决策的问题上，可以将原多目标问题转化为如式（4-45）的目标函数：

$$\min V(x) = \sum_{i=1}^{3} \sum_{n=1}^{N} \pi^{+}(p_i^n) \cdot \mu_i(x_i^n) \tag{4-45}$$

其中，p_i^n 由式（4-46）计算得到：

$$p_i^n = \frac{2 \cdot Pos(x_i^n)}{N(N+1)}, \quad i = 1, 2, 3 \tag{4-46}$$

式中，N 为非劣解的总个数，$Pos(x_i^n)$ 为 x_i 在第 i 个目标函数值进行升序排列之后，在此目标函数值中的位置。$\pi^{+}(p_i^n)$ 的值由以下的式子可以得出：

$$w^{+}(p) = \frac{p^{\gamma}}{[p^{\gamma} + (1-p)^{\gamma}]^{\frac{1}{\gamma}}} \tag{4-47}$$

$$\pi^{+}(p_i^N) = w^{+}(p_i^N), \quad i = 1, 2, 3 \tag{4-48}$$

$$\pi^{+}(p_i^n) = w^{+}(p_i^n + \ldots + p_i^N) - w^{+}(p_i^{n+1} + \ldots + p_i^N), \quad i = 1, 2, 3 \tag{4-49}$$

式（4-47）中，γ 取 0.5。

对上述等式进行整理可以得到：

$$V(x) = \sum_{n=1}^{N} \pi^{+}(p_1^n) \cdot \mu_1(x_1^n) + \sum_{n=1}^{N} \pi^{+}(p_2^n) \cdot \mu_2(x_2^n) + \sum_{n=1}^{N} \pi^{+}(p_3^n) \cdot \mu_3(x_3^n) \tag{4-50}$$

$$V(x) = \sum_{n=1}^{N} \pi^{+}(p_1^n) \cdot \mu_1(z_1^n) + \sum_{n=1}^{N} \pi^{+}(p_2^n) \cdot \mu_2(z_2^n) + \sum_{n=1}^{N} \pi^{+}(p_3^n) \cdot \mu_3(z_3^n) \tag{4-51}$$

4.2.5　护士排班多目标决策问题求解

本节以 4.2.2.4 节中求解的帕累托非劣解集的结果为基础，对 43 组非劣解集的每个目标函数值进行权重转换，选取其中一个目标函数值进行权重转换分析，经权重函数扭曲之后的 $w^{+}(p_i^n + \ldots + p_i^N)$ 如图 4-10 所示。

选取 z_3 为 3 979，将灰狼算法求解出的 z_1、z_2、z_3 代入本章的各式中，得到的各数值结果如表 4-6 所示。

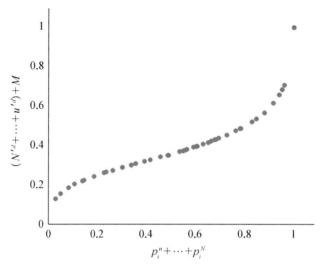

图 4-10 经权重函数扭曲之后的 $w^+(p_i^n + \ldots + p_i^N)$

表 4-6 基于累积前景理论护士排班问题求解结果

z_1	z_2	z_3	$\pi^+(p_1^n)$	$\pi^+(p_2^n)$	$\pi^+(p_3^n)$	u_1	u_2	u_3	V(x)	Rank
25	21.60	3 979	0.294	0.140	0.241	0.230	0.202	0.000	0.010	29
10	22.96	4 006	0.024	0.109	0.092	0.103	0.214	0.028	0.006	5
11	24.68	3 961	0.025	0.076	0.034	0.112	0.228	0.000	0.007	14
16	26.80	3 953	0.044	0.063	0.020	0.155	0.245	0.000	0.012	31
23	28.60	3 932	0.046	0.048	0.009	0.214	0.259	0.000	0.018	38
19	21.96	4 002	0.031	0.012	0.036	0.181	0.205	0.024	0.009	21
14	29.00	3 946	0.017	0.036	0.011	0.138	0.262	0.000	0.013	33
29	20.40	4 016	0.033	0.002	0.036	0.262	0.193	0.037	0.013	34
6	27.08	3 983	0.001	0.027	0.021	0.066	0.247	0.005	0.009	24
13	22.88	3 979	0.012	0.012	0.017	0.130	0.213	0.000	0.006	8
24	25.28	3 933	0.022	0.018	0.005	0.222	0.233	0.000	0.015	36
20	28.72	3 934	0.017	0.021	0.005	0.189	0.260	0.000	0.016	37
12	25.84	3 958	0.007	0.015	0.010	0.121	0.237	0.000	0.009	23
7	25.64	4 008	0.001	0.014	0.019	0.075	0.235	0.030	0.008	19
12	30.60	3 954	0.007	0.018	0.007	0.121	0.275	0.000	0.014	35
11	22.72	3 980	0.006	0.006	0.013	0.112	0.212	0.002	0.005	2
14	24.40	3 967	0.009	0.009	0.009	0.138	0.225	0.000	0.008	20
14	24.80	3 958	0.009	0.010	0.008	0.138	0.229	0.000	0.009	25
9	23.32	4 007	0.002	0.007	0.014	0.094	0.217	0.029	0.006	4

z_1	z_2	z_3	$\pi^+(p_1^n)$	$\pi^+(p_2^n)$	$\pi^+(p_3^n)$	u_1	u_2	u_3	V(x)	Rank
10	22.76	4 013	0.004	0.006	0.015	0.103	0.212	0.034	0.006	6
17	23.60	3 937	0.011	0.008	0.004	0.164	0.219	0.000	0.010	26
9	23.48	4 005	0.002	0.007	0.011	0.094	0.218	0.027	0.006	7
9	21.80	4 029	0.003	0.003	0.015	0.094	0.204	0.048	0.005	1
12	21.24	4 036	0.006	0.002	0.015	0.121	0.200	0.054	0.005	3
48	29.64	3 889	0.016	0.014	0.000	0.409	0.267	0.000	0.030	43
7	24.88	4 016	0.001	0.010	0.013	0.075	0.229	0.037	0.008	17
17	21.80	4 008	0.010	0.004	0.012	0.164	0.204	0.030	0.008	15
27	31.44	3 911	0.014	0.015	0.001	0.246	0.282	0.000	0.023	42
15	23.56	3 975	0.008	0.008	0.007	0.147	0.219	0.000	0.008	18
24	30.64	3 930	0.013	0.016	0.002	0.222	0.275	0.000	0.021	40
12	22.24	4 025	0.006	0.005	0.014	0.121	0.208	0.044	0.007	11
22	21.72	4 005	0.012	0.003	0.011	0.206	0.203	0.027	0.010	27
26	26.88	3 927	0.014	0.015	0.002	0.238	0.245	0.000	0.018	39
16	26.44	3 956	0.010	0.016	0.005	0.155	0.242	0.000	0.012	30
9	24.48	3 976	0.003	0.014	0.008	0.094	0.226	0.000	0.007	10
27	29.12	3 923	0.017	0.028	0.001	0.246	0.263	0.000	0.021	41
28	20.04	4 022	0.020	0.001	0.016	0.254	0.190	0.042	0.013	32
8	25.88	3 974	0.002	0.033	0.009	0.084	0.237	0.000	0.008	16
20	22.20	3 947	0.019	0.018	0.006	0.189	0.207	0.000	0.009	22
15	21.68	4 030	0.017	0.013	0.024	0.147	0.203	0.049	0.007	13
20	20.64	4 053	0.031	0.007	0.034	0.189	0.195	0.068	0.010	28
13	22.32	4 001	0.026	0.051	0.031	0.130	0.208	0.023	0.006	9
17	21.04	4 011	0.128	0.058	0.138	0.164	0.198	0.032	0.007	12

表 4-6 的最后一列为帕累托非劣解通过累积前景理论的决策求得的各个非劣解的排名状况,根据累积前景理论,我们可以选取非劣解 9、21.8、4 029 作为其最佳解,其护士排班表的安排如表 4-7 所示。

表 4-7　基于前景理论决策得出的最佳护士排班表

		1	2	3	4	5	6	7	8	9	10	11	12	13	14	15	16	17	18	19	20	21	22	23	24	25	26	27	28				
No		L	M	T	W	T	F	S	S	M	T	W	T	F	S	S	M	T	W	T	F	S	S	M	T	W	T	F	S	S	A	P	N	R
1		B	P	P	P	P	R	N	N	N	R	R	A	R	A	R	A	R	A	R	A	R	P	P	P	P	R	N	N		5	8	6	9

		1	2	3	4	5	6	7	8	9	10	11	12	13	14	15	16	17	18	19	20	21	22	23	24	25	26	27	28				
2	C	A	P	P	P	P	R	N	N	N	R	R	A	R	A	A	A	R	A	R	R	P	P	P	P	R	N	N		6	8	5	9
3	A	A	A	P	P	P	P	R	N	N	N	R	R	A	R	A	R	R	A	A	A	R	R	P	P	P	P	R	N	7	8	4	9
4	B	A	A	R	P	P	P	P	R	N	N	N	R	R	R	A	A	A	R	A	A	A	R	P	P	P	P	R		8	8	3	9
5	C	A	R	A	R	P	P	P	P	R	N	N	N	R	R	A	A	A	R	A	R	A	A	R	P	P	P	P		8	8	3	9
6	A	R	A	A	A	P	P	P	P	R	N	N	N	R	R	R	A	A	R	R	A	A	R	R	A	P	P	P		9	7	3	9
7	B	R	A	R	A	R	R	P	P	P	P	R	N	N	N	R	R	A	A	A	R	A	A	A	R	A	R	P	P	9	6	3	10
8	C	R	A	R	A	A	R	R	P	P	P	P	R	N	N	N	R	R	A	A	A	R	A	A	A	R	A	R	P	10	5	3	10
9	A	A	R	A	R	R	A	A	R	P	P	P	P	R	N	N	N	R	R	A	A	A	A	R	A	R	R	R	A	10	4	3	11
10	A	A	A	A	A	A	R	R	R	A	P	P	P	P	R	N	N	N	R	R	A	A	R	A	R	R	A	R	R	10	4	3	11
11	B	R	R	R	A	A	A	R	A	A	P	P	P	P	R	N	N	N	R	R	R	R	A	A	A	R	R			8	4	3	13
12	C	R	R	A	R	R	A	A	A	A	R	R	P	P	P	P	R	N	N	N	R	R	A	A	A	R	A	A	A	11	4	3	10
13	A	R	R	A	A	A	A	A	A	R	A	R	R	A	R	A	A	A	R	P	P	P	P	R	N	N	N	R	R	13	4	3	8
14	B	N	R	R	A	A	A	R	R	A	A	A	P	P	P	P	R	N	N	N	R	R	A	R	A	A	A			11	4	4	9
15	C	N	N	R	R	R	R	A	A	A	R	R	A	P	P	P	P	R	N	N	N	R	R	A	R	A	A			8	4	5	11
16	A	N	N	R	R	A	R	A	R	R	R	A	R	A	R	P	P	P	P	R	N	N	N	R	R	R	A	A		6	4	6	12
17	B	R	N	N	R	R	A	A	A	A	A	A	R	R	A	A	P	P	P	P	R	N	N	N	R	R	A	R		9	4	6	9
18	C	P	R	N	N	N	R	R	A	R	A	R	R	A	A	A	R	A	P	P	P	P	R	N	N	N	R	R		6	5	6	11
19	A	P	P	R	N	N	R	R	A	R	A	A	A	A	A	R	A	R	A	P	P	P	P	R	N	N	N	R	R	7	6	6	9
20	A	P	P	P	R	N	N	R	R	A	A	A	A	A	A	R	R	A	P	P	P	P	R	N	N	N	R			7	7	6	8
	A	6	6	6	6	6	6	6	6	6	6	6	6	6	6	6	6	6	6	6	6	6	6	6	6	6	6	6	6	AVG	8.4	5.6	4.2	9.8
	P	4	4	4	4	4	4	4	4	4	4	4	4	4	4	4	4	4	4	4	4	4	4	4	4	4	4	4	4					
	N	3	3	3	3	3	3	3	3	3	3	3	3	3	3	3	3	3	3	3	3	3	3	3	3	3	3	3	3					
	R	7	7	7	7	7	7	7	7	7	7	7	7	7	7	7	7	7	7	7	7	7	7	7	7	7	7	7	7					

4.3 考虑公平和护士偏好的护士排班的加班策略研究

4.3.1 建立护士排班模型

在某个排班周期 T 内,根据已有的护士,按照常规的方式对他们进行排班,此时,可能由于病人过多,按照常规的方式给护士安排排班表,不能满足医院的护理需求,就需要根据护理需求选取适当的护士给他们安排加班。医院目前最为常见的加班方式有两种,一种是临时加班,一种是延时加班。临时加班是指护士本来安排在某天休息,但是由于医院工作在正常上班的情况下无法完成任务;因此,该护士在休息的情况下被安排来加班。延时加班是指护士在某天正常上班,但由于医院工作在正常上班的情况下无法完成任务;因此,该护士在该下班的时候未能正常下班,需要延时加班。其两种加班方式用表 4-8、4-9 描述如下。

表 4-8 护士加班延时加班计划

护士编号	天 数						
	1	2	3	4	5	…	T
1	A	A	A	R	P	…	P
2	N	R	A(+2 h)	A	A	…	A
…	…	…	…	…	…	…	…
N	P	P(+1 h)	P	P	N	…	R

表 4-9 护士加班临时加班计划

护士编号	天 数						
	1	2	3	4	5	…	T
1	A	A	A	(P)	P	…	P
2	N	R	A	A	A	…	A
…	…	…	…	…	…	…	…
N	P	P	P	P	N	…	R

两种加班策略如上表所示,其中括号内表示该护士在此时间段内会加班。在给护士

安排常规排班表时也得满足一定的硬约束条件：(1) 在各个班次内所需的护士人数必须得到满足；(2) 在整个排班周期 T 内，护士上班的天数必须大于最小下限，同时护士上班的天数必须小于最大上限；(3) 连续上夜班的天数必须小于规定的上限且在整个排班周期内护士上夜班的总数不能超过上限；(4) 在 24 小时内，最多给一个护士安排一个班次。在给护士安排常规的护士排表，也必须符合一定的软约束条件：(1) 保证护士在连续工作 Z 天后必须休息一天；(2) 为了保证护士有良好的工作状态，尽量在给护士安排排班表时使前后两天的班型一致。若按正常排班方式，不能满足医院的日常需求，则需给护士安排加班，并且加班费用必须严格遵守法律法规。

医院中的临时加班和延时加班各有优缺点，其分析如下：(1) 对于临时加班，护士会以非常充沛的状态来迎接加班的工作，其工作效率和工作质量会得到保证。但是，临时加班会占用护士的休假时间，同时在上下班的过程中会产生交通成本和时间成本。(2) 对于延时加班，由于延时加班是在上一个班次上完之后继续上下一个班次，因此不会产生额外的交通成本。但是，由于护士在之前已经上了一个班次，护士难免会产生疲惫。因此，延时加班会导致护士的工作效率和质量较低。因此，在实际排班过程中，排班的决策者需要根据医院的实际情况，选择合适的方案来给护士安排加班。现模型中的各个参数现说明如下。

n 表示护士的人数，i 表示护士 i，$i \in (1, 2, 3 \ldots n)$；

t 表示排班周期的长度，j 表示第 j 天，$j \in (1, 2, 3 \ldots t)$；

k 表示班次，$k = 0, 1, 2, 3$ 分别表示 R 班、A 班、P 班、N 班；

H_k 表示第 k 个班次工作的时长；

$R_{j, k}$ 表示在第 j 天的第 k 个班次需要的护士人数；

$T_{\max}$ 表示在排班周期内护士加班的总时间上限；

$T_{\max}^{Y}$ 表示在排班周期内，护士每次加班的时间上限；

C_{ijk} 表示在常规上班时，护士 i 在第 j 天上第 k 个班次的工资；

C_Y 表示护士在延时加班时，医院需要支付给每名护士每小时的加班费用；

C_L 表示护士在临时加班时，医院需要支付给每名护士的每次加班费用；

C_L^0 表示护士在临时加班时，每名护士每次产生的额外费用；

$W_{\max}$ 表示护士在排班周期内，违反每名护士偏好的上限次数；

$\overline{L}$：护士在常规排班周期内，每名护士的工作天数上限；

$\underline{L}$：护士在常规排班周期内，每名护士的工作天数下限；

U：护士在常规排班周期内，每名护士连续工作天数的上限；

V：护士在常规排班周期内，每名护士连续夜班工作天数的上限；

Z：护士在常规排班周期内，护士期待连续工作 Z 天之后能得到休息；

x_{ijk}：护士 i 若在第 j 天的第 k 个班次上班，则 x_{ijk} 为 1，否则为 0；

o_{ijk}^L：护士 i 若在第 j 天的第 k 个班次临时加班，则 o_{ijk}^L 为 1，否则为 0；

s_{ijk}^L：护士 i 若在第 j 天的第 k 个班次临时加半个班次，则 t_{ijk}^L 为 0.5，若加一整个班次则为 1；

o_{ijk}^Y：护士 i 若在第 j 天的第 k 个班次延时加班，则 o_{ijk}^Y 为 1，否则为 0；

s_{ijk}^Y：护士 i 在第 j 天的第 k 个班次延时加班的时间；

$p_{i,j}$：护士 i 在第 j 天的 k_1 班次上班，且在第 $j+1$ 天的 k_2 班次上班，若有 $k_1 \neq k_2$，即前后两天上班的班次类型不一致。此时，记 $p_{i,j}=1$，否则记 $p_{i,j}=0$；

$q_{i,j}$：护士 i 从 j 天开始连续上班的天数超过 Z 天，记 $q_{i,j}=1$，否则记 $q_{i,j}=0$。

A_avg：表示在整个排班周期内，每个护士平均上 A 班的次数；

P_avg：表示在整个排班周期内，每个护士平均上 P 班的次数；

N_avg：在整个排班周期内，每个护士平均上 N 班的次数；

R_avg：在整个排班周期内，每个护士平均休息的次数；

Ad_i^+：护士 i 在整个排班周期内，上 A 班超过 $A-avg$ 的次数；

Ad_i^-：护士 i 在整个排班周期内，上 A 班少于 $A-avg$ 的次数；

Pd_i^+：护士 i 在整个排班周期内，上 P 班超过 $P-avg$ 的次数；

Pd_i^-：护士 i 在整个排班周期内，上 P 班少于 $P-avg$ 的次数；

Nd_i^+：护士 i 在整个排班周期内，上 N 班超过 $N-avg$ 的次数；

Nd_i^-：护士 i 在整个排班周期内，上 N 班少于 $N-avg$ 的次数；

Rd_i^+：护士 i 在整个排班周期内，上 R 班超过 $R-avg$ 的次数；

Rd_i^-：护士 i 在整个排班周期内，上 R 班少于 $R-avg$ 的次数；

模型的优化目标由三个部分组成：(1) 最小化护士的工资成本；(2) 最大化护士的公平度；(3) 最小化护士的偏好。其中护士的工资成本又包括两个部分：常规上班产生的费用和加班产生的费用。而护士的加班费用又包括临时加班费和延时加班费，临时加班费还包括在上班的路上产生的交通成本。具体的目标函数如下所示，其均以最小化为方向：

$$z_1 = \sum_{i=1}^n \sum_{j=1}^t \sum_{k=1}^3 C_{ijk} x_{ijk} + C_{YO} o_{ijk}^Y t_{ijk}^Y + C_{LO} o_{ijk}^L t_{ijk}^L + C_{LO}^o o_{ijk}^L \qquad (4-52)$$

$$z_2 = \sum_{i=1}^n w_a (Ad_i^+ + Ad_i^-) + w_p (Pd_i^+ + Pd_i^-) \\ + w_n (Nd_i^+ + Nd_i^-) + w_r (Rd_i^+ + Rd_i^-) \qquad (4-53)$$

$$\min z_3 = \sum_{i1=1}^n \sum_{i2=1}^n p_{i1} p_{i2} \qquad (4-54)$$

式(4-54)中用 $p_{i_1 i_2}$ 来表示护士 i_1 对护士 i_2 的偏好，$p_{i_1 i_2} \in \{1, 2, 3, 4, 5\}$，其中 1—5 表示护士 i_1 对护士 i_2 的偏好依次降低。目标函数(4-54)的值越小，表示该排班越优。

约束条件：

$$\sum_{i=1}^{N} x_{ijk} + \sum_{i=1}^{N} o_{ijk}^{L} t_{ijk}^{L} + \sum_{i=1}^{N} \frac{o_{ijk}^{Y} t_{ijk}^{Y}}{H_j} \geqslant R_{jk}, \ (j=1,2,...,t; k=1,2,3)$$

$$(4-55)$$

不等式(4-55)表示在第 j 天的第 k 个班次所有的护士人数必须满足需求。

$$x_{ijk} + o_{ijk}^{L} + o_{ijk}^{Y} \leqslant 1, \ i=1,2,3,...,N \quad (j=1,2,3,...t, k=1,2,3)$$

$$(4-56)$$

不等式(4-56)表示在第 j 天的第 k 个班次，每个护士常规上班、临时加班、延时加班或者休息只能选一个班次。

$$\sum_{k=1}^{3} (x_{ijk} + o_{ijk}^{L}) \leqslant 1 \quad (i=1,2,3,...,N; j=1,2,3,...,t) \quad (4-57)$$

$$\sum_{k=2}^{3} (x_{ijk} + o_{ijk}^{L}) + x_{i(j+1)1} + o_{i(j+1)1}^{L} \leqslant 1 \quad (i=1,2,3,...,N; j=1,2,3,...,t)$$

$$(4-58)$$

$$x_{ij3} + o_{ij3}^{L} + \sum_{j=1}^{2} (x_{i(d+1)j} + o_{i(d+1)j}^{L}) \leqslant 1 \quad (i=1,2,...,N; j=1,2,...,t)$$

$$(4-59)$$

不等式(4-58)(4-59)表示护士 i 在 24 小时内，不能被同时安排常规上班和临时加班。

$$\sum_{k=1}^{3} (o_{ijk}^{Y} + o_{ijk}^{L}) \leqslant 1 \quad (i=1,2,...,N; j=1,2,...,t) \quad (4-60)$$

$$\sum_{k=2}^{3} (o_{ijk}^{Y} + o_{ijk}^{L}) + o_{i(j+1)1}^{Y} + o_{i(d+1)1}^{L} \leqslant 1 \quad (i=1,2,...,N; j=1,2,...,t)$$

$$(4-61)$$

$$o_{ij3}^{Y} + o_{ij3}^{L} + \sum_{k=1}^{2} (o_{i(j+1)k}^{Y} + o_{i(j+1)k}^{L}) \leqslant 1 \quad (i=1,2,...,N; j=1,2,...,t)$$

$$(4-62)$$

不等式(4-60)(4-61)表示护士 i 在 24 小时内，不能被同时安排临时加班和延时加班。

$$o_{ij(k+1)}^{Y} \leqslant x_{ijk} \quad (i=1,2,...,N; j=1,2,...,t; k=1,2) \quad (4-63)$$

$$o_{i(j+1)1}^{Y} \leqslant x_{ij3} \quad (i=1,2,...,N; j=1,2,...,t) \quad (4-64)$$

不等式(4-63)(4-64)表示护士 i 只有在当前班次被安排常规上班，才能在下一个班次被安排延时加班。

$$o_{ijk}^{Y} s_{ijk}^{Y} \leqslant T_{\max}^{Y} \quad (i=1,2,...,N; j=1,2,...,t; k=1,2,3) \quad (4-65)$$

不等式(4-65)表示护士 i 单次延时加班不能超过上限。

$$\sum_{t=1}^{T}\sum_{k=1}^{3}H_{k}o_{ijk}^{L}t_{ijk}^{L}+\sum_{t=1}^{T}\sum_{k=1}^{3}o_{ijk}^{Y}s_{ijk}^{Y}\leqslant T_{\max},\ i=1,\,2,\,...,\,I \quad (4-66)$$

不等式(4-66)表示护士 i 总的加班时间不能超过上限。

$$\underline{L}\leqslant\sum_{t=1}^{T}\sum_{k=1}^{3},\ x_{ijk}\leqslant\bar{L},\ i=1,\,2,\,...,\,N \qquad (4-67)$$

不等式(4-67)表示护士 i 在常规上班期间内,其上班总天数不能超过规定的上下限。

$$\sum_{t=t_0}^{t_0+U-1}\sum_{k=1}^{3}x_{ijk}\leqslant U,\ i=1,\,2,\,...,\,N \qquad (4-68)$$

不等式(4-68)表示护士 i 在常规上班期间内,其连续上班的天数不能超过规定的上限。

$$\sum_{t=1}^{T}x_{ij3}\leqslant V,\ i=1,\,2,\,...,\,N \qquad (4-69)$$

不等式(4-69)表示护士 i 在常规上班期间内,其上夜班的总天数不能超过规定的上限。

$$p_{ij}\geqslant\left(1-\sum_{k=1}^{3}x_{ijk}x_{i(j+1)k}\right)\sum_{k=1}^{3}x_{ijk}\sum_{k=1}^{3}x_{i(j+1)k}\quad(i=1,\,2,\,...,\,N;\,j=1,\,2,\,...,\,T)$$

$$(4-70)$$

不等式(4-70)表示护士 i 在前后两天班次不一致的情况。

$$q_{ij}\geqslant\prod_{t_0}^{t_0+Z}\sum_{k=1}^{3}x_{ijk},\ i=1,\,2,\,...\,N \qquad (4-71)$$

不等式(4-71)表示护士 i 连续 Z 天上班的情况。

$$\sum_{j=1}^{T}(p_{id}+q_{id})\leqslant W_{\max},\ i=1,\,2,\,...,\,N \qquad (4-72)$$

不等式(4-72)表示护士 i 违反式(4-69)和(4-70)的情况。

$$A\_avg=\frac{A_{\mathrm{daily}}\cdot t}{n} \qquad (4-73)$$

等式(4-73)表示在整个排班周期内,所有护士上 A 班的平均天数。

$$P\_avg=\frac{P_{\mathrm{daily}}\cdot t}{n} \qquad (4-74)$$

等式(4-74)表示在整个排班周期内,所有护士上 P 班的平均天数。

$$N\_avg=\frac{N_{\mathrm{daily}}\cdot t}{n} \qquad (4-75)$$

等式(4-75)表示在整个排班周期内,所有护士上 N 班的平均天数。

$$R\_avg=\frac{R_{\mathrm{daily}}\cdot t}{n} \qquad (4-76)$$

等式(4-76)表示在整个排班周期内,所有护士休息的平均天数。

$$\sum_{j=1}^{t} x_{ij1} + Ad_i^- - Ad_i^+ = A\_avg, \quad \forall i \tag{4-77}$$

等式(4-77)表示在整个排班周期内,护士 i 偏离平均 A 班的天数。

$$\sum_{j=1}^{t} x_{ij2} + Pd_i^- - Pd_i^+ = P\_avg, \quad \forall i \tag{4-78}$$

等式(4-78)表示在整个排班周期内,护士 i 偏离平均 P 班的天数。

$$\sum_{j=1}^{t} x_{ij3} + Nd_i^- - Nd_i^+ = N\_avg, \quad \forall i \tag{4-79}$$

等式(4-79)表示在整个排班周期内,护士 i 偏离平均 N 班的天数。

$$\sum_{j=1}^{t} x_{ij4} + Rd_i^- - Rd_i^+ = R\_avg, \quad \forall i \tag{4-80}$$

等式(4-80)表示在整个排班周期内,护士 i 偏离平均 R 班的天数。

通过建立上述模型,我们可以得到一个在一个周期内护士加班的排班模型,该模型以最小化医院的成本和最大化护士的公平为目标函数,从而设计一个满意的护士排班表。

4.3.2　模型求解算法

由于护士排班问题是一个 NP-Hard 问题,且在排班过程中需要满足若干的硬约束条件,因此在本章中,将求解过程分为两个阶段。在第一阶段中,我们根据护士排班的硬约束条件,为每个护士生成一个满足所有硬约束条件的初始解。在第二阶段,我们根据科室每天需要的护士人数以及多目标,运用多目标灰狼算法对其进行求解,最终得到一组帕累托非劣解集。

4.3.2.1　生成每个护士的可用班型

在此阶段中,根据已有的硬约束条件,为每个护士生成可用班型。首先,护士每天可上的班次为 A、P、R、N 四种,每天只能安排一个班型给护士。例如,若一个排班周期为 T 天,每天可选择的情况为四种。因此,一个护士在这个排班周期内的所有可能情况为 T^4。但是,在给每个护士安排排班表的过程中,需要满足一定的硬约束条件。所以,在给护士生成可用班型的时候,需要筛选掉一些不满足硬约束条件的解。在所给的硬约束条件中,硬约束条件(3)和硬约束条件(4)可以在给护士生成初始可用排班表时得到满足。对于硬约束条件(3),在整个排班周期内,连续上夜班的天数以及上夜班的总天数都不能超过规定的上限。对于硬约束条件(4),若护士在头天上完 N 班,则在第二天不能上 A 班;若护士在头天上完 N 班,则在第二天不能上 P 班;若护士在头天上完 P 班,则在第二天不能上 A 班。对初始生成的 T^4 进行筛选,依次舍去不满足硬约束条件的所有解,最终可以为每个护士建立一个可用班型的集合。

对于软约束条件,虽然不是每个软约束条件都必须满足。但是,给每个护士安排班次时,违反软约束的次数不能超过规定的上限 W_{max}。例如,对于软约束条件(2),尽量保持前后两天班次的一致性。以上一阶段筛选出的某一可用班型为例"A‐A‐P‐N‐R‐N‐N"、"A‐P"和"P‐N"为前后不一致的班次,则这种排班违反软约束条件(2)的次数为2。若规定在周期内,连续上班的天数不超过3,则违反软约束条件(1)的次数为1。所以,该可用班型违反软约束条件的次数为3。在实际给护士安排排班表的过程中, W_{max} 一般视具体情况而定。若 $W_{max}=4$,则上述班型为可用班型;若 $W_{max}=2$,则上述班型不可用。对于可用班型,我们在生成的时候会对其进行编号。后面在给所有护士安排排班表时,一个可用班型可以被该科室内所有护士重复使用。

4.3.2.2　给灰狼个体进行编码

由于本文是一个考虑了护士加班的排班表,因此,在给护士安排排班表时,不同于一般的护士排班表,在给护士安排排班表的过程中,不但要给护士安排常规型的排班表,而且要给护士安排加班型的排班表。但是在给种群个体进行编码过程中,我们只考虑常规型的排班表。在给护士安排常规型排班表后,若在此班次内,护士人数不满足需求,再给护士安排加班型的排班表。在给护士安排临时加班时,我们需要保证在24小时内,只能给护士安排一个班次。对种群中的一个个体进行编码时,我们采用整数编码。狼群位置的长度为该科室护士的人数,狼群的取值范围为1到可用班型的长度。在生成初始解时,在取值范围内随机为狼群的位置安排一个取值,该取值对应可用班型的编号。

4.3.2.3　种群适应度值的计算

根据前面设置的目标函数,在此阶段需要给一个生成的排班表计算两个适应度函数值。即:

$$z_1 = \sum_{i=1}^{n} \sum_{j=1}^{t} \sum_{k=1}^{3} C_{ijk} x_{ijk} + C_Y o_{ijk}^Y t_{ijk}^Y + C_{Lo} l_{ijk}^L t_{ijk}^L + C_{Lo}^o l_{ijk}^L$$

$$z_2 = \sum_{i=1}^{n} w_a (Ad_i^+ + Ad_i^-) + w_p (Pd_i^+ + Pd_i^-) + w_n (Nd_i^+ + Nd_i^-) + w_r (Rd_i^+ + Rd_i^-)$$

$$z_3 = \sum_{i_1=1}^{n} \sum_{i_2=1}^{n} p_{i1} p_{i2}$$

其中, z_1 是计算所有护士的成本, z_2 是计算护士每天偏离每个班次平均次数的天数用以衡量该排班表的公平度。 z_3 为计算两两护士之间的偏好,三组目标函数中,都是目标函数值越小越好。

生成初始常规型排班表的步骤如下。

步骤1:根据初始生成的可用班型集合,对里面的各个班型用阿拉伯数字进行编号,个体中每个维度的位置可从编号中进行取值,个体中位置的长度为需要排班护士的个数。

步骤2:解码,将染色体转化为周期内的护士排班表。

现将其作如下解释:对于一个灰狼种群个体,其上面的每个位置都表示一个护士在该周期内的排班编号。假设其中一个编号为 6,且在生成可用班型集合中,其对应的排班情况为"A-A-P-N-R-P-P",则表明该护士在排班周期内,对应的排班情况为"A-A-A-R-P-P-P",并且在编码的过程中将其记为[1,1,1,4,2,3,3]。同理在随机初始化的时候按照此方法安排剩下的所有护士的排班情况。其中三位护士在一周内的排班安排如表 4-10 所示。

表 4-10 将编码转化为可用班型

	M	T	W	T	F	S	S
1	1	1	1	4	2	3	3
2	1	3	4	4	1	1	1
3	2	2	2	4	3	3	3

步骤 3:根据步骤 2 生成的排班表,依次计算每天每个班次安排的护士人数,若该班次的人数大于或等于所需人数,则计算这个班次所需成本以及偏离平均班次的程度和所有护士的偏好;若该班次的人数小于所需人数,则为该班次的护士安排加班计划。在给该班次安排加班计划后,人数满足所需人数,则计算三个函数的适应度值;否则,舍弃该初始解,并重新生成初始排班表。

当按照常规排班——人数不满足所需人数时,则给护士安排加班,其有两种加班策略:(1) 临时加班;(2) 延时加班。

临时加班:在给护士安排临时加班时需满足式(4-57)、式(4-58)、式(4-59)和式(4-66)。

步骤 1:计算排班表内每个班次所需护士加班的人数。

步骤 2:在满足式(4-57)、式(4-58)、式(4-59)的条件下,在排班表中选取一个护士,该护士满足在 24 小时内,未被安排上班的条件。

步骤 3:计算该护士在整个周期内,被安排加班的次数,若未超过加班上限,则安排此护士在需要加班的班次内加班,否则转至步骤 2。

步骤 4:计算每个班次所需护士的加班人数,若所有需求人数均为 0,则得到可行解,否则转至步骤 5。

步骤 5:判断是否还可以安排加班的护士,若没有,则不能得到可行解,否则转至步骤 2。

延时加班:在给护士安排延时加班时,需要满足式(4-63)、式(4-64)、式(4-65)。

情况 1:在整个排班周期内,若在第一天的 A 班护士人数不够。由于是在第一天的 A 班,因此并无上一个班次,若在该班次内护士人数不够,只能将此排班表视为不可用的排班表。

情况 2:在整个排班周期内,若第一天的 A 班护士人数足够,可按延时加班为人数不足的班次安排护士延时加班。

步骤1：计算排班表内每个班次所需护士加班的人数。

步骤2：在满足式(4-63)和式(4-64)的情况下，从中选择一名在上个班次被安排常规上班的护士。

步骤3：计算该护士在整个排班周期内已加班的时长，若已加班的时间未达到加班的上限，则转至步骤4，否则转至步骤2。

步骤4：对该护士安排该班次的延时加班，并计算该护士到目前为止的总共加班时长，和在此次的加班时长，使它们均满足约束条件。

步骤5：计算每个班次所需护士的加班人数，若所有需求人数均为0，则得到可行解，否则转至步骤6。

步骤6：查看是否还有可安排加班的护士，若有则转至步骤1，否则没有可行解。

4.3.3　算例分析

本章选取某医院的一个科室进行分析，为该科室的护士安排一周的排班表。在给护士安排常规性的排班表时，需要满足以下的一些硬约束条件以及软约束条件。(1) 在一周内，给护士安排的工作上限以及下限分别为6个班次和5个班次；(2) 在一周内，每名护士连续工作的最多天数为5天；(3) 在一周内，给每名护士安排的夜班次数最多为2天；(4) 在一周内，护士都期望在连续上了4天班之后，能够休息一天；(5) 若护士被安排为临时加班，则每次临时加班产生的额外费用为10元/次；(6) 在一周内，所有违反软约束条件的次数上限为2次；(7) 在一周内，若安排护士临时加班，则临时加班不能超过一天，若安排护士延时加班，则延时加班的总时间不能超过8小时且单次延时加班的时间不能超过3小时。在计算护士的工资时，我们做如下规定：(1) 若护士进行常规上班，则每天的工资是120元；(2) 在休息日进行临时加班，应按照常规工资的2倍支付给护士，即每天240元；(3) 在工作日进行延时加班时，应支付给护士1.5倍的常规工资，即22.5元/小时；(4) 单次临时加班产生的费用固定为10元/次。该医院某科室的日常护士需求人数如表4-11所示，该科室日常有29名护士，且按照正常排班无法满足科室对护士的需求，需要给护士安排加班。

表4-11　护士需求表　　　　　　　　　　　　　　　　　　（单位：人）

班次	日　　期						
	M	T	W	T	F	S	S
A	7.5	8.2	8.5	8.1	9	9.3	10
P	6	5.4	6	5	7.3	6.8	7
N	2.8	3.3	3.2	3	3.7	5.8	6.7

　　求解本章护士加班排班问题算法的仿真实验环境为：Windows10 操作系统，CPU
为 Inter(R) Core(TM) i7‑7700，处理器主频为 3.60 GHz，8 G 内存，编程环境为 matlab
R2017a。可以求解出在两种加班策略的情况下的帕累托非劣解集如表 4‑12 所示，左边
一组是采取临时加班策略产生的非劣解，右边一组是采用延时加班策略产生的非劣解。

表 4‑12　两种加班策略产生的非劣解

No	成本	偏好	公平度	No	成本	偏好	公平度
1	19 240 元	3 576	88.344 83	1	18 792 元	3 372	76.982 76
2	19 200 元	3 302	104.275 90	2	19 284 元	3 410	71.617 24
3	19 200 元	3 718	88.068 97	3	19 080 元	3 313	75.089 66
4	20 160 元	3 771	81.448 28	4	18 366 元	3 307	84.613 79
5	19 640 元	3 703	84.482 76	5	18 798 元	3 289	78.751 72
6	19 320 元	3 587	85.379 31	6	18 306 元	3 153	84.906 90
7	18 920 元	3 305	107.241 40	7	18 708 元	3 314	79.487 93
8	19 280 元	3 407	87.793 10	8	18 912 元	3 183	82.860 34
9	18 800 元	3 396	94.275 86	9	18 696 元	3 469	77.637 93
10	18 800 元	3 354	95.655 17	10	18 396 元	3 195	80.201 72
11	18 680 元	3 349	97.310 34	11	18 828 元	3 253	76.474 14
12	19 160 元	3 295	106.896 60	12	18 924 元	3 449	71.920 69
13	19 240 元	3 331	99.724 14	13	20 304 元	4 358	69.598 28
14	18 960 元	3 401	90.827 59	14	18 972 元	3 395	74.848 28

　　观察两组帕累托非劣解集，可以看出在采取延时加班的情况下的非劣解集平均要优于
临时加班的非劣解集。两种加班策略的帕累托非劣解集在空间中的分布情况如图 4‑11
和 4‑12 所示。

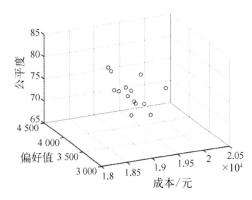

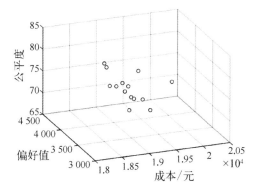

图 4‑11　临时加班策略帕累托非劣
解集的空间分布情况

图 4‑12　延时加班策略帕累托非劣
解集的空间分布情况

在采用临时加班策略的情况下,我们从帕累托非劣解集中选出一组解,其常规上班的情况如表4-13所示,对护士安排加班后的排班表如表4-14所示。

表 4-13　采取临时加班策略前的常规排班表

	M	T	W	T	F	S	S
1	A	P	N	R	R	A	A
2	A	A	A	R	P	N	N
3	A	P	R	R	A	N	N
4	A	A	R	N	R	P	P
5	P	R	A	N	R	A	N
6	P	P	P	P	P	R	P
7	R	A	A	A	N	R	P
8	A	R	P	P	P	R	A
9	A	N	R	A	A	A	P
10	A	A	N	R	P	P	N
11	N	R	P	P	P	P	R
12	P	R	A	A	R	N	N
13	P	R	N	R	A	P	P
14	A	R	A	A	R	P	N
15	P	R	A	A	A	R	A
16	A	A	A	R	N	R	P
17	R	N	R	A	A	A	N
18	R	A	P	N	R	A	A
19	A	N	N	R	A	A	A
20	A	R	P	P	N	R	A
21	N	N	R	R	A	P	P
22	A	P	R	P	R	A	A
23	A	A	P	P	R	N	R
24	A	P	R	P	P	R	N
25	N	R	A	A	A	A	A
26	R	A	P	R	P	N	N
27	A	R	P	P	R	A	A
28	P	R	A	A	P	N	R
29	P	P	N	N	R	A	R

表 4‑14   采取临时加班策略的排班表

	M	T	W	T	F	S	S
1	A	P	N	R	R	A	A
2	A	A	A	R	P	N	N
3	A	P	R	A	A	N	N
4	A	A	R	N	R	P	P
5	P	R	A	N	R	A	N
6	P	P	P	P	P	R	P
7	R	A	A	A	N	R	P
8	A	R	P	P	P	R	A
9	A	N	R	A	A	A	P
10	A	A	N	R	P	P	N
11	N	R	P	P	P	P	R
12	P	R	A	A	A	N	N
13	P	R	N	R	A	P	P
14	A	R	A	A	R	P	N
15	P	R	A	A	A	R	A
16	A	A	A	R	N	R	P
17	R	N	R	A	A	A	N
18	R	A	P	N	R	A	A
19	A	N	N	R	A	A	A
20	A	R	P	P	N	R	A
21	N	N	R	R	A	P	P
22	A	P	R	P	R	A	A
23	A	A	P	P	N	N	R
24	A	P	R	P	P	P	N
25	N	R	A	A	A	A	A
26	R	A	P	R	P	N	N
27	A	A	P	P	R	A	A
28	P	R	A	A	P	N	N
29	P	P	N	N	R	A	A

在表 4‑14 中用灰色标记出来的为护士在该班次临时加班，经过护士临时加班，该科室每天每个班次的护士需求量都能得到满足。在采用延时加班策略的情况下，我们从帕累托非劣解集中选出一组解，其常规上班的情况如表 4‑15 所示，给护士安排加班后的排班表如表 4‑16 所示。

表 4 - 15　采取延时加班策略前的常规排班表

	M	T	W	T	F	S	S
1	N	R	A	A	A	R	P
2	A	R	R	A	A	P	N
3	N	R	A	P	R	P	P
4	N	R	A	A	R	P	P
5	A	R	A	A	A	A	R
6	A	A	P	P	R	A	A
7	P	P	R	A	N	N	R
8	A	A	R	R	A	A	N
9	R	A	P	P	R	A	A
10	R	A	P	P	N	R	N
11	P	R	P	P	P	R	A
12	P	P	R	N	R	A	A
13	A	N	R	P	P	P	R
14	A	P	R	A	R	N	N
15	A	P	R	P	P	R	N
16	P	P	N	N	R	A	A
17	R	R	P	P	P	N	N
18	A	N	R	R	A	P	P
19	A	A	A	R	P	P	R
20	P	P	R	A	P	R	P
21	P	P	R	N	R	A	A
22	A	A	P	N	R	N	R
23	N	R	R	A	A	A	P
24	P	P	R	R	A	N	N
25	R	A	A	A	N	R	P
26	P	R	A	R	A	N	N
27	A	A	P	R	A	A	R
28	N	R	A	P	P	R	A
29	A	A	N	R	N	R	A

在表 4 - 16 中,例如 N.125 表示护士在上完 N 班之后,还继续延时加班了 1(0.125×8)个小时,经过护士延时加班,该科室每天每个班次的护士需求量都能得到满足。

表 4-16 给护士安排延时加班之后的排班表

	M	T	W	T	F	S	S
1	N	R	A	A	A	R	P
2	A	R	R	A	A	P	N
3	N	R	A	P	R	P	P
4	N	R	A	A	R	P	P
5	A	R	A	A	A	A	R
6	A	A	P.075	P	R	A	A
7	P	P	R	A	N	N.125	R
8	A	A	R	R	A	A	N
9	R	A	P.375	P	R	A	A
10	R	A	P.375	P	N.3	R	N
11	P	R	P	P	P	R	A
12	P	P	R	N	R	A	A
13	A	N.125	R	P	P	P	R
14	A	P.175	R	A	R	N.375	N
15	A	P.375	R	P	P	R	N
16	P	P.375	N	N	R	A.05	A
17	R	R	P.375	P	P	N.375	N
18	A	N.375	R	R	A.3	P	P
19	A	A	A	R	P	P	R
20	P	P	R	A	P	R	P
21	P	P	R	N	R	A	A
22	A	A	P	N	R	N.375	R
23	N	R	R	A	A	A.375	P
24	P	P.375	R	R	A	N.375	N
25	R	A	A	A	N	R	P
26	P	R	A	R	A	N.375	N
27	A	A	P	R	A	A.375	R
28	N	R	A	P	P	R	A
29	A	A	N	R	N	R	A

4.4 本 章 小 结

为了给护士安排一个满意的护士排班表,第四章在护士排班模型中加入了公平度和偏好值两个目标函数,并通过灰狼算法求得了一组帕累托非劣解集,但是在实际排班过程中,决策者只能选取一个排班表来作为实际护士的排班表。传统的决策方式,往往是决策者根据自己的主观判断和经验选取一组排班表来作为护士的排班表,这通常会缺乏理论的支持。本章为决策者在选取排班方案时提供了理论支持,在选取决策方案时加入了累积前景理论、模糊理论,并在此基础上加入了护士的不满意隶属函数的数学模型,以最小化护士的不满意程度为目标函数。最后通过求得的结果将第四章求得的帕累托解集进行了一个排序,得出了最佳的排班表,并将其展示出来了。

本章分析了医院科室常见的两种护士加班模式:临时加班和延时加班。一般文献在安排加班时以医院的成本为目标,很少在加班过程中考虑护士的情况。本章在给护士安排加班表的过程中,同时考虑了排班表的公平度和护士之间的偏好。在生成常规排班表时,首先生成了一系列可用班型,并为其分配一个编号。然后用灰狼算法为两种加班策略分别求出了一组帕累托非劣解集,然后决策者可以权衡两种加班策略的利弊,选择一种加班策略,再在该加班策略中选出一个加班的排班表。为护士安排加班策略一般适用于科室人力资源暂时不足的情况,若科室长期人力资源不足,可以考虑招聘更多的护士。

参 考 文 献

［1］　巩敦卫,季新芳,孙晓燕.基于集合的高维多目标优化问题的进化算法［J］.电子学报,2014,42(1):77-83.

［2］　黄霞,叶春明,曹磊.求解多目标作业车间调度问题的混合变异杂草优化算法［J］.计算机应用研究,2017,34(12):3623-3627.

［3］　Burke E K. A Pareto-based search methodology for multi-objective nurse scheduling［J］. Annals of Operations Research, 2012, 196(1):91-109.

［4］　马瑞,康仁,姜飞等.考虑风电随机模糊不确定性的电力系统多目标优化调度计划研究［J］.电力系统保护与控制,2013(1):150-156.

［5］　肖晓伟,肖迪,林锦国等.多目标优化问题的研究概述［J］.计算机应用研究,2011,28(3):805-808.

［6］　汪勇,程姣,高娜等.基于初集排序的 Pareto 非支配解集构造算法［J］.系统工程理论与实践,2018,38(4):960-970.

［7］　郭子雪,郑玉蒙,王世超.模糊线性加权法求解电力系统经济调度问题［J］.华电技术,2015(2):13-15.

［8］　余岳,粟梅,孙尧等.基于模糊去约束法的微电网系统运行优化［J］.仪器仪表学报,2014,35(5):1022-1028.

［9］　侯剑,张立卫.广义纳什均衡问题求解的极小极大方法［J］.大连理工大学学报,2013(6):

924 - 929.

[10]　胡元潮,阮羚,阮江军,等.基于改进逼近理想点法的变电站智能化改造评估[J].电网技术,2012,
36(10):42 - 48.

[11]　项昌毅,杨浩,程月华,等.基于多评价函数法的可重构性指标分配[J].系统工程与电子技术,
2014,36(12):2461 - 2465.

[12]　张屹,卢超,张虎,等.基于差分元胞多目标遗传算法的车间布局优化[J].计算机集成制造系统,
2013,19(4):727 - 734.

[13]　李金忠,夏洁武,曾小荟,等.多目标模拟退火算法及其应用研究进展[J].计算机工程与科学,
2013,35(8):77 - 88.

[14]　刘文颖,谢昶,文晶,等.基于小生境多目标粒子群算法的输电网检修计划优化[J].中国电机工程
学报,2013,33(4):141 - 148.

[15]　倪志伟,王会颖,吴昊.基于 MapReduce 和多目标蚁群算法的制造云服务动态选择算法[J].中国
机械工程,2014,25(20):2751 - 2760.

[16]　Kahneman D, Tversky A. Prospect theory:An analysis of decisions under risk[J]. Econometrica,
1979, 47:313 - 327.

[17]　刘云志,樊治平.基于前景理论的具有指标期望的多指标决策方法[J].控制与决策,2015(1):
91 - 97.

[18]　李鹏,刘思峰,朱建军.基于 MYCIN 不确定因子和前景理论的随机直觉模糊决策方法[J].系统
工程理论与实践,2013,33(6):1509 - 1515.

[19]　林祥亮,马成虎,范龙振.离散累积前景理论下的投资组合选择[J].系统工程学报,2015,30(4):
494 - 508.

[20]　王玮强,张春民,朱昌锋,等.基于累积前景理论的应急物流路径选择方法[J].中国安全科学学
报,2017,27(3):169 - 174.

[21]　罗建强,汤娜,赵艳萍.基于累积前景理论的服务衍生方案决策[J].工业工程,2016,19(2):
80 - 87.

[22]　姜洋.面向不确定事件的生产调度干扰管理方法研究[D].大连理工大学,2013.

[23]　Wu T H, Yeh J Y, Lee Y M. A particle swarm optimization approach with refinement procedure
for nurse rostering problem[M]. Elsevier Science Ltd. 2015.

第五章
基于行为运筹的离散制造过程优化调度

5.1 制造过程行为

从制造、服务、项目管理到供应链以及产品研发的绝大多数运作中,人都是系统的重要组成部分。人类行为可能会大大影响运作系统,并对管理措施做出反应。对运作管理的研究可以追溯到 20 世纪早期的泰勒时代。随着运作环境的不断变化,决策工具也不断发展,但是人在运作系统中始终为最关键的要素。虽然决策工具能够帮助我们做出更好的选择,但真正的竞争优势来自人的技术、能力、动机、解决问题的意愿以及学习能力,更高的绩效依赖于组织中人的行为。在运作管理领域,大量的模型都假设运作过程的参与者——包括内部的决策者、执行者以及外部的顾客——都是完全理性的或者能够按照理性思维来行事。更具体地说,这些模型都假设人们能够在噪声中识别有效的相关信息,在偏好完全一致的基础上,理性地列出所有可行方案并进行决策。而过分自信、心理锚定等非理性行为特征的发现直接削弱了这一假设存在的信度。西蒙等学者认为决策者在学习、思考、行动等诸多能力上都呈现出非理性的特征。

5.1.1 学习效应

学习效应,指生产者在长期生产过程中,通过不间断反复地做同一件事情,在一个合理的时间段内,由于知识的不断积累使得学习主体的经验得到增加,熟练程度得到提升,可以积累产品生产、技术设计以及管理工作经验,进而使得做这件事情所需要的时间或成本随着循环次数增加而逐渐减少的现象。学习效应可用学习曲线来刻画。学习曲线(Learning Curve, LC)是一种通过生产者行为学习与经验积累而得到改进的生产产出的特征函数,代表生产者通过学习知识与积累经验而不断提高工作效率的过程,表现为工作效率会按照一定的比率递增,从而使单位任务量耗时呈现一条向下的曲线。利用学习曲线可以科学地制订成本计划,改善作业计划、劳动定额与劳力规划,改善质量等。学习曲线解释了在一个稳定的生产过程中,生产效率在项目的初始阶段较低,而之后不断提高的现象。学习曲线是学习中的一种普遍现象,可以体现在个人学习中,也可以体现在组织学习中,可以体现在生活中,也可以体现在生产活动中。

最早对学习效应现象进行研究的是 Wright[1]。Wright 在研究影响建造飞机成本的因素中发现,在制造数量加倍的情况下,所花费的单位劳动力成本以一个比率(学习因子)递减。首先对生产领域的学习效应做出权威、全面研究的是波士顿咨询公司,该公司收集了不同国家约 50 个产业的资料得出一般结论:累计产量增加一倍,单位成本降低20%—30%。这一结论在不同的产业表现出惊人的一致性,从一个产业到另一个产业,这一降低率大体差不多。

学习曲线效应对于企业制定经营战略具有重要的意义。当企业寻求进入一个新的领域或者生产一种新的产品时,过高的初始成本可能会阻止企业的市场进入。如果决策者掌握生产过程中存在明显的学习效应,确信产品成本会随着积累产量的增加而降低,那么虽然短期内经营可能出现亏损,但从长期来看可能仍有盈利的机会。企业还可以运用学习曲线来建立竞争优势。如果一个企业能比竞争对手以更快的速度沿着学习曲线将成本降低,就能在市场竞争中占有成本方面的优势。

学习曲线效应对于确定长期平均成本曲线的形状具有重要的意义。它能帮助和指导管理者利用学习曲线知识来评估生产经营是否有利可图,并按照生产规模来确定劳动力的需求量,制定奖励工资制度,规划生产现金流量。学习曲线效应是对传统成本理论分析的补充和完善,在实际工作中具有较强的指导意义。

一般认为,产生学习效应现象的因素有人员因素、技术进步、规模效应、生产持续性。操作人员、现场领班以及计划人员等在生产过程中有经验积累,这在一定程度上可以提高生产效率,同时人与人的差异性对学习效应也有一定影响,如年龄、教育背景等;Hirschmann 指出,进步率的 87% 来自技术认知,技术改良对于经验曲线效应有一定促进作用。尤其在技术资金密集行业,如 IC、光电产业等;随着产量的增加,各种固定成本分摊到更多的单位,所以平均单位成本会有所下降;生产中断在一定程度上会造成遗忘。通常情况下,产品产量增加的间隔时间越长,员工对学习到的内容就越会趋于“遗忘”状态,而过长的间隔时间甚至会使员工不得不重新学习,这就是学习曲线理论所描述的“间断现象”。让员工不断地学以致用,并在用的过程中温故而知新是企业学习效应持续发挥作用的关键。

但是实际中学习曲线会出现“平台”现象,即当学习行为不断发生,知识和经验累积到一定水平时,由学习效应带来的增益变化非常缓慢,最终达到一个相对稳定的水平,在坐标图中呈现出水平线的状态,即为平原,也称为“高原”现象。在机械化程度高的行业生产中,此现象尤为明显。

5.1.1.1　学习曲线分类

(1)单位个别曲线。

此种曲线反映了生产单位产品所需时间随累计产量变化而变化的趋势。通过此类曲线,可以清楚地知道每单位产品的时间或成本。但是,材料的变更、制造程序的变动、作业人员的突发状况、设备故障等不确定因素会使得曲线不能平滑均匀地递减。这样就不便于预测未来产量所需的工时。

(2)累计平均曲线。

考虑到突发时间对学习曲线的影响,有关学者提出了累计平均曲线。此种曲线反映的是平均累计时间随累计产量变化而变化的趋势。

(3)总生产时间曲线。

此类曲线是以总生产量为横轴、总时间为纵轴绘制而成的。由这种曲线可以很容易地读出累计至某一产量所需要的总生产时间。

一般的研究模式是,根据历史数据绘制累计平均曲线,再由此推导出单位个别曲线与总生产时间曲线。

构建学习曲线的方法主要有:

(1)统计分析法。

利用历史数据,使用统计方法(如回归分析)来求得学习曲线模型通过统计分析方法所求得的学习模型,其优点是预测可信度高,而缺点在于分析过程较为复杂,预测的准确性对所选模型以及所使用的历史数据较为依赖。

(2)经验估计法。

经验估计法是利用过去的生产经验来估计参数值的一种方法。参数估计的准确性较大地依赖于历史数据的完整性。对于刚成立的公司,由于历史数据欠缺,一般参照其他同行业公司的学习参数。

(3)MTM 资料估计法。

针对纯手工作业,Hancock 依据 MTM 原理发展出一套以 MTM 动作要素为主的学习参数估计法。将作业人员的操作情形分解成为 MTM 操作要素,经由实验以最小平方的回归分析求得各动作要素的学习参数。

(4)合成作业估计法。

若某一作业是由两种以上的作业组成,则合成的学习参数可利用加权平均的方式来求得。管理人员可以通过此种方法,将复杂的作业分割成几个基本的作业,分别求出其学习参数,然后对各基本作业给予权重值,再将权重值分别乘上各基本作业之学习参数,以求得整个作业的近似学习参数。这种估计法的关键在于权重的分配,因为权重是否恰当会影响合成参数的误差大小。

5.1.1.2　学习曲线应用

从学习曲线提出到现在,国际上关于学习曲线的研究已经有了很丰富的成果,并且在实际中也有了很好的应用。在生产中,学习曲线的应用主要有以下几方面。

(1) 成本预测。

在生产率和产量方面,学习曲线的应用最为广泛。传统的成本预测采用的是线性函数估计方法,即单位生产成本与产量呈固定的比例关系。然而实际中这个比例不是固定不变的,一般前期单位变动成本较高,后期逐渐降低。在这种情况下,使用学习曲线来预测成本的变动能够更好地体现成本的变化情况,也更具科学性[2]。

(2) 生产计划。

生产计划是企业根据市场需求和企业现有生产能力的限制,对产出品种、出产速度、产出时间、劳动力安排和机器设备负荷以及库存控制等因素所预先进行的考虑和安排。计划是管理的首要职能,它既是执行的依据,又是控制的标准,按时间长短可分为长期计划、中期计划、短期计划。

人是生产计划中一个极为重要的影响因素。一方面,人是制定计划的主体;另一方面,人是制造过程中主要实施者。人在计划的制定与执行过程中始终起着主导作用,人的行为在很大程度上会影响计划的制订和执行。

由于认知能力和行为特性不同,人员行为对生产计划的制订有一定影响。心理学研究结果认为,经验会影响人的认知能力以及解决实际问题的能力。Siegel 通过大量实验验证发现,经验使得人们解决同类问题能力增强。Hogarth 指出人对环境及工作有着适应性的过程,随着适应性增强,工作效率会更高。Roth 和 Erev 提出,随着人的适应性的提高,经验的增加使得人们的决策值更接近最优值。研究表明,经验的增长似乎可能有效地改进生产计划的决策水平,随着经验的增长,年度生产计划的累计总成本也会降低。另一方面,作为生产制造系统中一重要组成部分,员工效率对于系统整体能力提升具有不可忽略的作用。随着员工在不同工位上经验的积累,生产效率随之提高。此时,基于固定员工加工效率的生产计划可能不甚符合实际情况。

(3) 质量管理。

Koulamas 最早把学习曲线和质量问题联系起来,他提出学习效应会提高产品质量[3]。许多学者都把质量和成本联系在一起,控制质量可以减少产品不合格率,进而提高成本。传统的质量成本模型指企业的产品有固定的最经济的质量成本区域,没有进一步改进的需要。引入学习曲线后质量成本中的控制成本逐渐降低,缺陷成本也随之降低。

Wright 提出的学习曲线(Wright's Learning Curve, WLC)是建立在假设所有单位产品的质量都是合格的这一基础之上。随着生产的持续,员工在生产中的操作会变得越来越熟练。然而,这也并不意味着所有的产品都是符合质量要求的。在生产过程中,设备有可能发生故障,生产线有可能失控,这也就有可能导致生产的产品是次品。Jaber 首次于 2004 年提出了质量学习曲线这一概念,并在之后的研究中不断丰富完善。他的主要观点是修缮生产线的次数越多,生产的合格产品也越多。同时,员工的学习率越低,生产的合格产品也越多[4]。但是在实际生产中,对于首次生产质量不合格的产品一般都会再进行二次加工。为方便说明问题,符号约定如表 5-1 所示。

表 5-1　参数符号

符　号	意　义	参 考 值
l	生产过程学习系数	1—0.15
s	学习率	0.5—0.9
p_1	生产单位产品的生产时间	10
r	重加工耗时	5
ρ	产生劣质产品的概率	0.001
n	子批数,此时修理次数为 $n-1$	1—4
λ	产线修复用时	0.1

注: 学习率与学习系数关系 $l = -\lg s / \lg 2$

总完工时间主要包括产品加工时间 $P(x)$、重加工时间 $R(x)$ 以及转换维修时间 $S(x)$。其中,$P(x)$ 可由 Wright 学习曲线得出。

在 Wright 的学习曲线中,单件加工随产量的增加而减小,第 x 个工件的加工工时如公式(5-1)所示,加工 x 件产品的总工时如公式(5-2)所示。

$$p(x) = p_1 x^{-l} \tag{5-1}$$

$$P(x) = \sum_{n=1}^{x} p(x)$$

$$\cong \int_0^x p_1 t^{-l} dt \tag{5-2}$$

$$= \frac{p_1}{1-l} x^{1-l}$$

在 Jaber 的质量模型中,缺陷产品数量与生产产品数量存在一定关系 $d(x, n) = \dfrac{\rho x^2}{2n}$。也就是说,每生产 x 个产品会有 d 个缺陷产品产生。易得重加工时间 $R(x)$ 如式(5-3)。

$$R(x) = \frac{r\rho x^2}{2n} \tag{5-3}$$

为了防止故障进一步恶化,工程师往往会在不良率达到一定水平时对生产线进行维护,有时候也会采取预维护措施。当修理时间较长或修缮次数较多时,该部分时间是不可以忽略的。一般认为,修理时间 $S(x, n)$ 和工件加工时间 $P(x, n)$ 具有一定的比例关系,维修时间如公式(5-4)所示。

$$
\begin{aligned}
S(x, n) &= \alpha P(x, n) \\
&= \alpha \int_0^{x_1} p_1 z^{-l} dz + \alpha \int_{x_1}^{x_2} p_1 z^{-l} dz + \ldots + \alpha \int_{x_{n-2}}^{x_{n-1}} p_1 z^{-l} dz \\
&= \frac{\alpha p_1}{1-l} \left(\frac{n-1}{n}\right)^{1-l} x^{1-l}
\end{aligned} \tag{5-4}
$$

则有,加工总时间:

$$
\begin{aligned}
T(x, n) &= P(x) + R(x, n) + S(x, n) \\
&= \frac{p_1}{1-l} x^{1-l} + \frac{r\rho x^2}{2n} + \frac{\alpha p_1}{1-l} \left(\frac{n-1}{n}\right)^{1-l} x^{1-l}
\end{aligned} \tag{5-5}
$$

对于固定的子批数,边际总生产时间为:

$$
t(x, n) = p_1 x^{-l} + r\rho \frac{x}{n} + \alpha p_1 \left(\frac{n-1}{n}\right)^{1-l} x^{-l} \tag{5-6}
$$

已有证明,式(5-6)存在唯一极小值点,如式(5-7)。

$$
x^* = \left(\frac{p_1 l + p_1 l \alpha (1-1/n)^{1-l}}{r\rho/n}\right)^{\frac{1}{1+l}} \tag{5-7}
$$

根据公式(5-6)和(5-7),绘制不同批次 $(n = 1, 2, 3, 4)$,不同学习率(0.5—0.9)下最优单位产品完工时间曲线。

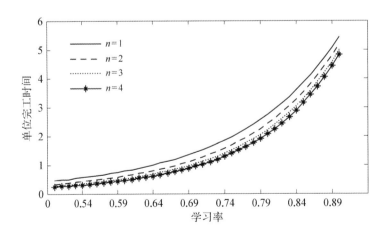

图 5-1　不同学习率下单位最优完工时间

从上图可以看出,随着学习率的增大,单位最优完工时间逐渐增大;相同学习率下,子批次增多,最优完工时间有减小趋势。这可能是因为较小的学习率使得工件加工数量增多时,工时会以较大的比例降低;在本文中,子批数与修理次数有关,子批数增多意味着修理频次增大。可以看出,提高学习水平和增大维修频次可以减小工件的加工工时。

(4) 项目管理。

2007年,美国一家研究机构对全美实施项目管理企业的绩效做了一组调查。研究显示,项目管理方法一致性、资源有效分配、合适的项目是项目管理者主要关注的对象。针对传统意义上的项目进度/费用预算方法,16%的被调查者承认其存在问题。实践结果也表明,CPM/PERT等项目管理方法并不能保证项目如期如质完成,尤其针对那些高度不确定的项目。

对项目管理过程中的不确定因素进行有效的识别是项目管理成功的重要因素之一。在项目管理中,一般将高度的不确定性称为风险源。大多数项目中都存在风险,尤其是在研发环境中。不确定性的主要来源包括组件和子系统性能的随机变化、不准确或不完全的数据以及因经验缺乏而无法获得令人满意的预测。这些不确定性包括进度计划的不确定性、成本的不确定性、技术的不确定性、作业时间的不确定性等。

① 进度计划的不确定性。环境变化因素在项目开端时难以进行准确的预测,并有可能对某项活动的时长造成严重的影响。

② 成本的不确定性。活动持续期间所获的信息有限,因此难以预测按时完成活动所需的资源数量。这就直接导致了成本的不确定性。此外,预期的资源的小时使用率和执行项目任务所用的材料成本可能具有高度的可变性。

③ 技术的不确定性。这种不确定性通常出现于研发项目(如软件开发、硬件集成等),这些项目会开发或使用一些新技术、方法、设备和系统。技术的不确定性可能会影响项目的进度计划、成本和最终成效。

④ 作业时间的不确定性。经验的积累可能使得工时缩短,工作的中断导致工作效率的降低。

不确定性因素还有其他来源,包括组织和政治因素。新规定可能会影响项目市场,一个或多个参与组织的人员流动和政策变化也可能会使工作过程中断。

图5-2是某开发项目的自回路型项目进度网络图。整个项目由A、B、C三个工序组成,基本工时分别是10、12、20。工序C有一定的概率(a)开发失败,此时工序A、B必须重做。

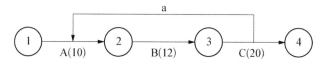

图5-2　自回路型项目进度网络图

在传统的项目计划中,作业时间是固定的。但项目实际上存在诸多不确定性因素。

在以上案例中,项目员工对作业越来越熟悉,操作起来越来越熟练,而且后续重复的作业有时候只是在前次作业基础上进行修改完善。重复执行同样性质的作业,其工期理应比前次短。而同时,后续重复发生的概率也应该逐次递减。

在项目管理过程中,由于个人的偏见的存在,不同决策者在决策过程的不同阶段会采用不同的启发式方法,我们必须考虑个体独特的认知差异以及团队的特点,分析其中蕴含的大量的不确定性。在众多不确定性的因素中,由于人的能力有限、主观偏见或者工作疏忽而引起的行为不确定性正日益引起大家的重视。这种行为不确定性在目标导向的项目管理中显得更为突出,White 和 Fortune 就曾明确指出人的行为常以直接或间接的方式,不但在项目计划阶段,而且在项目实施和执行过程中影响着项目绩效。在具体应用方面,闫文周等(2004)根据某施工企业实际生产数据,利用一元线性回归分析法建立学习曲线方程预测建筑项目施工工期[5]。张丽霞等(2007)将学习-遗忘效应应用到平衡作业线方法中,分析因为工程中断造成生产率的降低的现象,并以一个工程案例来说明分析过程[6]。吴仁群(2007)将学习曲线模型应用到 PERT 图中,并给出了相应实例[7]。陈冬宇等(2008)考虑了项目执行返工迭代和学习效应,提出了基于设计结构矩阵理论的产品开发仿真模型,并据此模型设计流程优化算法,算例分析表明,该优化算法可以使项目的成功率提高17%[8]。柳春锋等(2012)以最小化项目工期为目标,研究了学习型员工项目调度问题的混合粒子群算法[9]。杨枫玉等(2013)建立基于员工学习效应的项目员工调度模型,并用遗传算法求解,实验验证了模型的合理性与算法的有效性[10]。

计划评审法(PERT)是项目管理的重要工具之一,它主要是通过绘制网络图的形式来表达一项工程或生产项目中各个作业的优先顺序和相互关系,并利用系统论的科学方法来组织、协调和控制该工程或生产的进度和成本;同时还要通过不断完善网络图,抉择最优的组织生产方案,以最快时间与最低成本来保证达到预期目标的一种科学管理方法。现以此为例简要说明学习效应在此调度过程中的应用。

实际应用中,计划评审法的工作步骤如下:

① 确定目标,进行计划的准备工作——在确定计划对象后,应提出具体目标,如正常需要的工期和成本以及其他需要的资源,并结合有关管理制度进行慎重考虑;

② 分解任务,列出全部作业明细表;

③ 确定各项作业的先后顺序和相互关系;

④ 绘制网络图;

⑤ 计算网络时间,包括关键路径的延续时间、各项作业的时间、各作业的最早开始时间和结束时间、最迟开始时间和结束时间等;

⑥ 确定关键路径,计算完成任务的最佳完工时间和最低成本;

⑦ 综合平衡,选择最优方案。

某工程有9道工序,施工顺序及基本施工时间见图 5-3。其中,工序 B、D 属于Ⅰ类技术,C、G 属于 II 类技术。若不考虑学习效应,绘制双代号网络图如图 5-4 所示。可以看出,该工程的总完工时间是 50,关键路径是 A - C - G - I。

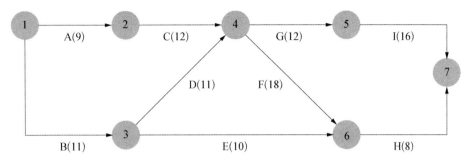

图 5-3 施工顺序及基本施工时间

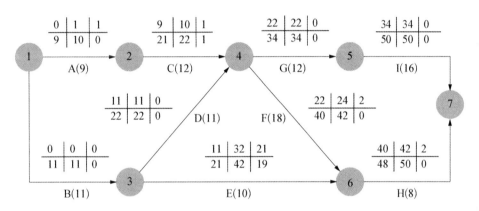

图 5-4 无学习率时双代号网络图

表 5-2 表示考虑学习率(90% 和 80%)时的各工序的实际加工时间。图 5-5 和图 5-6 分别为其相应网络图。

表 5-2 不同学习率下的施工时间

A	B	C	D	E	F	G	H	I	J
0.9	9	11	12	9.9	10	18	10.8	8	16
0.8	9	11	12	8.8	10	18	9.6	8	16

可以看出,在考虑学习效应时,项目总工期均有所减少。学习率 90%、80% 时项目总完工时间分别为 47.8、47。而且,学习率为 80%,项目的关键路径发生变化。项目经理在进行项目管理时,合理利用学习效应能缩短工期。项目关键路径发生变化,就意味着管理者控制的着重点应发生变化。这对于项目管理工作来说是非常重要的。

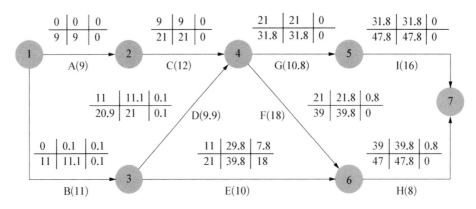

图 5 - 5　学习率为 90% 时网络图

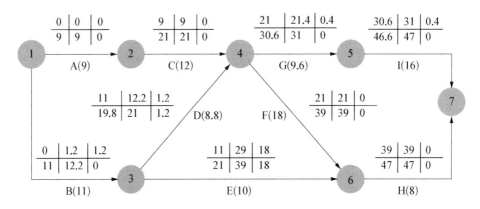

图 5 - 6　学习率为 80% 时网络图

　　从上述研究来看,学习效应已在理论以及实践中有了一定的研究成果。但是正统的学习曲线应用具有一定的局限性,应用学习效应函数的企业仍然觉得难以得到所期望的发展。这主要是因为在学习曲线的分析过程中,学习行为并不是完全按照其规律进行的,生产计划中成本误差的非预期变化、学习曲线参数估计的不稳定性,简单的进步函数概念也难以最终确定成本水平的复杂因素,这些原因都使得学习曲线在理论上和现实中产生巨大的差距。因此,在当前日益激烈的市场竞争中,只有结合企业实际,准确应用学习效应理论才能借以提高企业效能。应用学习效应首先满足两个基本假定:

　　(1) 生产过程中确实存在着"学习曲线"现象;

　　(2) 学习率的可预测性,即学习现象是规则的,因而学习率是能够预测的。

　　学习曲线是否适用,还要考虑以下几个因素:第一,它只适用于大批量企业生产的长期战略决策,而对短期决策的作用不明显。第二,它要求企业经营决策者精明强干、有远见、有魄力,充分了解厂内外的情况,敢于坚持降低成本的各项有效措施,非常重视经济效益。第三,实现学习曲线与产品更新之间既有联系,又有矛盾,应处理好二者的关系,不可偏废。

5.1.2　遗忘效应

学习曲线只是考虑了生产效率随着生产时间或生产产量的不断累加而上升的现象。实际上,学习过程过程是有可能被打断的,例如吃饭、休假等均可能使得学习过程中断,这样就会造成遗忘效应。

早在 19 世纪末德国心理学家赫尔曼·艾宾浩斯提出了遗忘曲线。遗忘有先快后缓的特点,如图 5-7 所示。虽然艾宾浩斯曲线只能告诉我们遗忘现象发生的一般规律,但他第一个使用实验的方法来对记忆进行定量化的研究,这对于之后不管是心理学家还是非心理学家尝试研究遗忘的规律都有着启发性的帮助。

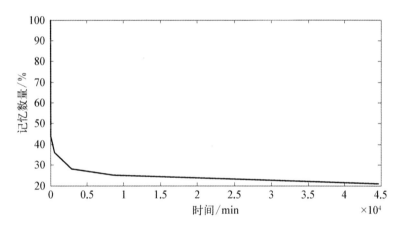

图 5-7　艾宾浩斯记忆遗忘曲线

大多数学者和专家都同意 Wright 所提出的学习曲线模型,但对于遗忘曲线模型还没有达成共识。现有的研究一般都兼顾学习效应和遗忘效应。学者们分别从数理和实验的维度提出了不同的学习遗忘模型。

Globerson 等(1989)进行了一项实验,实证结果显示:员工遗忘的程度是间断的长度和间断之前所获经验的函数,并提出了 S 型遗忘曲线的模型[11]:

$$F^* = F - \{F - F[K^{1-\alpha} - (K-1)^{1-\alpha}]\}(aH+1)e^{-aH} \tag{5-8}$$

式中,F^* 为中断后第一个单元的工时,F 为加工初始工时,K 为中断前加工的单元数量,α 为学习因子,a 为学习率,H 为中断时间。

另外,Beiley(1989)的实验研究对生产环境中的遗忘现象有了新的发现,他认为遗忘率不是学习率的函数。Sule(1978)构建的遗忘模型与标准学习曲线相同。只不过学习率是正的,遗忘率是负的。Smith(1989)提出了中断率的概念,并给出了生产中断率的表达式。生产中断率考虑了学习过程中中断时出现的学习衰减。Arzi 和 Shtub (1997)研究了精神及机械方面的学习-遗忘效应,发现积累指数函数可以有效地描述学习效应,学习过程中断会明显的产生遗忘效应。这些研究为我们进行学习和遗忘的多元分析奠定了基础。Mccreey 考虑学习与遗忘特性的员工交叉训练与调派问题[12]。D. A. Nembhard(2000)分析了手工和认知工作中的学习和遗忘现象,为管理者调派员工提供了一定的思路[13]。其后他又在另一研究中,应用启发式方法指派具有学习效应的员工。曹拯总结整理了学习曲线及遗忘曲线理论,并将学习遗忘曲线应用于某公司员工培训[14]。

从现有研究来看,遗忘效应的研究往往结合学习效应,这正契合有学习才有遗忘的常识。学者们对学习-遗忘效应的研究,无论在理论方面,还是在实践方面均有丰硕的成果。理论研究方面,主要对已有模型进行扩展,以构建与实际情况更为吻合的学习遗忘模型;应用方面,学习-遗忘效应已成功应用到员工指派、车间调度、技能培训等中。本文主要研究离散制造过程调度,接下来主要从项目管理和质量管理角度来阐述学习-遗忘效应在其中的应用。

5.1.2.1 遗忘效应与项目管理

平衡作业线(Line of Balance,LOB)是项目管理的关键技术之一,它最早是由 Arditi 和 Psarros 两人于 1987 年提出的,目的是利用先进的计算机技术来解决重复性单元施工生产的进度控制问题。

管道工程是具有重复性施工特点的典型工程,一般管道施工包括挖土、铺管及回填土三个步骤。若某管道工程共有 30 个重复单元,每个单元挖土、铺管及回填工序的初始加工时间分别为 5.3 天、4.8 天、4.4 天。该工程计划施工进度如图 5-8 及表 5-3 所示。在实际施工过程中,由于假期原因,生产第 20 个单元以后 10 天生产暂时停止,之后生产恢复。

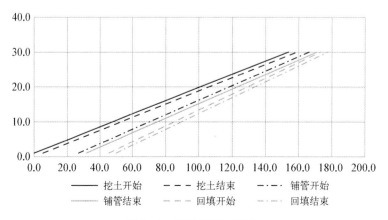

图 5-8　管道工程 LOB 图

表 5 - 3　管道施工进度表

单位	挖	土	铺	管	回	填
1.0	0.0	5.3	27.0	31.8	45.5	49.9
2.0	5.3	10.6	31.8	36.6	49.9	54.3
3.0	10.6	15.9	36.6	41.4	54.3	58.7
4.0	15.9	21.2	41.4	46.2	58.7	63.1
5.0	21.2	26.5	46.2	51.0	63.1	67.5
6.0	26.5	31.8	51.0	55.8	67.5	71.9
7.0	31.8	37.1	55.8	60.6	71.9	76.3
8.0	37.1	42.4	60.6	65.4	76.3	80.7
9.0	42.4	47.7	65.4	70.2	80.7	85.1
10.0	47.7	53.0	70.2	75.0	85.1	89.5
11.0	53.0	58.3	75.0	79.8	89.5	93.9
12.0	58.3	63.6	79.8	84.6	93.9	98.3
13.0	63.6	68.9	84.6	89.4	98.3	102.7
14.0	68.9	74.2	89.4	94.2	102.7	107.1
15.0	74.2	79.5	94.2	99.0	107.1	111.5
16.0	79.5	84.8	99.0	103.8	111.5	115.9
17.0	84.8	90.1	103.8	108.6	115.9	120.3
18.0	90.1	95.4	108.6	113.4	120.3	124.7
19.0	95.4	100.7	113.4	118.2	124.7	129.1
20.0	100.7	106.0	118.2	123.0	129.1	133.5
单位	挖	土	铺	管	回	填
21.0	106.0	111.3	123.0	127.8	133.5	137.9
22.0	111.3	116.6	127.8	132.6	137.9	142.3
23.0	116.6	121.9	132.6	137.4	142.3	146.7
24.0	121.9	127.2	137.4	142.2	146.7	151.1
25.0	127.2	132.5	142.2	147.0	151.1	155.5
26.0	132.5	137.8	147.0	151.8	155.5	159.9
27.0	137.8	143.1	151.8	156.6	159.9	164.3
28.0	143.1	148.4	156.6	161.4	164.3	168.7
29.0	148.4	153.7	161.4	166.2	168.7	173.1
30.0	153.7	159.0	166.2	171.0	173.1	177.5

　　由于此管道工程具有重复性施工的特点,并且施工过程中有停工时段。因此,在此案例中考虑学习-遗忘效应是有意义的。要将学习-遗忘曲线应用到平衡作业线,即要确定工程 LOB 施工进度中每一个工序的开始时间和完成时间。令 T 表示工作单元序列数,K 表示工作中断之前的单元数,F 表示工作中断之前第一个单元所需时间,F^* 表示工作中断之后第一个单元所需生产时间。H 表示工作中断时间,α 表示学习因子。结合 Lam 等(1995)以及 Globerson 等(1987)的研究,可以推导管道施工过程中各单元施工的开始及结束时间。

　　中断之前,某一单元的开始时间:$F(T-1)^{1-\alpha}$;

　　中断之前,某一单元的完成时间:$FT^{1-\alpha}$;

　　中断之后第一个单元的开始时间:$FK^{1-\alpha}+H$;

　　中断之后第一个单元的结束时间:$FK^{1-\alpha}+H+F^*$;

　　中断之后某一单元的开始时间:$FK^{1-\alpha}+H+F^*(T-K-1)^{1-\alpha}$;

　　中断之后某一单元的结束时间:$FK^{1-\alpha}+H+F^*(T-K)^{1-\alpha}$。

　　则有:

表 5 - 4 　考虑学习-遗忘效应的施工进度表

单位	挖　土		铺　管		回　填	
1.0	0.0	5.3	27.0	31.8	45.5	49.9
2.0	5.3	9.5	31.8	35.6	49.9	53.4
3.0	9.5	13.5	35.6	39.2	53.4	56.7
4.0	13.5	17.2	39.2	42.6	56.7	59.8
5.0	17.2	20.7	42.6	45.8	59.8	62.7

单位	挖　土		铺　管		回　填	
6.0	20.7	24.2	45.8	48.9	62.7	65.6
7.0	24.2	27.6	48.9	52.0	65.6	68.4
8.0	27.6	30.9	52.0	55.0	68.4	71.2
9.0	30.9	34.2	55.0	57.9	71.2	73.9
10.0	34.2	37.3	57.9	60.8	73.9	76.5
11.0	37.3	40.5	60.8	63.7	76.5	79.1
12.0	40.5	43.6	63.7	66.5	79.1	81.7
13.0	43.6	46.7	66.5	69.3	81.7	84.2
14.0	46.7	49.7	69.3	72.0	84.2	86.7
15.0	49.7	52.7	72.0	74.7	86.7	89.2
16.0	52.7	55.6	74.7	77.4	89.2	91.7

续 表

单位	挖	土	铺	管	回	填
17.0	55.6	58.6	77.4	80.0	91.7	94.1
18.0	58.6	61.5	80.0	82.7	94.1	96.5
19.0	61.5	64.4	82.7	85.3	96.5	98.9
20.0	64.4	67.2	85.3	87.9	98.9	101.3
21.0	77.2	82.0	97.9	102.3	111.3	115.3
22.0	82.0	85.9	102.3	105.8	115.3	118.5
23.0	85.9	89.4	105.8	109.1	118.5	121.5
24.0	89.4	92.8	109.1	112.1	121.5	124.3
25.0	92.8	96.0	112.1	115.1	124.3	127.0
26.0	96.0	99.2	115.1	118.0	127.0	129.6
27.0	99.2	102.2	118.0	120.8	129.6	132.1
28.0	102.2	105.2	120.8	123.5	132.1	134.6
29.0	105.2	108.2	123.5	126.2	134.6	137.1
30.0	108.2	111.1	126.2	128.9	137.1	139.5

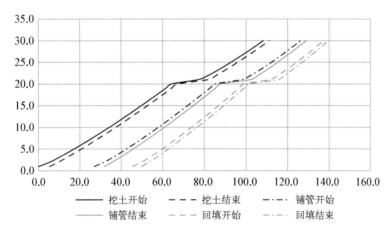

图 5-9 考虑学习-遗忘效应的管道工程 LOB 图

运用学习遗忘曲线后,在平衡线法图中看到的不再是诸多平行线,中断前后略微曲折。虽然整个施工过程中有生产中断,但是整个工程的工期较不考虑学习-遗忘效应时有所缩短。合理利用学习遗忘-曲线可以指导施工企业有效地安排生产以及合理地制定预算,提高计划的可靠性。要想利用学习效应取得预期效果,对学习-遗忘曲线的准确描述非常重要。因此,管理者应该充分考虑如下几个方面。

(1) 要有翔实的累积施工技术资料。

(2) 要考虑不同工程间的差异对学习-遗忘曲线效应的影响。

（3）注意施工过程的劳动密集程度。一般而言,劳动密集程度及工人操作熟练程度越高,学习曲线越明显。

（4）施工准备工作的完备程度。施工准备工作充分,工人开始作业耗时少,正式施工中相应的学习率也越高;如果准备工作不充分,则在施工初期耗时多,正式施工中学习率低。

（5）学习现象的停止。生产效率到一定阶段会保持稳定,学习现象会停止,被称为稳定状态。这是因为人的能力是有限的,机器的效率不可能无限制地增加。

项目管理是一个复杂的调度过程。项目管理的对象往往是不确定的。其中,人作为项目管理中的重要因素,对项目调度及管理有一定的影响。人在进行项目操作时具有一定的学习性。同时,项目停工又有可能产生遗忘。考虑学习-遗忘效应的项目管理对于管理者来说有一定的指导意义。

5.1.2.2 遗忘效应与质量管理

在实际生产运作中,产品的加工批次可能存在间隔,这就无法保证学习的连续性。已有知识的遗忘,可能导致生产效率的下降。另外,产品切换、工艺转变等也可能导致以上现象发生。在质量管理中,一个生产周期中主要存在两种生产模式:加工和重加工。其中,加工主要针对新待加工件,重加工主要针对缺陷产品。合理利用学习-遗忘效应,构建合适的质量管理生产模型有助于指导生产运作。本部分构建的模型基于以下假设:

（1）加工和重加工不相似;

（2）同一批次中重加工操作在加工操作之后;

（3）生产系统中存在唯一柔性员工。

图5-10为某生产系统模型,存在加工与重加工两个过程。$PL(i)$ 和 $RL(i)$ 分别为前一生产周期加工过程和重加工过程中习得的经验,分别与等效加工工件个数 $u(i)$ 和重加工工件个数 $v(i)$ 一一对应。x 为本生产周期生产产品总数,$d(x)$ 为本生产周期中需要重加工的工件数量。

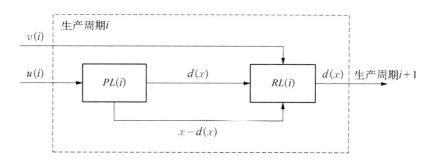

图5‑10　加工和重加工生产过程示意图

LFCM曲线是一经典的学习遗忘曲线,它由Jaber等提出[4]。该曲线能够很好地描绘学习-遗忘过程,并与已有经验数据有很好的吻合度。不同于经典的学习模型,某批次工件加工时间表示为：

$$t(x_i) = p_1(q_i + x_i)^{-l} \qquad (5-9)$$

其中,q_i为等效加工个数,是从上一个加工周期学习过来的,类似于$v(i)$和$u(i)$。有如下递推关系,如公式(5-10)、(5-11)、(5-12)所示。

$$q_{i+1} = (q_i + x_i)^{1+f_i/l} S_i^{-f_i/l} \qquad (5-10)$$

$$S_i = \left[\frac{1-l}{p_1} \phi_i + (q_i + x_i)^{1-l} \right]^{1/(1-l)} \qquad (5-11)$$

$$f_i = \frac{l(1-l)(\log(q_i + x_i))}{\log(1+D)} \quad (D = B / t(x_i)) \qquad (5-12)$$

其中,f_i用来表征遗忘程度$(0 \leqslant f_i \leqslant 1)$,越小表示遗忘程度越低;$\phi_i$表示批次$i$以后的时间间隔;$B$为一常数,表示对$t(x_i)$习得经验全部遗忘所需时间;其他参数定义同5.1.1节。

5.1.2.3　不耐烦行为

随着互联网经济的发展,顾客对服务体验的要求日益提高,企业已从单一产品提供商向产品及服务供给商转变。服务可认为企业为迎合顾客需求为产品额外附加的属性。良好的设计、完善的售后服务体系以及货物的准时交付都可归结为服务。生产厂商及时交货会提升顾客满意度,顾客一般对于某一时间范围内提交的货物表示满意,这一时间范围被称为耐烦期[15]。为有效提高顾客满意度,企业不仅需要在量上满足其需求,而且需要尽可能早地提交货物,减少顾客不耐烦行为的产生。不耐烦行为一般分为两种:止步和中途离开。

(1) 止步行为

当顾客进入排队系统时发现排队人数过多,不耐烦情绪可能使顾客直接离开系统。如去银行办理业务,却发现银行大厅已经人满为患,那顾客更愿意改日再来。Haight 在1957 年发表的一篇论文里认为存在顾客不愿意等待的最大队长N,当顾客发现队长小于N时,就会进入排队系统。而队长大于N时,顾客则会直接离去。之后也有许多学者对顾客直接离去的模型进行了研究,大部分都认为顾客直接离去的概率与系统中的顾客数n呈现正相关。学者 van Tits 在 1980 年发表的一篇文章中认为顾客直接离去的概率P_n与顾客到达系统时系统中的人数n有关。

(2) 中途离开

还有许多顾客不会因为系统中已有人数而直接离开,但是在加入排队系统之后却发现,等候时间已超出自己的预期等待时间,那这时顾客也很有可能会离开。我们定义顾

客预期等待时间为 T,在不同的服务行业中 T 有着差别,有可能是一个固定值,也有可能与顾客到达系统分布有关。但是毫无疑问,在一个服务率低的排队系统里,顾客更有可能不愿意等待而离去。

不同于学习效应和遗忘效应,不耐烦行为较难以一特定曲线来描述,该理论在生产制造领域中的研究相对较少,多集中在服务行业(如银行业、呼叫中心等)。秦海林研究了一带有优先权和顾客不耐烦行为的单服务台排队系统,并用 matlab 对此过程模拟,分析系统运行状态,为该类研究提供一定的思路[16]。付馨雨研究了具有不耐烦顾客且窗口能力不等的排队模型,并将此模型推广到两服务窗和三服务窗的银行服务系统[17]。于淼研究了考虑顾客不耐烦行为的呼叫中心人力资源配置模型,并分析了相关参数对模型的影响,为呼叫中心人力资源管理提供了一定的思路;考虑不耐烦行为的生产系统研究主要集中于库存、供应链两个方面[18]。张小洪对有限耐烦期的随机库存系统进行研究,构造出一种更加贴近实际的随机库存系统最优控制模型,并借助动态规划原理给出了最优控制律的表达式[19]。罗兵修正了文献中的短缺拖后成本,并在库存总成本中加入变质成本,建立了相应的 VMI 模型[20]。从现有研究来看,将不耐烦行为应用于生产系统的较少。但是基于不耐烦行为的生产运作研究是有必要的。一方面,企业可以借此指定合理的生产计划;另一方面,顾客对产品及企业的满意程度可以增加其对企业的粘性,使企业持续获利。

现以一案例简要说明带有不耐烦行为的生产系统[21], 图 5 - 11 为其示意图。

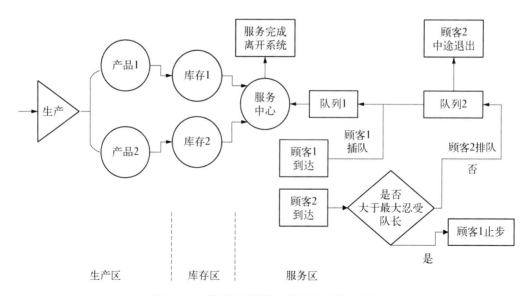

图 5 - 11　基于不耐烦的生产服务系统示意图

某生产企业为两客户生产两种产品,库存管理策略为基本库存策略(即库存水平低于最优基本库存水平时向生产部门发出生产订单)。其中,客户 1 为企业的战略伙伴,企业有限生产来自客户 1 的订单。由于顾客 1 具有优先权,可以插队,在产能足够的情况下基本不会出现不耐烦行为,而顾客 2 等待时间过长或预期等待时间过长会出现止步和中途退出行为。

行为研究确实为运作管理研究提供了新的研究视角,并能够有效解释运作管理领域的很多问题,但是当前研究还处于初级发展阶段,目前对该领域的研究以定性的理论探讨为主。生产中的运作管理一般具有多约束、规模大、随机性强等特点,若生产系统再考虑人的行为特征,模型的复杂程度显著增加,传统的方法和理论体系难以胜任相关工作,必须研究新的方法并建立新的理论体系,如基于行为的最优化理论、基于行为的决策科学理论以及其他关于行为与运作相结合的理论[22]。

本章主要阐述了与生产过程相关的三种行为:学习效应、遗忘效应和不耐烦行为。

(1) 学习效应可以提高工作效率,但是由于认知水平的限制,该现象并不能无限提高效率。学习效应可以应用到与生产相关的诸多领域,如生产计划、供应链、质量管理、项目管理等。合理构建学习效应模型有助于企业提高管理水平,使企业在激烈的竞争环境中赢得优势。

(2) 加工间隔、休班、故障停机在生产实践中是不可避免的,产品切换以及工艺改变使得生产很难连续。这些都会造成生产间隔,产生遗忘效应。遗忘是消极的,同时又是不可避免的。决策者若能在生产管理中合理运用学习-遗忘效应则可能降低遗忘效应给生产带来的负面影响。

(3) 不耐烦行为广泛存在于与生产相关的诸多领域,研究生产不耐烦行为有助于控制库存、安排生产、调派员工。与学习效应和遗忘效应相比,其较难用特定数学模型刻画。此方面的研究成果较之其他两类行为较少,还处于初级阶段。

5.2 基于学习效应的离散制造系统调度

在经典工件排序理论中,工件的加工时间一般是不变的。实际生产过程中,由于学习效应、遗忘效应的存在,加工时间往往是不确定的。本章主要结合实际情况,将学习效应应用到经典的生产模型中(流水车间和人工柔性生产线),然后通过合适的智能优化算法对模型求解,以期求得不同情形下的最优解或近似最优解。

5.2.1 具有学习效应的 PFSP

置换流水车间模型(Permutation Flow-shop Scheduling Problem, PFSP)是许多生产线和服务系统中的一种常见的调度模型,它是对典型流水车间调度问题的进一步约束,规定了每台机器上所有工件的加工顺序相同。虽然 PFSP 约束条件相对简单,Garey

等已证明机器数大于 3 的 PFSP 属于 NP - hard 问题[23]。若再进一步考虑学习效应,问题求解会更加困难。因此对于具有学习效应的 PFSP 的研究具有一定的理论价值和实践价值。

大多数学者的研究都是基于工件加工位置的学习效应[24-27],很少考虑工件之间的相似度关系。实际上,当工件相同或相似时,考虑学习效应才更有意义。本文在经典的置换流水车间调度模型基础上,构建基于工件相似度的学习效应模型。

5.2.1.1　工件聚类

聚类算法有很多,本节采用最近邻法对工件进行聚类[28]。一般来说,同一台机器上相似或相同工序加工时间相近。工件相似度用聚类距离来标度,类与类之间距离越小,表明他们越相似。有 n 个待加工工件 $x = (x_1, x_2, ..., x_n)$,设 G_k 为第 k 类,k 取正整数,聚类步骤如下。

步骤 1　初始化聚类。将当前机器上所有待加工工件分别归为一类,分别记为 G_1,G_2, ..., G_n,计算初始距离矩阵 $D(0)$,工件间距离用欧式距离标度。

步骤 2　更新判断矩阵。从初始化矩阵中找出最小的值,将对应位置的工件归为一新类,同时取消相应旧类。

步骤 3　计算剩余类与新类之间的距离,类间距离判定公式(5-13)如下:

$$D_{IJ} = \min\{d_{ij} : x_i \in G_I, x_j \in G_J\}。 \tag{5-13}$$

其中,G_I 和 G_J 分别代表第 I 类和第 J 类,d_{ij} 代表 I 类和 J 类中任意元素的距离。

步骤 4　判断聚类距离是否超出设定界限。若否,重复步骤 2 和步骤 3;若是,输出聚类结果。

假设某机器有待加工工件 J_1、J_2 和 J_3,在机器上加工时间分别为 1、2、11。对待加工工件进行聚类初始化,分为 G_1、G_2、G_3 三类,计算样品间初始距离 $D(0)$,如表 5-5 所示。

表 5-5　初始聚类矩阵 $D(0)$

	G_1	G_2	G_3
G_1	0		
G_2	1	0	
G_3	10	9	0

从初始距离矩阵中找出最小元素 1,将 G_1、G_2 合并为新类 G_4,同时根据公式(11)得到新的距离矩阵 $D(1)$,如表 5-6 所示。最后将 G_4、G_3 合并成新的一类,聚类结束。聚类树形图如图 5-12 所示。从图上可以清楚地看到,将 J_1 和 J_2 化为一类较为合适。当然,也可以根据需要设定不同的聚类终止条件。

表 5 - 6　距离矩阵 $D(1)$

	G_4	G_3
G_4	0	
G_3	9	0

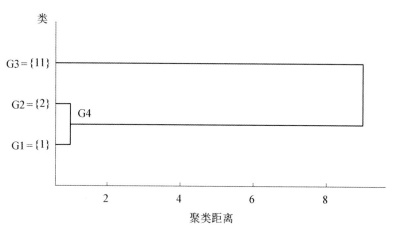

图 5 - 12　聚类树形图

与经典的置换流水车间模型相比,带有学习效应的模型每一道工序的处理时间不再是一个常数。考虑工件相似度的学习效应模型更符合实际。因为,当工件相差较大时,学习效应的积累是不显著的。只有同样或类似的工件被加工时,考虑学习效应才更有意义。

5.2.1.2　学习效应模型

学习效应是指操作人员或机器重复进行同一或近似工作,生产率得到提升的过程。学习效应描述了企业累计生产产品的数量与单位产量所需投入要素的关系[29]:

$$y = ks^n \tag{5-14}$$

$$x = 2^n \tag{5-15}$$

其中,y 为生产第 x 个产品时的工时,k 为生产第一个产品的工时,s 为学习率,x 为累计生产产品数,n 为翻番指数。由公式(5-14)、(5-15)得:

$$y = kx^{-\alpha} \tag{5-16}$$

$$\alpha = -\frac{\lg s}{\lg 2} \tag{5-17}$$

其中,α 表示学习系数。

考虑到工件相似性,并结合(5-14)、(5-15)、(5-16)、(5-17),重新定义带有学习效应的置换流水车间调度问题:

$$\min\{T_{\max}(\sigma)\} = \min\{T(\sigma_n, m)\} \qquad (5-18)$$

约束条件

$$T(\sigma_1, 1) = p(\sigma_1, 1) \cdot 1^{-\alpha} \qquad (5-19)$$

$$T(\sigma_i, 1) = T(\sigma_{i-1}, 1) + p^*(\sigma_i, 1) \qquad (5-20)$$

$$T(\sigma_1, j) = T(\sigma_1, j-1) + p(\sigma_1, j) \cdot 1^{-\alpha} \qquad (5-21)$$

$$T(\sigma_i, j) = \max\{T(\sigma_{i-1}, j), T(\sigma_i, j-1)\} + p^*(\sigma_i, j) \qquad (5-22)$$

其中,m 为机器数,n 为工件数;$i=1, 2, \dots, n$;$j=1, 2, \dots, m$;$\sigma(\sigma_1, \sigma_2, \dots, \sigma_n)$ 为工件的待加工序列;$p^*(\sigma_i, j)$ 为工件的第 j 道工序的等效加工时间,定义如下:

$$p^*(\sigma_i, j) = p(\sigma_i, j) \cdot order(\sigma_i, \sigma)^{-\alpha} \qquad (5-23)$$

其中,$order(\sigma_i, \sigma)$ 为类内等效加工次数,与工件排序、当前加工工件以及分类有关。

5.2.1.3 果蝇算法及其改进

果蝇算法是基于果蝇觅食行为推演出的全局寻优新方法。果蝇本身在感官知觉上优于其他物种,尤其是在嗅觉与视觉上。果蝇的嗅觉器官能很好地搜集空气中的各种气味,然后飞向食物位置,通过敏锐的视觉发现食物与同伴聚集的位置,并向该位置飞行。经典的果蝇算法在文献[30]中有详细介绍。

5.2.1.3.1 基本果蝇算法流程

步骤 1　初始化种群位置。init X_axis;Init Y_axis。

步骤 2　嗅觉寻优。赋予每个果蝇飞行方向及距离。

$$X_i = X\_axis + \mathrm{RandomValue} \qquad (5-24)$$

$$Y_i = Y\_axis + \mathrm{RandomValue} \qquad (5-25)$$

步骤 3　计算味道浓度判定值。味道浓度判定值为果蝇距离原点距离的倒数。

$$Dist_i = \sqrt{X_i^2 + Y_i^2} \qquad (5-26)$$

$$S_i = \frac{1}{Dist_i} \qquad (5-27)$$

步骤 4　计算每个果蝇的味道浓度。将味道浓度判定值代入到味道浓度判定函数中去,求出每个个体的味道浓度值(适应度)。

$$\text{Smell}_i = \text{function}(S_i) \tag{5-28}$$

步骤 5　果蝇群体寻优。在群体中找出味道浓度最大的果蝇。

$$[\text{bestSmell bestIndex}] = \max(\text{Smell}) \tag{5-29}$$

步骤 6　果蝇味道寻优。记下当前群体中最优味道浓度以及最优位置,果蝇通过视觉飞向该位置。

$$\text{Smellbest} = \text{bestSmell} \tag{5-30}$$

$$X\_axis = X(\text{bestIndex}) \tag{5-31}$$

$$Y\_axis = Y(\text{bestIndex}) \tag{5-32}$$

步骤 7　迭代寻优。判断是否满足迭代退出条件,如果是,则退出;否,重复步骤 2—步骤 6。

5.2.1.3.2　算法改进

（1）编码

在基本果蝇算法当中,浓度判定值取果蝇到距离的倒数,使得果蝇对位置变换较不敏感,用味道浓度决定的适应度函数值使得群体容易出现早熟。另外,直接运用果蝇算法并不能解决离散问题。建立果蝇坐标与工件加工序列之间的映射可有效解决此问题。编码规则如下:假设果蝇的位置坐标 $x = (x_1, x_2, \ldots, x_n)$,转变后的工件加工顺序 $\pi = (j_1, j_2, \ldots, j_n)$,则 j_1 是果蝇个体位置坐标 x 中最大分量所在列号,j_2 是次大分量所在的列号,以此类推。考虑到果蝇位置坐标中分量可能相同的情况,约定"近左优先"。例如,果蝇的位置坐标为 $x = [0.02, 0.56, 0.11, 0.17, 0.69, 0.80, 0.56, 0.43]$,那么它所对应的工件加工顺序如表 5-7 所示,经过编码后,每个果蝇对应一个可行工件加工顺序。

表 5-7　果蝇位置与工件加工顺序

位置	1	2	3	4	5	6	7	8
x	0.02	0.56	0.11	0.17	0.69	0.8	0.56	0.43
π	6	5	2	7	8	4	3	1

（2）优化寻优机制

在基本的果蝇算法中,果蝇下一代飞行方向为当代最优果蝇个体附近,这就使得果蝇群体多样性降低,容易陷入局部最优。为了解决此问题,假定果蝇个体会根据当前果蝇群体的情况来判断自己的飞行方向及距离。果蝇会尝试飞向比自己更优、距离自己更近的个体。

引用果蝇飞行意愿 M_{ij} 来标度果蝇飞向群体中某一个体的可能性,定义如下:

$$M_{ij} = [\text{fitness}(j) - \text{fitness}(i)] \cdot \exp[-dist(\text{Fly}_i, \text{Fly}_j)] \quad (5-33)$$

Fly_i、Fly_j 分别表示果蝇个体 i 和 j 的位置坐标,$dist(Fly_i, Fly_j)$ 表示果蝇 i 和果蝇 j 的欧氏距离,$\text{fitness}(i)$ 和 $\text{fitness}(j)$ 分别表示果蝇 i 和 j 的味道浓度(适应度)。通过计算每一个果蝇的飞行意愿,得出果蝇群体的飞行概率矩阵 $W_{ij} = (w_{ij})$,定义如下:

$$w_{ij} = \begin{cases} 0 & \Delta\text{fitness} \leqslant 0 \\ \dfrac{M_{ij}}{\sum\limits_{j=1}^{k} M_{ij}} & \text{others} \end{cases} \quad (5-34)$$

果蝇通过轮盘赌的方式选择下一次飞行的方向,并且选择的位置方向一定要比自己当前位置好,选择机制如公式(5-34)。这样既保证了群体向最优位置进化,又可避免早熟。

$$\text{Fly}_i^* = \begin{cases} \text{Fly}_1 & 0 < rand() < w_{i1} \\ \text{Fly}_2 & w_{i1} < rand() < w_{i1} + w_{i2} \\ \cdots & \cdots \\ \text{Fly}_j & w_{ij-1} < rand() < w_{ij-1} + w_{ij} \\ \cdots & \cdots \end{cases} \quad (5-35)$$

改进后的果蝇算法可概括为:

步骤1 生成果蝇初始群体。在给定空间中,生成初始果蝇群体,计算飞行概率矩阵。

步骤2 果蝇选择飞行方向及距离。

$$\text{Fly}_i = \text{Fly}_i + (\text{Fly}_i^* - \text{Fly}_i) \cdot rand() \quad (5-36)$$

步骤3 计算新果蝇群体的味道浓度。

$$\text{Smell}_i = \text{fitness}(\text{Fly}_i) \quad (5-37)$$

步骤4 基于果蝇当前位置,在其附近寻找个体最优。若存在味道浓度更优的位置,更新果蝇个体位置及其味道浓度。

$$[\text{Fly}_i, \text{Smell}_i] = \text{update}(\text{Fly}_i, \text{Smell}_i) \quad (5-38)$$

步骤5 找出此果蝇群体中的味道浓度最高的果蝇个体,并记录该果蝇对应完工时间。

$$[\text{bestSmell bestIndex}] = \max(\text{Smell}) \quad (5-39)$$

步骤6 判断是否满足终止条件。若满足,输出相应结果,结束。否则,重复步骤

2—步骤5。

5.2.1.4　仿真实验及其分析

为验证算法的有效性,用 Car 类标准问题进行检验,并与标准粒子群算法(PSO)和标准萤火虫算法(FA)以及标准果蝇算法(FOA)的测试结果进行对比。果蝇算法参数设置设定参数如下:迭代次数 300、种群规模 40。每种算法独立运行 20 次。其中,粒子群算法和萤火虫算法的实验数据取自文献[31]。运行环境为: CPU 主频 2.1 GHZ、物理内存 2 GB、操作系统 Windows 7、软件版本 matlabR2010b。

果蝇算法和改进果蝇算法中果蝇个体数为 40;萤火虫算法中萤火虫个体数为 40,最大吸引度为 1,光强吸收度为 1,步长因子为 0.3;粒子群算法中粒子个数为 40,学习因子 C1=C2=1.5,采用线性递减惯性权重,起始值和终止值分别为 0.9 和 0.4。每种算法分别迭代 300 次。实验结果如表 5-8 所示。

表 5-8　Car 类问题寻优统计对比

问题	n m	IFOA			FA			FOA			PSO		
		SR	BRE	ARE	SR	BRE	ARE	SR	BRE	ARE	SR	BRE	ARE
Car1	11,5	100%	0	0	100%	0	0	95%	0	0.53	85%	0	0.54
Car2	13,4	100%	0	0	100%	0	0	65%	0	2.06	40%	0	2.09
Car3	12,5	95%	0	0.03	70%	0	0.29	35%	0	1.35	5%	0	2.75
Car4	14,4	100%	0	0	100%	0	0	85%	0	0.79	40%	0	2.6
Car5	10,6	75%	0	0.04	50%	0	0.05	40%	0	0.94	10%	0	1.10
Car6	8,9	100%	0	0	95%	0	0.04	25%	0	0.99	25%	0	1.24
Car7	7,7	100%	0	0	100%	0	0	90%	0	0.33	70%	0	0.77
Car8	8,8	100%	0	0	100%	0	0	90%	0	0.2	35%	0	0.98

注:SR 为寻优成功率,BRE 为最优相对误差,ARE 为平均相对误差。

针对寻优率普遍较差的 Car5 问题,分别用 IFOA、FA、PSO、FOA 进行一次迭代寻优,如图 5-13 所示。

从表 5-8 和图 5-13 可以得出如下结论:

(1) 对于 Car 类问题的所有算例,IFOA 的 ARE 以及 BRE 均小于其他算法。可见,改进算法搜索的稳定性较佳。

(2) IFOA 寻优有效性强。从寻优率来看,IFOA 仅在 Car3 和 Car5 问题上寻优率未达到 100%。且其在 Car 类所有问题上的寻优率都明显优于 FOA、FA、PSO。

(3) 针对寻优较难的 Car5,IFOA 较早寻得最优值 7 738,其他三种算法均未寻得最优值。

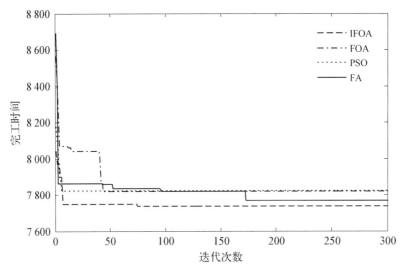

图 5 - 13　Car5 寻优迭代对比

综上所述,改进后的果蝇算法有着收敛速度快、寻优效率高以及寻优稳定等特点,是求解置换流水车间问题的一种有效方法。

以 Car1 基准问题为例,绘制完工时间随学习率和聚类距离变化图像,如图 5 - 14 所示。学习率及聚类距离分别赋初始值为 0.1、步长为 0.05、终值为 1 的一组值。其他参数设置同第 2 部分改进果蝇算法参数赋值。可以看出,聚类距离和学习率对完工时间均有影响。往往聚类距离小、学习率高,完工时间越长;学习率低、聚类距离越大,完工时间越短。另外,学习率为 1 时,完工时间几乎全部为 7 038,仅有一点未达到此值。

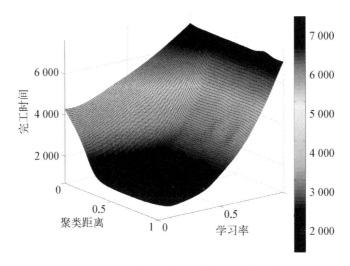

图 5 - 14　Car1 完工时间随聚类距离和学习率变化

（1）学习率对置换流水车间调度的影响。

为进一步分析学习率对置换流水车间问题的影响,分别截取聚类距离为 0.1、0.2、0.3、……、1 时图像,分别得到完工时间随学习率的变化图像,如图 5 - 15 所示。

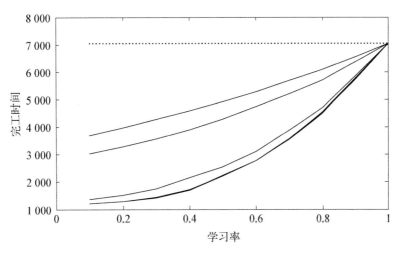

图 5 - 15　学习率与完工时间关系

图 5 - 15 表明随着学习率的增大,完工时间逐渐增加,而且最终会达到 Car1 问题的最优值 7 038。学习率越高,工时减小率越小。当学习率为 1 时,可认为加工工时不变,无学习效应,即无论对工件如何分类,总工时不会减少。另外,分类终止条件非常小时,学习效应也不明显,如图中虚线所示。同时,以上算例也表明了改进果蝇算法收敛的稳定性。

（2）聚类距离对置换流水车间调度的影响。

为探究聚类距离对置换流水车间完工时间的影响,截取学习率为 0.1—1 时的图像如图 5 - 16 所示。

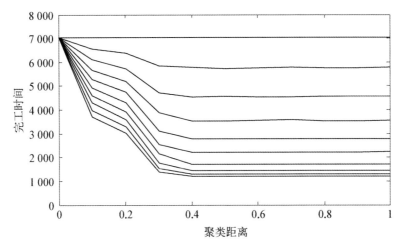

图 5 - 16　聚类距离与完工时间关系

从图 5-16 可以看出,随着聚类距离的增大,最优完工时间逐渐减小。当学习率为 1 时,无论聚类距离多大,最优完工时间始终是 7 038。这是因为,学习率为 1 时,学习系数为 0,工件的每道工序加工时间始终等于初始时间加工时间。另外,聚类距离为 1 时,可以认为所有工件为一类,每一个工件的加工都对学习效应的积累有贡献,这便是经典的与加工位置有关的学习效应模型。

表 5-9 是不同聚类距离下的完工时间改进率(%)。可以看出,在给定学习率的情况,不同聚类标准对于工时缩短程度是有差异的。聚类距离为 0 时,分类越细化,工时缩短程度越小。随着聚类距离的增加,完工时间缩短程度增大。也就是说,当分类越少的时候,完工时间缩短程度较大。当聚类距离为 1,即所有工件可以看为一类时,工时缩短程度最大。这是因为,分类越细意味着工件差异性越大,此时学习效应不是很明显。因此企业在安排生产时应该将工件合理分组,尽可能地将相同或相似的工件安排在一起以缩短加工工时。考虑聚类距离的学习效应模型有着很强的通用性,是对现有学习效应模型的一种改进,更符合生产实际,对企业生产具有一定的借鉴意义。

表 5-9　完工时间改进率

LR \ CD	0	0.1	0.2	0.3	0.4
0.5	0	29.90	39.15	63.69	68.70
0.6	0	24.92	32.72	55.73	60.44
0.7	0	19.35	26.25	44.98	49.77
0.8	0	13.30	18.65	33.09	35.73
0.9	0	6.85	9.29	16.78	17.62

注:CD 为聚类距离,LR 为学习率。

5.2.2　具有学习效应的人工柔性制造系统

Baines 等人从真实的发动机装配线上收集数据,研究表明生产实践中有 1/3 的生产时间由于停工、休息时间的延长、流水线的破坏而损失掉了。其中大部分是由于员工行为而导致,该结论与基于员工标准化假设而得出的研究结论相差甚远[32]。

人是生产的主体,人在生产实践中具有学习性、随机性和柔性。研究考虑人的制造系统有助于缩小理论研究与生产实践之间的差距,有助于生产型企业做出更为合理的决策。近些年来,越来越多学者对考虑人的生产制造系统进行了深入的研究。叶春明针对制造系统,对系统中的学习效应进行分类,从企业背景、中国情形下操作者行为与状态、学习效应形态等角度提出了调度形态分类框架[33]。于秀丽等研究了带有学习效应的人工作业系统,提出了最短完工期的员工指派优化模型,并用一算例验证了模型及算法的有效性,但是该研究的生产模型流水型,约束较少[34]。句彩霞对软件开发过程中具有异质效应的知识性柔性员工调度进行研究,并建立了响应的线性整数规划调度模型[35]。张新功对单台机器下次品工件可重加工生产的问题进行研究,并提出了一般情形下的动态规划算法[36]。

从现有研究来看,已有对学习效应下的批调度、柔性员工调度的研究,但对于考虑学习效应的人工柔性批调度研究较少。本节以问题分析为基础,构建基于学习效应的柔性批调度模型,并构造合适染色体,运用一新兴仿生智能算法-杂草算法[37]对其求解。

5.2.2.1　问题描述及建模

5.2.2.1.1　问题描述

某配送中心的组装生产线有四道工序[38-39]:材料准备、预处理、拆曲及打包。该中心采用较为先进的柔性制造系统,可同时组装 3 批不同规格的产品,批加工方式为平行顺序移动[40]。员工为全技能异质型[41],由于个人禀赋及学习能力不同,不同员工在不同工位上所耗工时略有不同。另外,员工对某一工序重复操作会增加其对相关技能的理解能力,从而提高在相应工位的生产效率。生产工艺流程图如图 5 - 17 所示。

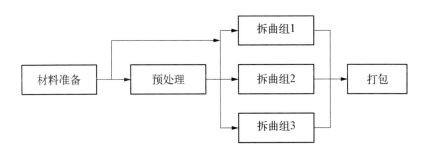

图 5‑17　生产工艺流程图

在上述生产系统中,员工的学习效果主要受如下四个因素影响:初始能力、学习能力、任务难度以及工作重复次数[34]。其中,任务难度和作业重复次数很大程度上与作业本身有关,而初始能力和学习能力主要与员工本身有关。

每位员工在正式上岗之前会有一定的岗前培训,之后被分配到 m 个不同工位上。不同员工接受新知识的能力略有不同。另外,某些员工可能在以前的工作岗位上有类似的工作经验。这些都会在一定程度上影响员工的初始能力。在这里,用初始能力矩阵 $P^{initial}$ 来表征员工正式上岗前对于每道工序的操作能力,用学习矩阵 R 表征每位员工对于不同工序的学习能力。

$$P^{Initial} = \begin{bmatrix} P_{11}^{Initial} & P_{12}^{Initial} & \cdots & P_{1m}^{Initial} \\ P_{21}^{Initial} & P_{22}^{Initial} & \cdots & P_{2m}^{Initial} \\ \vdots & \vdots & \vdots & \vdots \\ P_{m1}^{Initial} & P_{m2}^{Initial} & \cdots & P_{mm}^{Initial} \end{bmatrix} \tag{5-40}$$

$$R = \begin{bmatrix} r_{11} & r_{12} & \cdots & r_{1m} \\ r_{21} & r_{22} & \cdots & r_{2m} \\ \vdots & \vdots & \vdots & \vdots \\ r_{m1} & r_{m2} & \cdots & r_{mm} \end{bmatrix} \qquad (5-41)$$

本节采用 Biskup 提出的一种与工件加工位置有关的学习效应模型[24]：

$$P_{ijk} = P_{ij}^{Initial} \cdot k^{\alpha_{ij}} \qquad (5-42)$$

$$\alpha_{ij} = \lg R_{ij} / \lg 2 \qquad (5-43)$$

其中，i，$j = 1$，…，m；k 为同一批次中工件的加工位置（次数）；α_{ij} 为学习效应因子。

5.2.2.1.2 模型建立

该模型的求解目标为寻得一员工分派方案，并优化订单子批顺序，以使得订单总完成时间最短。符号约定如表 5-10、表 5-11 所示。

表 5-10 基本变量

符　号	含　义	备　注
i	工件编号	$i = 2$，…，TN；定义如式(5-18)中 $i = 1$，…，TN
j	工序号	$j = 2$，…，σ_i；定义如式(5-33)中 $j = 1$，…，σ_i
k	员工编号	$k = 1, 2, …, m$
N	工序被加工次数	$N = 1, 2, …, B_{6i}$
TN	总工件数	$TN = B_1 + B_2 + … + B_C$
m	员工总数	
C	工件类	
B	每类工件加工个数	$B = \{B_1, B_2, …, B_C\}$
$t_{\delta_i, j, k, N}$	工人加工某道工序耗时	工人 k 第 N 次加工某道工序耗时
$\alpha_{k, \delta_i, j}$	学习因子	员工 k 对于第 σ_i 类工件的第 j 道工序的学习因子 $\alpha_{k, \delta_i, j} = \lg R_{k, \delta_i, j} / \lg 2$
$R_{k, \delta_i, j}$	学习率	
$T_{\delta_i, j, N}$	某工序完工时间	第 σ_i 类工件的 j 道工序第 N 次加工的完工时间
$S_{\delta_i, j, k, N}$	某工序开始时间	
$L_{\delta_i, j, k, N}$	当前员工完成上一工作的时间	定义如公式(5-18)，$i^* = 1$，…，$i-1$；$j = 2$，…，δ_{i^*}

续　表

符　号	含　义	备　注
$F_{\delta_i, j, k, N}$	员工完成同一工件上一道工序时间	定义如公式(5-19)
$H_{\delta_i, j, k, N}$	员工完成上一个同样工序的时间	定义如公式(5-20)，员工 k 完成当前工序的 $N-1$ 次时间

表 5-11　决策变量

符　号	含　义	备　注
δ	所有工件加工顺序	$\delta = \{\delta_1, \delta_2, \ldots, \delta_{TN}\}$；$\delta_i \in \text{class\_set}$
X	员工指派方案	定义如公式(5-21)
class_set	工件类集合	$\text{class\_set} \in \{1, 2, \ldots, C\}$

$$L_{\delta_i, j, k, N} = \max(S_{\delta_{i*}, j*, N*} + t_{\delta_{i*}, j*, k, N*}) \tag{5-44}$$

$$F_{\delta_i, j, k, N} = T_{\delta_i, j-1, N} \tag{5-45}$$

$$H_{\delta_i, j, k, N} = T_{\delta_i, j, N-1} \tag{5-46}$$

$$X_{\delta_i, j, k} = \begin{cases} 1 & \text{员工 } k \text{ 加工第 } i \text{ 个工件的第 } j \text{ 道工序} \\ 0 & \text{其他} \end{cases} \tag{5-47}$$

数学模型如下：

目标参数

$$\min\ f(\delta, X) = \max(T_{\delta_i, j, N}) \tag{5-48}$$

约束条件

$$T_{\delta_1, 1, 1} = \sum_{k=1}^{m} X_{\delta_1, 1, k} \cdot t_{\delta_1, 1, k, 1} \cdot 1^{\alpha_{k, \delta_1, 1}} \tag{5-49}$$

$$T_{\delta_i, 1, 1} = T_{\delta_{i-1}, 1, 1} + \sum_{k=1}^{m} X_{\delta_i, 1, k} \cdot t_{\delta_i, 1, k, 1} \cdot 1^{\alpha_{k, \delta_i, 1}} \tag{5-50}$$

$$T_{\delta_1, j, 1} = T_{\delta_1, j-1, 1} + \sum_{k=1}^{m} X_{\delta_1, j, k} \cdot t_{\delta_1, j, k, 1} \cdot 1^{\alpha_{k, \delta_i, 1}} \tag{5-51}$$

$$T_{\delta_i, j, N} = S_{\delta_i, j, N} + \sum_{k=1}^{m} t_{\delta_i, j, k, N} \cdot X_{\delta_i, j, k} \tag{5-52}$$

$$t_{\delta_i, j, k, N} = t_{\delta_i, j, k, 1} \cdot N^{\alpha_{k, \delta_i, j}} \tag{5-53}$$

$$S_{\delta_i, j, k, N} = \max\{L_{\delta_i, j, k, N}, F_{\delta_i, j, k, N}, H_{\delta_i, j, k, N}\} \tag{5-54}$$

$$\sum_{k=1}^{m} X_{\delta_i, j, k, N} = 1 \tag{5-55}$$

在约束条件中,公式(5-49)为第一个加工工件的完工时间;公式(5-50)为第 i 个工件首道工序第一次被加工的完成时间;公式(5-51)为第一个工件的第 $j(j>1)$ 道工序被加工第一次的完成时间;公式(5-52)为工件 $i(i>1)$ 第 $j(j>1)$ 道工序加工第 N 次时的完工时间;公式(5-53)为任意工序耗时;公式(5-54)为某工序开始时间 $(i>1, j>1)$。

5.2.2.2 算法设计

杂草算法是模拟杂草入侵扩张行为构造出的一类随机优化算法。杂草表示所求问题的可行解,杂草种群表示所求问题的可行解集。进化过程中,杂草通过繁殖产下种子,种子通过空间扩张,生长成杂草,如此循环,一直到种群中杂草的数量达到预先设定的最大种群规模,这样让所有个体都有自由繁殖的机会,一直到扩散完成后,再将所有的父代和子代一起,按适应度值排序进行适应性生存竞争。通常对环境适应较好的杂草有更多繁殖机会和生存空间,而相对那些环境适应性差的杂草只有更少的生存和繁殖机会。

杂草繁殖种子的数目与杂草的适应性成正比,通过如下定义对杂草算法进行描述。

定义 1:杂草产生种子的公式为

$$\text{weed}_i = \frac{f_i - f_{\text{worst}}}{f_{\text{best}} - f_{\text{worst}}}(s_{\max} - s_{\min}) + s_{\min} \tag{5-56}$$

式中,f_{best} 和 f_{worst} 分别为当前种群中所生长的杂草的最好和最差适应度值;f_i 为当前杂草的适应度值,$S_{\max}$ 和 $S_{\min}$ 分别表示一个杂草能产生种子的最大值和最小值。

定义 2:在杂草算法中,杂草产生的种子按平均值为 0,标准差为 σ 的正态分布,在父代周围扩张繁殖。种子生长位置与杂草的距离称为随机步长 $D \in [-\sigma, \sigma]$。σ 的变化公式如下:

$$\sigma = \frac{(\text{iter}_{\max} - \text{iter})^n}{(\text{iter}_{\max})^n}(\sigma_{\text{init}} - \sigma_{\text{final}}) + \sigma_{\text{final}} \tag{5-57}$$

式中 iter 为当前进化代数,$\text{iter}_{\max}$ 为最大进化代数,σ_{init} 和 σ_{final} 分别为标准差的最初值和最终值,σ 为当前标准差,n 为非线性调和因子。在迭代初期 σ 较大,种子在父代杂草较远的区域扩散,算法表现为全局探索;随着迭代次数增加,σ 逐渐减小,种子在父代杂草较近的地方密集分布,算法表现为局部探索,此时如果进化种群无法摆脱局部极值的干扰,容易使杂草算法呈现收敛早熟。

算法寻优过程为:随机初始化产生 N 棵杂草,对杂草种群进行初始化;每次迭代杂草按公式(5-56)产生若干种子;杂草的种子按公式(5-57)计算的随机步长,进行繁殖扩张;按照适者生存的原则选择优良种子,进行下一次迭代;在每一次迭代前,判断是否达到最大迭代次数,若满足则输出最优解,算法终止,否则重复迭代。

杂草算法本身是用来求解连续问题的,如何将杂草个体与可行调度方案对应、如何对杂草进行编码与译码是关键。本节研究的是一人工柔性批调度问题,涉及员工分派、分批、批排序三个子问题。员工分派问题为安排合适的员工到指定工位生产;分批问题包括将目标产品划分为不同子批,并规定子批中产品种类、数目以及投产顺序;批排序问题为生产批次的先后顺序。而对于分批问题,本节生产模型中所涉及批量较大,并假定批次按订单紧急程度顺次生产。同种类型产品成组生产主要有两方面好处:第一,减少生产不同产品的总换批时间,提高设备利用率;第二,从应用背景来讲,同种产品连续生产有利于避免学习退化。对于批排序问题,Chandru[42]证明了对于已构造好的批生产计划,采用批权重最短加工时间规则(按批加工时间和批工件数量比值递增排序)可以得到问题最优解。因此,本节研究重点主要是员工调度问题。

本算法采用一种基于 ROV 随机键编码的编码方式[43],实现个体连续位置矢量与员工所处工位一一对应。根据员工数目(本文中与工位数相等)m,生成一 m 维杂草 $X_i = \{x_1, x_2, \ldots, x_m\}$,先对个体位置分量从小到大进行排序,最小的位置分量的 ROV 值为 1,第 k 小的位置分量的 ROV 值为 k,数值相等时近左优先,其中($0 < k < m+1, k$ 为整数)。再将员工编号与 ROV 值对应,即得到一个员工与工位对应关系。例如,杂草的位置坐标为 $x = [0.02, 0.56, 0.11, 0.17, 0.69, 0.80, 0.56, 0.43]$,那么它所对应的员工与工位的关系为:员工 1、3、4、8、2、7、5、6 分别位于 1 号机器到 8 号机器,如表 5-12 所示。

表 5-12 杂草位置与员工分派

位置	1	2	3	4	5	6	7	8
x	0.02	0.56	0.11	0.17	0.69	0.8	0.56	0.43
ROV	1	5	2	3	7	8	6	4

综上所述,根据 ROV 编码规则,杂草个体可对应为一员工分派方案。杂草算法求解人工柔性批调度问题算法流程如下。

步骤 1:设置算法基本参数:初始杂草个数、最大杂草个数、初始标准差和最终标准差、扩张区间大小、最大最小种子数,以及最大迭代次数;

步骤 2:初始化杂草种群,采用批权重最短加工时间规则得到批调度顺序,并计算当前群体的适应度值(总批完工时间);

步骤 3:杂草群体通过种群扩张以及种群繁衍进行迭代优化;

步骤 4:判断是否达到预设的最大种群规模,如满足则按竞争性生存法则进行排序,并选出适应度最好的个体;

步骤 5：判断是否达到最大迭代次数,若满足则终止。否则转到步骤 3。

5.2.2.3　算例及仿真

假设某人工柔性作业车间接到三个不同型号产品订单,每个订单产品数量均为 100。每种产品各工序参考加工时间如表 5－13 所示。有 6 名员工被安排参与此次生产计划,员工的初始技能及学习率情况如表 5－14 所示。

表 5－13　产品工序加工时间参考值

产品类型	1	2	3	4	5	6
	准备材料	预处理	折曲组1	折曲组2	折曲组3	打包
1	20	0	120	0	0	15
2	10	5	0	160	0	10
3	20	5	0	0	120	15

表 5－14　员工初始技能及学习率矩阵

员工	产品	工　序					
		1	2	3	4	5	6
员工 1	产品 1	19(0.92)	—	122(0.89)	—	—	17(0.87)
	产品 2	8(0.98)	6(0.96)	—	158(0.88)	—	11(0.9)
	产品 3	20(0.96)	7(0.94)	—	—	118(0.93)	17(0.88)
员工 2	产品 1	17(0.91)	—	119(0.87)	—	—	15(0.91)
	产品 2	11(0.92)	6(0.93)	—	159(0.89)	—	10(0.88)
	产品 3	22(0.91)	4(0.97)	—	—	122(0.93)	13(0.95)
员工 3	产品 1	22(0.92)	—	121(0.93)	—	—	14(0.94)
	产品 2	12(0.89)	7(0.93)	—	161(0.89)	—	12(0.95)
	产品 3	20(0.89)	5(0.86)	—	—	121(0.89)	14(0.93)
员工 4	产品 1	20(0.89)	—	123(0.95)	—	—	12(0.92)
	产品 2	13(0.91)	6(0.94)	—	158(0.93)	—	11(0.99)
	产品 3	20(0.94)	5(0.95)	—	—	121(0.92)	16(0.91)

续　表

员工	产品	工　序					
		1	2	3	4	5	6
员工 5	产品 1	23(0.99)	—	125(0.94)	—	—	13(0.95)
	产品 2	11(0.93)	4(0.94)	—	159(0.93)	—	9(0.95)
	产品 3	21(0.92)	6(0.93)	—	—	121(0.93)	16(0.92)
员工 6	产品 1	20(0.93)	—	124(0.94)	—	—	12(0.94)
	产品 2	10(0.96)	5(0.85)	—	156(0.88)	—	10(0.93)
	产品 3	22(0.90)	7(0.92)	—	—	120(0.92)	15(0.93)

针对以上算例,根据文中设计的杂草算法,在 CPU 主频 2.1 GHZ、物理内存 2 GB、操作系统 Windows 7、软件版本 matlabR2010b 的运行环境下进行仿真。针对 9 种不同批量组合的订单,将两种启发式指派规则(初始加工时间最短和学习率最低)与本文所提出的杂草优化算法(IWO)对比。两种启发式规则约定如下。

初始加工时间最短指派规则(SPT):从最小工位到最大工位,根据每位员工在不同工位上各类工序加工时间的平均值将员工指派到相应工位。先指派平均值最小的员工,等值情况下编号小的员工优先,已被分派的员工不参与下一次分派。

学习率最低指派规则(LR):与初始加工时间最短指派规则类似,根据学习率指派员工到不同工位。

杂草算法参数设置如下:初始杂草个数 10,最大杂草个数 40,初始标准差 10,最终标准差 0.000 01,最大种子个数 15,最小种子个数 1,最小边界 −5,最大边界 5,非线性因子 $n=4$,最大迭代次数 200。实验结果如表 5-15 所示。其中,括号内数据为考虑学习效应完工时间。

表 5-15　不同批量对比分析

问题编号	批量组合(a,b,c) 及加工顺序	IWO	SPT	LR
1	(10,10,10)a - c - b	4 033(3 698)	4 075(3 700)	4 084(3 704)
2	(20,20,20)a - c - b	7 963(7 051)	8 055(7 063)	8 064(7 059)
3	(30,30,30)a - c - b	11 893(10 320)	12 035(10 342)	12 044(10 329)
4	(40,40,40)a - c - b	15 823(13 538)	16 015(13 569)	16 024(13 547)
5	(50,50,50)a - c - b	19 753(16 719)	19 995(16 761)	20 004(16 728)

问题编号	批量组合(a,b,c)及加工顺序	IWO	SPT	LR
6	(60,60,60)a－c－b	23 683(19 872)	23 975(19 924)	23 984(19 882)
7	(70,70,70)a－c－b	27 613(23 002)	27 955(23 066)	27 964(23 012)
8	(80,80,80)a－c－b	31 543(26 113)	31 935(26 188)	31 944(26 124)
9	(90,90,90)a－c－b	35 473(29 208)	35 915(29 295)	35 924(29 219)

通过表 5－15 中数据可以看出,不同算法寻得的批完工时间有一定差异。相比两种启发式算法,杂草不论在学习效应情景下还是在非学习效应情景下,寻优精度均较高。不考虑学习效应时,初始加工时间最短指派规则较之学习率最低指派规则性能更优;考虑学习效应时,除一个问题外,学习率最低指派规则性能优于初始加工时间最短指派规则。主要是因为:SPT 以初始技能作为标准分派员工,未考虑学习效应的积累。加工工件较少时,LR 优势不太明显(如问题 1),随着工件数目增加,其较之 SPT 优势凸显。

表 5－16 为考虑学习效应时,IWO 算法员工分派结果。可以看出,不同的批量组合,员工分派结果也有所不同。无论哪种批量组合,员工 2、6、1 均分别分派到机器 3、4、5 上,从初始技能和学习率来看,可能是这三位员工在相应机器上不仅有一定基础,而且学习效果较好,此种指派方式使他们的才能得到充分发挥。

表 5－16　考虑学习效益 IWO 员工指派

问题	机 器 号					
	1	2	3	4	5	6
1	3	4	2	6	1	5
2	3	4	2	6	1	5
3	3	4	2	6	1	5
4	3	4	2	6	1	5
5	4	5	2	6	1	3
6	3	5	2	6	1	4
7	3	5	2	6	1	4
8	4	5	2	6	1	3
9	3	5	2	6	1	4

本节针对一人工柔性制造系统,改造基本杂草算法,解决了学习效应条件下人员调动问题。管理者在排班时,不仅要考虑员工禀赋,还要兼顾员工学习能力。同时,人员的调度要与实际生产相匹配,使员工各尽其能。

置换流水车间模型是许多制造系统的抽象,而学习效应是广泛存在于生产过程中的行为。构建学习型置换流水车间模型可以更加准确刻画制造过程,有助于决策。另外,相似或相同工件时被同一机器和人员加工时学习效用更为显著。本文采用系统聚类法,将待加工工件合理分类,构建带有学习效应的置换流水车间模型。果蝇算法是台湾学者潘文超提出的新型仿生算法,学者们已成功运用此算法解决了参数优化、函数寻优等。现有研究来看,该算法在离散调度中的应用较少。果蝇算法最初是为解决连续优化问题而提出的,运用 ROV 编码将果蝇位置向量映射为可行调度方案。构建基于飞行意愿变量的位置更新方程,替代先前基于位置味道浓度的更新机制,有目的引导果蝇飞向优良位置。5.1 节中的仿真实验一方面说明了果蝇算法是求解置换流水车间调度问题的有效算法,另一方面也验证了算法改进的有效性。从学习率和聚类距离两个维度进行组合实验,最小完工时间随学习率的减小和聚类距离的增大而减小。

本节的制造模型是某一生产作业系统过程的抽象。基于不同员工属性的指派问题有着一定的实际意义。员工的经验一般有两部分组成:先验经验和经验。先验经验是员工从事当前工作时已具备的工作能力,而经验是从事工作后习得的。管理者在指派员工时,既不能仅凭员工现有能力,同时还要考虑其后期的学习和适应能力。从仿真实验来看,杂草算法寻得的员工指派方案优于最短加工时间和学习率最低两种启发式算法。另外,员工的学习程度和技能提升程度是与时间和生产过程有关的。企业中存在慢热型员工,该类员工刚开始由于工作经验的缺失,工作效率不及老手。但是,随着工作参与度的增加,其在工作效率要优于一些老员工。因此,管理者应结合实际生产与员工情况做出合理的决策。

5.3 本章小结

本章着重研究了制造系统中的行为及基于行为的生产模型调度问题。现将本章的主要研究工作总结如下。

(1) 对国内外行为运筹领域研究进行回顾,特别是与生产制造有关的行为研究,分析该领域研究趋势。

(2) 系统研究离散制造系统分类、系统建模及其调度算法,为后续模型构建奠定基础。

(3) 在生产制造系统中,会存在学习效应、遗忘效应以及不耐烦行为等。在分析行为理论的基础上,以案例形式进一步阐释制造系统中存在的行为。学习效应、遗忘效应已成功应用于生产调度、员工指派、项目管理、质量管理等诸多领域。结合学习效应,构造了带有重加工过程的制造模型。在该模型中,批工件完工时间包括了加工时间、重加工时间以及维修时间。学习率越小，最优单位加工时间越小；修缮次数的增多有助于提高生产效率，但并不能无限提高。项目是人员参与度较大的事件，人的行为对于项目的完成具有重要影响。一般的项目管理一般将人的工效看作一固定值，且较少考虑经验积累以及间隔生产对项目工期的影响。通过研究基于学习效应和学习-遗忘效应的项目管理案例，主要发现：

① 学习效应有助于缩短工期，遗忘效应使经验损失；

② 学习效应有时可是关键路径漂移。

管理者若能有效运用学习效应、遗忘效应能更加准确地预测工期，并有效控制项目进度。

(4) 学习效应、遗忘效应以及不耐烦行为是制造过程客观存在的行为。本章构建带有学习效应的置换流水车间模型以及人工柔性制造系统模型，并分别用果蝇算法、杂草算法求解。由于学习效应的存在，无论是置换流水车间还是人工柔性作业系统中的加工任务总会缩短。基于学习效应的排产和员工指派与经典算法略有出入。不管计划制订还是员工指派都要因人因事，这样管理者才能做出合适决策。

随着行为运筹研究的深入，基于行为运筹的离散制造系统研究将会是生产调度领域研究的热点。从实际生产数据出发，构建基于行为的生产系统模型可以为生产运营决策提供强有力的支撑。本章研究主要着眼于学习效应与生产制造系统的契合，未对遗忘效应和不耐烦行为进入深入研究。实际生产中，休班、停机、工艺转变等均可造成遗忘，研究生产过程中的遗忘具有实际意义，有助于指导生产。不耐烦行为研究多集中于供应链及库存系统，在生产调度中的应用较少。随着顾客需求日益多样化，加之竞争的日渐激烈，研究基于顾客不耐烦行为的生产运作具有一定的前景。今后可构建基于遗忘效应、不耐烦行为的生产模型，并用相应算法求解。另外，更为复杂的生产模型，更多约束以及更大规模的带有学习效应人工柔性制造系统(员工互助、插单混批生产)将是今后研究重点。

参 考 文 献

[1] Wright T P. Factors affecting the cost of airplanes [J]. Journal of the Aeronautical Sciences (Institute of the Aeronautical Sciences)，2012，3(4).

[2] 徐丽萍,林俐.基于学习曲线的中国风力发电成本发展趋势分析[J].电力科学与工程,2008,24 (3)：1 - 4.

[3] Koulamas C. Quality improvement through product redesign and the learning curve[J]. Omega, 1992，20(2)：161 - 168.

[4] Jaber M Y, Guiffrida A L. Learning curves for processes generating defects requiring reworks [J]. European Journal of Operational Research，2004，159(3)：663 - 672.

［5］ 闫文周,郭勇,张峰.学习曲线在建筑施工工期预测中的应用研究［J］.西安建筑科技大学学报(社会科学版),2004,23(3)：10-13.

［6］ 张丽霞,韦福祥.基于学习-遗忘效应的生产率降低损失索赔研究［J］.数学的实践与认识,2007,37(4)：21-26.

［7］ 吴仁群.学习曲线在成本计划评审应用［J］.数学的实践与认识,2007,37(15)：168-173.

［8］ 陈冬宇,邱菀华,杨敏,等.考虑学习效应的复杂工程网络优化及仿真［J］.北京航空航天大学学报(社会科学版),2008,21(2)：8-12.

［9］ 柳春锋,杨善林.求解学习型员工项目调度问题的 HPSO 算法［J］.Computer Engineering,2012,38(2).

［10］ 杨枫玉,叶春明.基于学习效应的项目员工调度模型研究［J］.科技与管理,2013,15(3)：8-12.

［11］ Globerson S, Levin N, Shtub A. The impact of breaks on forgetting when performing a repetitive task［J］. IIE transactions, 1989, 21(4)：376-381.

［12］ McCreery J K, Krajewski L J. Improving performance using workforce flexibility in an assembly environment with learning and forgetting effects ［J］. International Journal of Production Research, 1999, 37(9)：2031-2058.

［13］ Nembhard D A. Heuristic approach for assigning workers to tasks based on individual learning rates［J］. International Journal of Production Research, 2001, 39(9)：1955-1968.

［14］ 曹拯.学习遗忘曲线模型在 S 公司生产培训中的应用与研究［D］.华东理工大学,2012.

［15］ 黄会然,张小洪,潘德惠.耐烦期有限的库存系统的最优存贮模型［J］.东北大学学报(自然科学版),2000,21(3)：328-331.

［16］ 秦海林,刘建民.带优先权与不耐烦顾客排队模型的模拟仿真［J］.现代电子技术,2012,35(20)：91-94.

［17］ 付馨雨.具有不耐烦顾客且窗口能力不等的排队模型研究［D］.重庆师范大学,2014.

［18］ 于淼,宫俊,雒兴刚,等.考虑顾客耐心的呼叫中心人力资源配置模型［J］.系统工程学报,2013,28(005)：686-693.

［19］ 张小洪,陈剑,潘德惠.有限耐烦期随机库存系统的最优控制［J］.中国管理科学,2004,12(2)：38-43.

［20］ 罗兵,卢娜,杨帅.耐烦期有限的供应商管理库存模型［J］.重庆大学学报(自然科学版),2005,28(5)：143-147.

［21］ 王晓燕,王康周,祁忠斌,等.不耐烦顾客生产服务系统建模与优化［J］.山东大学学报(工学版),2014,44(2)：55-63.

［22］ 叶春明.基于学习效应的行为生产调度新模式研究［J］.企业经济,2015,4：002.

［23］ Garey M R, Johnson D S, Sethi R. The complexity of flow-shop and job-shop scheduling［J］. Mathematics of Operations Research, 1976, 1(2)：117-129.

［24］ Biskup D. Single-machine scheduling with learning considerations ［J］. European Journal of Operational Research, 1999, 115(1)：173-178.

[25] 王吉波,王明征,夏尊铨.具有一般学习效应的单机排序问题(英文)[J].数学研究与评论,2005, 04：76-80.

[26] 张新功,严广乐,张峰,唐国春.一种新的学习效应的机器排序问题研究[J].系统科学与数学, 2010,10：1359-1367.

[27] 孙林辉,王丹,王吉波.具有学习效应的总完工时间流水作业问题[J].系统管理学报,2011,01： 114-118.

[28] 谢中华.MATLAB统计分析与应用：40个案例分析[M].北京航空航天大学出版社,2010.

[29] 王桂娜,俞秉昊,潘尔顺.成组生产下的考虑学习和遗忘效应的调度策略[J].工业工程与管理, 2013,17(5)：60-64.

[30] 潘文超.果蝇最佳化演算法——最新演化式计算技术[M].沧海书局,2011.

[31] 杜贞,叶春明,凌远雄.应用萤火虫算法求解基于学习效应的PFSP问题[J].计算机工程与应用, 2015,16：248-251+258.

[32] 王吉波,王明征,夏尊铨.具有一般学习效应的单机排序问题(英文)[J].数学研究与评论,2005, 04：76-80.

[33] 叶春明.基于学习效应的行为生产调度新模式研究[J].企业经济,2015,4：002.

[34] 于秀丽,张毕西,李逸帆,等.考虑员工学习效应的MTO/MOS指派模型及算法研究[J].运筹与 管理,2014,23(1)：226-233.

[35] 句彩霞,李华.具有异质效率的多技能项目型知识员工柔性调度问题研究[J].世界科技研究与 发展,2012,34(6)：1014-1017.

[36] 张新功,王慧,柏仕坤.重加工具有退化与学习现象的单机批排序问题[J].重庆师范大学学报(自 然科学版),2014,5：003.

[37] Mehrabian A R, Lucas C. A novel numerical optimization algorithm inspired from weed colonization[J]. Ecological informatics, 2006,1(4)：355-366.

[38] 上官春霞,石梅.柔性制造系统重调度的仿真建模与分析[J].机械科学与技术,2015,8：013.

[39] Sawik T. Multi-objective master production scheduling in make-to-order manufacturing[J]. International Journal of Production Research, 2007,45(12)：2629-2653.

[40] 张毕西,关迎莹,宋静.考虑学习率的人工作业系统批量加工模式优化[J].系统工程理论与实践, 2010(4)：622-627.

[41] 段光,杨忠.知识异质性对团队创新的作用机制分析[J].管理学报,2014,11(1)：86-94.

[42] Chandru V, Lee C Y, Uzsoy R. Minimizing total completion time on batch processing machines [J]. The International Journal of Production Research, 1993,31(9)：2097-2121.

[43] Bean J C. Genetic algorithm and random keys for sequencing and optimization[J]. ORSA Journal of computing, 1994,6(2)：154-160.

[44] Hill T, Remus W. Neural network models for intelligent support of managerial decision making [J]. Decision Support Systems, 1994,11(5)：449-459.

第六章
具有学习-遗忘效应的半导体批调度问题研究

6.1 引　言

在批处理机调度问题中,工件成批进行加工,由于工人和机器反复加工相同或相似的工件,熟练程度随着加工时间的增加而得到提高,即存在学习效应,因此实际加工时间会因为学习效应的存在而缩短。同时,当机器从加工一批工件转换到另一批工件时,由于工件种类的转换产生批与批之间的间断时间,整个生产过程会产生遗忘效应。

本章研究具有学习-遗忘效应的半导体批调度问题的建模及算法求解,为不失一般性,构建两类不同学习模式下的调度模型,一类是与工件加工位置有关的学习遗忘调度模型,另一类是与已加工工件时间和有关的学习遗忘调度模型。本文先构建不考虑遗忘效应的学习模型,然后在学习模型的基础上构建考虑遗忘效应的整合模型。

在半导体生产设备中,炉管是典型的批处理设备,可用于氧化、沉积、掺杂和扩散等过程,即能加工多种工艺菜单,但只能同时加工相同工艺菜单的批号,且有容量限制。炉管的加工时间与一批中批号的数量无关,只与批号对应的工艺菜单有关,而且一旦一批批号开始加工,就不允许增加或减少批号。同时,批处理设备的加工是非抢占式的,只有正在加工的所有批号加工完成,才能加工下一批批号。

炉管的加工时间很长,一般为非批处理设备加工时间的 5—10 倍,合理的分批方法和较优的调度策略可以减少芯片的流动时间,对后续加工、生产效率和产品交货期的影响很大,也可保证即使在产品种类增加的情况下,炉管区也不会成为整个生产系统的瓶颈。因此,炉管区批调度是半导体生产制造过程中至关重要的调度问题之一。

国外半导体制造业的起步相对较早,已有部分学者对半导体炉管区的一系列批调度问题进行了初步研究,但大多数文献[1-3]研究的是单机或等效平行机(多个完全相同的炉管)等较简单的分批排序问题,探讨较复杂的非等效并行批处理机调度的文献则较少[4]。本章研究两类不同学习遗忘调度模型下工件同时到达的炉管区多品种非等效并行批处理机调度问题,下文中的机器即指炉管,工件即指 lot。

在半导体生产企业中,由于最终测试阶段占用的资金越来越密集,占有的市场份额也越来越大,为了在竞争激烈的半导体市场中取得竞争优势,大部分企业对测试设备进行谨慎投资,以此来降低成本的同时,而把更多精力放在提高设备的测试效率上。对于一个年产量约为几千万芯片的测试站来说,测试效率提高 1% 可以帮助增加几百万甚至是上千万人民币的年产值[5]。

由于半导体最终测试阶段具有可重入性、不确定性以及批处理加工等复杂特点,因此最终测试阶段的调度问题已成为近年来研究半导体生产调度问题的热点。同时,批处理加工在整个最终测试阶段中占据的操作时间最长(根据数据,该测试阶段批处理操作大概需 120 个小时,而其他操作约 4—5 个小时),是测试阶段的瓶颈工序,所以,优化批处理设备上工件的调度问题有利于提高整个最终测试阶段的工作效率。同时,由于批处理设备比较昂贵,半导体制造业的决策者则更注重提高此类设备的使用率,从而创造更多的经济收益。因此,研究最终测试阶段批调度问题具有重要的理论价值和实践意义。

最终测试阶段中预烧炉步骤的环境应力筛选可抽象为典型的流水线批处理机调度问题,本章即研究该环节的流水线批调度问题。流水线批处理机调度问题将在 6.2.1 节进行介绍,求解此类问题主要分为两个步骤:首先将待加工工件按特定的分批策略进行分批,然后将分好的批次按相同加工路径在各批处理机上逐个进行加工。

6.2 批 调 度 问 题

6.2.1 批调度问题的分类

目前已有较多学者研究批调度问题,根据批处理设备常见的三种类型,单批处理机、并行批处理机和流水线批处理机,亦可将批调度问题分为以下三类[6]。

(1)单批处理机调度问题。

即该生产系统中仅有一台批处理设备,待加工工件只需完成一道加工工序。因此,单批处理机调度问题即研究如何对所有工件进行组批,然后对各批次进行排序,以使目标函数值最优。

(2)并行批处理机调度问题。

即该生产系统中存在多台批处理设备,待加工工件也只需完成一道加工工序。所有批处理设备处于并行状态,同时运转,每个工件自由选择其中某台设备进行加工。因此,在并行批处理机的情况下,需要在对所有工件进行组批后,为每批工件选择一台机器,并对同一台机器上的批工件进行合理的排序。

（3）流水线批处理机调度问题。

即该生产系统中有一系列加工工序不同的批处理设备,待加工工件需经历所有批处理设备上的加工工序。单批处理机和并行批处理机,只是在批处理设备的数量、加工性能或加工方式有所改变的情形下,完成所有批次工件在任一台批处理设备上的加工工序;而流水线批处理机是有多台批处理设备在运转的,每批工件需要经过所有批处理设备才能完成加工,在某个时刻,每台设备只能加工一批工件,所有批次工件具有相同的加工路径,每批工件在每台设备上只加工一次,当所有批次工件都加工完成后,才能得到最优目标值。

6.2.2　两种批调度问题简介

由于半导体生产过程中的瓶颈设备往往是批处理设备,本节对半导体制程中采用批处理设备的两个主要环节进行介绍。

6.2.2.1　炉管区介绍

炉管区因其大部分加工设备为一根根炉管而得名。炉管区是半导体生产过程中的一个重要工作区域,主要用于氧化、扩散、掺杂、低压化学气相沉积和退火等热处理过程。炉管主要是用来生成氧化膜的,其目的是尽可能生成完美的膜层。氧化膜的生成大多是在一炉中同时进行,多达上百片的芯片被一起装在炉管中,同时进行氧化操作。由于氧化效果是由温度决定的,需要严格控制沿着炉管整个氧化区部分的温度参数。因此,炉管在半导体生产过程中起着至关重要的作用。炉管通常分为三种: 传统的卧式炉管、立式炉管和快速热处理器 RTP(Rapid Thermal Processing)[7]。

卧式炉管由炉柜、加热单元、热电偶(用于测量和控制温度)、熔融石英工艺管、隔热片及石英舟、温度控制系统、装载台、气源柜和气体输送系统等部分组成。早期,卧式炉管一直是半导体制造业的主力设备,20 世纪 80 年代中期之后逐步被立式炉管所取代,现在 RTP 在某些应用领域中也正渐渐取代立式炉管。其中,在热预算和产出能力指标等很重要的环节,小批次快速升温的立式炉管和 RTP 正进行着激烈竞争。

虽然立式炉管成本较高,但它在许多应用方面比卧式炉管更具有优越性。立式炉管污染较少、拥有出色的工艺控制能力和更好的自动控制兼容性。立式炉管内的温度分布更均匀,芯片是水平拿取的,可很好地放置在石英舟的中心。立式炉管优化了气流动力学,而且石英舟是可旋转的,能够平衡温度和气体的变异。在立式炉管中,双壁熔融石英工艺管可允许惰性气体或者氯化气体在内外管之间流动,从而防止杂质通过内管扩散进入工艺区。机械手臂将芯片从晶盒中取出,然后装载到石英舟上,水平放置。石英舟被移入炉管的加热区,在温度比较低的加工间隔中进行(700℃—800℃),随后温度被缓慢地升至热处理温度(950℃),最后又缓慢地降温直到芯片冷却至可撤出石英舟。图 6 - 1 为一般立式炉管的结构示意图。

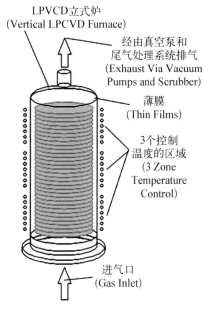

LPVCD立式炉
(Vertical LPCVD Furnace)

经由真空泵和
尾气处理系统排气
(Exhaust Via Vacuum
Pumps and Scrubber)

薄膜
(Thin Films)

3个控制
温度的区域
(3 Zone
Temperature
Control)

进气口
(Gas Inlet)

图 6‑1 立式炉管结构示意图

近来出现了一种新的立式炉管,即小批次快速升温炉管。它可迅速将一批芯片(50 片)的温度升至热处理温度,在完成热处理之后又快速将其冷却。小批次快速升温炉管的升温速率从传统炉管的10℃—20℃/min 提高到了 100℃/min,降温速率也从传统炉管的 5℃/min 提高至 60℃/min。

快速热处理器 RTP 属于单片处理工艺,应用这种工艺,RTP 能在几秒之内将单片芯片从室温升到1 100℃,即可快速升降热处理温度,其速率为75℃—200℃/sec,而传统炉管小于 1℃/sec。相较于传统炉管,RTP 还具有很多优越性,包括更短的加工时间,更少的热预算,更好的热处理环境控制,更高的热处理温度,以及更方便的加工设备群聚等。尤其是 RTP 在快速热氧化生长超薄氧化层,离子注入后的退火及激活,钛及钨硅化物的退火及激活等

这些应用中具有更突出的优越性。

6.2.2.2 最终测试阶段介绍

半导体最终测试阶段是指对完成封装后的产品统一进行性能测试,该环节是为了保证出厂产品性能指标的完整性,剔除不合格产品,并同时按照产品的电性功能对产品进行等级划分。最终测试阶段的流程如图 6‑2 所示:

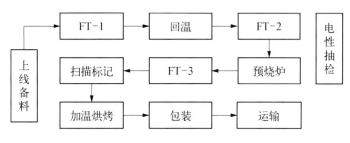

图 6‑2 最终测试阶段流程

由上图可知,半导体最终测试阶段流程包括以下几个步骤[8]:FT‑1,回温,FT‑2,预烧炉,FT‑3,扫描标记,加温烘烤,包装,运输。其中,主要的关键作业如下:

(1)测试机台测试

测试机台主要通过发出待测产品所需的电性讯号,然后接收待测产品回应的电性讯号,来检测产品的电性功能是否完好。测试机台上的测试主要包括三道工序:FT‑1(或Room Test),25±3℃常温下的基本功能测试,测试设备主要包括测试机和操作手,一台

测试机可以同时连接多台操作手,有多种连接方式,最常用的是平行连接,即在同一台测试机上有多台操作手采用相同的程序测试待测产品;FT－2(或 Hot Test),100±3℃高温下的功能测试;FT－3(或 Cold Test),0±3℃低温下的功能测试。

（2）预烧炉测试(Burn-In Oven)

预烧炉测试又可称为老化测试,是将半导体产品放在一个高温(一般为 120℃)、高电压及高电流的环境下进行预烧处理,从而发现生命周期较短的产品。需在预烧炉测试后 96 小时内(待测产品老化物理特性未消退前),完成后续测试机台的测试操作,否则就要对待测品重新进行预烧炉测试。

（3）回温(Cycling)

在对半导体产品逐一进行测试机台的常温功能测试(FT－1)之后,及高温功能测试(FT－2)之前,一般都需要对产品进行适度升温,以避免温差过大对产品造成损坏。

（4）加温烘烤(Baking)

在完成所有性能测试和检查操作之后,半导体产品需要在烘烤炉中进行加温烘烤,目的是烘干产品上的水汽,以保证产品不会腐蚀而影响质量。

相较于其他几个测试作业,预烧炉测试需要的时间更长,而且该步骤处于整个半导体生产流程的末端,几乎不可能通过缩短后续操作的加工时间来弥补该步骤时间的延长。因此,预烧炉测试直接影响产品能否按时交货,本文则以最终测试阶段中预烧炉测试环节的批调度问题为研究对象,预烧炉即批处理设备。

6.2.3　批调度问题算法研究

半导体晶圆制造系统是一个大规模复杂制造系统,引起了各领域研究人员和学者的高度关注,不同研究人员采用的研究方法不尽相同。针对半导体批调度问题,大致可将这些方法分为以下五类:启发式规则、数学规划法、计算智能、人工智能和群体智能。

6.2.3.1　人工智能

人工智能的进步和发展推动了半导体产业生产调度的理论研究和应用研究。人工智能方法相较于启发式规则和数学规划法,能在较短时间内给出优化调度结果,但具有易于陷入局部最优的缺点。基于人工智能的调度方法主要有专家系统、人工神经网络、模糊逻辑和基于 Petri 网的方法。

De 和 Lee[10]提出了一种基于知识的专家系统,用来解决半导体生产中测试设备的调度问题,该系统主要有两个组件:基于知识表达的整体框架和基于过滤束搜索的解决策略。Zhang 等[11]基于模糊神经网络,提出一种关于半导体生产中重调度问题的优化方法。Azzaro－Pantel[12]利用模糊方法对半导体生产系统中的批处理机进行绩效建模,并通过仿真模型评估绩效。Zhou[13]系统地阐述了采用基本 Petri 网为半导体生产系统进行建模、分析、仿真和调度管理的一系列方法。

6.2.3.2 计算智能

计算智能算法以数学理论为基础,建立算法模型,通过计算机的计算求解最优化问题,主要包括禁忌搜索法、模拟退火法和遗传算法。

Glover 等[14]提出一种有效的启发式规则和禁忌搜索程序,从而保证在更加合理的计算时间内求得更高质量的解,并将其应用在半导体生产设备中的湿蚀刻阶段。Erramilli 和 Mason[15]利用混合整数规划模型以及基于模拟退火的启发式算法,将不同的芯片序列组合成工件,求得这些工件在单台批处理机上的最小总加权拖延期。Wang 和 Uzsoy[16]结合动态规划法和遗传算法,求解工件动态到达的单台批处理机调度问题。

6.2.3.3 群体智能

群体智能算法是模拟自然界中昆虫、动物在群体生活中表现出的个体及群体行为,并利用个体之间信息交互及合作行为来实现寻优的目的。应用于半导体生产调度问题的群体智能算法主要有粒子群算法、蚁群算法。

李宇飞[17]对半导体最终测试阶段的批处理机调度问题进行了研究,采用交叉微粒群算法求解单批处理机和并行批处理机调度问题,通过仿真实验表明所提算法优于文献中其他算法。王栓狮等[18]提出两种改进蚁群算法 JACO 和 BACO 求解差异工件(即工件尺寸有差异)的单机批调度问题,通过仿真实验证明 JACO 和 BACO 明显优于模拟退火算法、遗传算法以及 FFLPT、BFLPT 等启发式规则。

综上所述,现已有很多学者针对半导体批调度问题进行了各种算法研究,但大多数调度算法还是基于简单的理想化模型,研究成果往往通过对仿真模型进行验证得到,因此能够实际应用到半导体批调度问题中的研究成果仍比较少。

6.3 半导体批调度问题的学习遗忘调度模型

6.3.1 与工件加工位置有关的学习遗忘调度模型

Biskup[19]最早提出一种与工件加工位置有关的单机环境下学习效应调度模型,该模型中工件的实际加工时间是其位置的递减函数,工件 J_j 在第 r 个加工位置的实际加工时间为 $P_{jr}=P_j r^a (j, r=1, 2, \ldots, n)$,其中 P_j 和 P_{jr} 分别为工件 J_j 的基本加工时间和实际加工时间;$a \leqslant 0$ 为常数,是学习因子,$a = \lg l/\lg 2$,l 为学习率。由于学习效应的存在,当某种产品的产量增加一倍时,加工单个产品所需的加工时间会降为原来加工时间的一个百分数,这个百分数即被称为学习率,它说明了工人和机器在生产中获得的学习效果。

之后,大部分与工件加工位置有关的学习效应调度模型都是在 Biskup 模型的基础上拓展开来的。因此,本节不考虑遗忘效应情况下的学习模型采用 Biskup 的学习模型。

在几种典型的学习曲线模型中,Dejong 学习模型的采用率较高。Dejong[20] 于 1957 年发表的文章中,研究了机器和工人在生产过程中具有不同影响的学习效应。该模型的数学描述如下:

$$Y = a[M + (1-M)X^n]$$

其中,Y 为生产 X 单位产品的累计平均时间,a 为生产第一单位产品的时间,n 为学习因子,M 为不可压缩的程度。该模型主要用来描述自动化程度对学习效应的影响,M 取值越大则表示自动化程度越高,学习效应对生产时间的影响就越小。

本章在 Biskup 学习模型的基础上,采用 Dejong 学习模型的结构,构建与工件加工位置有关的学习遗忘调度模型:

$$P_{jr} = P_j \left[\int + \left(1 - \int\right) r^a \right]$$

该模型中,$\int$ 为遗忘率,Chiu[21] 将遗忘率描述为中断时间的指数函数,基于 Chiu 的遗忘模型,本文的遗忘率模型如下:

$$\int = 1 - \exp(-\beta t)$$

其中,$\beta > 0$ 为遗忘参数,t 为批与批之间的中断时间。

6.3.2　与已加工工件时间和有关的学习遗忘调度模型

与工件加工位置有关的学习模型忽略了各工件之间加工时间的差异性,工件加工时间的大小对后续工件学习效应的影响是相同的。然而,与已加工工件时间和有关的学习模型强调各工件加工时间的差异性,尤其是已经加工完成的工件时间和对后续工件加工时间的影响。

与已加工工件时间和有关的学习模型有很多,Kuo 和 Yang[22] 首先提出一种工件实际加工时间是前面所有工件基本加工时间之和的指数模型:

$$P_{jr} = P_j \left(1 + \sum_{i=1}^{r-1} P_{[i]}\right)^a$$

其中,P_j 和 P_{jr} 分别为工件 J_j 的基本加工时间和实际加工时间;$a \leqslant 0$ 为常数,是学习因子。后来,Kuo 和 Yang[23] 对上述模型进行了修改,将其分为两部分:

$$P_{jr} = \begin{cases} P_j & r=1 \\ P_j \left(\sum_{i=1}^{r-1} P_{[i]}\right)^a & r \geqslant 2 \end{cases}$$

这两种模型中工件的实际加工时间都依赖前面所有工件的基本加工时间之和,而非依赖实际加工时间之和,因此这种情况下计算学习效应的基础比实际加工时间要稍大一些。由于之后大部分与已加工工件时间和有关的学习模型都是 Kuo 和 Yang 学习模型的拓展,因此本文将该模型应用到半导体批调度问题中。

由 Chui[21] 的学习遗忘调度模型可知,学习遗忘调度模型由两部分组成:学习效应引起的实际加工时间的缩短,以及遗忘效应引起的学习效果的减弱。基于该结构,本节提出与已加工工件时间和有关的学习遗忘调度模型如下:

$$
P_{jr} = \begin{cases} P_j & r = 1 \\ P_j \left(\sum_{i=1}^{r-1} P_{[i]} \right)^a + \int \left[P_j - P_j \left(\sum_{i=1}^{r-1} P_{[i]} \right)^a \right] = P_j \left[\int + \left(1 - \int \right) \left(\sum_{i=1}^{r-1} P_{[i]} \right)^a \right] & r \geqslant 2 \end{cases}
$$

6.4 具有学习-遗忘效应的炉管区批调度问题研究

6.4.1 问题描述

本章研究考虑学习-遗忘效应,工件同时到达情况下的炉管区多品种非等效并行批处理机调度问题,具体问题描述如下[24]:

(1) 有 M 台不完全相同的机器,每台机器可加工多种工艺菜单,不同机器可加工的工艺菜单不完全相同;

(2) 同种工艺菜单在不同机器上的加工时间可能会不相同;

(3) 有 N 个工件,属于 F 个类,每类工件对应特定的工艺菜单;

(4) 机器一批可以加工 L 个同类的工件,$L \leqslant B$(B 为此机器加工该菜单的最大容量);

(5) 机器一批只能加工一种工艺菜单,基本加工时间与机器上加工的工件数无关,只与工艺菜单和选择的机器有关;

(6) 一批工件开始加工就不容许被中断;

(7) 某一时刻有 N 个待加工的工件,即工件同时到达。

优化目标是所有待加工工件的总完工时间最短,即最小化各台批处理机总完工时间的最大值。用 $\min C$ 来表示目标函数,$C = \max(C_1, \ldots, C_i, \ldots, C_m)$,$C_i$ 表示第 i 台机器的实际加工时间。

6.4.2 分批规则

由于炉管只能同时加工同种类型,即属于同种工艺菜单的工件,组批结果取决于工件所属的工艺菜单。假设存在 N 个工件待加工,属于 F 类工艺菜单,首先将工件按照工艺菜单进行分类,则 $N = (N_1, N_2, ..., N_F)$;然后将 N_i 以 B(机器加工最大容量)个为一组,按照序号依次进行分组,最后一组工件数可小于最大容量,则 $N_i = (n_{i1}, n_{i2}, ..., n_{ij})$;完成上述步骤后,$N$ 个工件可表示为 $N = \{(n_{11}, n_{12}, ..., n_{1j}), ... (n_{i1}, n_{i2}, ..., n_{ij}), ..., (n_{f1}, n_{f2}, ..., n_{fj})\}$,每个 j 不一定相同。

　　举例说明,待加工工件有 50 个,属于 5 类工艺菜单,有 3 台机器可供使用,每台机器的最大容量均为 6。表 6-1 为工件所对应工艺菜单表,表 6-2 为机器所对应工艺菜单的加工时间表。

表 6-1　工艺菜单表

工件号	工艺菜单	工件号	工艺菜单
L_1	5	L_{26}	5
L_2	4	L_{27}	3
L_3	2	L_{28}	1
L_4	5	L_{29}	2
L_5	3	L_{30}	3
L_6	4	L_{31}	1
L_7	1	L_{32}	3
L_8	4	L_{33}	2
L_9	2	L_{34}	5
L_{10}	5	L_{35}	2
L_{11}	4	L_{36}	1
L_{12}	3	L_{37}	3
L_{13}	5	L_{38}	4
L_{14}	1	L_{39}	2
L_{15}	2	L_{40}	1
L_{16}	4	L_{41}	3
L_{17}	5	L_{42}	4
L_{18}	1	L_{43}	2
L_{19}	4	L_{44}	5
L_{20}	3	L_{45}	1
L_{21}	5	L_{46}	3
L_{22}	1	L_{47}	2
L_{23}	2	L_{48}	4
L_{24}	5	L_{49}	1
L_{25}	3	L_{50}	3

表6-2 工艺菜单的加工时间表

工艺菜单	机 器 号		
	1	2	3
1	9999	75	60
2	55	60	70
3	85	9999	80
4	75	80	70
5	75	85	9999

根据上述的分批规则,得到分批结果: $n_{11}=(L_7, L_{14}, L_{18}, L_{22}, L_{28}, L_{31})$, $n_{12}=(L_{36}, L_{40}, L_{45}, L_{49})$; $n_{21}=(L_3, L_9, L_{15}, L_{23}, L_{29}, L_{33})$, $n_{22}=(L_{35}, L_{39}, L_{43}, L_{47})$; $n_{31}=(L_5, L_{12}, L_{20}, L_{25}, L_{27}, L_{30})$, $n_{32}=(L_{32}, L_{37}, L_{41}, L_{46}, L_{50})$; $n_{41}=(L_2, L_6, L_8, L_{11}, L_{16}, L_{19})$, $n_{42}=(L_{38}, L_{42}, L_{48})$; $n_{51}=(L_1, L_4, L_{10}, L_{13}, L_{17}, L_{21})$, $n_{52}=(L_{26}, L_{34}, L_{44})$, 则 $N=(n_{11}, n_{12}, n_{21}, n_{22}, n_{31}, n_{32}, n_{41}, n_{42}, n_{51}, n_{52})$, 总共10批。

6.4.3 算法设计

批调度问题一般可分为两个子问题:批组合与批调度。由于本章研究的半导体炉管区批调度问题中工件同时到达,根据炉管区的加工特点,批组合问题较简单,并不涉及算法设计。批调度问题分为两部分内容:第一,为每批工件选择一台加工机器;第二,机器若被指定加工多个批次的工件,由于考虑学习-遗忘效应的影响,需要对每台机器上的工件批进行排序。针对批调度涉及的两部分问题,本章设计双层算法进行求解,外层采用粒子群算法求解机器的选择问题,内层采用萤火虫算法求解机器上工件批的排序问题。

6.4.3.1 外层算法介绍

粒子群算法(Particle Swarm Optimization, PSO)[25]的思想来源于鸟类觅食行为,初始化一群随机粒子,然后粒子通过综合分析个体和群体的飞行经验来动态调整各自的速度,在解空间中进行搜索,通过迭代找到最优解。在每一次迭代过程中,粒子通过跟踪两个"极值"进行更新:一个是个体极值 pbest,即粒子自身目前所找到的最优解;另一个是全局极值 gbest,即整个种群目前找到的最优解。粒子群算法的数学描述如下:

在一个 n 维的搜索空间中,由 m 个粒子组成的种群 $X=\{x_1, ..., x_i, ..., x_m\}$,其中第 i 个粒子的位置为 $x_i=(x_{i1}, x_{i2}, ..., x_{in})^T$,速度为 $v_i=(v_{i1}, v_{i2}, ..., v_{in})^T$。粒子的个体极值为 $p_i=(p_{i1}, p_{i2}, ..., p_{in})^T$,种群的全局极值为 $p_g=(p_{g1}, p_{g2}, ..., p_{gn})^T$,在找到这两个最优解前,粒子根据如下公式来更新自己的速度和新的位置:

$$v_{ij}^{k+1}=w_k v_{ij}^k + c_1 r_1(p_{ij}^k - x_{ij}^k) + c_2 r_2(p_{gj}^k - x_{ij}^k) \qquad (6-1)$$

$$x_{ij}^{k+1} = x_{ij}^k + v_{ij}^{k+1} \qquad (6-2)$$

$$w_k = 1.2 - \frac{k}{T_{\max}} \times 0.8 \qquad (6-3)$$

式中:下标 i 代表第 i 个粒子,下标 j 代表速度(或位置)的第 j 维,上标 k 代表迭代代数,如 v_{ij}^k 和 x_{ij}^k 分别是第 i 个粒子(x_i)在第 k 次迭代中第 j 维的速度和位置,两者均被限制在一定的范围内; w_k 是惯性权重,为上一代的速度对于当前速度影响的权重,该权值从大到小线性变化,既保证了全局搜索能力,又确保了局部最优; $T_{\max}$ 为最大迭代次数; c_1 和 c_2 是学习因子,通常 c_1、$c_2 \in [0, 4]$; r_1 和 r_2 是介于 $[0, 1]$ 之间的随机数; P_{ij}^k 是粒子 P_i 在第 j 维的个体极值的坐标; P_{gj}^k 是群体在第 j 维的全局极值的坐标。

同时,为了改善粒子群算法的局部搜索能力,对上述粒子群算法求得的全局极值 gbest 采用基于 Pairwise[1] 的局部搜索算法。首先,将 gbest 对应位置序列的第一个位置与它后续的位置依次进行交换,如果优化目标得到改善,则交换这两个位置,否则不进行交换;然后,依照同样的方法,对剩余的所有位置逐一进行成对交换操作。本章问题中 gbest 对应的位置序列即批工件选择的机器,优化目标即所有待加工工件的总完工时间。

6.4.3.2 内层算法介绍

萤火虫算法(Firefly Algorithm, FA)[2] 是通过模拟自然界中萤火虫成虫的发光行为构造出的一种随机优化算法,利用萤火虫发光特性在搜索区域内寻找伙伴,然后向邻域空间内位置较优的萤火虫移动,最终实现位置的优化。在萤火虫算法中,萤火虫之间相互吸引主要取决于亮度和吸引度。亮度决定了萤火虫所处位置的优劣和移动方向,吸引度则决定了萤火虫移动的距离,通过亮度和吸引度的不断更新,实现目标优化。萤火虫算法的数学描述如下。

定义 1 萤火虫的相对荧光亮度为:

$$I(r) = I_0 \times e^{-\gamma r_{ij}} \qquad (6-4)$$

式中 I_0 表示萤火虫的最大荧光亮度,即自身($r=0$ 处)荧光亮度,与其对应的目标函数值有关,目标函数值越优则自身亮度越高; γ 表示光强吸收系数,萤火虫的荧光会随着距离的增加和传播介质的吸收而减弱,所以设置光强吸收系数来体现该种特性,可设为常数; r_{ij} 表示萤火虫 i 与萤火虫 j 之间的距离。

定义 2 萤火虫的吸引度为:

$$\beta(r) = \beta_0 \times e^{-\gamma r_{ij}^2} \qquad (6-5)$$

式中 β_0 为最大吸引度,即光源($r=0$ 处)吸引度; γ, r_{ij} 意义同上。

定义 3 萤火虫 i 被萤火虫 j 吸引并向其移动的位置更新公式为:

$$x_i = x_i + \beta(r) \times (x_j - x_i) + \alpha \times (rand - 1/2) \qquad (6-6)$$

式中 x_i、x_j 为萤火虫 i 和萤火虫 j 所处的空间位置；α 为步长因子，是[0，1]上的常数；$rand$ 为[0，1]上服从均匀分布的随机因子；扰动项 $\alpha \times (rand - 1/2)$ 是为了避免过早陷入局部最优。

6.4.3.3 算法具体流程

步骤 1 确定算法参数

确定粒子群算法的种群规模、迭代次数、位置和速度的最小值和最大值、加速常数 c_1、c_2 及惯性权重 ω，以及萤火虫算法的种群规模、迭代次数、最大吸引度 β_0，光强吸收系数 γ，步长因子 α。

步骤 2 初始化第一层所有粒子的位置和速度

所有粒子的位置由公式(6-7)随机生成，$rand(0, 1)$ 表示产生(0, 1)之间的随机数(不包括 1)，m 表示机器数，[]表示向下取整，则 x 的取值为 $[1, m]$ 的整数。

$$x = [rand(0, 1) \cdot m] + 1 \tag{6-7}$$

所有粒子的速度由公式(6-7)随机生成，其中，v_{max} 为 3，v_{min} 为 -3。

$$v = v_{min} + rand(0, 1)(v_{max} - v_{min}) \tag{6-8}$$

步骤 3 初始化第二层所有萤火虫的位置

根据粒子的位置确定每台机器上加工的工件批及其数量，随机初始化萤火虫的位置，采用 ROV(Ranked Order Value)[3] 规则，结合随机键编码，将萤火虫个体的连续位置 $X_i = [x_{i,1}, x_{i,2}..., x_{i,n}]$ 转换为离散的加工顺序 $\pi = (j_1, j_2, ..., j_n)$。

步骤 4 计算第二层各萤火虫的适应度值

第二层各萤火虫的适应度值即为每台机器的完工时间，并将其作为各自的最大荧光亮度。检查第二层萤火虫迭代次数是否达到步骤 1 设定的萤火虫算法的最大迭代次数，如果达到则转步骤 6，否则转步骤 5。

步骤 5 更新第二层萤火虫的位置

计算萤火虫个体的相对亮度 I 和吸引度 β，根据相对亮度决定萤火虫的移动方向，通过公式(6-6)更新个体的空间位置，转步骤 4。第二层萤火虫算法的访问次数由机器数决定，每台机器的完工时间计算都访问第二层算法进行求解。

步骤 6 计算第一层粒子的适应度值

第一层各粒子的适应度值即为它对应的第二层萤火虫种群的最好解，萤火虫算法返回给粒子群算法的值即为最大完工时间，并记录所有粒子的位置 X_j^1 及其对应的适应度值 $f(X_j^1)$。令 pb_j^r 表示第 j 个粒子迭代 r 次所经过的最好位置，gb^r 表示整个粒子种群迭代 r 次所经过的最好位置。如果 $r=1$，则 $pb_j^r = X_j^1$，否则 pb_j^r 由公式(6-9)求得，gb^r 即为所有粒子中最小适应度值对应的位置。然后，对求得的 gb^r 进行 Pairwise 局部搜索，并相应地调整全局最优值。检查第一层粒子迭代次数是否达到步骤 1 设定的粒子群算法的最大迭代次数,如果达到则结束,否则继续。

$$pb_j^r = \begin{cases} pb_j^{r-1} & f(pb_j^{r-1}) < f(X_j^r) \\ X_j^r & \text{其他} \end{cases} \tag{6-9}$$

步骤 7　更新第一层粒子的位置和速度

根据公式(6-1)、(6-2)更新粒子的速度和位置,然后检查粒子的速度和位置是否超出各自的取值范围,若超出范围,则按公式(6-10)、(6-11)重新确定粒子的速度和位置,然后转步骤3。

$$v = \begin{cases} v_{\max} & v > v_{\max} \\ v & v_{\min} \leqslant v \leqslant v_{\max} \\ v_{\min} & v < v_{\min} \end{cases} \tag{6-10}$$

$$x = \begin{cases} x_{\max} & x > x_{\max} \\ x & x_{\min} \leqslant x \leqslant x_{\max} \\ x_{\min} & x < x_{\min} \end{cases} \tag{6-11}$$

本章 PSO-FA 双层算法的流程图如图 6-3 所示:

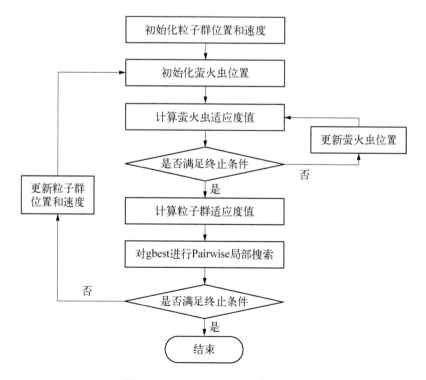

图 6-3　PSO-FA 双层算法流程图

6.4.4 仿真实验及结果分析

6.4.4.1 实验设置

下面对上文中的例子数据进行仿真实验,通过测试不同学习因子和遗忘参数下的优化目标,探讨两种不同学习遗忘调度模型下学习因子和遗忘参数对优化目标的影响。算法参数设置:外层粒子群算法的种群规模为 30,迭代次数为 50,位置 x 的取值区间为 $[1,3]$,速度 v 的取值区间为 $[-3,3]$,学习因子 c_1、c_2 均为 2.0;内层萤火虫算法的种群规模为 30,迭代次数为 20,最大吸引度 β_0 和光强吸收系数 γ 均为 1.0,步长因子 α 为 0.2。批与批之间的间隔时间为 10。

两种学习遗忘调度模型中都有学习因子 a,$a=\lg l/\lg 2$,l 为学习率,仿真实验将对不同学习率进行对比分析,表 6-3 为不同学习率对应的学习因子。

表 6-3　不同学习率对应的学习因子

学习率 l	100%	90%	80%	70%	60%	50%
学习因子 a	0	−0.152	−0.322	−0.515	−0.737	−1

6.4.4.2 与工件加工位置有关的学习遗忘调度模型的实验分析

表 6-4 列出了在 100%、90%、80%、70%、60% 和 50% 的学习率,0、0.1、0.2 和 0.3 遗忘参数下,算法各独立运行 20 次,与工件加工位置有关的学习遗忘调度问题的测试结果。结合模型可知,100% 学习率对应的是不考虑学习效应和遗忘效应情况下的测试结果,即经典情况下的优化目标值。

表 6-4　各参数下算法的测试结果

参　数	100%	90%	80%	70%	60%	50%
$\beta=0$	290	258.716	229.646 6	202.810 4	178.373 1	159.166 7
$\beta=0.1$	290	278.491 3	267.797 2	257.924 7	248.934 7	240.796 1
$\beta=0.2$	290	285.766 2	281.832 1	278.200 2	274.892 9	271.898 9
$\beta=0.3$	290	288.442 5	286.995 2	285.659 1	284.442 4	283.341

由表 6-4 可见,在仅考虑学习效应的情况下,即 $\beta=0$ 时,以学习率为变量,智能优化算法求得的最小优化目标值相较于经典情况下的目标值都有一定程度的减少,说明学习效应能够降低完工时间,从而提高生产效率;当学习率固定时,以遗忘参数为变量,相较于 $\beta=0$ 时的测试结果,$\beta=0.1$,$\beta=0.2$,$\beta=0.3$ 情况下的目标值都有所增大,说明遗忘

效应使得学习效果减弱,从而导致完工时间的增加。

图6-4为学习率和遗忘参数分别取值80％和0.1情况下,PSO-FA双层算法求解基于与工件加工位置有关的学习遗忘调度模型,炉管区批调度问题的寻优结果图。

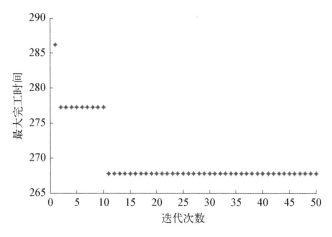

图6-4　算法寻优结果图

输出结果如下。

时间是: 267.797 2;

机器选择是: 2　3　1　1　1　3　3　1　2　2;

机器1批排序: 3　4　8　5;

机器2批排序: 1　10　9;

机器3批排序: 2　7　6。

由图6-4可知,算法在15代之内能够收敛,验证了算法的可行性和有效性;输出结果则包括算法求得的最优最大完工时间以及最优解对应的每批工件对机器的选择和每台机器上批的排序。

对不同学习率及不同遗忘参数下的测试结果进行拟合分析,图6-5的变量为学习率,图6-6的变量为遗忘参数。

由图6-5可知,随着学习率的降低,各遗忘参数下的目标函数值都呈减小趋势,即学习效果越强,完工时间越短。对比不同遗忘参数下的拟合曲线可知,随着遗忘参数的增大,拟合曲线越平缓,说明遗忘参数越大,即遗忘效应越强时,学习率对目标函数的影响越不明显。

由图6-6可知,随着遗忘参数的增加,各学习率下的目标函数值都呈增大趋势,即遗忘效应越强,完工时间越长。对比不同学习率下的拟合曲线可知,随着学习率的增大,拟合曲线越平缓,说明学习率越大,即学习效果越弱时,遗忘参数对目标函数的影响越不明显。从学习遗忘调度模型可见,各因素导致学习效果的减弱即被称为遗忘效应,因此遗忘效应的影响与学习效果的强弱直接相关,同样可得出上述结论。

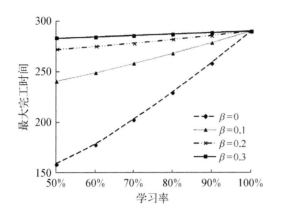

图 6-5　学习率为变量时的拟合曲线

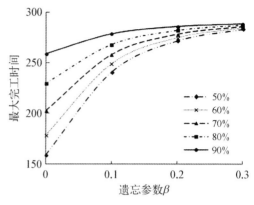

图 6-6　遗忘参数为变量时的拟合曲线

6.4.4.3　与已加工工件时间和有关的学习遗忘调度模型的实验分析

表 6-5 列出了在 100％、90％、80％、70％、60％和 50％的学习率,0、0.1、0.2、0.3 的遗忘参数下,算法各独立运行 20 次,与已加工工件时间和有关的学习遗忘调度问题的测试结果。同样结合模型可知,100％学习率对应的是不考虑学习效应和遗忘效应情况下的测试结果,即经典情况下的优化目标值。

表 6-5　各参数下算法的测试结果

参　数	100％	90％	80％	70％	60％	50％
$\beta=0$	290	185.539 2	130.606 8	105.473	92.471	87.306 4
$\beta=0.1$	290	251.571	231.363 2	221.481 2	217.092 3	215.352 6
$\beta=0.2$	290	275.862 8	268.428 7	264.793 3	263.178 7	262.538 7
$\beta=0.3$	290	284.799 2	282.064 4	280.727	280.133	279.897 6

由表 6-5 可见,得到与表 6-4 同样的结论,即学习效应能够降低完工时间,提高生产效率;遗忘效应会减弱学习效果,导致完工时间增加。

图 6-7 为学习率和遗忘参数分别取值 80％和 0.1 情况下,PSO-FA 双层算法求解基于与已加工工件时间和有关的学习遗忘调度模型,炉管区批调度问题的寻优结果图。

输出结果如下。

时间是：231.363 2；

机器选择是：2　2　1　2　1　3　3　3　1　1；

机器 1 批排序：3　10　9　5；

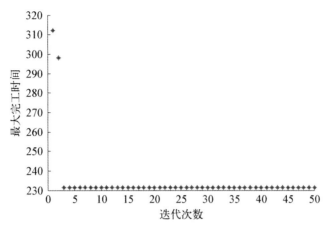

图 6-7　算法寻优结果图

机器 2 批排序：4　1　2；

机器 3 批排序：8　7　6。

由图 6-7 可知,算法在 5 代之内能够收敛,验证了算法的可行性和有效性;输出结果同样包括算法求得的最优最大完工时间以及最优解对应的每批工件对机器的选择和每台机器上批的排序。

同样对不同学习率及不同遗忘参数下的测试结果进行拟合分析,图 6-8 的变量为学习率,图 6-9 的变量为遗忘参数。

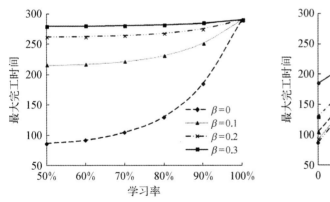

图 6-8　学习率为变量时的拟合曲线

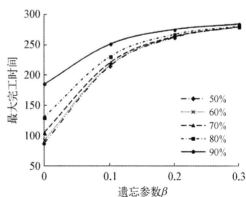

图 6-9　遗忘参数为变量时的拟合曲线

由图 6-8 可知,得到与图 6-5 同样的结论,即学习效果越强,完工时间越短;遗忘效应越强时,学习率对目标函数的影响越不明显。

由图 6-9 可知,得到与图 6-6 同样的结论,即遗忘效应越强,完工时间越长;学习效果越弱时,遗忘参数对目标函数的影响越不明显。根据与已加工工件时间和有关的学习遗忘调度模型的构成,遗忘效应的影响与学习效果的强弱直接相关,同样可得出上述结论。

6.4.4.4 两种学习遗忘调度模型的比较分析

表 6-6 列出了两种学习遗忘调度模型在各学习率和遗忘参数下的测试结果,对比分析两种模型中学习效应和遗忘效应对最大完工时间的影响。与工件位置有关的学习遗忘调度模型简称为位置模型,即 M1;与已加工工件时间和有关的学习遗忘调度模型简称为时间模型,即 M2。

表 6-6　两种模型下学习-遗忘效应影响对比

| 参　数 | 100% | 90% | | 80% | | 70% | | 60% | | 50% | |
	经典情况	M1	M2	M1	M2	M1	M2	M1	M2	M1	M2
$\beta=0$	290	258	185	229	130	202	105	178	92	159	87
$\beta=0.1$	290	278	251	267	231	257	221	248	217	240	215
$\beta=0.2$	290	285	275	281	268	278	264	274	263	271	262
$\beta=0.3$	290	288	284	286	282	285	280	284	280	283	279

注:表中舍去小数部分取整。

由表 6-6 可见,两种模型下的最大完工时间都随着学习率的降低而减小,然而,当采用相同的学习率和遗忘参数时,时间模型对应的最小完工时间都比位置模型对应的最小完工时间小,尤其是不考虑遗忘效应,即 $\beta=0$ 时,两种模型所得结果的差距更明显,说明在相同条件下,时间模型的学习效果更强,对最大完工时间的影响更大。

同时,由于遗忘效应的影响与学习效果的强弱直接相关,因此时间模型中遗忘效果较位置模型也更强,通过对比表 6-6 中的数据即可知。采用学习率为 80% 这组数据,将遗忘参数 β 取值变化对应目标值的变化率进行比较,位置模型的变化率分别为16.59%、5.24%、1.78%,时间模型的变化率分别为 77.69%、16.02%、5.22%。时间模型对应的每个变化率都比位置模型大,说明在强学习效果的影响下,时间模型的遗忘效应也更强。

综上所述,时间模型中学习效应的影响更明显,同时导致遗忘效应的效果也较强,然而两者中和,却导致在同时考虑学习效应和遗忘效应时,位置模型和时间模型求得的最大完工时间的差距较仅考虑学习效应时的差距大大缩小,说明仅考虑学习效应的两种调度模型差异性较大,不符合实际生产,而两种学习遗忘调度模型之间较小的差异性验证了模型的有效性,也证明了同时考虑学习效应和遗忘效应才更符合实际生产。

6.5 具有学习-遗忘效应的最终测试阶段批调度问题研究

6.5.1 问题描述

本章研究考虑学习-遗忘效应,工件同时到达情况下的最终测试阶段流水线批处理机调度问题,具体问题描述如下:

(1) 同一批的工件同时被处理;

(2) 一批工件开始加工就不容许被中断;

(3) 每个工件都有自己的尺寸和在每台机器上的基本加工时间;

(4) 每台机器的最大容量均相同,同一批中所有工件的尺寸之和不能超过机器最大容量;

(5) 每批工件的加工时间等于该批中工件加工时间的最大值;

(6) 决策变量 X_{ib} 被描述为:

$$X_{ib} = \begin{cases} 1 & \text{如果工件 } i \text{ 被分在批 } b \text{ 中} \\ 0 & \text{其他} \end{cases}$$

根据上述约束条件,最终测试阶段并行批处理机调度问题的数学模型如下:

$$\min C_{\max} \tag{6-12}$$

约束条件
$$\sum_{i=1}^{n} X_{ib} = 1 \quad b = 1, \ldots, k \tag{6-13}$$

$$\sum_{i=1}^{n} s_i X_{ib} \leqslant B \quad b = 1, \ldots, k \tag{6-14}$$

$$P_{bj} \geqslant p_{ij} X_{ib} \quad i = 1, \ldots, n; \, b = 1, \ldots, k; \, j = 1, \ldots, m \tag{6-15}$$

$$C_{1,1} = P_{11} \tag{6-16}$$

$$C_{b,1} = C_{b-1,1} + t + P_{b1} \quad b = 2, \ldots, k \tag{6-17}$$

$$C_{1,j} = C_{1,j-1} + t + P_{1j} \quad j = 2, \ldots, m \tag{6-18}$$

$$C_{b,j} = \max(C_{b-1,j}, C_{b,j-1}) + t + P_{bj} \quad b = 2, \ldots, k; \, j = 2, \ldots, m \tag{6-19}$$

$$C_{\max} = C_{k,m} \tag{6-20}$$

式(6-12)表示目标函数为所有待加工工件的最大完工时间最短,即最小化所有作

业的最大完工时间(makespan);式(6-13)限定每一个工件只能被分到一个批中;式
(6-14)限定每一批所有工件的尺寸之和不超过机器容量,s_i 为工件 i 的尺寸,B 为机器
的最大容量;式(6-15)表示每一批工件的加工时间为该批中所有工件加工时间的最大
值,P_{bj} 为批 b 在机器 j 上的加工时间,p_{ij} 为工件 i 在机器 j 上的加工时间;式(6-16)表
示求解第 1 批的工件在第 1 台机器上的加工时间 $C_{1,1}$;式(6-17)表示求解在机器 1 上
每批工件的加工时间 $C_{b,1}$;式(6-18)表示求解第 1 批的工件在每台机器上的加工时间
$C_{1,j}$;式(6-19)表示求解每批工件在每台机器上的加工时间 $C_{b,j}$;式(6-20)表示最后
完成的批的加工时间 $C_{k,m}$,即最大完工时间。

6.5.2　BF 分批方法

本章采用最优化分批(Batch First Fit,BF)方法对工件进行分批,具体分批步骤
如下:

步骤 1　创建第一批,即批次 b_1。工件 1 属于批次 b_1,如果工件 2 和工件 1 的尺寸大
小之和小于机器容量 B,则工件 2 也属于批次 b_1,否则创建批次 b_2,工件 2 在第二批中。

步骤 2　假设已创建批次 b_1,b_2,...,b_k,待分批的工件为工件 i,将工件 i 依次放
入已创建的 k 批中。如果放入批次 b_i($1 \leqslant i \leqslant k$)中,第 i 批工件的总尺寸大小仍小于容
量 B,则工件 i 属于批次 b_i;如果工件 i 不能被任何已创建批次容纳,则创建批次 b_{k+1},
工件 i 属于第 $k+1$ 批。

步骤 3　将所有待加工工件按照上述步骤进行分批,即可得到分批结果。

举例说明,机器容量为 10,工件数为 10,一个工件调度序列见表 6-7。S_i 为工件对
应的尺寸大小。

表 6-7　工件调度序列

工件调度序列	8	9	3	5	2	10	7	1	4	6
S_i	6	7	3	8	1	3	4	2	3	1

按照上述 BF 分批方法得到分批结果见表 6-8,得到总批数为 4,其中 b_1,b_2,b_3 批
次的工件总尺寸等于机器容量,b_4 的总尺寸小于机器容量。

表 6-8　工件分批结果

b_k	所在批次中的工件 j	所在批次的实际总尺寸
b_1	8,3,2	10
b_2	9,10	10

续　表

b_k	所在批次中的工件 j	所在批次的实际总尺寸
b_3	5,1	10
b_4	7,4,6	8

由以上例子可知,BF 分批方法充分考虑了设备的利用率,由于在实际半导体制造业中,批处理设备都比较昂贵,设备利用率是重要的优化指标,所以本章所采用的分批规则都是基于 BF 分批方法的。

6.5.3　算法设计

求解最终测试阶段流水线批处理机调度问题可分为两部分：首先,是对工件进行分批。该问题中工件具有不同的尺寸和加工时间,即为差异工件,Uzsoy[8] 于 1994 年首次提出关于差异工件的批调度问题,并证明该问题是 NP - hard。由于差异工件的分批可能导致批处理机空间浪费和批之间加工时间分配不合理等问题,本章采用 Palmer 启发式算法[26]生成工件的初始排序,然后利用上文介绍的 BF 分批规则对工件进行分批。

分批完成后,不允许新的工件加入或从批中移除任何工件,那么每批工件可看成一个整体,即一个独立的工件。因此,分批后的批排序问题可看作置换流水车间调度问题进行求解。机器数量为 2 的流水车间调度问题可通过多项式时间算法进行求解,而机器数量大于 2 的问题已被证明为 NP - hard[27]。

本节采用的智能优化算法是在 6.4 节 PSO - FA 双层算法的基础上,针对最终测试阶段流水线批处理机调度问题的特点,对算法编码、算法改进等方面进行了修改。外层粒子群算法用于求解工件的分批结果,内层萤火虫算法则根据上层算法的分批结果,求解批的最终排序。

6.5.3.1　Palmer + BF 分批

为了提高工件的分批质量,在 BF 分批之前采用 Palmer 启发式算法对工件序列进行初始化。Palmer 启发式算法是基于工件加工时间按斜度顺序指标排列工件的算法。工件 i 的斜度指标(Slope Index) SI_i 定义为：

$$SI_i = \sum_{j=1}^{m} (2j - m - 1) p_{ij} \quad i = 1, \ldots, n \tag{6-21}$$

式(6-21)中, m 为机器数量, p_{ij} 为工件 i 在机器 j 上的加工时间。按 SI_i 递减的顺序对工件排序进行初始化,然后采用 BF 分批方法对初始序列进行分批,得到初始的分批结果。

BF 分批方法的步骤 6.4 节已作介绍,具体框架如下：

```
Begin
    X_ib=0, S_b=0; (i=1, ..., n; b=1, ..., k)
//如果工件 i 被分在批 b 中，X_ib=1;否则 X_ib=0
//S_b 表示批 b 中所有工件的尺寸之和
    i=1, b=1;
    while(i≤n)
        j=1;
        while(j≤b)
            if(S_j+s_i<B), then X_ij=1, S_j=S_j+s_i,break;
            else
                if(X_ib==0), then X_ib=1, S_b=S_b+s_i, b=b+1;
End
```

6.5.3.2 算法编码

6.4 中外层粒子群算法用于求解批工件的机器选择问题，粒子的位置 $x=[rand(0, 1)\cdot m]+1$，取值为 $[1, m]$ 的整数，即对应机器号；而本章节外层粒子群算法用于求解工件分批问题，则通过 ROV 规则将位置矢量 $X_i=[x_{i,1}, x_{i,2}..., x_{i,n}]$ 转换为离散的加工顺序 $\pi=(j_1, j_2, ..., j_n)$。Palmer 启发式算法得到的是初始工件序列，需转换为粒子的位置矢量，转换公式如下：

$$x_i=x_{\min}+(x_{\max}-x_{\min})(\pi_i-1+r)/n \quad i=1, ..., n \tag{6-22}$$

式(6-22)中，x_i 为粒子第 i 维的位置值；π_i 为通过 Palmer 算法得到的初始解的第 i 维工件序号；$x_{\min}$ 和 $x_{\max}$ 分别为粒子位置的最大值和最小值；r 为 0 到 1 的随机数。将转换后的 x_i 作为初始化粒子群位置时第一个粒子的位置，其余粒子的位置随机生成。

6.5.3.3 算法具体流程

步骤 1 确定算法参数

确定粒子群算法的种群规模、迭代次数、位置和速度的最小值和最大值、加速常数 c_1、c_2 及惯性权重 ω，以及萤火虫算法的种群规模、迭代次数、最大吸引度 β_0，光强吸收系数 γ，步长因子 α。

步骤 2 初始化第一层所有粒子的位置和速度

第一个粒子的位置通过 Palmer 算法由公式(6-22)生成，其余粒子的位置和速度分别由公式(6-23)、(6-24)随机生成，$rand(0, 1)$ 表示产生(0, 1)之间的随机数。

$$x=x_{\min}+rand(0, 1)(x_{\max}-x_{\min}) \tag{6-23}$$

$$v=v_{\min}+rand(0, 1)(v_{\max}-v_{\min}) \tag{6-24}$$

步骤 3　通过 BF 分批方法进行分批

通过 ROV 规则将每个粒子位置转换为工件序列,然后采用 BF 分批方法对工件进行分批,得到分批结果。

步骤 4　初始化第二层所有萤火虫的位置

根据步骤 3 的分批结果确定萤火虫位置矢量的维数,随机初始化萤火虫的位置,采用 ROV 规则,结合随机键编码,将萤火虫个体的连续位置转换为离散的加工顺序,即批的排序。

步骤 5　计算第二层各萤火虫的适应度值

第二层各萤火虫的适应度值即为所有工件的最大完工时间,并将其作为各自的最大荧光亮度。检查第二层萤火虫迭代次数是否达到步骤 1 设定的萤火虫算法的最大迭代次数,如果达到则转步骤 7,否则转步骤 6。

步骤 6　更新第二层萤火虫的位置

计算萤火虫个体的相对亮度 I 和吸引度 β,根据相对亮度决定萤火虫的移动方向,并更新个体的空间位置,转步骤 5。

步骤 7　计算第一层粒子的适应度值

第一层各粒子的适应度值即为它对应的第二层萤火虫种群的最好解,萤火虫算法返回给粒子群算法的值即为最大完工时间,并记录所有粒子的位置 X_j^1 及其对应的适应度值 $f(X_j^1)$。令 pb_j^r 表示第 j 个粒子迭代 r 次所经过的最好位置,gb^r 表示整个粒子种群迭代 r 次所经过的最好位置。如果 $r=1$,则 $pb_j^r=X_j^1$,否则 pb_j^r 由公式(6-9)求得,gb^r 即为所有粒子中最小适应度值对应的位置。然后检查第一层粒子迭代次数是否达到步骤 1 设定的粒子群算法的最大迭代次数,如果达到则结束,否则继续。

步骤 8　更新第一层粒子的位置和速度

根据公式(6-1)、(6-2)更新粒子的速度和位置,并检查粒子的速度和位置是否超出各自的取值范围,若超出范围,则按公式(6-10)、(6-11)重新确定粒子的速度和位置,然后转步骤 3。

本章 PSO-FA 双层算法的流程图如图 6-10 所示。

6.5.4　仿真实验及结果分析

6.5.4.1　实验设置

对表 6-9 中的例子数据进行仿真实验,总共 20 个工件,流水车间有 3 台批处理机,机器的最大容量均为 10,批与批之间的间隔时间为 10,表 6-9 列出了工件对应的尺寸大小以及在每台机器上的基本加工时间。算法参数设置:外层粒子群算法的种群规模为 50,迭代次数为 100,位置 x 的取值区间为 $[0,3]$,速度 v 的取值区间为 $[-3,3]$,学习因子 c_1、c_2 均为 2.0,惯性权重 ω 与 6.4 节一致;内层萤火虫算法的种群规模为 30,迭代次数为 20,最大吸引度 β_0 和光强吸收系数 γ 均为 1.0,步长因子 α 为 0.2。

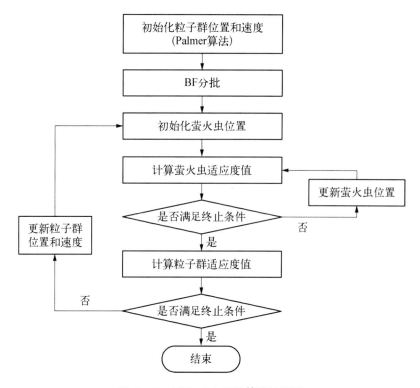

图 6-10   PSO-FA 双层算法流程图

表 6-9   工件尺寸及加工时间表

工件 i	尺寸 s_i	机器 1	机器 2	机器 3
1	6	30	50	60
2	3	45	40	75
3	5	35	45	70
4	2	50	55	65
5	8	40	60	80
6	9	35	45	70
7	4	30	55	75
8	1	50	45	60
9	7	45	50	80
10	3	40	60	65
11	4	30	45	75
12	1	50	55	70
13	8	35	60	60
14	5	30	45	65

工件 i	尺寸 s_i	机器 1	机器 2	机器 3
15	2	40	55	80
16	6	50	40	75
17	3	30	45	70
18	9	45	55	80
19	2	35	60	60
20	1	40	40	75

6.5.4.2　与工件加工位置有关的学习遗忘调度模型的实验分析

6.4 节对两种不同学习遗忘调度模型进行了仿真实验和对比分析,在同时考虑学习效应和遗忘效应的情况下,两种模型的差异性较小,因此本章只选取与工件加工位置有关的学习遗忘调度模型进行仿真实验。通过测试不同学习因子和遗忘参数下的优化目标,探讨流水线批调度问题中学习因子和遗忘参数对优化目标的影响。表 6-10 列出了在 100%、90%、80%、70%、60% 和 50% 的学习率,0、0.05、0.10、0.15、0.20、0.25 和 0.30 的遗忘参数下,算法各独立运行 20 次的测试结果。

表 6-10　各参数下算法的测试结果

参　数	100%	90%	80%	70%	60%	50%
$\beta = 0$	815	686.864 8	578.657 3	488.853 9	415.583 5	357.353 2
$\beta = 0.05$	815	737.245 6	671.907 5	617.092 4	571.165	537.351
$\beta = 0.10$	815	767.789 9	728.114 9	694.819 1	668.215 8	644.076 2
$\beta = 0.15$	815	786.395 7	762.196 6	742.298 5	725.858 1	712.885 2
$\beta = 0.20$	815	797.658 8	782.973 1	770.897 3	760.935 1	749.033 1
$\beta = 0.25$	815	804.480 9	795.574 7	788.218 3	782.197 4	777.413 5
$\beta = 0.30$	815	808.622 9	803.230 3	793.894 2	790.301 8	787.497 2

由表 6-10 测试结果亦可知,随着学习率的降低,最大完工时间逐渐减小,说明学习效应能够降低目标函数值,提高生产效率;而随着遗忘参数的增大,最大完工时间也逐渐增加,说明遗忘效应会减弱学习效应,延长完工时间。学习率为 80% 时,各遗忘参数下目标函数值较经典模式的变化率分别为 29.00%、17.56%、10.66%、6.48%、3.93%、2.38%、1.44%;遗忘参数为 0.1 时,各学习率下目标函数值较经典模式的变化率分别为 5.79%、10.66%、14.75%、18.01%、20.97%。两个变量对目标函数值均有明显的影响,因此在实际生产中同时考虑学习效应和遗忘效应是十分必要的。

图 6 - 11 为学习率和遗忘参数分别取值 80％和 0.1 的情况下，PSO - FA 双层算法求解基于与工件加工位置有关的学习遗忘调度模型，最终测试阶段批调度问题的寻优结果图。

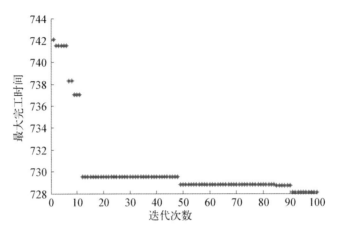

图 6 - 11   算法寻优结果图

输出结果如下。

时间是：728.114 9；

工件排序是：6　7　12　20　17　11　16　4　8　1　10　14　18　9　13　3　2　19　5　15；

批排序是：5　8　4　3　1　6　9　2　7。

由图 6 - 11 可知，算法在 100 代之内能够收敛，验证了算法的可行性和有效性；输出结果包括算法求得的最优最大完工时间以及最优解对应的工件的排序和通过 BF 分批后所有批的排序结果。

同样对不同学习率及不同遗忘参数下的测试结果进行拟合分析，图 6 - 12 的变量为学习率，图 6 - 13 的变量为遗忘参数。

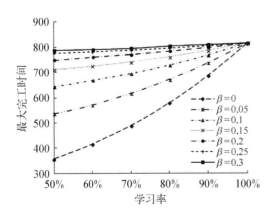

图 6 - 12   学习率为变量时的拟合曲线

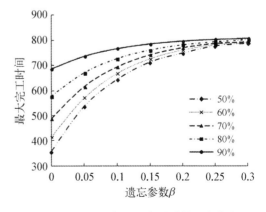

图 6 - 13   遗忘参数为变量时的拟合曲线

图 6-12、图 6-13 与图 6-5、图 6-6 中拟合曲线的变化规律一致,说明与工件加工位置有关的学习遗忘调度模型同样适用于半导体最终测试阶段的流水线批处理机调度问题。

6.5.4.3　敏感性分析

敏感性分析是从定量分析的角度出发,研究某些因素发生变化时对目标值的影响程度,是一种不确定分析技术。敏感度系数是敏感性分析的评价指标,即目标值变化率与敏感因素变化率之比,计算公式如下:

$$S_{AF} = \frac{\Delta A / A}{\Delta F / F} \qquad (6-25)$$

其中,S_{AF} 表示目标值 A 对敏感因素 F 的敏感度系数;$\Delta F/F$ 表示敏感因素 F 的变化率;$\Delta A/A$ 表示敏感因素 F 发生 ΔF 的变化时,目标值 A 相应的变化率。S_{AF} 的绝对值越大,说明目标值 A 对因素 F 的变化越敏感,反之越不敏感。

表 6-11　不同学习率下敏感度系数

遗忘参数	敏感因素变化率				
	-10%	-20%	-30%	-40%	-50%
$\beta=0$	1.57	1.45	1.33	1.23	1.12
$\beta=0.05$	0.95	0.88	0.81	0.75	0.68
$\beta=0.1$	0.58	0.53	0.49	0.45	0.42
$\beta=0.15$	0.35	0.32	0.30	0.27	0.25
$\beta=0.2$	0.21	0.20	0.18	0.17	0.16
$\beta=0.25$	0.13	0.12	0.11	0.10	0.09
$\beta=0.3$	0.08	0.07	0.09	0.08	0.07

由表 6-11 可知,当仅考虑学习效应,即 $\beta=0$ 时,不同学习率下的敏感度系数均大于 1,说明学习率属于较敏感的因素;随着学习率的降低,各情况下学习率的敏感度系数均逐渐减小,说明学习效应对目标函数值的影响随着学习率的较低也逐渐减小;然而随着遗忘参数的增大,学习率的敏感度系数也逐渐减小,说明考虑遗忘效应的情况下,学习率变化对目标函数值的影响会减小,即遗忘效应减弱了学习效应的影响;当遗忘参数 β 取值大于 0.1 时,学习率的敏感度系数均小于 0.5,甚至当 $\beta=0.3$ 时,学习率的敏感度系数还不到 0.1,说明 β 大于 0.1 的情况下,学习效应对目标函数值的影响已经很小,因此需将遗忘参数 β 控制在 0.1 以下。

6.6 本章小结

本章结合 Biskup 学习模型、Dejong 学习模型、Kuo 和 Yang 学习模型以及 Chiu 学习遗忘模型等经典模型,构建了两类学习遗忘调度模型,分别是:

(1) 与工件加工位置有关的学习遗忘调度模型

$$P_{jr} = P_j \left[\int + \left(1 - \int \right) r^a \right]$$

(2) 与已加工工件时间和有关的学习遗忘调度模型

$$P_{jr} = \begin{cases} P_j & r = 1 \\ P_j \left(\sum_{i=1}^{r-1} P_{[i]} \right)^a + \int \left[P_j - P_j \left(\sum_{i=1}^{r-1} P_{[i]} \right)^a \right] = P_j \left[\int + \left(1 - \int \right) \left(\sum_{i=1}^{r-1} P_{[i]} \right)^a \right] & r \geqslant 2 \end{cases}$$

本章将 6.2 节构建的两种学习遗忘调度模型应用到半导体炉管区的批调度问题中。首先,结合炉管区批调度问题的自身特点,提出了一种粒子群算法和萤火虫算法相结合的双层算法,粒子群算法主要解决外层为批工件选择机器的问题,萤火虫算法则求解内层机器上批工件的排序问题。然后,本章采用一组例子数据,对不同学习率和遗忘参数的各种情况进行了仿真实验,通过测试结果、拟合曲线和对比分析得出以下结论:

(1) 学习效应能够降低完工时间,从而提高生产效率;而遗忘效应会使得学习效果减弱,从而导致完工时间的增加。

(2) 学习率越低,即学习效果越强,完工时间越短;遗忘参数越大,即遗忘效应越强时,学习率对目标函数的影响越不明显。

(3) 遗忘参数越大,即遗忘效应越强,完工时间越长;学习率越高,即学习效果越弱时,遗忘参数对目标函数的影响越不明显。

(4) 对比两种学习遗忘调度模型,时间模型中学习效应和遗忘效应的影响更明显,然而在同时考虑学习效应和遗忘效应时,两种模型求得目标值的差距较仅考虑学习效应时的差距大大缩小,说明仅考虑学习效应的模型之间差异性较大,不符合实际生产,而两种学习遗忘调度模型之间较小的差异性验证了模型的有效性,也证明了同时考虑学习效应和遗忘效应才更符合实际生产。

本章首先对半导体最终测试阶段流水线批处理机调度问题进行描述,然后针对该问题的特点设计 PSO - FA 双层算法,包括 Palmer 算法和 BF 分批方法等设计,最后将与工件加工位置有关的学习遗忘调度模型应用到流水线批处理机调度问题中,通过仿真实验证明算法的可行性和有效性,并对仿真结果进行敏感度分析得到与第 6.3 节一致的结论。

与经典调度情况下(学习率为 100％)的结果对比可知,学习效应和遗忘效应的存在对目标函数值影响显著。企业可以通过程序分析方法改善工艺流程、通过作业分析方法改善操作工具、通过动作分析方法改善工人动作、并采用优良的管理方法来降低学习率,提高学习效应;同时可通过改善陈旧设备、缩短工件之间转换时间、采用分工专业化等方法减轻遗忘效应。

参 考 文 献

[1]   Tariq A,Ali A. New heuristics for no-wait flowshops to minimize makespan[J]. Computers and Operations Research,2003,30(8):1219-1231.

[2]   Yang X S. Eagle strategy using levy walk and firefly algorithms for stochastic optimization [J]. Studies in Computational Intelligence,2010,(284):101-111.

[3]   王凌,刘波.微粒群优化与调度算法[M].北京:清华大学出版社,2011,117-118.

[4]   张智聪,郑力.半导体测试调度研究[J].现代管理,2008,33(1).

[5]   成其谦.投资项目评价[M].北京:中国人民大学出版社,2010,120-126.

[6]   杨国朋.半导体芯片最终测试多阶段可重入调度优化仿真研究[D].四川:西南交通大学,2009.

[7]   Wein L M. Scheduling Semiconductor Wafer Fabrication [J]. IEEE Transactions on Semiconductor Manufacturing,1988,1(3).

[8]   Uzsoy R,Church L,Ovacik I. Dispatching rules for semiconductor testing operations:a computational study [C]. IEEE/CHMT International Electronics Manufacturing Technology Symposium,1992,272-276.

[9]   Glover F. Tabu Search-Part II[J]. Orsa Journal on Computing,1990,2(1):4-32.

[10]   De S,Lee A. Towards a knowledge-based scheduling system for semiconductor testing [J]. International Journal Production Research,1998,36(4):1045-1073.

[11]   Zhang J,et al. Fuzzy neural networks based rescheduling strategies optimization of semiconductor fabrication line[J]. Chinese Journal of Mechanical Engineering,2005,41(10):75-79.

[12]   Azzaro P C,et al. A fuzzy approach for performance modeling in a batch plant:application to semiconductor manufacturing[J]. IEEE Transactions on Fuzzy System,1997,5(3):338-357.

[13]   Zhou M C,Jeng M D. Modeling,analysis,simulation,scheduling and control of semiconductor manufacturing systems:a petri net approach [J]. IEEE Transactions on Semiconductor Manufacturing,1998,11(3):333-357.

[14]   Glover F. Tabu Search-Part II. Orsa Journal on Computing,1990,2(1):4-32.

[15]   Erramilli V,Mason S J. Multiple orders per job compatible batch scheduling. Electronics Packaging Manufacturing [J]. IEEE Transactions on Electronics Packaging Manufacturing,

2006，29(4)：285－296.

[16]　Wang C S,Uzsoy R. A genetic algorithm to minimize maximum lateness on a batch processing machine[J]. Computers and Operations Research，2002，29(12)：1621－1640.

[17]　李宇飞.改进的微粒群算法在半导体最终测试批处理调度模型中的应用[D].西南交通大学,2011.

[18]　王栓狮,陈华平,程八一,李燕.一种差异工件单机批调度问题的蚁群优化算法[J].管理科学学报,2009,12(6)：72－81.

[19]　Biskup D. Single-machine scheduling with learning considerations[J]. European Journal of Operational Research，1999，(115)：173－178.

[20]　Dejong J R. The Effects of increasing skills on cycle time and it consequences for time standards [J]. Ergonomics，1957，1(1)：51－60.

[21]　Chiu H N. Discrete time-varying demand lot-sizing models with learning and forgetting effects [J]. Production Planning and Control，1997，8(5)：484－493.

[22]　Kuo W H,Yang D L. Minimizing the total completion time in a single-machine scheduling problem with a time-dependent learning effect[J]. European Journal of Operational Research，2006，174(2)：1184－1190.

[23]　Kuo W H,Yang D L. Minimizing the makespan in a single machine scheduling problem with a time-based learning effect[J]. Information Processing Letters，2006，(97)：64－67.

[24]　梁静,钱省三,马良.基于双层蚂蚁算法的半导体炉管制程调度研究[J].系统工程理论与实践,2005,(12)：96－101.

[25]　Shi Y, Eberhart R C. Fuzzy adaptive particle swarm optimization[C]. IEEE Int. Conf. on Evolutionary Computation，2001，101－106.

[26]　Palmer D. Sequencing jobs through a multi-stage process in the minimum total time — a quick method of obtaining a near optimum[J]. Operation Research Quarterly，1965，(16)：101－107.

[27]　Hall L A. Approximability of flow shop scheduling[C]. Proceedings of the 41st Annual Symposium on Foundations of Computer Science，Milwaukee，Wisconsin，2005：82－91.

[28]　Wang J B, Xia Z Q. Flow-shop scheduling with a learning effect[J]. The Journal of the Operational Research Society，2005，(56)：1325－1330.

第七章
基于布谷鸟算法考虑学习-遗忘效应的项目调度研究

7.1 引　言

　　随着全球经济的迅猛发展,市场竞争日趋激烈,越来越多的企业在追求经济效益最大化的同时,扩大生产规模,加快生产进度,加大产品需求,对管理问题提出更高要求。项目管理作为企业持续和扩大经营的重要内容,对其各项环节的计划与控制直接影响最终的项目成败。而项目作为一系列千差万别、复杂却相互关联的活动集合,其能否在特定的资源需求条件下、保证质量安全的同时、以最少的造价成本、最短的工期时限完成,不仅直接影响企业经济效益最大化的目标,同时间接的资源浪费及对环境的破坏还可能会使企业声誉受损。项目管理最重要的工作之一就是项目调度,其合理安排项目中所有工序的开始与结束时间,及各道工序任务实施的先后顺序、对员工工作休息时间及任务所需资源的分配,以期达到最优的调度方案,使事先制定好的计划安排在生产中。而在实际项目调度中,很多项目由于企业片面追求经济的快速收益回报,赶工期的现象时有发生且几乎存在于任何一个项目活动中,这必会产生一定的质量安全隐患,甚至造成严重的灾难事故。例如发生于 2016 年的"11·24"江西丰城电厂施工平台倒塌事故,正是施工方压缩工期、突击生产,最终造成至少 20 层楼高的坍塌。因此,合理的项目调度对企业的项目管理及企业自身的发展至关重要。

　　传统的项目调度技术利用网络模型图如关键路径法(Critical Path Method, CPM)和计划评审技术(Project Evaluation and Review Technique, PERT)等,主要用于控制时间约束,从而进行调度计划的编制。

　　然而在实际项目实施过程中,资源受限项目调度问题(Resource-Constrained Project Scheduling Problem, RCPSP)往往不可避免,而前述几类网络计划技术并未考虑这一现实情况,因此精确算法和启发式算法应运而生。同时由于实际生产中,随着现代项目规模的逐渐扩大,启发式算法中的智能算法在求解大规模问题时有明显优势,已成为近十几年来的研究热点。

在实际的项目运作过程中,除了对任务的时间及资源进行合理调度外,人的行为效应因素影响亦日益增强,对人的合理指导与培训可以对项目的工期进度及产品质量有良好的影响。尤其是学习效应及遗忘效应,因为其能够对工期产生影响,常常与项目的时间因素被一同考量。研究者如果可以合理预测人的行为对项目的影响,考虑学习及遗忘效应对员工生产经验的得失等因素,不仅能够缩短项目的工期、有效改善项目进度计划,而且更能帮助企业在项目上降低成本、节约资源。

因此,本章以资源受限项目调度问题为研究课题,在满足紧前约束及资源约束的条件下,安排所有任务的实际开始时间及先后顺序,最终得出整个项目的最小工期及最优调度方案。同时在新兴的群智能算法中,本章选取具有参数设置较少、寻优能力较强的布谷鸟搜索算法(Cuckoo Search, CS)进行求解,结合混沌算法的随机性及遍历性对其加以改进,并将其与标准布谷鸟搜索算法进行比较。同时考虑将员工的学习及遗忘行为加入研究中,探讨两种行为效应对项目调度的综合影响。目前国内外将资源受限项目调度问题与学习-遗忘效应相结合的研究较少,大部分仍采用较老的经典遗传算法或粒子群算法,而针对新兴智能算法求解的研究较少,因此本文的研究将是对该领域的一个补充及进一步的扩展。同时由于实际项目实施中,重复性生产及休息时间的存在,学习及遗忘行为必然存在,因此本研究不仅具有十分重要的理论意义,也对生产实际具有一定的应用价值。

7.2 RCPSP 与布谷鸟算法

7.2.1 RCPSP 简介

资源受限项目调度问题(RCPSP)自20世纪以来持续受到国内外学界的关注与探讨。时至今日,对其研究的广度与深度已取得较为丰硕的成果,其基本的求解方法亦为完善。本研究以经典的资源受限项目调度问题为基础,下面将优先介绍 RCPSP 问题的基本模式。

资源受限项目调度问题主要考虑两个问题即任务和资源。任务是指具有已知持续时间的一系列活动,而资源是指具有一定用量的可维持任务正常运行的物质要素。此外,各任务之间由紧前关系制约相连接,且各资源的消耗量是有限的。因此,资源受限项目调度问题可简要地表述为:在满足紧前关系约束及资源约束的条件下,通过安排各项任务的开始时间及结束时间,寻找一个可行的调度方案使得所有任务的总持续时间最小即工期最短。

RCPSP 通常以一种带有有向箭头的节点式网络图(Activity-On-Node，AON)来表示。如图 7-1 所示：

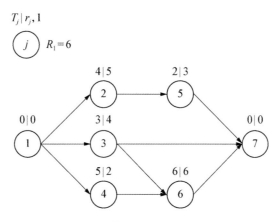

图 7-1　节点式网络图

图上节点 1 至 6 分别表示任务 1 至 6,其中任务 1 为虚开始任务,任务 6 为虚结束任务,两者均不占用时间亦不消耗资源。各节点之上左右两侧数字分别代表各任务的时间消耗及资源消耗。$R_1 = 6$ 表示该项目的第一种可更新资源最大消耗量为 6。图中的有向箭头为各任务之间的逻辑关系表示,具体描述为箭尾端即为箭头端的紧前任务,而箭头端指向当前任务的紧后任务。因此,当且仅当所有紧前任务完成之后当前任务才开始执行。同时对节点的编号规则做如下处理:

(1) 首先依顺序自左向右、自上至下为各任务节点编号;

(2) 虚开始任务的节点编号必为 1,虚结束任务的节点编号为所有任务数加 1;

(3) 依据各任务紧前关系予以编制各节点;

(4) 原则上,编号靠后的任务不可以是编号靠前任务的紧前任务。

7.2.2　RCPSP 数学模型

从数学的角度来看,RCPSP 可被定义为一个有着多个约束的组合优化问题:

$$RCPSP = (A, E, T, R, B, D, S, f) \tag{7-1}$$

经典的 RCPSP 主要受以下两种约束所限:各任务紧前关系约束与各任务资源约束。

7.2.2.1　约束条件

(1) 各任务紧前关系约束。

数据集 $A = \{A_0, A_1, ..., A_n, A_{n+1}\}$ 表示所有构成任务活动的任务集。通常,任务 A_0 和任务 A_{n+1} 分别代表调度的开始和结束,被称为虚任务或虚工作。因此非虚任务集

可表示为 $A' = A \backslash \{A_0, A_{n+1}\}$。任务持续时间可由变量 $T = \{T_0, T_1, \ldots, T_n, T_{n+1}\}$ 表示,这里 T_i 为任务 A_i 的持续时间,同时规定 $T_0 = T_{n+1} = 0$,即虚任务的持续时间均为 0。而紧前关系由数据集 E 给出,并作如下定义:$(A_i, A_j) \in E$ 表示任务 A_i 优先于任务 A_j,也就是说任务 A_j 的紧前工作为 A_i 或者说 A_i 的紧后工作为 A_j。同时限制任务 A_0 为优先于所有任务的最先开始的任务,而所有任务又优先于 A_{n+1} 开始,即任务 A_{n+1} 为最后开始的任务。这里需强调的一点是,紧前关系与紧后关系是一一对应的,即若当前任务的紧后任务已给定,则该紧后任务的紧前任务也已确定,即为当前任务。因此,紧前关系满足的同时,各任务的紧后关系也得以满足,换句话说,紧前与紧后中的任一个关系已知,则可得出所有任务间的逻辑关系。

(2) 各任务资源约束。

由于在实际项目活动中,任何企业都不可能获得源源不断的资源供应,没有哪种资源是取之不尽用之不竭的。因此项目中的资源又可分为可更新资源(Renewable Resources)、不可更新资源(Non-Renewable Resources)及双重约束资源(Doubly-Constrained Resources)三类[1,2]。

① 可更新资源。

可更新资源仅限制某一既定时刻的资源用量,其在消耗之后的下一时刻会以同等数量进行更新,即在任一时刻的资源用量都为一定值。现对可更新资源的约束条件做以下表述:t 时刻正在执行的所有任务,所消耗的某种可更新资源的总量,不得大于该种可更新资源的最大使用量。例如项目场地、人力及机械等可分别代表三种不同的可更新资源。

② 不可更新资源。

不可更新资源限制整个项目总工期的资源用量,其在某时刻的资源消耗之后,下一时刻不会再进行更新,此时的资源可用量为总资源用量中扣除前面所有时刻已使用的资源量。现对不可更新资源的约束条件做以下表述:对于项目执行的某一时刻 t,当前所有已执行的任务,所消耗的某种不可更新资源的资源用量之和,不得大于整个项目所拥有的该种不可更新资源的资源总量。例如项目材料、能源及资金等可视为三种不可更新资源。

③ 双重约束资源。

双重约束资源即为可更新资源与不可更新资源的两种资源约束,其不仅作用于整个项目的持续时间,也限制每一时刻的资源用量。

本章以经典 RCPSP 为基础展开,仅考虑资源类别为可更新资源的情况,同时使用 $R = \{R_1, R_2, \ldots, R_{r-1}, R_r\}$ 来表示可更新资源的种类数,各种可更新资源的可用总量以变量 $B = \{B_1, B_2, \ldots, B_{r-1}, B_r\}$ 表示。因此,各任务的资源消耗量可表示为 $D = \{D_0, D_1, \ldots, D_n, D_{n+1}\}$。同时规定,虚任务的资源用量均为 0,即 $D_0 = D_{n+1} = 0$。

7.2.2.2 目标函数

通常,项目调度的目标函数主要与项目的工期、成本、资源、质量等有关。而目前的大部分文献所涉及的 RCPSP 目标函数大体分为以下几大类[3]: 时间类目标函数、资源类目标函数、财务类目标函数及组合类多目标函数。其中时间类目标函数主要与项目的工期或各任务可延迟开始的最大时间有关;资源类目标函数主要对项目的资源使用状况进行优化,同时也包括了项目成本的优化(成本作为项目投资的资金,也可看作为一种资源)。财务类目标函数则主要展现了项目实施过程中所产生的现金流状况。部分目标函数的优化均有利于任务的提早完成,但某些目标函数的优化却更偏向于任务的推迟完成,诸如前文提到的有关 RCPSP 网络净现值的形式。本研究参考了文献[3,4,5],现将有关 RCPSP 的常见目标函数进行汇总如下:

表 7-1 RCPSP 的目标函数

目标类型	目标函数	目标值	计算公式	参考文献
时间类	项目工期	最小化	$\sum C_j$	Kelley 等[6]
	加权项目工期	最小化	$\sum w_j C_j$	廖任等[7]
	项目工期期望	最小化	$\sum (E(C_j))$	Van de Vonder 等[8]
	项目最大延迟时间	最小化	$\sum L_j$	方晨等[5]
资源类	资源水平	最小化	$\sum C_k f(R_k(S, t))$	方晨等[5]
	资源总投入	最小化	$\sum C_k \max R_k(S, t)$	Demeulemeester 等[9]
	资源需求方差和	最小化	$\sum_{t=1}^{C_j} (D_{kt} - \bar{D}_k)^2$	Burgess 等[10]
财务类	项目净现值	最大化	$\sum_j NCF_j e^{-ac_j}$	张颖等[11]

本研究将目标函数定义为整个项目的完工时间 f,即最后一项任务虚结束任务 $n+1$ 的开始时间或完成时间(注意这里虚结束任务的持续时间为 0,因此其开始时间即为其完成时间)。一般来说,提前各任务的开始时间,可缩短整个项目的总工期。因此,为使目标函数最优即令其项目总工期最小,只需确定各项任务的实际开始时间或完成时间。同样值得注意的是,由于任务的持续时间已知且为一定值,因此一旦任务的开始时间已知,则其完成时间也已确定。因此这两者只需确定其中一个,便可得到项目的总工期。这里将 RCPSP 的调度方案定义为 S,则 S_i 表示任务 A_i 的开始时间,$F_i = S_i + T_i$ 为任务 A_i 的实际完成时间。如前所述,已假定 $S_0 = 0$,则 S_{n+1} 即为最终的项目完工时间。除此之外,判断一个调度方案是否可行还要看其是否满足如下两个约束条件:紧前关系约束

(7-2)以及资源约束(7-3)。

$$S_j - S_i \geqslant T_i \quad \forall (A_i, A_j) \in E \tag{7-2}$$

$$\sum_{A_i \in A_t} D_{ij} \leqslant B_j \quad \forall t \geqslant 0, \ \forall R_j \in R \tag{7-3}$$

上式中，$A_t = \{A_i \in A \mid S_i \leqslant t \leqslant S_i + T_i\}$ 为在 t 时刻正在执行的任务集。

7.2.2.3　前提假设

本章对 RCPSP 做如下假设：

(1) 所有任务不重复执行，其执行次数仅为一次；

(2) 任一活动一经开始不得中断，因此合理的调度方案应为一系列不间断连续执行的任务集合；

(3) 各任务不可拆分，不存在将某项任务拆分成子任务执行的情况；

(4) 紧前任务结束后立即开始对紧后任务的执行，即不考虑可能的延迟或准备时间；

(5) 目标函数为最小化项目的最大完工时间即工期最短；

(6) 资源消耗仅考虑可更新资源的约束；

(7) 虚任务在整个项目执行过程中不占用时间且不消耗资源；

(8) 非虚任务的时间和资源均为一定值，其在执行过程中不得改变。

7.2.2.4　模型构建

本章参考文献[4,12,13]对之前所述的经典 RCPSP 建立数学模型及符号说明定义如下：

i 表示任务序号；

n 表示项目非虚任务数；

r 表示资源种数；

S_i 表示任务 A_i 的开始时间；

$S_i + T_i$ 表示任务 A_i 的结束时间；

$A_t = \{A_i \in A \mid S_i \leqslant t \leqslant S_i + T_i\}$ 为在 t 时刻正在执行的任务集；

$A = \{A_0, A_1, \ldots, A_n, A_{n+1}\}$ 表示所有构成任务活动的任务集；

$T = \{T_0, T_1, \ldots, T_n, T_{n+1}\}$ 表示各任务持续时间集；

$R = \{R_1, R_2, \ldots, R_{r-1}, R_r\}$ 表示可更新资源的种类集；

$B = \{B_1, B_2, \ldots, B_{r-1}, B_r\}$ 表示各种可更新资源的可用总量集；

$D = \{D_0, D_1, \ldots, D_n, D_{n+1}\}$ 表示各任务的资源消耗量集。

$$S_j - S_i \geqslant T_i \quad \forall (A_i, A_j) \in E \tag{7-4}$$

$$\sum_{A_i \in A_t} D_{ij} \leqslant B_j \quad \forall t \geqslant 0, \ \forall R_j \in R \tag{7-5}$$

$$\min f = \min S_{n+1} = \min F_{n+1} \tag{7-6}$$

上式中,式(7-4)表示任务的紧前关系约束;式(7-5)表示任务的资源约束式;式(7-6)表示目标函数为最小工期即最小化虚结束任务的开始时间或结束时间。

7.2.3　RCPSP 编码规则

应用启发式算法求解 RCPSP 的主要难点之一就是:如何选取一种最恰当的方式,以计算机能识别的语言,来表示资源受限项目调度问题。因此编码方式的选择应以简单、易于计算为首要特点。同时按照某种规则生成的编码方式应与其解码调度方案相对应。下面对本研究所采用的基于优先规则的编码方式予以简要介绍。

基于优先规则的编码方式可被定义为一系列具有优先规则的集合:

$$\pi = [\pi_0, \pi_1, \ldots, \pi_n, \pi_{n+1}] \tag{7-7}$$

其中,每一个 π 代表一个优先规则,而第 i 个任务的优先值便由优先规则 π_i 决定。在调度生成之时,应先根据优先规则确定各任务的优先权值,其后依据优先权的大小对所有任务加以排序,随即形成的序列便决定了各任务的调度顺序。

目前大部分的文献对任务优先权的取值规则主要分两类[14]:一类由 $n+2$ 个不重复的自然整数的随机排列构成(包括首尾的虚开始任务 0 与虚结束任务 $n+1$)。另一类由 0-1 之间的随机实数列构成[15,16](规定虚开始任务的优先值为 1,虚结束任务的优先值为 0)。

(1) 两类优先规则的共同点在于:

1) 其执行结果均为一个随机序列;

2) 该随机序列与项目中每一个任务的优先权一一对应;

3) 依据序列中随机数的大小对各任务进行排序,且优先值越大的任务越先执行;

4) 排序后形成的新序列并未检查任务间的紧前关系约束。

(2) 两类优先规则的不同点在于:

1) 基于自然整数排列的优先规则,其任务的优先值由一组随机的整数值表示。而在基于 0-1 随机实数的排列中,各任务的优先值由一组随机的实数值(即小数值)来表示;

2) 基于自然整数排列的优先规则,其各项任务的优先权取值范围为 $[1, n+2]$。而在基于 0-1 随机实数的排列中,各任务的优先值取值范围则为 $[0, 1]$;

3) 基于自然整数排列的优先规则,其虚任务优先值未先定义,因此也计入整数值的随机取值。而在基于 0-1 随机实数的排列中,规定虚开始任务的优先值为 1,虚结束任务的优先值为 0,即唯有非虚任务计入小数值的随机取值,且取值范围为 (0, 1);

4) 基于自然整数排列的优先规则,其任务优先值均为不重复的随机数。而在基于 0-1 随机实数的排列中,各任务的优先值可能存在相等的情况。

表 7 - 2　两类基于优先规则编码方式的异同点

优先规则类别		基于自然整数排列	基于 0 - 1 随机实数排列
共同点			随机序列 对应优先值 数值大小与优先值大小成正比 未检查紧前关系约束
不同点	表示	整数值	实数值（小数值）
	取值范围	$[1, n+2]$	$[0, 1]$
	虚任务	未定义	$\pi_0 = 1; \pi_{n+1} = 0$
	是否重复	否	可能重复

7.2.4　RCPSP 解码方式

通常，RCPSP 根据调度生成机制（Schedule Generation Schemes，SGS）进行解码，其已成为大部分启发式算法解决 RCPSP 的核心部分，也是另一个难点。SGS 主要用于生成一个或多个同时满足紧前关系约束及资源约束的调度方案，其主要思想为：对不完全调度加以更新，直至所有任务活动均被合理安排，最终生成一个完全的调度方案[17]，这里的不完全调度是指仅调度了小于 $n+2$ 个任务的调度方案，因此完全调度即为对所有 $n+2$ 个任务进行调度的方案。研究 RCPSP 的学者们刘士新等人[17]归纳了两种不同的调度生成机制：串行调度机制（Serial SGS，SSGS）与并行调度机制（Parallel SGS，PSGS）[18]。两种调度机制均可以生成完全的调度方案，但区别在于整个项目执行过程中，各自对任务及时间的处理方式不同。

7.2.4.1　串行调度机制

串行调度机制是基于活动增量的调度方案，即在整个调度的安排过程中，不存在当前的实际时间变量。如研究者 Kolisch[18]所述，使用串行调度机制可确保生成一个最优的调度方案。该调度机制由 $g = 1, \dots, n$ 个阶段组成，其中 n 表示任务数。每次在 g 阶段中从候选任务集里选择一个任务安排调度，这一选择的过程，将根据前文所述的 RCPSP 编码规则基于优先值的大小进行选择，而这里的候选任务集是指已安排调度的各任务的所有紧后活动集合，因此在 SSGS 中将优先考虑任务间的紧后关系约束（与紧前约束相对应），再考察其是否满足资源约束。

在每次调度的新阶段均涉及两个不相交的任务集合：S_g 与 E_g。其中，集合 S_g 包括在阶段 g 的所有已被调度完成的任务活动。而集合 E_g 则为当前阶段 g 的所有待调度的候选任务集合。注意，这里的 $S_g \bigcup E_g$ 并不总是代表项目中的所有任务，因为在 g 阶段

的某些任务并不满足所选择任务的紧后关系,因此这些任务并不会被放入候选任务集。现假定:

$$A(t) = \{j \in J \mid F_j - T_j \leqslant t \leqslant F_j\} \tag{7-8}$$

$$\widetilde{R}_k(t) = R_k - \sum_{j \in A(t)} r_{j,k} \tag{7-9}$$

$$E_g = \{j \in J \backslash S_g \mid P_j \subseteq S_g\} \tag{7-10}$$

$$F_g = \{F_j \mid j \in S_g\} \tag{7-11}$$

$$K = \{1, \ldots, K\} \tag{7-12}$$

上式中,J 表示所有任务的集合;P_j 为第 j 个位置上的任务的紧前活动集合(这里的 j 并不再表示为第 j 个任务,而是经过优先值排序后的排在第 j 个位置上的任务);R_k 为可更新资源 k(第 k 种可更新资源)的资源总量;$r_{j,k}$ 为第 j 个位置任务的可更新资源 k 的消耗量;式(7-8)为 t 时刻正在执行的任务集合;式(7-9)为在时刻 t 的可更新资源 k 的剩余可用量;式(7-10)为串行调度阶段 g 的候选任务集合;式(7-11)为各任务的完成时间集合,最后的式(7-12)为可更新资源的资源种类集合。有关串行调度的伪代码如下:

初始化: $g = 0, F_0 = 0, S_0 = \{1\}$
for $g = 1$ *to* n **do**
　　计算: $E_g, F_g, \widetilde{R}_k(t)(k \in K)$; $t \in F$
　　选择 $j \in E_g$
　　$EF_j = \max\{F_h\}_{h \in P_j} + T_j$
　　$F_j = \min\{t \in [EF_j - T_j, LF_j - T_j] \cap F_g \mid r_{j,k} \leqslant \widetilde{R}_k(\tau) k \in K, \tau \in [t, t + T_j] \cap F_g\} + T_j$
　　$S_g = S_{g-1} \cup j$
end for

图 7-2　串行调度伪代码

在初始化阶段,虚任务 $j = 0$ 已被假定其完成时间为 0,即作为已被安排调度的任务,该虚开始任务之后将被放入不完全调度 S_i 中,此时 $S_0 = \{1\}$。在每个阶段 g 开始之际,对候选任务集 E_g、完成时间集 F_g、剩余资源集 $\widetilde{R}_k(t)$ 分别加以计算和更新。完成初始化之后,将从候选任务集 E_g 中按照优先值选择一个任务 j 进行调度。为了得到所选任务 j 的实际完成时间 F_j,首先需计算该任务的所有紧前任务的最早完成时间 EF_j,之后再通过对所有任务的持续时间求和得到该项目的工期上限,同时该值也表示最后一项任务活动的最迟完成时间。再由工期上限开始,反向循环计算各任务的最迟完成时间 LF_j。此时即可确定当前所选任务的实际完成时间 F_j 的取值范围 $[EF_j, LF_j]$。最后

需检查所选活动 j 在 t 时刻的资源消耗量 $r_{j,k}$ 是否超过剩余资源可用量 $\widetilde{R}_k(t)$。最终得出的实际完成时间 F_j,为该任务 j 在同时满足紧前关系约束及资源约束下的最早可执行时间。最后在阶段 n 完成所有任务的调度安排 S_n。

7.2.4.2 并行调度机制

与串行调度机制不同,并行调度机制是基于时间增量的调度方案。该调度机制共有包括虚任务在内的 $n+2$ 个阶段,且每个阶段 g 都与一个调度时间 t_g 有关。PSGS 主要涉及另两个集合:C_g 与 A_g。完全调度集 C_g 包含已调度的且在 t_g 时刻已完成的所有活动。而任务集 A_g 则包含已调度的但在 t_g 时刻尚未完成的所有活动。每次在 g 阶段中,从候选任务集 E_g 里选择一个任务安排调度,并行调度的候选集是指可以在时刻 t_g 开始的所有满足紧前关系约束与资源约束的活动集合。同样假定:

$$F_g = \{F_j \mid j \in S_g\} \qquad (7-13)$$

$$K = \{1, \ldots, K\} \qquad (7-14)$$

$$\widetilde{R}_k(t_g) = R_k - \sum_{j \in A(t_g)} r_{j,k} \qquad (7-15)$$

$$C_g = \{j \in J \mid F_j \leqslant t_g\} \qquad (7-16)$$

$$A_g = \{j \in J \mid F_j - T_j \leqslant t_g < F_j\} \qquad (7-17)$$

$$E_g = \{j \in J \backslash (C_g \cup A_g) \mid P_j \subseteq C_g \wedge r_{j,k} \leqslant \widetilde{R}_k(t_g)(k \in K)\} \qquad (7-18)$$

```
初始化: g = 0, t_g = 0, A_0 = {0}, C_0 = {0}, R̃_k(0) = R_k
while |A_g ∪ C_g| ≤ n do
    g = g + 1
    t_g = min{F_j}_{j ∈ A_g}
    计算: C_g, A_g, R̃_k(t_g), E_g
    while |E_g| > 0 do
        选择 j ∈ E_g
        F_j = t_g + T_j
        计算: A_g, R̃_k(t_g), E_g
    end while
end while
F_{n+1} = max{F_h}_{h ∈ P_{n+1}}
```

图 7-3 并行调度伪代码

J 表示所有任务的集合;P_j 为第 j 个位置上的任务的紧前活动集合;R_k 为可更新资源 k 的资源总量;$r_{j,k}$ 为第 j 个位置任务的可更新资源 k 的消耗量;式(7-13)仍表示为各任务的完成时间集合;同样地,式(7-14)仍为可更新资源的资源种类集合;式(7-15)为在时刻 t_g 的可更新资源 k 的剩余可用量;式(7-16)表示完全调度集合 C_g;式(7-17)表示时刻 t_g 的当前正在执行的任务集 A_g;式(7-18)表示为并行调度阶段 g 的候选任务集 E_g。有关并行调度的伪代码如图 7-3 所示。

在初始化阶段,设置此时的调度时间 t_g 为 0,对第一个虚开始任务进行调度,定义此时的剩余资源用量 $\widetilde{R}_k(0)$ 即为最大资源可用量 R_k(虚任务不占用资源)。在每个新阶段开始时,先确定当前的调度时刻 t_g,可通过计算当前所有已被安排调度的任务完成时间 F_j 的最小值 来实现。接下来,将完全调度集 C_g、当前任务集 A_g、候选任务集 E_g 与当前剩余资源集 $\tilde{R}_k(t_g)$ 一同计算。其后,从候选任务集 E_g 中选择可于时刻 t_g 开始的任务进行调度,由于此时在阶段 g 可开始的任务可能不只一个,依然按优先值大小来选择,但所有可在 t_g 时刻开始的任务均需于该阶段 g 进行调度,同时应满足紧前约束及资源约束。因此并行调度可能会有少于 n 个阶段的情况。之后再对当前任务集 A_g、候选任务集 E_g 和剩余资源集 $\tilde{R}_k(t_g)$ 重新计算,且对于所选的第 j 个位置的任务,其实际完成时间 F_j 即为时刻 t_g 与该任务的持续时间 T_j 之和。最终虚结束任务 F_{n+1} 的实际完成时间为其所有紧前任务完成时间的最大值。

虽然串行调度机制与并行调度机制的结果都可产生可行的调度方案,但由于并行调度建立的是无滞后(无延迟)的调度方案,因此应用并行调度机制可能永远无法得到一个最优的调度方案。现将串行调度与并行调度的不同点简单总结如下:

表 7‑3　串行与并行的不同点

不同点	扩展增量	各阶段任务调度数	阶段数	是否滞后	取值范围	调度结果
串行调度	任务增量	1	任务数 n	允许滞后	$[EF_j, LF_j]$	最优解
并行调度	时间增量	$\geqslant 1$	$\leqslant n$	无滞后	$[t_g, LF_j]$	可行解但不一定有最优解

7.2.5　RCPSP 例证分析

现以 7.2.1 节中图 7‑1 为例,结合上述两类编码规则与解码方案以两种方式进行求解。先以基于 0‑1 随机实数的编码规则与串行调度的解码方案求解,本节命名为法 1;后以基于自然整数的编码规则与并行调度的解码方案求解,命名为法 2。

7.2.5.1　基于 0‑1 随机实数的编码规则与串行调度的解码方案求解

观察图 7‑1,任务间的紧前约束为($\{\}$,$\{1\}$,$\{1\}$,$\{1\}$,$\{2\}$,$\{3,4\}$,$\{3,5,6\}$),同时由表 7‑4,各任务的基于 0‑1 随机实数的优先值为(1,0.743,0.142,0.926,0.568,0.313,0),现将其按照由大到小的顺序排列(1,0.926,0.743,0.568,0.313,0.142,0),因此对应各任务的调度方案即(1,4,2,5,6,3,7),由于此时,任务 6 的紧前任务为$\{3,4\}$,即当且仅当任务 3 与任务 4 均执行完毕后,任务 6 才得以开始。因此将任务 6 与任务 3 位置互换,如下表 7‑5 所示的灰色虚框部分,随后得到一个经调整后的满足紧前约束的可行调度方案(1,4,2,5,3,6,7),按照此时的顺序各位置上任务的持续时间(0,5,4,2,3,6,0),其资源消耗为(0,2,5,3,4,6,0),此例中的可更新资源仅为一种,且其最大资源可用量为

6,再由关键路径法(CPM)求得各位置上任务的最早结束时间(0,5,4,6,3,11,11),该项目的工期上限为(0+4+3+5+2+6+0)=20,之后逆向求得各位置上任务的最迟结束时间(14,14,18,20,20,20,20),最后通过串行调度机制计算各项任务的实际结束时间如下图7-4,则该任务最终在满足紧前约束与资源约束的条件下得到的最优工期为17,各任务具体参数已列出如下表7-5,最终的调度结果如下:

表 7-4　两类优先值编码示例

任　务　编　号		1	2	3	4	5	6	7
优先值	基于自然整数排列	2	7	3	4	6	5	1
	基于0-1随机实数排列	1	0.743	0.142	0.926	0.568	0.313	0

表 7-5　法1各任务参数表

位置 (j)	优先值	原顺序	可行顺序	紧前约束	资源 ($r_{j,1}$)	持续时间 (T_j)	最早结束时间 (EF)	最迟结束时间 (LF)	实际结束时间 (F_j)
1	1	1	1	{}	0	0	0	14	0
2	0.926	4	4	1	2	5	5	14	5
3	0.743	2	2	1	5	4	4	18	9
4	0.568	5	5	2	3	2	6	20	11
5	0.313	6	3	1	4	3	3	20	3
6	0.142	3	6	3,4	6	6	11	20	17
7	0	7	7	3,5,6	0	0	11	20	17

7.2.5.2　基于自然整数的编码规则与并行调度的解码方案求解

由表7-4,各任务的基于自然整数的优先值为(2,7,3,4,6,5,1),对应各任务的调度方案即为(2,5,6,4,3,1,7),此时进行紧前关系检查,具体操作如下:由于任务1为所有项目的虚开始任务,因此将任务1提前至首位,其他任务按前顺序依次后移一位得到(1,2,5,6,4,3,7)。同法1,由于此时任务6的紧前任务为{3,4},即当且仅当任务3与任务4均执行完毕后,任务6才得以开始。因此将任务6与任务4互换,得到(1,2,5,4,6,3,7),其后同理再次将任务6与任务4互换,得到最终的经调整后严格满足紧前关系的可行调度方案(1,2,5,4,3,6,7)。按照此时的顺序各位置上任务的持续时间(0,4,2,5,3,6,0),其资源消耗为(0,5,3,2,4,6,0),再由关键路径法(CPM)求得各位置上任务的

I.　$g = 0$
$F_0 = 0, S_0 = \{1\}$

$F_0 = \{0, -, -, -, -, -, -\}$
$F_0 = \{0, -, -, -, -, -, -\}$

$g = 1$
$S_1 = \{1\}, E_{1} = \{2, 3, 4\}$

II.　$j = 4$
$EF_4 = \max\{1\}_{h \in P_4} + 5 = 5$
$F_4 = \min\{[5-5, 14-5] \cap \{0\}\} + 5 = 5$

t	R	
0	4	T

$F_1 = \{0, -, -, 5, -, -, -\}$
$F_1 = \{0, -, -, 5, -, -, -\}$

$g = 2$
$S_2 = \{1, 4\}, E_2 = \{2, 3\}$

III.　$j = 2$
$EF_2 = \max\{0\}_{h \in P_2} + 4 = 4$
$F_2 = \min\{[4-4, 18-4] \cap \{0, 5\}\} + 4 = 9$

t	R	
0	4	F
5	6	T

$F_2 = \{0, 9, -, 5, -, -, -\}$
$F_2 = \{0, 9, -, 5, -, -, -\}$

$g = 3$
$S_3 = \{1, 2, 4\}, E_3 = \{3, 5\}$

IV.　$j = 5$
$EF_5 = \max\{4\}_{h \in P_5} + 2 = 6$
$F_5 = \min\{[6-2, 20-2] \cap \{0, 5, 9\}\} + 2 = 11$

t	R	
5	1	F
9	6	T

$F_3 = \{0, 9, -, 5, 11, -, -\}$
$F_3 = \{0, 9, -, 5, 11, -, -\}$

$g = 4$
$S_4 = \{1, 2, 4, 5\}, E_4 = \{3\}$

V.　$j = 3$
$EF_3 = \max\{0\}_{h \in P_3} + 3 = 3$
$F_3 = \min\{[3-3, 20-3] \cap \{0, 5, 9, 11\}\} + 3 = 3$

t	R	
0	4	T

$F_4 = \{0, 9, 3, 5, 11, -, -\}$
$F_4 = \{0, 9, 3, 5, 11, -, -\}$

$g = 5$
$S_5 = \{1, 2, 3, 4, 5\}, E_5 = \{6\}$

VI.　$j = 6$
$EF_6 = \max\{3, 5\}_{h \in P_6} + 6 = 11$
$F_6 = \min\{[11-6, 20-6] \cap \{0, 3, 5, 9, 11\}\} + 6 = 17$

t	R	
5	1	F
9	3	F
11	6	T

$F_5 = \{0, 9, 3, 5, 11, 17, -\}$
$F_5 = \{0, 9, 3, 5, 11, 17, -\}$

$g = 6$
$S_6 = \{1, 2, 3, 4, 5, 6\}, E_4 = \{7\}$

VII.　$j = 7$
$EF_7 = \max\{3, 6, 11\}_{h \in P_7} + 0 = 11$
$F_7 = \min\{[11-0, 20-0] \cap \{0, 3, 5, 9, 11, 17\}\} + 0 = 17$

t	R	
11	0	F
17	6	T

$F_6 = \{0, 9, 3, 5, 11, 17, 17\}$

$g = 7$
VIII.　$S_7 = \{1, 2, 3, 4, 5, 6, 7\}$
$F_7 = \{0, 9, 3, 5, 11, 17, 17\}$

$F_7 = \{0, 9, 3, 5, 11, 17, 17\}$

图 7 - 4　法 1 串行调度计算过程图

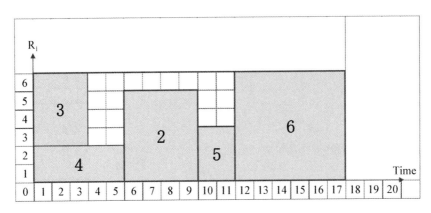

图 7-5　法 1 调度图

最早结束时间(0,4,6,5,3,11,11),之后逆向求得各位置上任务的最迟结束时间(14,18,20,14,20,20,20),最后通过并行调度机制计算各项任务的实际结束时间(如图 7-6),则该任务最终在满足紧前约束与资源约束的条件下得到的最优工期为 18,各任务间具体参数已列出(如表 7-6),最终的调度结果如图 7-7 所示。

表 7-6　法 2 各任务参数表

位置 (j)	优先值	原顺序	可行顺序	紧前约束	资源 ($r_{j,1}$)	持续时间 (T_j)	最早结束时间 (EF)	最迟结束时间 (LF)	实际结束时间 (F_j)
1	2	2	1	{}	0	0	0	14	0
2	7	5	2	1	5	4	4	18	4
3	3	6	5	2	3	2	6	20	12
4	4	4	4	1	2	5	5	14	9
5	6	3	3	1	4	3	3	20	6
6	5	1	6	3,4	6	6	11	20	18
7	1	7	7	3,5,6	0	0	11	20	18

7.2.6　启发式算法简介

已知的求解资源受限项目调度问题的启发式算法可以被进一步分为两类:基于优先规则的启发式算法、元启发式算法[19]。

第一类方法往往从未经调度的任务开始依次安排调度,将一个单一的调度方案在每个阶段选择任务集中的一个或几个进行调度,直到所有任务均被调度完成,最终生成一

I.　$g = 0$
$t_0 = 0, A_0 = \{1\}, C_0 = \varnothing$
$F_0 = \{0,-,-,-,-,-\}$

$g = 1$
$A_1 = \{1\}, C_1 = \varnothing$
$t_1 = \min\{0\} = 0$
II.　$A_1 = \varnothing, C_1 = \{1\}$
$E_1 = \{2,3,4\}$
$j = 2; F_2 = 0 + 4 = 4$
$E_1 = \varnothing$
$A_1 = \{2\}, C_1 = \{1\}$
$F_1 = \{0,4,-,-,-,-\}$

$g = 2$
$A_2 = \{2\}, C_2 = \{1\}$
$t_2 = \min\{4\} = 4$
$A_2 = \varnothing, C_2 = \{1,2\}$
III.　$E_2 = \{3,4,5\}$
$j = 5; F_5 = 4 + 2 = 6$
$E_2 = \varnothing$
$A_2 = \{4,5\}, C_2 = \{1,2\}$
$F_2 = \{0,4,-,9,6,-,-\}$

$g = 3$
$A_3 = \{4,5\}, C_3 = \{1,2\}$
$t_3 = \min\{6,9\} = 6$
IV.　$A_3 = \varnothing, C_3 = \{1,2,5\}$
$E_3 = \varnothing$
$A_3 = \{4\}, C_3 = \{1,2,5\}$
$F_3 = \{0,4,-,9,6,-,-\}$

$g = 4$
$A_4 = \{4\}, C_4 = \{1,2,5\}$
$t_4 = \min\{9\} = 9$
$A_4 = \varnothing, C_4 = \{1,2,4,5\}$
V.　$E_4 = \{3,6\}$
$j = 3; F_3 = 9 + 3 = 12$
$E_4 = \varnothing$
$A_4 = \{3\}, C_4 = \{1,2,4,5\}$
$F_4 = \{0,4,12,9,6,-,-\}$

$g = 5$
$A_5 = \{3\}, C_5 = \{1,2,4,5\}$
$t_5 = \min\{12\} = 12$
$A_5 = \varnothing, C_5 = \{1,2,3,4,5\}$
VI.　$E_5 = \{6\}$
$j = 6; F_6 = 12 + 6 = 18$
$E_5 = \varnothing$
$A_5 = \{6\}, C_5 = \{1,2,3,4,5\}$
$F_5 = \{0,4,12,9,6,18,-\}$

$g = 6$
$A_6 = \{6\}, C_6 = \{1,2,3,4,5\}$
VII.　$t_6 = \min\{18\} = 18$
$A_6 = \varnothing, C_6 = \{1,2,3,4,5,6\}$
$F_6 = \{0,4,12,9,6,18,18\}$

$g = 7$
$A_7 = \varnothing, C_7 = \{1,2,3,4,5,6\}$
VIII.　$F_7 = \max\{0,4,12,9,6,18\} = 18$
$F_7 = \{0,4,12,9,6,18,18\}$

图 7-6　法 2 并行调度计算过程图

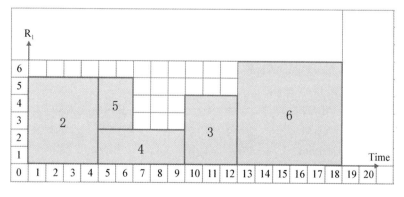

图 7-7　法 2 调度图

个完全调度计划。这一过程可通过调度生成机制与可用于计算各任务优先值的优先规则来实现。

第二类方法采用初始完全解,其目标是在特定的标准下实现优化,进而寻找可能的最优解。这一过程通过一系列参数设置,将一种方案向另一种更优的方案改进。元启发式算法的四个主要特点与优势是:简单、灵活、随机性及避免局部最优[20]。目前主要的几个具代表性的元启发式算法有遗传算法(Genetic Algorithms, GA)、禁忌搜索算法(Tabu Search, TS)、模拟退火算法(Simulated Annealing, SA)、蚁群算法(Ant Colony Optimization, ACO)、粒子群算法(Particle Swarm Optimization, PSO)等等[21]。这些算法大都依赖于高效的 RCPSP 表示方法即编码规则。

元启发式算法通过在部分求解空间范围内进行搜索,在相对较短的时间范围内,得到可能的较优解或满意解。虽然其不一定能产生最优解,但在大多数情况下,一个合理的可行调度方案往往比最优的调度方案更重要或者说更实用。因此元启发式算法至今已被众多学者认可并广泛用于求解资源受限项目调度问题。

元启发式算法又可被进一步划分为基于单一优化算法与基于群优化算法两大类。第一类算法的搜索过程始于一个单一的候选解,之后该候选解将在迭代的过程中被优化,例如模拟退火算法。而第二类群优化算法则开始于一个随机的初始种群,即多个候选解,之后该种群将在迭代中进行优化。在这类群优化算法中一种主流的分支群智能算法(Swarm Intelligence, SI)[22]近二十年来逐渐兴起并发展至今,表 7-7 已列出一些主要的群智能算法。这一概念最早来源于生物界的群体行为或自然界的固有现象,例如蚁群算法、粒子群算法及人工蜂群算法(Artificial Bee Colony, ABC)等。接下来一节将主要阐述本研究所涉及的一种近几年新兴的群智能算法:布谷鸟搜索算法(Cuckoo Search, CS)。

表 7-7　群智能算法

群智能算法	英　　文	缩写	时间	参考文献
粒子群算法	Particle Swarm Optimization	PSO	1995	Kennedy 等[23]
细菌觅食算法	Bacterial Foraging Optimization Algorithm	BFOA	2002	Passino 等[24]
人工鱼群算法	Artificial Fish-Swarm Algorithm	AFSA	2003	Li 等[25]
蚁群算法	Ant Colony Optimization	ACO	2006	Dorigo 等[26]
人工蜂群算法	Artificial Bee Colony	ABC	2006	Basturk 等[27]
萤火虫算法	Firefly Algorithm	FA	2008	Yang 等[28,29]
布谷鸟算法	Cuckoo Search	CS	2009	Yang 等[30]
蝙蝠算法	Bat Algorithm	BA	2010	Yang 等[31]
果蝇算法	Fruit fly Optimization Algorithm	FOA	2012	Pan 等[32]
灰狼算法	Grey Wolf Optimizer	GWO	2014	Mirjalili 等[20]

续　表

群智能算法	英　　文	缩写	时间	参考文献
蜻蜓算法	Dragonfly Algorithm	DA	2015	Mirjalili 等[33]
飞蛾扑火算法	Moth-flame Optimization Algorithm	MFO	2015	Mirjalili 等[34]
鲸鱼群算法	Whale Optimization Algorithm	WOA	2016	Mirjalili 等[35]
蝗虫算法	Grasshopper Optimization Algorithm	GOA	2017	Saremi 等[36]
樽海鞘算法	Salp Swarm Algorithm	SSA	2017	Mirjalili 等[37]

7.2.7　布谷鸟算法

布谷鸟搜索算法(Cuckoo Search, CS)是由 Yang 等人[30]于 2009 年提出的又一新兴仿生群智能优化算法。算法主要借鉴了布谷鸟的两种群体行为：繁殖策略与莱维飞行(Lévy Flight)。其通过模拟生物界中的布谷鸟或称杜鹃群体的生活习性与飞行习惯,对待优化目标进行求解。算法提出者本人同时指出,通过对随机函数及基准函数的对比测试,布谷鸟算法在解决最优化问题时往往得出的结果较遗传算法与粒子群算法更优[21]。因此本文主要采用布谷鸟搜索算法进行研究。

7.2.7.1　繁殖策略

布谷鸟是一类具有寄生性繁殖的鸟类,即它们会通过将自己的鸟蛋放置于同代或不同种类鸟的鸟窝来繁殖后代[21],而原巢主鸟(其他鸟)会有一定概率发现外来鸟蛋(布谷鸟蛋),此时它可能会选择丢弃布谷鸟蛋,也可能会放弃该鸟巢,而选择寻觅新地点另建鸟窝。为了提高布谷鸟的繁殖率,聪明的布谷鸟们往往会选择将自己的鸟蛋放置于其他巢主鸟刚产下蛋的鸟巢,这是因为布谷鸟幼雏通常会比其他鸟类先行孵化出壳,而这类最先破壳而出的幼鸟会依靠本能将原巢主鸟蛋推下鸟窝,并模仿巢主鸟雏叫声以独吞或得到更多巢主鸟的喂食机会[21]。

7.2.7.2　莱维飞行（Lévy Flight）

莱维飞行是一种自然界多种生物群体例如昆虫、鸟类等所具有的随机飞行觅食路径。具体表述为：多次移动较小的步长,少次移动较大步长。类似的飞行模式同样被发现于布谷鸟群体中,在长期的直线飞行模式之后,会间歇地伴随九十度直角转弯飞行,随机的飞行方向不仅确保了群体搜索的随机性,同时使得群体搜索具有多样性。

为使布谷鸟算法更具一般性,三点假设条件被加入该算法中：

(1) 每只布谷鸟在一次繁殖过程中只产一颗鸟蛋,并随机地对鸟巢进行选择以放置其鸟蛋;

(2) 每只布谷鸟对应一颗鸟蛋,同时对应一个鸟巢,即为目标函数的一个解,该解将被保留至下代布谷鸟幼雏;

（3）可供选择的巢主鸟窝个数为 n 且固定,原巢主鸟可能发现外来鸟蛋的概率为 $P_a \in [0,1]$,此时它可能会选择丢弃布谷鸟蛋,也可能会放弃该鸟巢,而选择寻觅新地点另建鸟窝。

布谷鸟算法的符号说明与公式模型如下:

$$x_i^{(t+1)} = x_i^{(t)} + \alpha s \oplus H(p_a - \varepsilon) \otimes (x_j^t - x_k^t) \tag{7-19}$$

$$x_i^{(t+1)} = x_i^{(t)} + \alpha L(s,\lambda) \tag{7-20}$$

$$L(s,\lambda) = \frac{\lambda \Gamma(\lambda)\sin(\pi\lambda/2)}{\pi}\frac{1}{s^{1+\lambda}}, \quad s \gg s_0 > 0, \quad 1 < \lambda \leqslant 3 \tag{7-21}$$

$x_i^{(t)}$ 表示在第 t 代时的第 i 个鸟巢所处的位置;

x_j^t 与 x_k^t 为两个不同的随机序列;

$H(u)$ 表示海维赛德函数;

$P_a \in [0,1]$ 为原巢主鸟可能发现外来鸟蛋的概率;

ε 为服从随机分布函数的一个随机数;

s 表示步长;

$\oplus$ 为点对点乘法;

$\alpha > 0$ 表示步长比例因子,通常情况下 $\alpha = o(L/10)$;

上式中,式(7-19)为布谷鸟算法的局部搜索过程;式(7-20)为布谷鸟算法的全局搜索过程;式(7-21)表示莱维随机搜索路径。

布谷鸟搜索算法的伪代码及流程图如下:

待优化函数 $f(x)$, $x = (x_1, x_2, \cdots, x_d)^T$
初始化一个具有 n 个巢主的初始种群 $x_i (i = 1, 2, \ldots, n)$;
while$(t < \mathrm{MaxGeneration})$
通过莱维飞行随机得到一个布谷鸟个体 i
　　评估其目标函数值 F_i
　　　　从 n 个鸟巢中随机选择一个 j
　　　　$if(F_i < F_j)$
　　　　$j = i;$
　　　　end
　　抛弃较差鸟巢的 P_a,并通过莱维飞行在局部建立全新的鸟巢
　　保留最优解即最优的鸟巢
　　排列所有解并找出当前最优解
　　更新 $t = t + 1$
end while
后处理与可视化

图 7-8　布谷鸟搜索算法伪代码

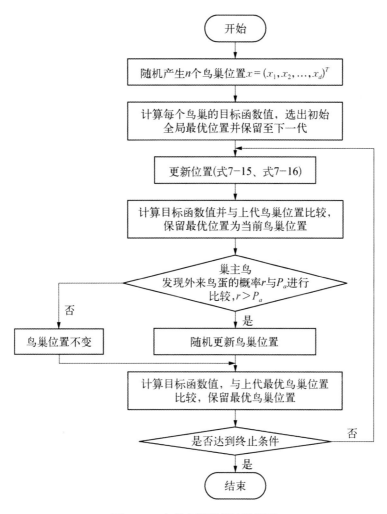

图 7 - 9 布谷鸟搜索算法流程图

7.2.8 混沌算法

由 Yang 教授等人[30]提出的布谷鸟算法虽具有简单易行、参数较少等优点,但在收敛速度及求解精度等方面仍存在不足[21]。鉴于此,其中一个较为可行的改进方法是将混沌搜索算法加入布谷鸟搜索算法,从而在一定程度上改善了布谷鸟算法的性能,大大降低了标准算法较易陷入局部最优的可能。

混沌是一种特殊的运动形式,其为存在于随机性及确定性之间的一种伪随机现象。混沌并不是混乱的同义词,其内在规律性使得混沌形似混乱而实则有序[38]。而混沌算法正是利用了混沌所具有的随机性、遍历性等特点,以一定规律在特定范围内不加重复地遍历所有可能的状态,将待优化变量以混沌映射的方式映射至混沌变量的空间区域,通过一系列混沌扰动进行混沌搜索,最后将混沌状态下的优化解再次转回优化空间。下面介绍两种混沌模型：Logistic 映射与逻辑自映射[38]。

7.2.8.1　Logistic 映射

Logistic 映射是最常用的一种混沌序列模型，其数学表达式如下：

$$X_{n+1,d} = \mu X_{n,d}(1 - X_{n,d}), \quad n = 0, 1, \ldots \quad X_{n,d} \in (0, 1) \tag{7-22}$$

其中，d 表示空间维度；

X 表示状态变量；

X_n 表示第 n 代的状态；

μ 为控制参数。

观察图 7 - 10 发现，由 Logistic 映射所得的混沌序列在其所映射的空间 (0, 1) 范围内存在三个断点，当 $\mu < 3.569\,945\ldots$ 时，映射空间呈现周期运动状态；当 $\mu \in [3.569\,954\,6 \ldots, 4]$ 时，混沌运动产生；当 $\mu = 4$ 时，则会形成满映射混沌现象。

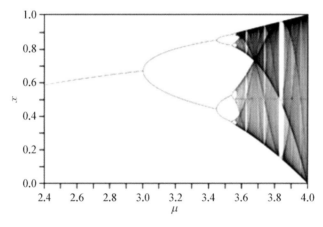

图 7 - 10　Logistic 混沌映射

7.2.8.2　逻辑自映射

Logistic 映射虽使用广泛但其映射点在映射空间的分布不均匀性仍会阻碍整个混沌搜索过程的求解效率，因此一种通过逻辑自映射函数所产生的混沌序列应运而生，这一逻辑自映射函数的数学模型为[38]：

$$X_{n+1,d} = 1 - 2X_{n,d}^2, \quad n = 0, 1, 2 \ldots \quad X_{n,d} \in (-1, 0) \bigcup (0, 0.5) \bigcup (0.5, 1)$$
$$\tag{7-23}$$

其中，d 表示空间维度；

X 表示状态变量；

X_n 表示第 n 代的状态。

根据本章注释文献[38]，由逻辑自映射生成的混沌序列，当开始迭代的初始值不为零时,混沌现象就会产生,且经研究具有较 Logistic 映射更优的遍历性,且其在映射空间的中央区域及边缘区域均分布较均匀,因此本研究将采用逻辑自映射的方法对布谷鸟算法加以改进。

7.2.9　混沌布谷鸟算法

现将布谷鸟搜索算法(Cuckoo Search, CS)与混沌搜索算法(Chaos Optimization Algorithm, COA)相结合,并将混沌布谷鸟算法(Chaos Cuckoo Search, CCS)的混沌搜索过程与算法求解步骤做如下阐述。

7.2.9.1　混沌搜索过程

(1)首先利用式(7-24)将每一维度的布谷鸟个体空间位置映射至混沌空间[−1,1]范围内,其中 $a_{i,d}$ 为第 i 个布谷鸟在第 d 维的下界, $b_{i,d}$ 为第 i 个布谷鸟在第 d 维的上界,在本研究中分别取 $a_{i,d}$ 为虚开始任务优先值 0, $b_{i,d}$ 为虚开始任务优先值 1;

$$X_{i,d} = \frac{2(X_{i,d} - a_{i,d})}{b_{i,d} - a_{i,d}} - 1, \quad d = 1, 2, ..., \dim \qquad (7-24)$$

(2)其后按照式(7-25)的逻辑自映射函数进行载波操作,生成一系列混沌序列变量,从而得到混沌搜索后的新布谷鸟个体;

$$X_{n+1,d} = 1 - 2X_{n,d}^2, \quad n = 0, 1, 2 ... \quad X_{n,d} \in (-1, 0) \bigcup (0, 0.5) \bigcup (0.5, 1) \qquad (7-25)$$

(3)最后将所获得的混沌序列变量通过式(7-26)再次映射回原解空间;

$$X'_{i,d} = \frac{X_{i,d}(b_i - a_i) + (b_i + a_i)}{2}, \quad d = 1, 2, ..., \dim \qquad (7-26)$$

(4)对混沌化后的布谷鸟个体进行评估,若产生更优解,则将原个体位置更新为该解所对应的个体位置,反之则继续下一代混沌搜索直至达到最大混沌搜索次数。

7.2.9.2　算法流程与步骤

(1)首先对混沌布谷鸟算法设定初始参数:包括布谷鸟群体个数 n、最大迭代次数 MaxG、混沌搜索次数 K、步长因子 α、巢主鸟发现外来鸟蛋概率 P_a 等;

(2)随机初始化布谷鸟个体的空间位置,同时计算每只布谷鸟的目标函数值,保留最优函数值为 F_{best};

(3)结合式(7-21)的莱维飞行路径公式,分别按照式(7-19)、(7-20)进行局部搜索与全局搜索更新布谷鸟的空间位置,再次计算此时所有布谷鸟个体的目标函数值并更新 F_{best};

(4)对所有布谷鸟个体的目标函数值进行排序,选取其中最优的前 20%的个体进行混沌优化,最差的后 20% 的个体按照步骤(2)重新随机生成新布谷鸟个体,合并剩余 60% 的个体生产新的布谷鸟群体,计算其目标函数值并更新 F_{best};

(5)当达到混沌搜索次数时转步骤(6),否则转步骤(3)开始下一次混沌搜索;

(6)当达到最大迭代次数,输出最优目标函数值 F_{best},否则转步骤(3)开始下一次迭代。

改进的混沌布谷鸟算法流程图如图 7 - 11 所示。

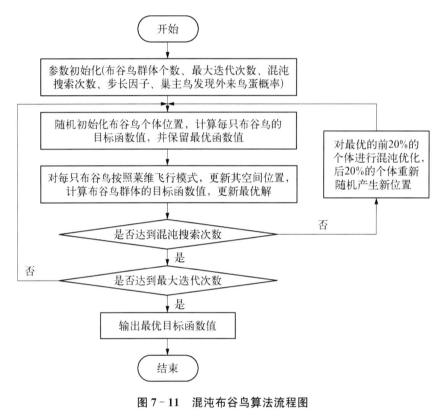

图 7 - 11　混沌布谷鸟算法流程图

7.3　布谷鸟算法求解资源受限项目调度问题

本节将主要集中于使用布谷鸟算法以求解资源受限项目调度问题的讲述,同时选取标准问题库中的不同规模算例验证算法的可行性,最后结合前面所介绍的混沌布谷鸟算法,将其与布谷鸟算法的测试结果进行比较分析。

7.3.1　RCPSP 的布谷鸟算法实现

布谷鸟算法求解 RCPSP 具体步骤如下所示:

（1）RCPSP 参数输入。

已知一个项目共有任务 dim 个，各项任务之间存在紧前紧后关系制约 S，每个任务 i 消耗的时间为 T_i，占用的资源为 r_i，可更新资源的种类为 4，各种可更新资源 j 的最大可用量为 R_j；同时规定虚开始任务以编号 1 表示，其为所有任务中最先开始的任务，同理虚结束任务以编号 dim 表示，其为所有任务中最后结束的任务，这两个虚任务在整个项目执行期间不消耗时间也不占用资源。

（2）紧前紧后关系转换。

在给定紧后任务的情况下，本文优先将紧后任务转换为紧前任务安排调度，具体思路为：若在紧后关系矩阵 S_i 中，某项任务 i 的其中一个紧后任务为 j，则可同时确定 j 任务的一个紧前任务即为 i，并将 i 放入紧前关系矩阵 P_j 中，由此形成项目中所有任务的紧前关系集合 P。

（3）布谷鸟个体初始化。

以项目中所含有的任务个数（包括虚任务）表示布谷鸟群体的搜索空间维数，即存在 dim 个空间维度。同时设置布谷鸟算法的参数输入，包括布谷鸟群体个数 n、最大迭代次数 MaxG、步长因子 α、巢主鸟发现外来鸟蛋概率 P_a。如前文 7.2.3 节所述，本研究采用基于 0-1 随机实数的编码规则进行编码，规定每只布谷鸟个体 x_i，虚开始任务的优先值为 1，虚结束任务的优先值为 0，其他每一维度 d 的优先值均为取自 $(0,1)$ 之间的随机实数，以此确定各布谷鸟的初始个体位置。

（4）任务优先值排序。

生成布谷鸟个体的每一维优先值后，将各项任务优先值按由大到小的顺序进行排序，优先值越大的任务越早执行，对于优先值相同的任务，再重新分配 $(0,1)$ 之间的随机数并再次排序。

（5）紧前约束判定。

由于编码规则的实数为随机的 $(0,1)$ 之间的小数，因此可能会存在不符合紧前紧后关系约束的情况，本文选用冒泡排序算法对不符合紧前关系的布谷鸟个体进行处理，即根据步骤（2）得到的紧前任务矩阵 P，逐一对当前任务的优先值与其紧前任务的优先值进行比较，若优先值大于其紧前任务优先值，则将两者的优先值进行对调；否则，保持原先调度顺序。最终可得一个严格符合紧前约束条件的布谷鸟个体任务序列 x_i'（注意这里的 i 并不代表任务 i，而表示处在第 i 个位置上的任务）。

（6）计算各任务最早开始时间与最迟开始时间（或最早结束时间与最迟结束时间）。

为得到各项任务的实际开始时间或实际完成时间，首先确定各任务最早开始时间与最迟开始时间（或最早结束时间与最迟结束时间）。在仅存在紧前约束而不考虑资源约束的情况下，通过关键路径法进行计算，设定虚开始任务的最早开始时间与最迟开始时间均为 0,即 $ES_1 = EF_1 = 0$;而其他任务的最早开始时间为当前任务的所有紧前任务最晚开始时间的最大值,则其他任务的最早结束时间即为其最早开始时间与其持续时间之和,即:

$$ES_j = \max\{EF_i; i \in P_j\} \qquad (7-27)$$

$$EF_j = ES_j + T_j, \quad j \in \{2, \dots, \dim\} \qquad (7-28)$$

之后再通过对所有任务的持续时间求和得到该项目的工期上限。

$$T_{ub} = \sum_{j=1}^{\dim} T_j \qquad (7-29)$$

此时再由工期上限开始,反向循环进行计算,并定义虚结束任务的各任务的最迟完成时间与最迟开始时间和工期上限相等,即 $LF_{\dim} = LS_{\dim} = T_{ub}$,对于其他各项任务,其最迟结束时间为当前任务的所有紧后任务的最迟开始时间的最小值,则其最迟开始时间为其最迟结束时间与其任务持续时间的差值,即:

$$LS_j = \min\{LS_i; i \in S_j\} \qquad (7-30)$$

$$LF_j = LF_j - T_j, \quad j \in \{\dim - 1, \dots, 1\} \qquad (7-31)$$

(7) 资源需求判定。

本研究采用串行调度机制进行解码,根据步骤(5)所得的调度序列 x'_i,从最早开始时间开始,对各项任务进行资源约束的判定,若布谷鸟个体在单位时间内对某种可更新资源的需求量超过该种可更新资源的剩余可用量,则判定其在该时刻不满足资源约束,并将任务开始时间加 1(右移 1 格),再次检查资源约束,直至满足资源需求,即布谷鸟个体在单位时间内对某种可更新资源的需求量小于或等于该种可更新资源的剩余可用量,最终完成对布谷鸟个体所有任务的资源需求检查。

(8) 计算布谷鸟个体目标函数值。

本文的优化目标为最小化最大完工时间即最小工期,其可以虚结束任务的实际开始时间或实际完成时间 F_j 表示,因此通过上一步所得到的实际开始时间即为最终的目标函数值。

(9) 判断布谷鸟个体最优位置。

对前一步所得的各个布谷鸟个体目标的函数值进行对比评估,选出最优函数值 F_{best}(最小工期)所对应的初始全局最优位置,并将该最优位置保留至下一代布谷鸟个体。

(10) 更新布谷鸟个体位置。

布谷鸟个体采用式(7-32)、(7-33)、(7-34)对各布谷鸟的位置加以更新,并对原巢主鸟发现外来鸟蛋的概率 P_a 进行判断,更新后的布谷鸟位置将继续参与新一轮算法迭代,再次计算目标函数值并与上一代布谷鸟位置进行比较,保留当前最优目标函数值。

$$x_i^{(t+1)} = x_i^{(t)} + \alpha s \bigoplus H(p_a - \varepsilon) \bigotimes (x_j^t - x_k^t) \qquad (7-32)$$

$$x_i^{(t+1)} = x_i^{(t)} + \alpha L(s, \lambda) \qquad (7-33)$$

$$L(s, \lambda) = \frac{\lambda \Gamma(\lambda) \sin(\pi\lambda/2)}{\pi} \frac{1}{s^{1+\lambda}}, \quad s \gg s_0 > 0, \quad 1 < \lambda \leqslant 3 \qquad (7-34)$$

(11) 输出最优解。

此步为求解过程的最后一步,当达到算法最大迭代次数时,输出此时的最优目标函数值即最小工期(最后一项虚任务的实际开始或完成时间)、各任务的实际开始时间或实际完成时间集合、各任务调度顺序集合(最优解所对应的布谷鸟个体最优位置)。

为易于读者理解,现将布谷鸟算法求解资源受限项目调度问题 RCPSP 的算法流程图描绘如图 7-12。

7.3.2　RCPSP 的布谷鸟算法算例分析

7.3.2.1　RCPSP 标准算例库

由于资源受限项目调度问题的广泛性与重要性,国际学界主要应用两大问题测试集来比较各算法对于求解 RCPSP 的性能与效果。第一种为 Patterson 问题库[39],该问题库共包含项目调度问题 110 个,其中每个问题含有 7—50 个任务活动,1—3 种可更新资源。自 1984 年提出以来,被大量采用,但由于其时间久远,其中的很多项目调度问题已不再适用现代项目调度的实际要求,因此十几年来国内外普遍采用另一套 PSPLIB 问题库进行测试研究[40]。该问题库是由 Kolisch 等人利用软件程序 ProGen 设计的具有不同参数要求的项目调度问题集,共涉及有 30(480 个算例)、60(480 个算例)、90(480 个算例)、120(600 个算例)个任务的共 2 040 个算例的小中大规模调度问题,每个算例题均包含 4 种可更新资源。本节的相关算例皆选取 PSPLIB 标准算例库中的 J30、J60、J90、J120 规模的实例进行研究。

7.3.2.2　评价指标

为验证布谷鸟算法求解 RCPSP 的有效性,本研究分别选用国际标准算例库 PSPLIB 中的不同规模 J30、J60、J90、J120 的第一类的各 10 个算例进行分析。并采用注释文献[41]所提及的评价技术通过以下性能指标验证算法的有效性:

$$A_{VGj} = \frac{\sum_{r=1}^{NoR} F_j}{NoR} \qquad (7-35)$$

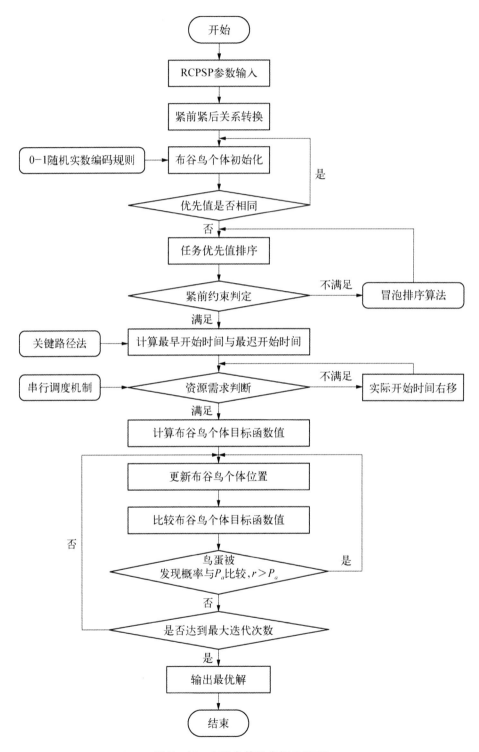

图 7 - 12   布谷鸟算法求解 RCPSP

$$B_{Noj} = \frac{NoB}{NoR} \tag{7-36}$$

$$S_{TDj} = \sqrt{\frac{\sum\limits_{r=1}^{NoR}(F_j - A_{VGj})^2}{NoR - 1}} \tag{7-37}$$

$$D_{EVj} = \frac{F_{\min j} - T_{bestj}}{T_{bestj}}^{[106]} \tag{7-38}$$

$$D_{EVj} = \frac{F_{\min j} - T_{UBj}}{T_{UBj}}^{[106]} \tag{7-39}$$

上式中, j 表示第 j 个项目实例;

r 表示第 r 次独立运行;

NoR 为布谷鸟算法独立运行次数;

NoB 为布谷鸟算法找到最优解次数;

F_j 为布谷鸟算法的每次运行的实际工期;

$F_{\min j}$ 为布谷鸟算法求得的最优工期;

T_{bestj} 为由精确算法得出的最优工期[42];

T_{UBj} 为由关键路径法计算出的工期上界[42]。

式(7-35)表示算法独立运行 20 次的平均工期;式(7-36)表示算法寻优成功率;式(7-37)表示算法独立运行 20 次的标准差;式(7-38)表示由布谷鸟算法求解 J30 的最优工期与已知工期的偏差率;式(7-39)表示由布谷鸟算法求解 J60、J90、J120 的最优工期与由关键路径法求得的工期上界的偏差率(注:本节所选的 J60_1_1、J90_1_1 的最优解均已知,但这只是特例,因此本章表 7-10 至表 7-12 中的第四列仍采用 T_{UBj} 表示,但对于其他同规模的算例,应视最优解是否已知的情况考虑是否使用 T_{bestj} 或 T_{UBj})。标准差用以表示算法的离散程度,标准差越小则表明算法越稳定;而偏差率用以表示算法所得解与最优解的偏差概率,偏差率越小则表明算法越有效,而偏差率为 0 即表示算法找出最优值。最优工期与工期上界均可于文献[42]查到。

7.3.2.3　测试结果

本研究基于 Windows 7 系统运行,处理器为 Intel(R) Core(TM) i3-2330M CPU @2.20 GHz,内存为 2.0 GB,操作类型为 32 位,采用 matlab R2014a 进行算法编程。对布谷鸟搜索算法的参数设置见表 7-8,J30、J60、J90、J120 的测试结果分别见表 7-9、表 7-10、表 7-11、表 7-12。

表 7 - 8　布谷鸟算法参数表

参　　数	符　　号	取　　值
鸟巢个数	n	25
鸟蛋被发现概率	P_a	0.25
最大迭代次数	MaxG	400
独立运行次数	NoR	20

表 7 - 9　J30_1 测试结果

项目规模	任务个数	实例名称	T_{bestj}	F_{minj}	F_{maxj}	A_{VGj}	B_{NOj}	D_{EVj}	S_{TDj}
J30	32	J30_1_1	43	**43**	45	43.1	95%	0	0.447 2
		J30_1_2	47	**47**	47	47	**100%**	0	0
		J30_1_3	47	**47**	47	47	**100%**	0	0
		J30_1_4	62	**62**	63	62.05	95%	0	0.223 6
		J30_1_5	39	**39**	41	39.4	65%	0	0.598 2
		J30_1_6	48	**48**	49	48.2	80%	0	0.410 4
		J30_1_7	60	**60**	60	60	**100%**	0	0
		J30_1_8	53	**53**	54	53.05	95%	0	0.223 6
		J30_1_9	49	**49**	50	49.95	5%	0	0.223 6
		J30_1_10	45	**45**	46	45.15	85%	0	0.366 3

注：A_{VG}、D_{EV}、S_{TD} 最大保留小数后四位。

表 7 - 10　J60_1 测试结果

项目规模	任务个数	实例名称	T_{UBj}	F_{minj}	F_{maxj}	A_{VGj}	B_{NOj}	D_{EVj}	S_{TDj}
J60	62	J60_1_1	77	**77**	77	77	**100%**	0	0
		J60_1_2	68	**68**	76	71.2	5%	0	2.330 6
		J60_1_3	68	69	71	69.7	0%	1.47%	0.732 3
		J60_1_4	91	**91**	93	92.3	30%	0	0.923 4
		J60_1_5	73	**73**	79	75.15	15%	0	1.424 4
		J60_1_6	66	**66**	66	66	**100%**	0	0
		J60_1_7	72	75	80	76.25	0%	4.17%	1.164 2
		J60_1_8	75	77	79	78.05	0%	2.67%	0.510 4
		J60_1_9	85	**85**	88	85.45	85%	0	1.099 0
		J60_1_10	80	**80**	81	80.05	95%	0	0.223 6

注：A_{VG}、D_{EV}、S_{TD} 最大保留小数后四位。

表 7‑11　J90_1 测试结果

项目规模	任务个数	实例名称	T_{UBj}	F_{minj}	F_{maxj}	A_{VGj}	B_{NOj}	D_{EVj}	S_{TDj}
J90	92	J90_1_1	73	79	84	82.35	0%	8.22%	1.531 3
		J90_1_2	92	**92**	96	92.85	45%	0	1.04
		J90_1_3	66	70	74	71.6	0%	6.06%	0.994 7
		J90_1_4	86	88	93	90.7	0%	2.33%	1.525 2
		J90_1_5	87	89	98	90.8	0%	2.30%	1.962 8
		J90_1_6	74	79	83	80.45	0%	6.76%	1.191
		J90_1_7	91	92	98	94.6	0%	1.1%	1.429 0
		J90_1_8	95	99	108	103.85	0%	4.21%	2.739 1
		J90_1_9	72	76	81	77.95	0%	6.94%	1.605 1
		J90_1_10	90	95	105	99.45	0%	5.56%	2.350 3

注：A_{VG}、D_{EV}、S_{TD} 最大保留小数后四位。

表 7‑12　J120_1 测试结果

项目规模	任务个数	实例名称	T_{UBj}	F_{minj}	F_{maxj}	A_{VGj}	B_{NOj}	D_{EVj}	S_{TDj}
J120	122	J120_1_1	105	117	123	119.25	0%	11.43%	1.681 9
		J120_1_2	109	124	129	126.35	0%	13.76%	1.424 4
		J120_1_3	125	131	138	134.3	0%	4.8%	1.976 2
		J120_1_4	97	105	111	108.25	0%	8.25%	1.681 9
		J120_1_5	112	122	129	125.3	0%	8.93%	1.922 2
		J120_1_6	84	90	96	92.2	0%	7.14%	1.321 9
		J120_1_7	117	126	133	129	0%	7.69%	2.615 7
		J120_1_8	109	118	123	120.35	0%	8.26%	1.694 4
		J120_1_9	112	126	136	130.3	0%	12.5%	2.885 5
		J120_1_10	108	121	130	124.3	0%	12.04%	3.197 0

注：A_{VG}、D_{EV}、S_{TD} 最大保留小数后四位。

　　观察表 7‑9 的 J30_1 小规模的测试结果发现，对于 J30_1 的全部 10 个算例，布谷鸟算法均找到了最优解(已知的最小工期)，即 $T_{bestj}=T_{minj}(j=1, 2, …, 10)$。这 10 个算例中的 8 个算例的寻优率均达 80% 以上，而且其中的 3 个算例 J30_1_2、J30_1_3、J30_1_7 的寻优率直接达到 100%，即 $B_{NOj}=100\%(j=2, 3, 7)$，此时 $A_{VGj}=T_{bestj}=T_{minj}=T_{maxj}(j=2, 3, 7)$，这说明在 20 次独立运行中这 3 个算例在每次运行时皆取得最优工期，而与此同时可得各算例的偏差率为 0，即 $D_{EVj}=0(j=1, 2, …, 10)$，由此可以验证布谷鸟算法在求解 J30 一类小规模项目问题上是颇为有效的。另一方面，分析各算例的标准差可得,全部的算例标准差在 1 以下 ($S_{TDj} < 1$, $j = 1, 2, ..., 10$),而其中的 9 个算例的标准差均小于 0.5,即 $S_{TDj} < 0.5$ ($j = 1, ..., 8, 10$),因而表明对在求解 J30 一类小规模项目问题上,布谷鸟算法同样也是相当稳定的,其可够将各实例的实际工期控制在较为满意的范围内。

J60_1 的小中类规模的测试结果如表 7 - 10 所示,虽然项目任务数量不断增加(由 32 增至 62 个),但布谷鸟算法仍找出了其中 7 个算例的最优解,此处已于表中加粗显示,其余 3 个算例虽在 20 次独立运行中并未找到最优值,但其偏差率均小与 0.05,$D_{EVj} < 5\%$ ($j = 1, 2, ..., 10$)。同时观察得到,另有 4 个算例的寻优率超过 80%,而且其中的 2 个算例 J60_1_1 与 J60_1_6 的寻优率皆为 100%,此时有 $B_{NOj} = 100\%$ ($j = 1, 6$) 且 $A_{VGj} = T_{UBj} = T_{minj} = T_{maxj}$ ($j = 1, 6$)。而对于最后一列的标准差,仍有超过半数的算例其标准差不超过 1,即 $S_{TDj} < 1$ ($j = 1, 3, 4, 6, 8, 10$),因此可以说明,布谷鸟算法对与求解 J60 这一类小中规模的项目调度问题,在求解有效性与稳定性方面仍然有一定优势,虽然与 J30 一类小规模问题相比逊色,但求解效果同时也与项目复杂度相对,仍可在一定时间范围内得到满意解。

随着任务个数的增多,布谷鸟算法的有效性与稳定性也逐渐减弱,当项目规模为 J90 这一类中大型项目时,布谷鸟算法仅找出了其中 1 个算例 J90_1_2 的最优解($T_{UBj} = T_{minj}$,$j = 2$),且寻优次数不足 10 次,而从平均值与偏差率来看,已有一半的算例其所求最优解与已知解的偏差均超过 5%,$D_{EVj} > 5\%$ ($j = 2, 4, 5, 7, 8$),同时有 9 个算例的标准差已达 1 以上,$S_{TDj} > 1$,$j = 1, 3, ..., 10$。如此可见,布谷鸟算法在中大型规模的项目问题求解上,稳定性逐渐减弱,且易陷入局部最优,难以找到全局最优解的弊端,开始随着项目复杂度的升高逐渐显现。

从最后的表 7 - 12 可以看出,布谷鸟算法对于求解 J120 一类大规模调度问题的有效性渐渐减小,这可从第九列的偏差率可以证实,其中的 4 个算例的偏差率均超过了 10%,$D_{EVj} > 10\%$ ($j = 1, 2, 9, 10$),这与小规模的 J30 相比,偏差率增长了 10%,同时其平均工期 A_{VGj} 及最大工期 T_{maxj} 均与工期上界 T_{UBj} 相差甚远,最后一列显示的逐渐增大的标准差,也表明稳定性在随着任务数的增多而大大减弱。

7.3.3 与混沌布谷鸟算法比较

在上节 7.3.2.3 中的测试结果分析中指出,随着项目任务个数及复杂度的增加,布谷鸟算法求解 RCPSP 的有效性与稳定性较小规模问题来说大打折扣,这启示笔者对于大规模的项目调度问题,布谷鸟算法仍有较大的优化空间,因此本节将针对布谷鸟算法对大规模项目问题难以求得较优解的情况,采用具有良好内在规律性与遍历性的混沌搜索算法进行改进优化,旨在利用混沌优化遍历解空间内更多的布谷鸟个体,以牺牲求解速度与时间为代价,从而寻求更接近已知最优解或工期上界的布谷鸟全局最优解。具体的求解步骤及算法流程图可见本文第 7.5 节,本节仅展现混沌布谷鸟算法求解 RCPSP 的测试结果表与算法收敛图。

由表 7 - 13 可以看出,混沌布谷鸟算法对于上节中未能找到的 2 个算例 J60_1_3、J90_1_7 均找到了已知最小工期,而对于其他算例的偏差率皆有不同程度的提升(见尾列 I_{DEVj}),其中最大的一次提升高达 5% 以上。同时从图 4 - 2 的布谷鸟算法与混沌布谷鸟算法迭代曲线图中可以看出,在 400 次迭代过程中,对于算例 J60_1_3,见图 7 - 13(a),CCS 在第 45 次迭代时找到了比 CS 更小的最优解;而对于图 7 - 13(b)的算例 J90_1_7,CS 在 200 次迭代后便停止了寻优,甚至在第 376 次时停止了迭代,而 CCS 在 CS 停止寻优的 200 次迭代之后仍能继续搜索,进而在第 233 次迭代时找到了已知的最优工期。因此混沌布谷鸟算法比布谷鸟算法更能跳出局部最优解,进而找到更优解。鉴于此,7.5 节将采用混沌布谷鸟算法来求解加入行为效应的资源受限项目调度问题。

表 7 - 13　CS 与 CCS 测试结果对比表

项目规模	任务个数	实例名称	T_{UBj}	CS			CCS			I_{DEVj}
				F_{minj}	A_{VGj}	D_{EVj}	F_{minj}	A_{VGj}	D_{EVj}	
J60	62	J60_1_3	68	69	69.7	1.47%	**68**	68.85	**0%**	1.47%
		J60_1_7	72	75	76.25	4.17%	74	75.95	2.78%	1.39%
		J60_1_8	75	77	78.05	2.67%	77	78.25	2.67%	0%
J90	92	J90_1_1	73	79	82.35	8.22%	78	79.9	6.85%	1.37%
		J90_1_3	66	70	71.6	6.06%	69	70.65	4.55%	1.51%
		J90_1_4	86	88	90.7	2.33%	88	90.9	2.33%	0%
		J90_1_5	87	89	90.8	2.30%	89	91.4	2.30%	0%
		J90_1_6	74	79	80.45	6.76%	75	77.35	1.35%	5.41%
		J90_1_7	91	92	94.6	1.1%	**91**	91.75	**0%**	1.1%
		J90_1_8	95	99	103.85	4.21%	97	100.3	2.11%	2.1%
		J90_1_9	72	76	77.95	6.94%	75	78.05	4.17%	2.77%
		J90_1_10	90	95	99.45	5.56%	92	100.25	2.22%	3.34%
J120	122	J120_1_1	105	117	119.25	11.43%	116	118.85	10.48%	0.95%
		J120_1_2	109	124	126.35	13.76%	120	122.3	10.09%	3.67%
		J120_1_3	125	131	134.3	4.8%	132	133.95	5.6%	0%
		J120_1_4	97	105	108.25	8.25%	105	107.6	8.25%	0%
		J120_1_5	112	122	125.3	8.93%	120	126.05	7.14%	1.79%
		J120_1_6	84	90	92.2	7.14%	92	93.15	9.52%	0%

续　表

项目 规模	任务 个数	实例 名称	T_{UBj}	CS			CCS			I_{DEVj}
				F_{minj}	A_{VGj}	D_{EVj}	F_{minj}	A_{VGj}	D_{EVj}	
J120	122	J120_1_7	117	126	129	7.69%	125	127.45	6.84%	0.85%
		J120_1_8	109	117	120.35	7.34%	117	119.75	7.34%	0%
		J120_1_9	112	126	130.3	12.5%	122	127.9	8.93%	3.57%
		J120_1_10	108	121	124.3	12.04%	118	120.25	9.26%	2.78%

注：I_{DEVj} 为最优工期提高率，公式为 CS 的 A_{VGj} 与 CSS 的 A_{VGj} 之差。

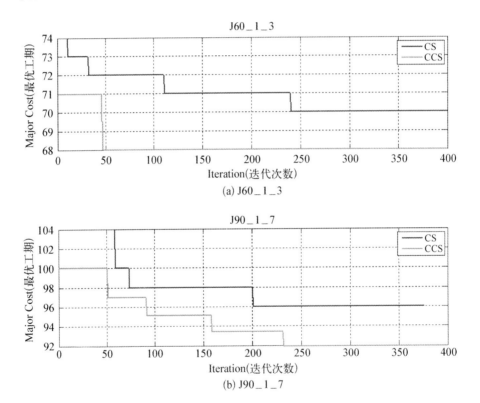

(a) J60_1_3

(b) J90_1_7

图 7-13　CS 与 CCS 迭代曲线对比图

7.4　不考虑资源受限的具有学习-遗忘
效应的项目调度问题研究

如本章绪论所述，工程项目调度中人的行为因素往往会对整个进度计划产生影响，但较少有研究在员工行为的问题上，特别是对学习效应的正面影响及遗忘效应的负面影响进行综合考虑。本节在阐述学习曲线理论和遗忘曲线理论的基础之上,结合学习–遗忘效应的 LFCM 模型,通过网络计划技术中的双代号网络图,结合案例在不考虑资源约束的情况下,阐述员工的学习及遗忘行为对工期及关键路径造成的影响。

7.4.1 学习遗忘曲线模型（Learn-Forget Curve Model，LFCM）

根据 Wright[43]的学习曲线模型的数理公式:

$$T_x = T_1 x^{-a} \tag{7-40}$$

其中,T_x 表示第 x 个产品所用的生产时间 $(x = 0, 1, 2 \ldots)$;

T_1 表示第 1 个产品所用的生产时间;

a 表示学习率(即学习因子)。

从学习曲线模型可以看出,学习曲线在一段时间过后会有一个平稳的趋势,并不会使员工单位生产的时间持续减少。

而 Carlson[44]遗忘曲线的公式为:

$$\hat{T}_y = \hat{T}_1 y^g \tag{7-41}$$

其中,$\hat{T}_y$ 表示经验中断之后生产第 y 个产品的生产时间;

$\hat{T}_1$ 表示遗忘曲线上生产第 1 个产品所需要的生产时间;

y 表示如果没有中断生产,持续不断生产所能产出的最大产品数;

g 表示遗忘率。

由于现实生活中,实际生产的过程会遭遇员工休息、资源匮乏、机器老化故障等情况,仅仅依靠学习曲线的预测却不考虑其他因素的影响是不准确的,而加入遗忘曲线后,其中的作业中断时间与员工经验等因素则较为符合现状,因此本研究主要基于学习遗忘模型展开。

由 LFCM 学习遗忘模型曲线图可以发现,学习曲线以及遗忘曲线的交点,即产品数目相同时,平均单个产品生产时间相同的点。在生产作业过程中,员工停止了学习就会立即发生遗忘效应,单个产品的生产时间会回到原始生产时间 T_1。Jaber 等人[45]由此得到公式:

$$\lambda = q^{\frac{a+g}{a}} (q + c)^{-\left(\frac{g}{a}\right)} \tag{7-42}$$

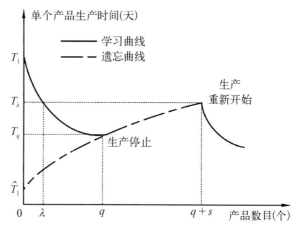

图 7 - 14 LFCM 学习遗忘曲线模型

其中，q：周期内共生产的产品数；

a：学习曲线常数；

λ：学习中断后，下一次生产前员工保留的生产经验；

c：员工完全遗忘经验的停止生产的时间。

并且得到生产中断后，下一次生产第一个产品的生产时间：

$$\hat{T} = T_1(\lambda+1)^{-a} \tag{7-43}$$

其中，$\hat{T}$：生产中断后，下一周期生产第一个产品所需要的时间；

T_1：生产第 1 个周期的第一个产品所需要的时间。

LFCM 模型还得出，遗忘率并不是不变的，它是一个与学习率有关的函数，表示为：

$$g = \frac{a(1-a)\log q}{\log\left(1+\dfrac{t_c}{t_q}\right)} \tag{7-44}$$

其中，t_c：员工的完全遗忘发生的停止生产时间；

t_q：员工没有任何生产经验的情况下，生产这一周期产量 q 需要花费的时间。

观察 LFCM 模型图可知，由于实际生产过程中有其他因素[46]（比如常见的员工歇息）的干扰，因此每个生产周期的首个产品的生产时间会超过前一个生产周期结束时最后一个产品的生产时间。并且只要员工没有发生完全遗忘的情况，这一周期第一个产品的生产时间由于上一周期经验的保留，会少于上一个周期第一个产品的生产时间。即这一周期的第一个产品的生产时间会介于上一周第一个和最后一个产品的生产时间之间。

分析了一个周期的生产情况中的学习遗忘模型，黄宇菲等[47]将其推广到 n 个周期内加以应用，得出公式：

$$q_i = \left[\frac{t_{ip}(1-a)}{T_1} + (\lambda_i+1)^{(1-a)}\right]^{\frac{1}{1-a}} - \lambda_i \tag{7-45}$$

$$g_{i+1} = \frac{a(1-a)\log(q_i+\lambda_i)}{\log\left[1+\dfrac{t_c(1-a)}{T_1(q_i+\lambda_i)^{(1-a)}}\right]} \tag{7-46}$$

$$\lambda_{i+1} = \left[\frac{t_{ip}(1-a)}{T_1} + (1+\lambda_i)^{(1-a)}\right]^{\frac{a+g_i}{a(1-a)}} \cdot \left[\frac{(t_{ip}+t_{ic})(1-a)}{T_1} + (1+\lambda_i)^{(1-a)}\right]^{\frac{-g_i}{a(1-a)}} \tag{7-47}$$

$$Q = \sum_{i=1} q_i \tag{7-48}$$

其中，λ_i：第 i 周期开始时员工的生产经验(以产品个数来记数)；

$q_i + \lambda_i$：上一周期内共能生产的产品数量；

g_i：第 i 周期的遗忘率；

$q_i + c_i + \lambda_i$：若这个周期内没有发生停止生产的情况，这个周期内所可以生产的产品总量；

t_c：从开始生产到员工出现完全遗忘现象所需要的时间；

$t_{qi+\lambda_i}$：第 i 个周期中员工生产 q 个产品所需要的时间；

Q：周期累计产量。

由上式可以知道，如果知道第 i 个周期的生产工作时间 t_{ip}、休息时间 t_{ic}、发生完全遗忘经验所需要的时间 t_c、员工所具有的生产经验 λ_i 和学习率 a，接着就可以求出该周期的产量 q_i、下一周期的遗忘率 g_{i+1} 和下一周期员工所具有的生产经验 λ_{i+1}，可以接着求出该周期内生产第一个产品所需时间 T_{i1} 以及周期累计产量 Q。

7.4.2　基于 LFCM 模型的项目调度优化

在项目调度中，时间优化是对项目活动过程中时间这一特殊目标进行优化。在时间优化中，关键路径控制着整个项目的进度。所以，要优化缩短时间，首先要考虑关键线路的影响[48]。压缩关键路径可以有效改善缩短工期，下面基于 LFCM 模型和双代号网络图，阐述合理运用学习-遗忘效应，可缩短工期、改变关键路径，从而更有效地对项目调度进行优化。

现假定生产企业有一个项目，理论每天制造个数为 10 个，即 $q_d = 10$，同时要求工人完成多道工序，每道工序都需要制作多个零件，并且制作零件有严密的先后逻辑关系，工人每天可以完成的零件数目及工序之间的逻辑关系见表 7-14 及表 7-15，如下将分别演示在不考虑学习-遗忘效应与考虑不同学习率及遗忘率的情况下，项目调度所受的不同影响。

表 7-14　不考虑学习-遗忘效应时各工序要求

工　序	共需零件数(个)	工　序	共需零件数(个)
A	40	G	100
B	70	H	90
C	100	I	60
D	90	J	40
E	50	K	50
F	30	L	30

工　序	共需零件数(个)	工　序	共需零件数(个)
M	40	T	20
N	40	U	60
O	20	V	40
P	50	W	90
Q	50	X	110
R	10	Y	10
S	30	Z	70

表 7 - 15　某工程各工序逻辑关系

逻辑关系	紧前工序	逻辑关系	紧前工序
A	—	N	I,K
B	—	O	L
C	A	P	M
D	A	Q	J,N,T
E	B	R	O
F	B	S	L
G	C	T	S
H	D,E	U	Q
I	D,E,F	V	P
J	G,H	W	P,R,U
K	H	X	R
L	I	Y	V
M	J	Z	X

7.4.2.1　不考虑学习-遗忘效应的情况

以不同批次员工来进行实验,假设同一批次的员工学习能力水平一致,并将工人普遍的学习比例范围设定为 80%—90%,进而考虑这个范围内的学习-遗忘效应的影响以及不考虑学习-遗忘效应的影响等多种情况。将该工程的进度计划以双代号网络图的形式表示,并在箭线上标注每个工序在不考虑学习-遗忘效应的情况下的作业时间,如图 7 - 15所示。

可以看出,在没有任何学习-遗忘效应的影响时,关键路径为 A - D - H - K - N - Q - U - W,工期为 45 天。

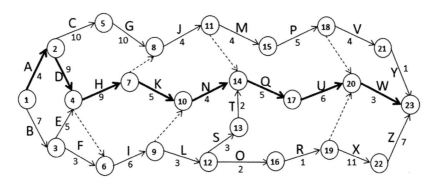

图 7 - 15 不考虑学习-遗忘效应的双代号网络图

7.4.2.2 考虑学习率为"$a = 0.152$"时的情况

接下来在某工程的案例基础上来分析 LFCM 模型的影响。假设员工一天工作 10 个小时,下班后 14 个小时为休息,即 $t_{ip} = 10$, $t_{ic} = 14$。无经验的员工生产第一个产品的时间为 1 小时,即日产量为 10 个。此外,若休息时间为 1 200 小时,则会发生完全遗忘的情况。当取学习比例为 90% 的情况时,即以此时的学习率 $a = 0.152$($a = \log_2 lr = \log_2 0.9 = 0.152$)时的情况来计算,运用 LFCM 模型,根据式(7 - 45)、(7 - 46)、(7 - 47),首先初始经验 $\lambda_1 = 0$,初始遗忘率 $g_1 = 0$,根据 $t_{ip} = 10$, $a = 0.152$, $T_1 = 1$ 等条件,可以计算出每个周期所需的数据。最后将产量与员工获得经验取四舍五入值,遗忘率取三位小数,可以计算出各周期产量及其他数据。

表 7 - 16 学习率 $a = 0.152$ 时各周期产量及其他数据

序 号	q_i	g_i	λ_i	Q
1	14	0.000	0	14
2	17	0.072	14	31
3	18	0.110	24	49
4	18	0.127	30	67
5	19	0.136	34	86
6	19	0.143	37	105
7	19	0.147	39	124
8	19	0.149	40	143

由式(7 - 40)计算各工序加工天数并向上取整,此时双代号网络图发生改变,如图 7 - 16 所示。

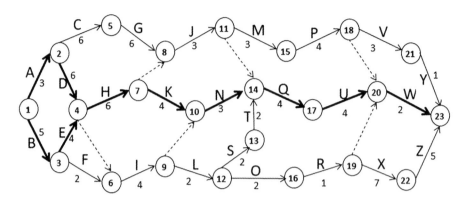

图 7-16　考虑学习-遗忘效应(学习比例 90%,即 $a=0.152$)的双代号网络图

可以发现,此时双代号网络图的关键路径发生了改变并且增加为两条,为 A－D－H－K－N－Q－U－W 与 B－E－H－K－N－Q－U－W,工期缩减为 32 天。可见,当取学习比例为 90% 时,也就是在员工有学习-遗忘效应的影响下,项目的实际进度会加快许多,并且关键路径也有可能发生改变,可见员工的学习遗忘能力与项目的进度息息相关。

7.4.2.3　考虑学习率为"$a=0.234$"时的情况

接下来,降低学习比例来研究不同学习比例对进度和关键路径的影响,取学习比例 85%,即 $a=0.234$ 时的情况来计算。

表 7-17　学习率 $a=0.234$ 时各周期产量及其他数据

序　号	q_i	g_i	λ_i	Q
1	17	0.000	0	17
2	23	0.109	17	40
3	25	0.165	29	65
4	26	0.189	37	91
5	27	0.202	43	118

此时双代号网络图又发生了如图 7-17 的变化。

此时,关键路径变为五条,但是与学习比例为 90% 的情况下发生了变化,关键路径为 B－E－H－K－N－Q－U－W,B－E－I－K－N－Q－U－W,B－E－I－L－S－T－Q－U－W,B－E－I－L－O－R－W,B－E－I－L－O－R－X－Z,工期缩减为 24 天。

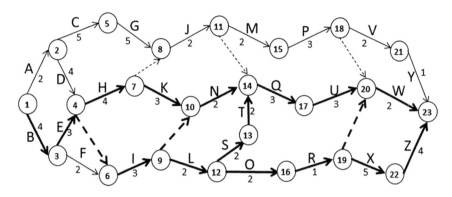

图 7-17　考虑学习-遗忘效应(学习比例 85%,即 $a=0.234$)的双代号网络图

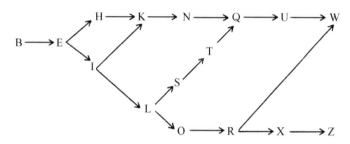

图 7-18　考虑学习-遗忘效应(学习比例 85%,即 $a=0.234$)的关键路径

7.4.2.4　考虑学习率为"$a=0.322$"时的情况

之后,再取学习比例为 80% 的情况下,即学习因子 $a=0.322$ 的情况来计算各个工序的生产情况如表 7-18:

表 7-18　学习率 $a=0.322$ 时各周期产量及其他数据

序　号	q_i	g_i	λ_i	Q
1	21	0.000	0	21
2	33	0.143	21	54
3	38	0.217	39	92
4	40	0.252	51	132

此时,关键路径数量为三条,即 A-D-I-L-S-T-Q-U-W,B-E-I-L-S-T-Q-U-W,B-F-I-L-S-T-Q-U-W,工期缩减为 20 天。

7.4.3　影响结果分析

由表 7-19 可以发现,学习比例为 90%、85% 及 80% 的情况下,项目总工期分别都

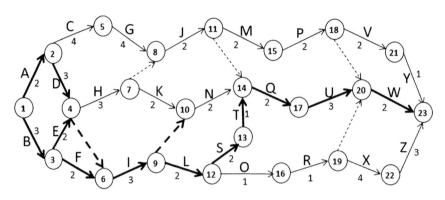

图 7-19 考虑学习-遗忘效应(学习比例80%,即 $a=0.322$)的双代号网络图

不一样,并且关键路径的数量也有所差异。同时,学习比例越小,学习因子(可以表述为员工学习的能力水平)就越大,故工程项目受到学习-遗忘效应的影响越大,工期缩短也越大,进度计划更短,企业投入成本就越小。90%的学习比例情况下时间缩短了13天,而85%的情况下时间比90%学习比例的情况缩短了8天,最后80%的学习比例的情况下比85%学习比例的情况下只缩短了4天。所以结合几种不同学习率的情况可以发现,学习-遗忘效应会因为学习比例的不同而产生不同的影响,但是一直减少学习比例,即增加学习因子,项目工期的缩短时间会越来越不显著。但是仍然可以看出,在学习-遗忘效应影响下,关键路径会由于学习比例的变化而发生变化。因此,学习-遗忘效应可对整体工期进度及关键路径产生影响,是工程项目调度中应该考虑的重要因素。

表 7-19 不同学习比例情况下的总结

情况	学习比例	学习因子	关 键 路 径	关键路径数量(条)	工期(天)
1	—	—	A-D-H-K-N-Q-U-W	1	45
2	90%	0.152	A-D-H-K-N-Q-U-W B-E-H-K-N-Q-U-W	2	32
3	85%	0.234	B-E-I-L-O-R-W B-E-I-L-O-R-X-Z B-E-I-K-N-Q-U-W B-E-H-K-N-Q-U-W B-E-I-L-S-T-Q-U-W	5	24
4	80%	0.322	A-D-I-L-S-T-Q-U-W B-E-I-L-S-T-Q-U-W B-F-I-L-S-T-Q-U-W	3	20

同时,从表7-16、表7-17、表7-18的数据中可以看出,在学习-遗忘效应的影响下,员工平均每周的生产产品的数量会高于没有学习-遗忘效应影响时。并且,员工平均

每周的生产数量呈现一个递增的状态,但是随着生产周期的增长,或者说长时间的一个生产,生产数量并不会一直大量的增加,而是如图 7 - 20 所示渐渐趋于稳定。

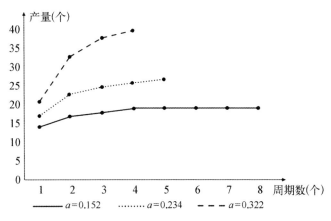

图 7 - 20　不同学习率下员工各周期产量趋势图

　　由此可见,在生产过程中,尽管有着因为休息等原因造成的遗忘效应的影响,但是员工的生产水平总的还是越来越熟练的,并且会达到一个比较稳定的水平,而不会一直增长[49]。这个结论在数据以及图中主要表现为员工每周期的生产产量渐渐增加,但会趋于一个稳定的状态——虽然员工有流失的生产经验,也有增加的生产经验,流失的生产经验会少于增加的生产经验,导致连续的周期下总的经验依旧是增加的。学习-遗忘效应的影响可以有效地缩短生产周期,加快进度计划。故随着时间的推移,由于学习-遗忘效应的存在,员工能够对一个产品的长期生产状态从陌生到熟练,逐渐加快生产速度,并且能够对项目进度产生重要的影响。

7.5　考虑资源受限的具有学习-遗忘效应的项目调度问题研究

　　本节将进一步探讨学习-遗忘效应对资源受限项目调度问题的影响,结合前面的内容建立基于 LFCM 的 RCPSP 模型,并且将混沌搜索算法加入到布谷鸟算法中,进而采用混沌布谷鸟算法进行求解,以验证人的行为效应对项目调度的影响效果。

7.5.1　基于学习-遗忘效应的 RCPSP 混沌布谷鸟算法实现

7.5.1.1　模型建立

　　现将本研究 7.2 节的 RCPSP 模型,与 7.4 节的 LFCM 模型相结合,即可得基于学习-遗忘效应的资源受限项目调度模型如下:

$$S_j - S_i \geqslant T_i \quad \forall (A_i, A_j) \in E \tag{7-49}$$

$$\sum_{A_i \in A_t} D_{ij} \leqslant B_j \quad \forall t \geqslant 0, \ \forall R_j \in R \tag{7-50}$$

$$\min f = \min S_{n+1} = \min F_{n+1} \tag{7-51}$$

$$q_l = \left[\frac{t_{lp}(1-a)}{T_1} + (\lambda_l + 1)^{(1-a)} \right]^{\frac{1}{1-a}} - \lambda_l \tag{7-52}$$

$$g_{l+1} = \frac{a(1-a)\log(q_l + \lambda_l)}{\log\left[1 + \dfrac{t_c(1-a)}{T_1(q_l + \lambda_l)^{(1-a)}} \right]} \tag{7-53}$$

$$\lambda_{l+1} = \left[\frac{t_{lp}(1-a)}{T_1} + (1+\lambda_l)^{(1-a)} \right]^{\frac{a+gl}{a(1-a)}} \cdot \left[\frac{(t_{lp}+t_{lc})(1-a)}{T_1} + (1+\lambda_l)^{(1-a)} \right]^{\frac{-gl}{a(1-a)}}$$

$$\tag{7-54}$$

$$Q = \sum_{l=1} q_l \tag{7-55}$$

其中, i: 当前任务序号;

j: 紧后任务序号;

n: 项目非虚任务数;

r: 资源种数;

S_i: 任务 A_i 的开始时间;

$S_i + T_i$: 任务 A_i 的结束时间;

$A_t = \{A_i \in A \mid S_i \leqslant t \leqslant S_i + T_i\}$: 在 t 时刻正在执行的任务集;

$A = \{A_0, A_1, ..., A_n, A_{n+1}\}$: 所有构成任务活动的任务集;

$T = \{T_0, T_1, ..., T_n, T_{n+1}\}$: 各任务持续时间集;

$R = \{R_1, R_2, ..., R_{r-1}, R_r\}$: 可更新资源的种类集;

$B = \{B_1, B_2, ..., B_{r-1}, B_r\}$: 各种可更新资源的可用总量集;

$D = \{D_0, D_1, ..., D_n, D_{n+1}\}$: 各任务的资源消耗量集;

l: 生产的第 l 个周期;

a: 学习曲线常数;

T_1: 生产第一个周期的第一个产品所需要的时间;

t_q: 员工没有任何生产经验的情况下,生产这一周期产量 q 需要花费的时间;

λ_l: 第 l 周期开始时员工的生产经验(以产品个数来记数);

$q_l + \lambda_l$: 上一周期内共能生产的产品数量;

g_l: 第 l 周期的遗忘率;

$q_l + c_l + \lambda_l$：若这个周期内没有发生停止生产的情况，这个周期内所可以生产的产品总量；

t_c：从开始生产到员工出现完全遗忘现象所需要的时间；

$t_{ql+\lambda l}$：第 l 个周期中员工生产 q 个产品所需要的时间；

Q：周期累计产量。

式(7-49)表示目标函数为最小工期即最小化虚结束任务的开始时间或结束时间；式(7-50)表示任务的紧前关系约束；式(7-51)表示任务的资源约束；式(7-52)为第 l 个周期的产量；式(7-53)为下一个周期的遗忘率；式(7-54)为下一个周期员工所具有的生产经验；式(7-55)为所有周期累计产量。

7.5.1.2　算法流程与步骤

混沌布谷鸟算法(Chaos Cuckoo Search，CCS)求解 RCPSP 具体步骤如下所示。

(1) RCPSP 参数输入。

本节所介绍的应用 CCS 求解基于 LFCM 的 RCPSP 参数输入与 7.3 节的相同，开始的各变量设置也均与 7.3 节一致，包括虚工作在内的任务个数 dim，各项任务之间存在紧前紧后关系制约 S，每个任务 i 消耗的时间为 T_i，占用的资源为 r_i，可更新资源的种类为 4，各种可更新资源 j 的最大可用量为 R_j。

(2) LFCM 参数输入。

与 7.4 节不同的是，在进行第一步的 RCPSP 参数输入后，接下来需要接着输入 LFCM 的初始值，主要有员工一天工作小时数 t_{ip}，下班后休息小时数 t_{ic}，无经验的员工生产第一个产品的时间，即日产量个数 q_d，完全遗忘发生的最长休息时间 t_c，学习比率 a，初始经验 λ_1 及初始遗忘率 g_1。

(3) LFCM 时间优化。

这一步将考虑学习-遗忘效应对项目各任务的时间影响，因此按照式(7-52)、式(7-53)、式(7-54)、式(7-55)对步骤(1)中输入的每个任务 i 消耗的时间 T_i 进行优化，之后再将考虑行为效应的各任务工期代入步骤(6)，计算任务实际开始或结束时间的取值范围。

(4) 紧前紧后关系转换。

同本章 7.3 节步骤(2)。

(5) 布谷鸟个体初始化。

在这一步骤中，对布谷鸟算法的参数设置基本与 7.3 节相同，但在此处新添加了一个混沌搜索次数 K，之后同样基于 0-1 随机实数的编码规则进行编码，确定各布谷鸟的初始个体位置。

(6) 任务优先值排序。

同本章 7.3 节步骤(4)。

（7）紧前约束判定。

同本章 7.3 节步骤（5）。

（8）计算各任务最早开始时间与最迟开始时间（或最早结束时间与最迟结束时间）。

同本章 7.3 节步骤（6）。

（9）资源需求判断。

同本章 7.3 节步骤（7）。

（10）计算布谷鸟个体目标函数值。

同本章 7.3 节步骤（8）。

（11）判断布谷鸟个体最优位置。

同本章 7.3 节步骤（9）。

（12）更新布谷鸟个体位置。

同本章 7.3 节步骤（10），并且对所有布谷鸟个体的目标函数值进行排序，选取其中最优的前 20％的个体转本节步骤（13）进行混沌优化，最差的后 20％的个体转本节步骤（5）重新随机生成新布谷鸟个体。

（13）混沌优化。

混沌布谷鸟算法将从此步骤开始进入混沌搜索的循环迭代，即对每个由 0－1 随机实数编码生成的前 20％个工期最小的布谷鸟个体进行混沌初始化，并分别按照式（7－24）、式（7－25）、式（7－26）进行混沌映射、载波扰动、映射返回的操作，生成布谷鸟个体的基于混沌自映射的初始混沌序列，再将该混沌序列变量转成本节步骤（6）依次进行紧前紧后约束与资源约束的双重检验，并以此寻找更新最优解及最优个体位置。

$$X_{i,d} = \frac{2(X_{i,d} - a_{i,d})}{b_{i,d} - a_{i,d}} - 1, \quad d = 1, 2, \ldots, \dim \qquad (7-56)$$

$$X_{n+1,d} = 1 - 2X_{n,d}^2, \, n = 0, 1, 2\ldots, X_{n,d} \in (-1, 0) \bigcup (0, 0.5) \bigcup (0.5, 1) \qquad (7-57)$$

$$X'_{i,d} = \frac{X_{i,d}(b_i - a_i) + (b_i + a_i)}{2}, \quad d = 1, 2, \ldots, \dim \qquad (7-58)$$

（14）合并布谷鸟个体。

将混沌优化后的前 20％的布谷鸟个体、重新随机优化的后 20％个体与剩余 60％的个体合并产生新的布谷鸟群体，并计算此时其目标函数值并更新最优布谷鸟个体位置。

（15）混沌搜索结束。

检验是否达到最大混沌搜索次数，本文所规定的混沌搜索次数为 20 次（$K = 20$），是则转本节步骤（16），否则转本节步骤（13）开始下一次混沌搜索。

（16）输出最优解。

同本章 7.3 节步骤（11）。

为方便直观理解,同样地,将混沌布谷鸟算法求解 RCPSP 的算法流程图描绘如下图 7-21 所示。

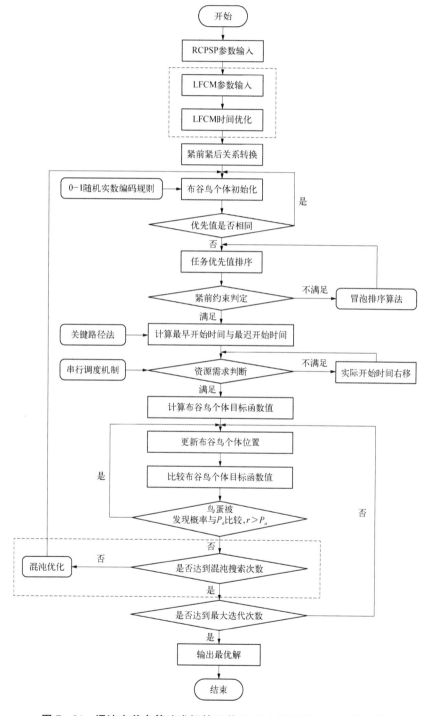

图 7-21　混沌布谷鸟算法求解基于学习-遗忘效应的 RCPSP 流程图

7.5.2 基于学习-遗忘效应的 RCPSP 混沌布谷鸟算法算例分析

7.5.2.1 算例选取

本节为验证改进的布谷鸟算法求解基于 LFCM 的 RCPSP 的有效性,以 7.3 节所提及的规模最小的 J30 类问题为例,选取 J30_1_1 加入学习-遗忘效应进行考量,按照 7.5.1.1 节中建立的模型进行求解,分别列出不考虑行为效应与考虑行为效应的任务时间参数变化,分析不同学习率与遗忘率对项目算例的工期与任务顺序的影响,并绘出项目调度图,最后进行不同规模 J30、J60、J90、J120 间的比较分析,同样各取首例加以研究,探寻学习-遗忘效应在小、中、大型规模项目的影响差异。

7.5.2.2 参数设置

接下来将展现 J30_1_1 的各参数包括任务编号、持续时间、紧后任务、四种可更新资源的需求数量与最大可用量(见表 7-20,以及网络图 7-22)。

表 7-20 J30_1_1 参数表

任务编号	持续时间	紧后任务	资源需求			
			A	B	C	D
1	0	2,3,4	0	0	0	0
2	8	6,11,16	4	0	0	0
3	4	7,8,13	10	0	0	0
4	6	5,7,10	0	0	0	3
5	3	20	3	0	0	0
6	8	30	0	0	0	8
7	5	27	4	0	0	0
8	9	12,19,27	0	1	0	0
9	2	14	6	0	0	0
10	7	16,25	0	0	0	1
11	9	20,26	0	5	0	0
12	2	14	0	7	0	0
13	6	17,18	4	0	0	0
14	3	17	0	8	0	0
15	9	25	3	0	0	0
16	10	21,22	0	0	0	5
17	6	22	0	0	0	8
18	5	20,22	0	0	0	7

续　表

任务编号	持续时间	紧后任务	资源需求			
			A	B	C	D
19	3	24,29	0	1	0	0
20	7	23,25	0	10	0	0
21	2	28	0	0	0	6
22	7	23	2	0	0	0
23	2	24	3	0	0	0
24	3	30	0	9	0	0
25	3	30	4	0	0	0
26	7	31	0	0	4	0
27	8	28	0	0	0	7
28	3	31	0	8	0	0
29	7	32	0	7	0	0
30	2	32	0	7	0	0
31	2	32	0	0	2	0
32	0	{}	0	0	0	0

注：四种可更新资源 A、B、C、D 的总量分别为 12、13、4、12。

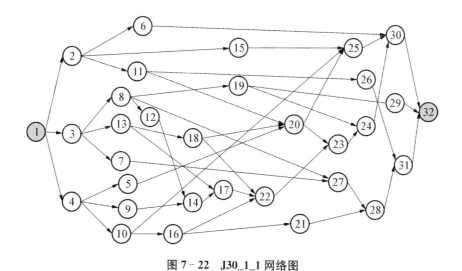

图 7-22　J30_1_1 网络图

本研究所考察的学习-遗忘效应,回归最初的思想是为结合工程实际,探究人的行为效应对项目工期所造成的影响。因此,基于不同学习率与遗忘率的 RCPSP 将重点集中于对各任务的持续时间优化,同时按照式(7-52)、式(7-53)、式(7-54)、式(7-55)进行计算,下表分别列出了学习比例为 $90\%(a=0.152)$、$85\%(a=0.234)$、$80\%(a=0.322)$

时的各任务持续时间,具体计算过程同 7.4.2 节。

表 7‑21 考虑不同学习率与遗忘率的任务持续时间表

任务编号	原持续时间	基于 LFCM 的持续时间		
		$a = 0.152$	$a = 0.234$	$a = 0.322$
1	0	0	0	0
2	8	5	4	3
3	4	3	2	2
4	6	4	3	3
5	3	2	2	2
6	8	5	4	3
7	5	4	3	2
8	9	6	4	3
9	2	2	2	1
10	7	5	4	3
11	9	6	4	3
12	2	2	2	1
13	6	4	3	3
14	3	2	2	2
15	9	6	4	3
16	10	6	5	4
17	6	4	3	3
18	5	4	3	2
19	3	2	2	2
20	7	5	4	3
21	2	2	2	1
22	7	5	4	3
23	2	2	2	1
24	3	2	2	2
25	3	2	2	2
26	7	5	4	3
27	8	5	4	3
28	3	2	2	2
29	7	5	4	3
30	2	2	2	1
31	2	2	2	1
32	0	0	0	0

7.5.2.3　测试结果

为比较不同学习率与遗忘率的影响差异,本节内容分为四个子块,即:(1) 不考虑学习遗忘的任务调度;(2) 学习率 $a=0.152$ 时的任务调度;(3) 学习率 $a=0.234$ 时的任务调度;(4) 学习率 $a=0.322$ 时的任务调度。现将混沌布谷鸟算法各算法参数设置同第四章表 4-1,由此计算得到的各子块情况的调度方案及工期描绘如下(注:虽然混沌布谷鸟算法是进行有规律的遍历搜索,但由于随机性及存在多个解等因素,其在有限的时间内并不能遍历解空间内的所有布谷鸟个体,因此此处所列的调度方案仅代表所求解的其中一种)。

不考虑学习遗忘效应时的调度方案:

1→3→4→8→13→10→9→2→5→7→18→12→16→19→14→27→11→15→29→17→26→20→21→22→6→25→28→31→23→24→30→32。

学习率 $a=0.152$ 时的调度方案:

1→3→4→2→8→13→5→10→7→18→11→15→12→16→19→9→27→14→26→20→17→25→29→21→22→6→28→31→23→24→30→32。

学习率 $a=0.234$ 时的调度方案:

1→3→4→2→7→8→13→10→9→18→5→11→12→15→19→16→14→27→26→29→17→20→21→22→6→25→28→31→24→30→32。

学习率 $a=0.322$ 时的调度方案:

1→3→4→8→13→10→9→2→5→7→18→12→19→14→16→11→15→27→29→17→26→20→21→22→6→25→28→31→23→24→30→32。

注:虚线框表示该调度方案与所选取的不考虑学习-遗忘效应时的调度方案的变动。

此时由图 7-23、图 7-24、图 7-25、图 7-26 可看出,较不考虑员工行为效应相比,在考虑学习-遗忘效应的情况下,J30_1_1 的项目工期明显缩短,随着学习率的升高(即学习比例的减少),缩减幅度也逐渐减小,工期从最初的 43 减少到 31 再减少到 25 最后减少到 20。同时当学习率 a 的取值不同时,项目的调度方案均也有变化,这里验证了7.4 节不考虑资源受限时所得的结论,且该结论对资源受限的项目调度问题(RCPSP)也同样适用,即学习-遗忘效应的存在确实会影响项目的工期及调度方案(若所得工期最优,则此时对应的调度方案可看作其中的一条关键路径)。

7.5.2.4　规模比较

本章研究的最后一个侧重点为考察学习遗忘率与规模大小之间的影响关系,即探寻学习-遗忘效应的影响是否会随着任务个数与复杂度的增大与减少而减弱或增强,为此分别从 J60、J90、J120 中各取首例的 J60_1_1、J90_1_1、J120_1_1 与 J30_1_1 进行比较,见表 7-22。

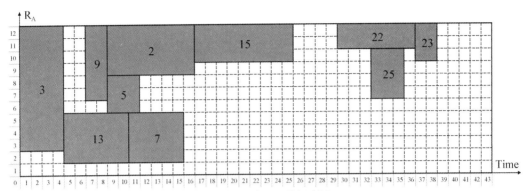

(a) 可更新资源R_A的调度图

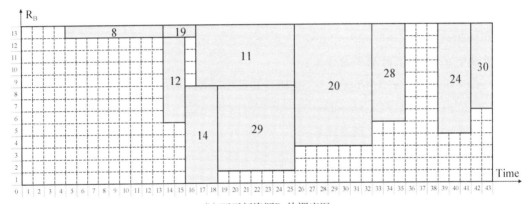

(b) 可更新资源R_B的调度图

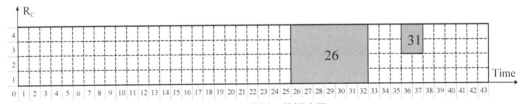

(c) 可更新资源R_C的调度图

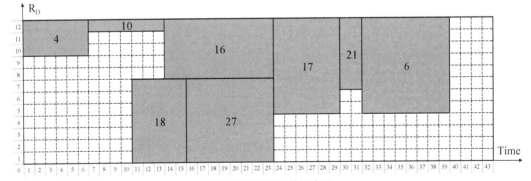

(d) 可更新资源R_D的调度图

图 7‑23　J30_1_1 不考虑学习遗忘时的任务调度图

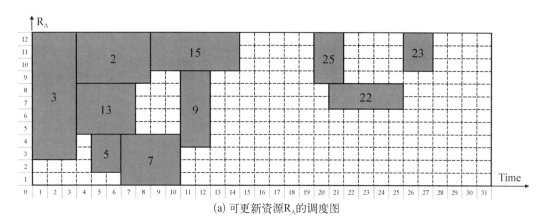

(a) 可更新资源R_A的调度图

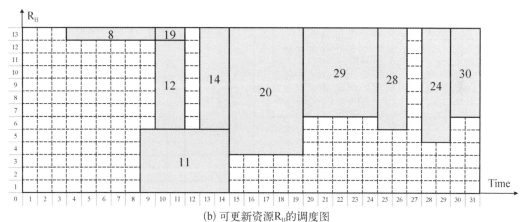

(b) 可更新资源R_B的调度图

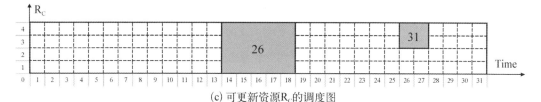

(c) 可更新资源R_C的调度图

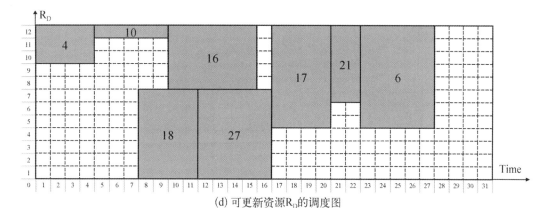

(d) 可更新资源R_D的调度图

图 7 - 24　J30_1_1 学习率 $a=0.152$ 时的任务调度图

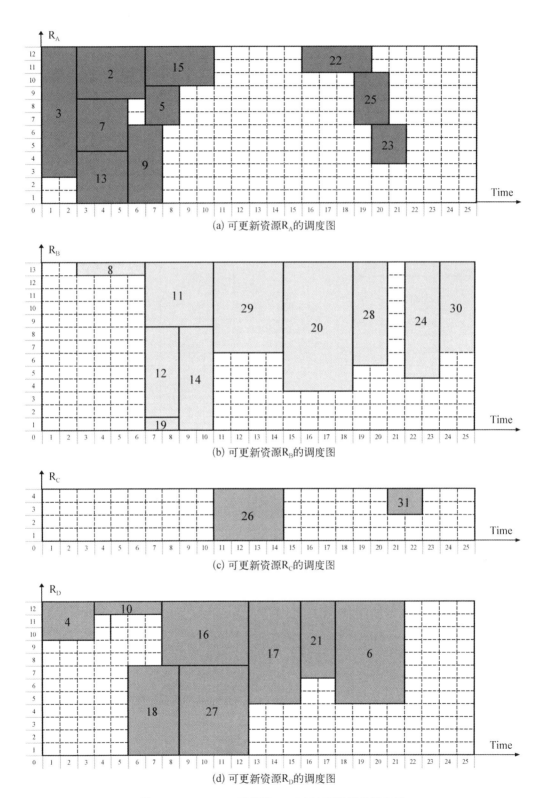

(a) 可更新资源R_A的调度图

(b) 可更新资源R_B的调度图

(c) 可更新资源R_C的调度图

(d) 可更新资源R_D的调度图

图 7 - 25　J30_1_1 学习率 $a=0.234$ 时的任务调度图

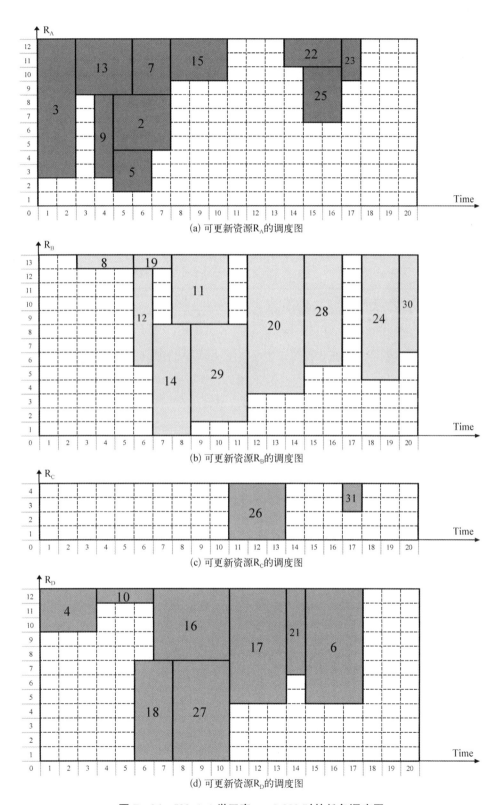

(a) 可更新资源R_A的调度图

(b) 可更新资源R_B的调度图

(c) 可更新资源R_C的调度图

(d) 可更新资源R_D的调度图

图 7－26　J30_1_1 学习率 a＝0.322 时的任务调度图

表 7‑22   不同规模 RCPSP 考虑不同学习遗忘率对项目工期的影响

算例名称	最优工期 T_{bestj}/工期上界 T_{UBj}	最小工期 T_{minj}			工期缩减率 C_{UTj}			缩减幅度		
		学习率 $a=0.152$	学习率 $a=0.234$	学习率 $a=0.322$	学习率 $a=0.152$	学习率 $a=0.234$	学习率 $a=0.322$	学习率 $a=0.152$	学习率 $a=0.234$	学习率 $a=0.322$
J30_1_1	43	31	25	20	27.91%	41.86%	53.49%	27.91%	13.95%	11.63%
J60_1_1	77	51	40	33	33.77%	48.05%	57.14%	33.77%	14.28%	9.09%
J90_1_1	73	55	43	35	24.66%	41.10%	52.05%	24.66%	16.44%	10.95%
J120_1_1	105	80	63	50	23.81%	40.00%	52.38%	23.81%	16.19%	12.38%

注：工期缩减率 $C_{UTj} = \dfrac{T_{bestj} - T_{minj}}{T_{bestj}}$（J30、J60、J90）； $C_{UTj} = \dfrac{T_{UBj} - T_{minj}}{T_{UBj}}$（J120）。

观察上表可发现，学习‑遗忘效应对于小、中、大规模的项目工期均有影响，且随着学习率的增加，工期缩减率 C_{UTj} 亦越大。但正如 7.4 节所述，学习‑遗忘的作用并不会持续增加，而是在学习率升高的过程中使缩减幅度逐渐减小（见表 7‑22 第 9、10、11 列）。同时并没有足够明显的趋势可以得出项目规模大小与学习遗忘强弱有关，例如对于 J30_1_1 的最大工期缩减率为 53.49%，而 J60_1_1 却增长为 57.14%，直至 J90_1_1 又开始下滑为 52.05%，最后的大规模 J120_1_1 仍有小幅增长，因此可以从本章所选取的四例 RCPSP 中说明，学习遗忘率对于不同大小的项目规模均有影响，但其影响强弱与项目的规模大小并无明显相关性。

7.6 本 章 小 结

本章主要对主题资源受限项目调度问题进行介绍，分别从数学模型、编码规则、解码方式等方面加以详细阐述，最后用两种不同的求解方式对 RCPSP 进行例证分析：先以基于 0‑1 随机实数的编码规则与串行调度的解码方案求解；后以基于自然整数的编码规则与并行调度的解码方案求解。进一步说明了启发式算法对于求解 RCPSP 的可编译性与可解译性，同时发现不同的基于优先规则与调度生成机制，会得到不同的调度结果与完工时间。7.2.6 节重点介绍了与本研究相关的一种新兴群智能算法：布谷鸟算法。

7.2 节开头先对启发式算法的分类做大体概述，之后引入本研究的最主要求解方法：布谷鸟算法。然后对该种算法的生物原理进行阐述，并给出该类新兴群智能算法相应的模型公式、伪代码及流程图。针对布谷鸟算法求解精度等方面的不足,本文同时引入混沌算法的优化机制,从而对布谷鸟算法进行改进,最后阐述了混沌布谷鸟算法的主要算法步骤及流程。此外,赵玉新等将其所提出的布谷鸟算法的 matlab 源代码发表于书刊《新兴元启发式优化方法》即文献[21]中。本文的算法编程即以此为基础加以研究,7.2节中主要介绍如何将改进的布谷鸟算法应用于求解资源受限项目调度问题之上。

7.3 节介绍了用布谷鸟算法求解资源受限项目调度问题的主要步骤和流程,分别选取 PSPLIB 国际标准算例库中 J30、J60、J90、J120 的第一类各 10 个算例进行验证,通过本章所提及的几个评价指标对测试结果进行分析,最后将其与 7.3 节的混沌布谷鸟算法进行比较,发现加入混沌搜索算法的布谷鸟算法改进可以遍历得到更优的项目工期,且平均目标函数值普遍较接近已知最小工期或工期上界。因此接下来 7.4、7.5 节探讨在考虑人的行为效应的影响下,如何使用混沌搜索算法求解资源受限项目调度问题。

7.4 节在不考虑资源受限的情况下,将学习-遗忘效应加入项目调度中综合考量,建立学习遗忘的 LFCM 模型,并通过双代号网络图的形式演示其对项目总工期及关键路径的影响,结果表明,与不考虑学习遗忘行为的情况相比,考虑员工的学习-遗忘效应会使工期缩短,关键路径发生改变,并且不同的学习率会带来不同的影响效果。随着生产制造业的日渐发展,从 LFCM 模型结合实际案例中发现,学习-遗忘效应的研究对员工生产有着很大的积极效用,合理的结合实际情况运用学习及遗忘效应,可以使企业良好地把控项目的调度问题中的生产进度计划、人员调配、资源划分等问题。因此 7.5 节重点研究了在资源受限(即本研究主题 RCPSP)的情况下,学习-遗忘效应对项目调度的影响。

7.5 节作为最后一个板块,将前两节内容相结合,考虑学习-遗忘效应对 RCPSP 的影响,优先给出基于 LFCM 的资源受限项目调度问题模型构建,通过混沌布谷鸟算法的求解步骤实现问题求解,之后呈现小规模的任务调度测试结果,重点在于不考虑行为效应与考虑不同学习率、遗忘率时的工期及调度方案影响差异,最后将多规模的 RCPSP 项目进行学习遗忘作用比对,进一步证实现实项目生产活动中的学习-遗忘效应,对不同规模的资源受限情况下的项目调度依然有效。

参 考 文 献

[1] Baar T, Brucker P, Knust S. Tabu-search algorithms for the resource-constrained project scheduling problem [EB/OL]. Technical report, Universitat Osnabruck, http: // www.bwl.uni-kiel.de/, 1997.

[2] Hartmann S. A competitive genetic algorithm for resource-constrained project scheduling [EB/OL]. Technical report, Manuskripte aus den Instituten fur Betriebswirtschaftslehre der

Universitat Kiel，http://ww.bwl.uni-kiel.de/，1997，451.

［3］ 应瑛.不确定资源约束下项目调度问题研究［D］.浙江大学,2010.

［4］ 谢阳.基于粒子群算法的带干扰的项目调度问题研究［D］.上海理工大学,2012.

［5］ 方晨,王凌.资源约束项目调度研究综述［J］.控制与决策,2010,25(05)：641-650+656.

［6］ Kelley J E. The critical path method：resources planning and scheduling［J］. Industrial scheduling, 1963，347-365.

［7］ 廖任,陈庆新.毛宁模具虚拟企业项目调度遗传算法研究［J］.计算机集成制造系统,2004,10(7)：815-857.

［8］ Van de Vonder，S. Demeulemeester，E. Herroelen，W. A classification of predictive-reactive project scheduling procedures［J］. Journal of Scheduling, 2007，10(3)：195-207.

［9］ Demeulemeester E L，Herroelen W S. Project Scheduling：A research handbook［M］. New York：Kluwer Academic Publishers，2002.

［10］ Burgess A R. Killebrew，J B. Variation in activity level on a cyclical arrow diagram［J］. Journal of Industrial Engineering，1962，13：76-83.

［11］ 张颖,刘艳秋,汪定伟,王福利.RCPSP 中现金流优化问题的 HGA 方法［J］.基础自动化,2001(04)：5-7.

［12］ Dominik Šišejković. Evolution of scheduling heuristics for the resource constrained scheduling problem［D］. Croatia：University of Zagreb，2016.

［13］ 王凌,郑环宇,郑晓龙.不确定资源受限项目调度研究综述［J］.控制与决策,2014,29(04)：577-584.崔建双,杨建华.多资源约束的项目调度问题离散粒子群算法［J］.计算机工程与应用,2015,51(14)：253-257+270.

［14］ 崔建双,杨建华.多资源约束的项目调度问题离散粒子群算法［J］.计算机工程与应用,2015,51(14)：253-257+270.

［15］ 陈君兰.基于混沌粒子群算法的柔性资源受限多项目调度问题研究［D］.上海理工大学,2012.

［16］ 单泪源,张冠群,吴娟,邓莎.一种求解资源受限下项目进度问题的新方法［J］.科技管理研究,2008(10)：160-162.

［17］ 刘士新,王梦光,唐加福.资源受限工程调度问题的优化方法综述［J］.控制与决策,2001(S1)：647-651.

［18］ Kolisch R. Serial and parallel resource-constrained project scheduling methods revisited：theory and computation［J］. European Journal of Operational Research，1996，90(2)：320-333.

［19］ Robert K. Bidirectional planning：improving priority rule-based heuristics for scheduling resource-constrained projects［J］. European Journal of Operational Research，2000，127(3)：619-638.

［20］ Mirjalili，S. M.，Mirjalili，S. & Lewis，A. Grey Wolf Optimizer，Advances in Engineering Software，2014，vol.69，pp.46-61.

［21］ 赵玉新,杨新社,刘利强.新兴元启发式优化方法［M］.北京：科学出版社,2013.

[22]　Beni G，Wang J. Swarm intelligence in cellular robotic systems. In：Robots and biological systems：towards a new bionics?［J］. Ed. Springer，1993，7：03 – 12.

[23]　Kennedy J，Eberhart R. Particle swarm optimization［J］. Proceedings of the IEEE International Conference on Neural Networks，1995，4：1942 – 1948.

[24]　Passino，Kevin M. Biomimicry of bacterial foraging for distributed optimization and control［J］. IEEE Control Systems Magazine，2002，22(3)：52 – 67.

[25]　Li X. A new intelligent optimization-artificial fish swarm algorithm［D］. China：University of Zhejiang，2003.

[26]　Dorigo M，Birattari M，Stutzle T. Ant colony optimization［J］. Comput Intell Magaz，IEEE 2006，1：28 – 39.

[27]　Basturk B，Karaboga D. An artificial bee colony（ABC）algorithm for numeric function optimization［J］. IEEE swarm intelligence symposium，2006：12 – 4.

[28]　Yang X S. Nature-Inspired Metaheuristic Algorithms［M］. Frome：Luniver Press，2008.

[29]　Yang X S. Firefly algorithm，stochastic test functions and design optimization［J］. Int J Bio-Inspired Comput，2010，2：78 – 84.

[30]　Yang X S，Deb S. Cuckoo search via Lévy flights［C］. In：Nature & Biologically Inspired Computing，2009. NaBIC 2009. World Congress on，2009，2：10 – 14.

[31]　Yang X S. A new meta-heuristic bat-inspired algorithm［J］. Nature inspired cooperative strategies for optimization（NICSO 2010），ed.：Springer，2010：65 – 74.

[32]　Pan W-T. A new fruit fly optimization algorithm：taking the financial distress model as an example［J］. Knowl-Based Syst 2012，26：69 – 74.

[33]　Mirjalili S. Dragonfly Algorithm：A New Meta-heuristic Optimization Technique for solving single-objective，discrete，and multi-objective problems［J］. Neural Computing and Applications，2016，27(4)：1053 – 1073.

[34]　Mirjalili S. Moth-flame optimization algorithm：A novel nature-inspired heuristic paradigm［J］. Knowledge-based Systems，2015，89：229 – 249.

[35]　Mirjalili S，Lewis A. The Whale Optimization Algorithm［J］. Advances in Engineering Software，2016，95(5)：51 – 67.

[36]　Saremi S，Mirjalili S，Lewis A. Grasshopper Optimisation Algorithm：Theory and application ［J］. Advances in Engineering Software，2017，105：30 – 47.

[37]　Mirjalili S，Gandomi A H，Saremi S et al. Salp Swarm Algorithm：A bio-inspired optimizer for engineering design problems［J］. Advances in Engineering Software，2017，114：163 – 191.

[38]　刘长平. 一种新兴的仿生群智能优化算法及其应用研究［D］. 上海理工大学，2013.

[39]　Patterson J H. A comparison of exact approaches for solving the multiple constrained resource project scheduling problem［J］. Management Science，1984，30(7)：854 – 867.

[40]　Kolisch R，Sprecher A. PSPLIB-A project scheduling problem library OR software-ORSEP

operations research software exchange program [J]. European J of Operational Research. 1997, 96(1): 205 - 216.

[41] Kolisch R, Drexl A. Adaptive search for solving hard project scheduling problems [J]. Naval Research Logistics(NRL), 1996, 43(1): 23 - 40.

[42] Producer Consumer [EB/OL]. https://people.eng.unimelb.edu.au/pstuckey/rcpsp/.

[43] Wright T P. Factors affecting the cost of airplanes [J]. Journal of Aeronautical Sciences, 1936, 3 (4): 122 - 128.

[44] Carlson J G, Rowe R G. How Much Does Forgetting Cost? [J]. Industrial Engineering, 1976, 8 (9): 40 - 47.

[45] Jaber M Y, BONNEY M. Production Breaks and the Learning Curve: The Forgetting Phenomenon [J]. Applied Mathematical Modeling, 1996, 20(3): 162 - 169.

[46] 曹拯.学习遗忘曲线模型在S公司生产培训中的应用与研究 [D].华东理工大学, 2012.

[47] 黄宇菲,汪应洛.基于学习遗忘曲线模型的员工生产率研究 [J].管理学报,2011,8(09): 1325 - 1331.

[48] 李丽.我国工程项目进度管理研究综述 [J].管理科学,2011(2): 2.

[49] 叶春明.基于学习效应的行为生产调度新模式研究 [J].企业经济,2015(4): 15.

第八章
TFT－LCD 多阶段多目标调度优化研究

8.1 引　　言

TFT－LCD 面板成盒阶段,采用新型多目标智能算法能够兼顾各个调度目标的最优值情况,快速求出问题的帕累托非劣解集。而最终方案决策依然需要决策者的判断。本章提出基于行为理论的决策方案度量方法,结合累积前景理论及模糊理论,构建不同主体不满意隶属函数,并在前两章的调度结果基础上,为决策者的最终调度决策提供理论数据参考。

TFT－LCD 生产中模块组装阶段,针对不同的产品需求,组装多种产品。研究此阶段的调度问题,提高生产效率,减少拖期交货时间,将直接提升客户满意度,增长企业效益。在 TFT－LCD 模块组装调度中,同类工件的加工工序有着严格的先后顺序,机器加工过程中,将有可能出现等待工件的情况,由此触发退化效应。本章将学习退化效应加入 TFT－LCD 模块组装调度问题中,通过加入混沌搜索机制改进烟花算法构建帕累托非劣解集,研究具有学习退化效应的 TFT－LCD 模块组装多目标调度问题,分析不同学习率和退化因子对调度结果的影响。

8.2　有学习退化效应的 TFT－LCD 面板成盒多目标调度研究

8.2.1　多目标布谷鸟算法

8.2.1.1　算法仿生原理

布谷鸟搜索算法(Cuckoo Search, CS)因模拟布谷鸟寻窝寄生育雏的方式而得名。

布谷鸟自身不筑巢不孵卵,而由宿主鸟代为孵化。为了增加自身鸟蛋的存活概率,布谷鸟选择与自身孵化过程相似的宿主鸟巢,趁宿主外出时,在其鸟巢中产一枚蛋,并移除一枚宿主的鸟蛋。在此过程中,若宿主发现被占巢,会选择扔掉布谷鸟蛋或放弃被占鸟巢另筑新巢。

8.2.1.2　算法描述

为了通过模拟布谷鸟寻窝过程,解决多维空间寻优问题,需要设立以下三点理想假设：(1) 一只布谷鸟每次只产一个蛋,并随机选择宿主鸟巢；(2) 最好的鸟巢将直接保留到下一代；(3) 可用宿主鸟巢数量 n 固定,宿主发现布谷鸟蛋的概率为$[0, 1]$,而被发现的布谷鸟需要寻找新宿主巢。在以上假设基础上,布谷鸟寻窝的路径和位置更新公式如下：

$$X_i^{t+1} = X_i^t + \alpha_0(X_i^t - X_j^t) \cdot t^{-\lambda} \tag{8-1}$$

其中, X_i^t 为当前解,表示第 i 个鸟窝 t 代的鸟窝位置, X_j^t 为 t 代种群中的随机非劣解。 $\alpha_0(X_i^t - X_j^t)$ 为搜索步长, α_0 为步长因子, $t^{-\lambda}$ 为重尾分布 $Lévy(\lambda)$,表示随机搜索路径。如式所示：

$$Lévy(\lambda) \sim u = t^{-\lambda}, \quad \lambda \in (1, 3] \tag{8-2}$$

$Lévy(\lambda)$ 分布有无穷多变化轨迹,使得布谷鸟搜索算法的全局搜索能力较好。

8.2.1.3　算法流程

布谷鸟算法迭代步长采用莱维飞行,行走步长满足一个重尾(heavy-tailed)的稳定分布,兼具短距离探索和偶尔较长距离行走,有效扩大搜索范围,增加种群多样性,更容易跳出局部最优点。应用双元锦标赛、动态淘汰制与聚焦距离筛选方法构建帕累托非劣解集的方法,解决 TFT–LCD 面板成盒阶段调度优化问题。算法求解步骤描述如下。

(1) 参数初始化。设置布谷鸟宿主鸟巢数目 n,最大迭代次数 T_MAX,帕累托解集规模 N,发现概率 Pa。

(2) 随机选取 N 个初始鸟巢位置。

(3) 算出 N 个鸟巢各自对应的三个目标函数值,构建初始帕累托解集 P。

(4) 依据位置更新公式,获得鸟巢新代位置,并适应度值。

(5) 对每个新代鸟巢产生一个随机数 R,判断 R 是否小于发现概率 Pa,若否,返回步骤(4),若是,进入步骤(5)。

(6) 比较两代鸟巢,保留不劣于上代鸟巢的当代鸟巢。

(7) 比较新代鸟巢帕累托非劣解与上代帕累托非劣解集的支配关系,更新帕累托非劣解集,当解集规模大于 N 时,根据聚焦距离方法筛选帕累托非劣解,使得解集内解尽量分散。

(8) 若满足终止条件,输出帕累托非劣解集 P,结束迭代,否则返回步骤 3)。

多目标布谷鸟算法流程如图 8-1 所示。

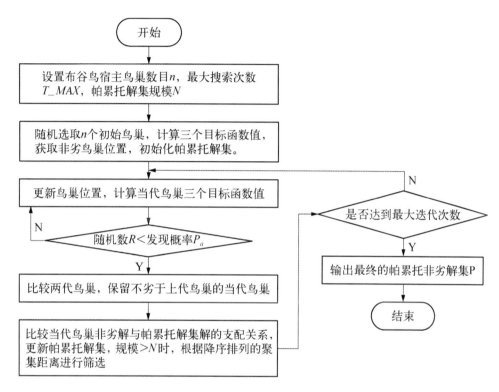

图 8-1　多目标布谷鸟算法流程图

8.2.2　基于多目标布谷鸟算法的 TFT-LCD 面板成盒调度问题研究

8.2.2.1　算法实验验证

本节对面板成盒调度问题实例进行算法有效性验证。算法仿真实验环境为: Windows 8 操作系统,CPU 为 Intel(R) Core(TM) i7-4720HQ,处理器主频为 2.60 GHz,8 G 内存,编程环境为 matlab R2014b。

应用本章的多目标布谷鸟算法,对问题进行求解。初始设置与文献[1]匹配,初始种群规模,迭代次数分别为 50、100,算法中步长因子前系数取值 0.1(源代码解决连续函数问题时,取值 0.01),以最大完成时间与 $f = 0.5 \cdot C_{\max} + 0.5 \cdot T_{\text{tard-w}}$ 为目标函数。独立运行十次,与文献[2]中静态解码(SD)、静态解码—精英保留(SD-ES)、贪婪解码(GD)、贪婪解码—精英保留(GD-ES)四种遗传算法及文献[2]中 ELFT(工序期望最短完成时间)规则进行比较,结果如表 8-1、表 8-2 所示。

表 8-1　五种方法得到的最大完成时间(min)

方　法	次　数									
	1	2	3	4	5	6	7	8	9	10
SD	1 935	2 082	1 907	2 052	2 352	2 132	2 143	2 345	2 119	2 166
SD-ES	1 379	1 222	1 273	1 194	1 140	1 187	1 291	1 154	1 274	1 015
GD	736	755	800	699	708	735	735	800	735	681
ELFT	603	625	715	720	650	582	612	595	688	633
GD-ES	542	675	564	570	568	589	563	640	553	634
CS	524	494	546	522	544	547	532	518	544	513

表 8-2　五种方法得到的两项加权目标函数最优值(min)

方　法	次　数									
	1	2	3	4	5	6	7	8	9	10
SD	7 342	10 926	9 047	10 581	12 487	10 885	11 745	13 659	12 068	11 584
SD-ES	1 023	1 109	1 030	820	1 133	758	1 910	572	1 211	935
GD	360	505	658	414	662	562	624	890	474	413
ELFT	313	320	332	328	303	280	299	290	325	309
GD-ES	283	292	288	297	289	278	286	294	283	294
MOCS	262	247	289	261	279	287	266	272	278	257

从表 8-1、表 8-2 可知,在 Cell 阶段整体调度问题中,布谷鸟算法优于其他五种算法。取其中结果较优的三种算法,10 次结果取平均值、最小值并计算标准差,结果如表8-3所示。

表 8-3　三种方法结果对比

	最大完成时间平均值/min	目标函数平均值/min	最大完成时间最小值/min	目标函数最小值/min	平均标准差
ELFT	642.3	309.9	582	280	32
GD-ES	589.8	288.4	542	278	24
MOCS	528.4	269.6	494	247	15

多目标布谷鸟算法相比较其他五种算法中最优的贪婪解码—精英保留遗传算法,求解出的最大完成时间及加权目标函数平均值优异性提升 10.4%、6.5%,最大完成时间及加权目标函数最小值也各自降低了 8.6%、11.2%,且求得解的平均标准差最小,算法稳定性较高。

8.2.2.2 仿真实验应用

在实际Cell阶段生产过程中,不同生产企业的产品线加工工艺可能会有所不同。本节提出另一种常见的具有12道工序的Cell阶段制程,在处理好的基板上滴注液晶后,再进行粘合和切割工艺,12道工序Cell阶段流程图如图8‑2所示。

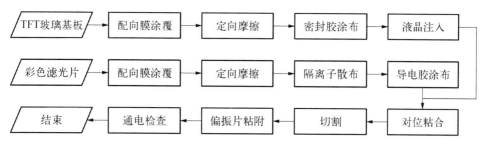

图8‑2 具有12道工序的Cell阶段工艺流程图

工序机器数如表8‑4所示,加工类型变换时,工序准备时间如表8‑5所示,工序对应的机器具体加工时间如表8‑6所示。

表8‑4 各工序机器数

	工 序											
	1	2	3	4	5	6	7	8	9	10	11	12
机器数	3	2	3	3	3	2	2	2	2	3	1	2

表8‑5 加工工件类型更换时所处工序对应准备时间(min)

类 型	工 序											
	1	2	3	4	5	6	7	8	9	10	11	12
1	15	30	18	16	15	30	15	15	25	16	15	0
2	15	30	18	20	15	30	15	15	25	20	15	0
3	20	35	20	22	20	35	15	15	30	22	15	0

表8‑6 工序对应机器加工时间(min)

类 型	1		2			3			4			5		
1	12	11	10	12	10	12	13	11	60	55	57	12	13	11
2	15	13	12	15	13	15	17	13	65	58	60	15	17	13

续　表

类　型	工　序													
	1			2			3			4			5	
3	20	19	18	20	17	18	20	16	80	70	72	20	22	18

类　型	工　序												
	6		7			8		9		10		11	12
1	12	11	12	13	12	10	12	10	45	42	40	15	40	35
2	15	14	15	16	15	12	15	12	47	43	41	18	40	35
3	20	18	20	22	20	16	15	13	50	45	42	20	45	38

　　独立运行十次,多目标布谷鸟算法求解该问题,得到的帕累托非劣解集三个目标函数均值分别为 598 分钟、71 分钟、154 分钟。每组帕累托非劣解中皆包含加权延期时间最小值 0 分钟且可求得不大于 10 分钟的机器空闲时间。表 8-7 是独立运行三次,多目标布谷鸟算法在求解该问题时得到的帕累托非劣解集。

表 8-7　多目标布谷鸟算法求出的三组帕累托非劣解集(min)

	1			2			3		
	C_{max}	T_{wait}	T_{tard-w}	C_{max}	T_{wait}	T_{tard-w}	C_{max}	T_{wait}	T_{tard-w}
1	485	275	0	489	135	0	533	45	0
2	644	6	261	479	238	0	489	158	0
3	624	2	185	621	0	111	613	1	335
4	709	8	876	607	15	308	705	0	568
5	654	19	493	486	202	0	553	30	83
6	545	49	10	496	85	0	576	21	152
7	576	31	0	594	30	72	667	9	502
8	489	200	0	579	37	58	656	15	403
9	526	82	0	551	52	28	506	54	5
10	506	139	9	517	60	26	499	93	0

　　本章三个目标值均以最小化为目标方向。对比第一次运行第一、第八组解,可以发现降低了 C_{max} 不到 1%, T_{wait} 升高了 37.5%。虽然第一目标的值很接近,但由于两个解三个目标值的总距离较大,依据聚集距离密度评价指标筛选时,择其一的发生概率较小。在此可得出,人工决策在该模型调度问题最终多目标方案决策中很重要。下图 8-3 至

图8-6是据表8-7所示三组非劣解集绘制成的三维图及其三张拆分二维图。（四图图例参见图8-3。）

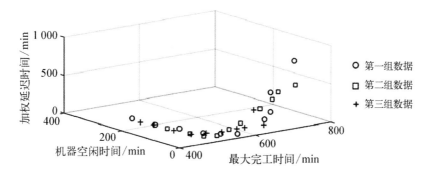

图8-3   三组帕累托非劣解集

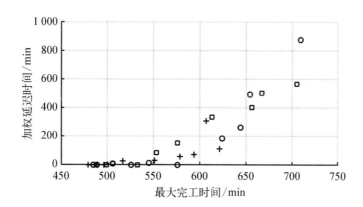

图8-4   帕累托非劣解集二维图1

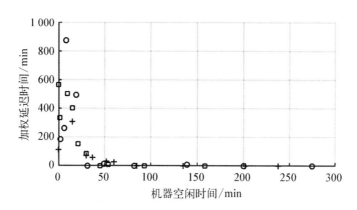

图8-5   帕累托非劣解集二维图2

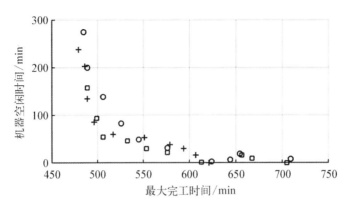

图 8‐6　帕累托非劣解集二维图 3

从图 8‐4、图 8‐5、图 8‐6 二维图中可以发现,最大完工时间与加权延迟时间正相关,而机器空闲时间与最大完工时间、加权延迟时间负相关。独立运行十次,取得 95 个帕累托非劣解,通过数值统计得到:最大完工时间与加权延迟时间相关系数为 0.88,机器空闲时间与最大完工时间、加权延迟时间相关系数分别为 −0.78、−0.53,呈高度相关及显著性相关关系。显著性(双侧)皆为 0.00,通过 Pearson 相关性检验。

8.2.3　具有学习退化效应的 TFT‐LCD 面板成盒调度研究

传统生产调度问题中,每个工件各道工序的加工时间固定不变。然而在实际的生产过程中,随着工件的持续加工,加工人员逐渐积累经验,熟练度增加,机器的磨合度也逐渐提高,再加工工件的加工时间逐渐缩短。Wright[3] 由此现象提出学习效应,即操作人员不间断的加工或机器的持续运转将缩短后加工工件的加工时间。然而加工状态不会无限制保持下去,当加工人员或机器安排加工的工件还未完成前一道工序以及不同产品簇产品交替生产、产生空闲等待时间时,加工环境将开始变化,空闲状态持续得越久,变化越大,加工人员或机器对工件的学习效果将减弱,加工工件所需的时间相应增加,这就是退化效应。

8.2.3.1　学习退化效应模型

本章在现有研究基础上,以对数学习模型为基础,综合考虑指数退化效应模型,提出与工件加工位置及加工等待时间相关的学习退化效应模型,第 r 批工件,工序 O_j 在机器 m 的第 q 个位置上的实际加工时间为 p_{rmq},如式(8‐3)所示:

$$p_{rmq} = p_{rm} \cdot w_{rj}^{\beta} \cdot (1+\alpha)^{q-1} \tag{8-3}$$

式中,α 表示学习效应因子,$\alpha = \dfrac{\lg(l)}{3 \cdot \lg(2)}$,$l$ 为学习率,$\beta \in [0, 1]$ 是退化因子,w_{rj} 为第 r 批工件、第 j 道工序加工前的等待时间。

8.2.3.2 仿真实验结果

根据提出的学习退化效应模型,建立具有学习退化效应的面板成盒多目标调度模型。以最小化最大完成时间 C_{max}、机器空闲时间 T_{wait}、加权延迟时间 T_{tard-w} 为目标函数,采用上文描述的多目标布谷鸟算法求解 8.2.3.2 中具有 12 道工序的 TFT－LCD 面板成盒 Cell 阶段实际生产数据。不同学习率及退化因子下独立运行 40 次,分别得到的帕累托非劣解集三个目标函数平均值如表 8－8、表 8－9、表 8－10 所示,解的个数情况如表 8－11 所示。

表 8－8 不同学习率及退化因子影响下最大完成时间平均值(min)

C_{max}	$b=0$	$b=0.1$	$b=0.2$	$b=0.3$	$b=0.4$
$l=1$	582	656	798	1 221	2 329
$l=0.9$	534	612	730	1 107	2 103
$l=0.8$	510	573	680	1 014	1 900
$l=0.7$	452	525	641	939	1 755
$l=0.6$	421	485	606	870	1 608

表 8－9 不同学习率及退化因子影响下机器空闲时间平均值(min)

T_{wait}	$b=0$	$b=0.1$	$b=0.2$	$b=0.3$	$b=0.4$
$l=1$	61	58	34	15	11
$l=0.9$	53	43	32	16	12
$l=0.8$	46	34	33	19	16
$l=0.7$	62	43	35	26	21
$l=0.6$	66	42	38	32	28

表 8－10 不同学习率及退化因子影响下加权延迟时间平均值(min)

T_{tard-w}	$b=0$	$b=0.1$	$b=0.2$	$b=0.3$	$b=0.4$
$l=1$	245	420	1 461	5 794	16 259
$l=0.9$	132	256	840	4 725	14 197
$l=0.8$	109	186	444	3 729	12 187
$l=0.7$	27	96	269	2 989	10 558
$l=0.6$	14	50	189	2 281	9 434

表 8‐11   不同学习率及退化因子影响下帕累托解集平均个数

学习率不同	解平均数	退化因子不同	解平均数
1	8.41	0	8.75
0.9	8.24	0.1	8.76
0.8	8.39	0.2	8.69
0.7	8.69	0.3	8.15
0.6	8.91	0.4	8.28

从表 8‐11 可以看到,学习率及退化因子的变化,对解个数影响不显著。为便于直观分析,将不同学习率及退化因子下的帕累托非劣解集目标函数平均值绘制成图如图 8‐7、图 8‐8、图 8‐9 所示。

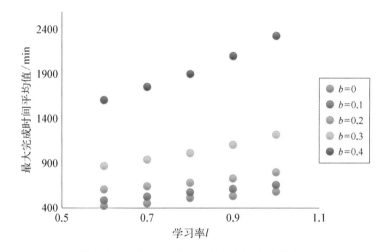

图 8‐7   不同学习率及退化因子影响下帕累托解集的最大完成时间平均值

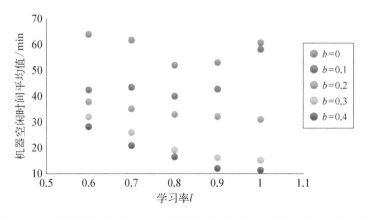

图 8‐8   不同学习率及退化因子影响下帕累托解集的机器空闲时间平均值

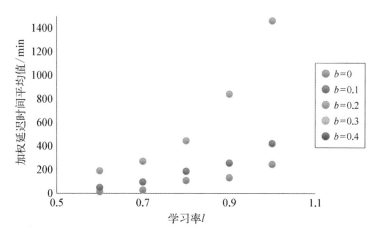

图8－9 不同学习率及退化因子影响下帕累托解集的加权延迟时间平均值

上图8－9中,因数值跨度较大,仅展示部分数值点。表8－8、表8－9、表8－10数据,结合图像显示:同一学习率l条件下,最大完成时间及加权延迟时间平均值随退化因子b的变大而升高,且$b=0.2$为该两项目标平均值退化效应的临界点,当$b>0.2$时,该两项平均值增幅明显变大(加权延误时间平均值在$b>0.2$时,呈指数型增长,数值较大,为清晰显示趋势,图中省略)。而当b相同时,最大完成时间及加权延误时间平均值将随着l的减小,即随学习效应因子的变大而降低。以上数据与实际生产情况相符,工人或机器的学习能力越强,完成一批工件的时间将被缩得越短,按时交货能力提高,而b的增加意味着退化效应的增强会削弱工件加工的效率,拉长生产周期,削弱按时交货能力。机器空闲时间在$b>0.2$时,随学习效应增强,目标值上升较为显著,$b=0.2$时,上升缓慢。而在$b<0.2$的情况下,目标值下降后现回升或持平趋势。

8.2.3.3 敏感性分析

敏感性分析是从定量角度分析模型中变量变化对目标函数值影响程度的不确定分析技术。通过变量变化,观测目标函数值变化情况,研究该变量对模型目标值的重要性程度。下面引入敏感性分析,研究不同程度学习效应和退化效应变化下,工件最大完工时间、机器空闲时间和交货加权延误时间三个目标值的变化量情况,用敏感度系数表示,如式(8－4)[4]所示:

$$S_{FA} = \frac{\Delta F/F}{\Delta A/A} \tag{8-4}$$

其中,S_{FA}代表目标值F对变量A的敏感程度;$\Delta A/A$表示变量A的变化率;$\Delta F/F$表示不同因素变化量情况下,目标值F的变化率。不同学习效应及退化因子下,最大完成时间及加权延误时间、机器空闲时间平均值敏感度系数如表8－12所示。

表 8‑12   不同学习率及退化因子影响下目标平均值敏感度系数

| 退化因子 | 敏感因素变化率 | | | |
	$l=0.9$	$l=0.8$	$l=0.7$	$l=0.6$
C_{max}				
$b=0$	0.83	0.62	0.74	0.69
$b=0.1$	0.67	0.63	0.67	0.65
$b=0.2$	0.85	0.74	0.65	0.60
$b=0.3$	0.93	0.85	0.77	0.72
$b=0.4$	0.97	0.92	0.82	0.77
T_{wait}				
$b=0$	1.27	0.72	0.05	0.13
$b=0.1$	2.66	1.56	0.84	0.68
$b=0.2$	0.37	0.31	0.45	0.56
$b=0.3$	0.65	1.28	2.36	2.78
$b=0.4$	0.65	2.31	2.83	3.77
$T_{tard\text{-}w}$				
$b=0$	4.61	2.77	2.96	2.35
$b=0.1$	3.90	2.79	2.57	2.20
$b=0.2$	4.25	3.48	2.72	2.18
$b=0.3$	1.84	1.78	1.61	1.52
$b=0.4$	1.27	1.25	1.17	1.05

由表 8‑12 可知,从数值来看,C_{max} 对学习及退化因子的敏感度较低,另两项敏感度较高。从横向趋势来看,C_{max} 及 $T_{tard\text{-}w}$ 敏感度随学习效应的增强而降低,T_{wait} 敏感度则相反。从纵向趋势来看,C_{max} 的敏感度系数随退化效应的增强小幅度下降后上升,T_{wait} 的敏感度系数上升回落后再大幅上升,$T_{tard\text{-}w}$ 敏感度系数小幅跌落回升后大幅度下降。学习效应对目标值的影响较为平稳,而退化效应在不同学习效应情况下,对不同目标的作用力大小不尽相同。在实际生产活动中,要严格控制遗忘因素,合理安排规模调度,定期检查和维护机器设备。

8.3   基于累积前景理论的 TFT‑LCD 面板成盒多目标决策问题研究

8.3.1   累积前景理论和模糊理论

8.3.1.1   前景理论

Kahneman 和 Tversky[5] 通过修正最大主观期望效用,于 1979 年提出前景理论。此项针对心理研究的成果最初被应用在经济学中。研究指出：大多数人在面对收益时是风险规避的，而在面对损失时则是风险偏好的，并且人们对损失的敏感度比获得的敏感度更高。前景理论价值函数如图8－10所示。

与传统的期望效用函数相比，前景理论所采用的价值函数更为贴近人们的行为模式，构建了拟人化的行为效应模型，不再将人视为完全"理性人"，收益时畏缩退后怕风险，面对损失时勇往直前敢冒险。同时，前景理论认为人们通常高估小概率事件发生的可能性，而低估中大概率事件发生的可能性。前景理论中的权重函数如图8－11所示：

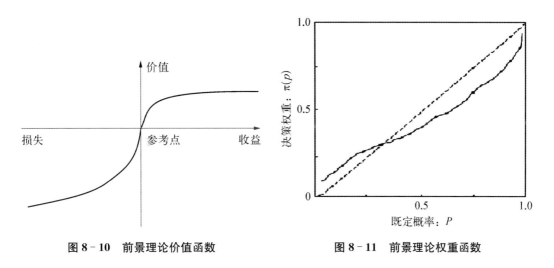

图8－10　前景理论价值函数　　　　　图8－11　前景理论权重函数

上图中，45°虚线表示决策权重与概率相等时的情况，曲线表示前景理论假想的权重函数。前景理论为在不确定情况下，预测人们的行为模式做出了贡献。

8.3.1.2　累积前景理论

Kahneman 和 Tversky[5]于1979年发表的原文中指出：前景理论中的决策者可能会违背"理论人"决策过程中，例如动态一致性、偏好可传递性、随机占优等性质。如果决策者发现所做决策并非理性，将不会这样做决策，而通常情况下，由于决策者理性有限，他们没有机会发现自己违背了希望遵循的这些理性决策性质。

随着决策者信息的完善和对自我决策的觉察，前景理论在描述决策者行为模型时的漏洞逐渐彰显，为了更准确地建立描述人们行为的模型，克服前景理论不满足一阶随机占优的不足，将前景理论应用在更多领域，累积前景理论被提出[6]。该理论对不同概率收益损失情况下人们的风险态度做出更细致的四分区域处理：中大概率收益、小概率损失时表现为风险规避，中大概率损失、小概率收益时表现为风险偏好，且中大概率收益时的风险规避较中大概率损失时的风险偏好更显著。此外，累积前景理论采用 Quiggin[7]于1982年提出的等级依赖效用的概率赋权机制。前景理论中，评价每个确定结果和对每个结果对应概率赋权是分开进行的，而赋权与结果直接相关，正是这个原因使得前景理论不满足一阶随机占优,而累积前景理论引入的等级依赖效用模型解决了这个问题,把一个结果出现的权重跟每个结果相对于其他结果的排序联系起来,根据结果的等级及其概率,赋予结果相应权重。累积前景理论的价值函数如式(8-5)所示。

$$v(x) = \begin{cases} x^{\alpha} & x \geqslant 0 \\ -\lambda(-x)^{\beta} & x < 0 \end{cases} \tag{8-5}$$

式中,$x > 0$ 表示收益,$x < 0$ 表示损失,且 $x = U_{\text{参}} - U$,U 为成本型指标,$U_{\text{参}}$ 为参考点。α、β 为敏感性递减系数 $0 \leqslant \alpha$,$\beta \leqslant 1$,$\lambda \geqslant 1$ 为损失厌恶系数,与决策者对损失的敏感度正相关。

累积前景理论的决策权重函数如式(8-6)所示:

$$w(p) = \begin{cases} \dfrac{p^{\gamma}}{[p^{\gamma} + (1-p)^{\gamma}]^{1/\gamma}} & x \geqslant 0 \\[4mm] \dfrac{p^{\delta}}{[p^{\delta} + (1-p)^{\delta}]^{1/\delta}} & x < 0 \end{cases} \tag{8-6}$$

式中,p 表示决策事件发生的概率,$w(p)$ 表示决策者主观判断事件发生的概率,其权重函数为倒"S"型,$0 < \gamma$,$\delta < 1$,且 γ、δ 越小,函数越弯曲。

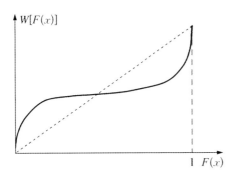

图 8-12 累积前景理论扭曲函数

前景理论对效用的扭曲作用在密度函数上,而累积前景理论的扭曲作用于分布函数。累积前景理论的扭曲函数如图 8-12 所示。

图 8-12 中,虚线是无扭曲状态下的期望效用。前景理论及累积前景理论作为描述性模型,能够较为准确地描述人们的行为,但同时也有着描述性模型的缺陷:缺乏严格的数学推导,只能对人们的行为进行描述,而无法指导决策者实际解决问题。

8.3.1.3 模糊理论

模糊理论以模糊集合理论为基础,阐明了模糊性现象的存在,并以概念模糊的事物为其研究对象,将该类问题量化为计算机处理的信息,主要包括模糊集合理论、模糊逻辑、模糊推理和模糊控制等内容。美国加州大学伯克利分校电气工程系的 L. A. Zadeh 教授在 1965 年发表的论文中首次提出表达事物模糊性的隶属度函数,突破了 19 世纪末康托尔的经典集合理论,奠定了模糊理论基础。在生活中,很多概念是含糊的,不明确的,而在特定的环境中,含糊的概念被用来描述一个具体的事物时,又很少引起歧义。

本章结合累积前景理论描述人行为及模糊理论分析不确定性问题的优势,从企业、生产工人、客户三方的角度分析,解决 TFT-LCD 面板成盒多目标方案决策问题,将隶属度函数作为决策理论的研究工具,找到多目标问题的满意解。

满意度原理[8]指出:满意度具有相对性和普遍性。对于可行域为 Z 的问题 P, z 为其可行解,在满意标准 S 下,存在可行解集 Z 到解的评价集合 C 的映射: $f: Z \to C$,若 C 具有满意序,那么 $c \in C$ 为标准 S 下用户对 z 的满意度, C 为满意度集合。根据满意度原理,并结合式(8-7)可得:

$$u(x) = -v\left(-\frac{x}{O} + 1\right) = -\left[-\lambda\left(-\left(-\frac{x}{O} + 1\right)\right)^{\beta}\right] = \lambda\left(\frac{x}{O} - 1\right)^{\beta}, O \neq 0$$

$$(8-7)$$

或

$$u(x) = -v(-ax) = -\left[-\lambda(-(-ax))^{\beta}\right] = \lambda(ax)^{\beta} \qquad (8-8)$$

不同主体 i 的不满意隶属函数为:

$$u_i(x_i) = \begin{cases} 0 & 0 \leqslant x_i \leqslant O_i \\ \lambda_i\left(\frac{x_i}{O_i} - 1\right)^{\beta_i} & O_i < x_i < L_i \quad i = 1, 2, \ldots, I \quad O_i \neq 0 \\ 1 & x_i \geqslant L_i \end{cases} \qquad (8-9)$$

或

$$u_i(x_i) = \begin{cases} \lambda_i(\eta_i x_i)^{\beta_i} & 0 \leqslant x_i < L_i \\ 1 & x_i \geqslant L_i \end{cases} \quad i = 1, 2, \ldots, I \qquad (8-10)$$

在式(8-9)中, I 为行为主体个数,不满意隶属函数作为衡量主体 i 面对不满意情况时的状态,当 $O_i < x_i < L_i$ 时,根据累积前景理论,主体 i 处于风险偏好状态。当 $x_i \geqslant L_i = O_i \cdot \left(1 + \frac{1}{\lambda_i}\right)^{\frac{1}{\beta_i}}$ 时, $u_i(x_i) = 1$。不同主体 i 对风险的态度不同,在函数中的 λ_i、β_i、η_i 也不同。主体 i 的隶属度函数图像如图8-13、图8-14所示。

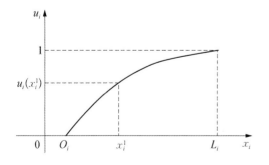

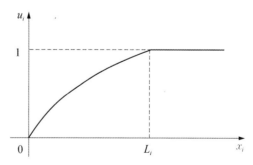

图8-13 主体 i 的不满意隶属函数1　　　图8-14 主体 i 的不满意隶属函数2

8.3.2 TFT‑LCD 面板成盒多目标决策问题模型建立

TFT‑LCD 生产调度系统包含生产企业管理者、生产工人、客户三方主要行为主体,决策者需要综合考虑三方的主观情绪,以兼顾企业收益,以人为本管理方针及面向顾客服务的原则,在现有非劣调度中,进行选择决策。和累积前景理论中的参考点选取类似,不满意隶属函数需要选取状态转折点,本节模型以多目标调度问题中求解帕累托非劣解集的结果为基础,选取各行为主体不满意隶属函数的状态转折点,建立决策问题模型。

8.3.2.1 不同主体行为的度量

(1) 企业管理者

企业管理者较其他因素相比,主要考虑因素为运作成本,包括原材料成本、工人成本、动力成本等。在工件数量不变时,原材料成本可看为固定数,工人成本与动力成本随时间增加而增大。可见运作成本与加工时间正相关。本文将最大完工时间作为企业管理者的行为度量变量。

$$u_1(C_{\max}) = \begin{cases} 0 & 0 < C_{\max} \leqslant \underline{C_{\max}} \\ \lambda_1 \left(\dfrac{C_{\max}}{\underline{C_{\max}}} - 1 \right)^{\beta_1} & \underline{C_{\max}} < C_{\max} < L_1 \\ 1 & C_{\max} \geqslant L_1 \end{cases} \tag{8-11}$$

式中,$C_{\max}$ 为已得帕累托非劣解集中最大完成时间的值,状态转折点 $\underline{C_{\max}}$ 为 $C_{\max}$ 的中位数,$L_1 = \underline{C_{\max}} \cdot \left(1 + \dfrac{1}{\lambda_1} \right)^{\frac{1}{\beta_1}}$,$\beta_1 = 0.88$,$\lambda_1 = 4.5$。

(2) 企业生产工人

人们的生活水平越来越高,市场竞争愈演愈烈,一线员工在高科技生产企业的重要性也日益凸显,企业需要控制住人员流动性,必须实行以人为本的管理方针,切实关注员工的主观情绪。在 TFT‑LCD 生产中,机器处于加工状态时,工人所需要进行的工作较少,而当机器处于空闲状态时,工人需要对机器进行检查及调整,为下道工序进行做相应准备,处于相对紧张的心理状态中。本文将机器空闲时间作为生产工人的行为度量变量。

$$u_2(T_{\text{wait}}) = \begin{cases} 0 & 0 < T_{\text{wait}} \leqslant \underline{T_{\text{wait}}} \\ \lambda_2 \left(\dfrac{T_{\text{wait}}}{\underline{T_{\text{wait}}}} - 1 \right)^{\beta_2} & \underline{T_{\text{wait}}} < T_{\text{wait}} < L_2 \\ 1 & T_{\text{wait}} \geqslant L_2 \end{cases} \tag{8-12}$$

式中，T_{wait} 为已得帕累托非劣解集中机器空闲时间的值，状态转折点 $\underline{T_{wait}}$ 为 T_{wait} 的中位数，$L_2 = \underline{T_{wait}} \cdot \left(1 + \dfrac{1}{\lambda_2}\right)^{\frac{1}{\beta_2}}$，$\beta_2 = 0.66$，$\lambda_2 = 1.5$。

（3）企业客户

企业客户不属于企业内部成员，但是其是在生产过程中最重要的制约因素之一。企业与客户会事前约定好交货时间，交货时间的延迟将导致客户的不满意甚至解约，从而造成企业直接或间接的利益损失。在前文中，从企业视角对延迟时间目标做了加权处理，说明不同订单对企业的重要程度不尽相同。在这一章，将加权延迟时间作为企业客户的行为度量变量。

$$u_3(T_{\text{tard-w}}) = \begin{cases} \lambda_3(\eta_3 \cdot T_{tard\text{-}w})^{\beta_3} & 0 \leqslant T_{\text{tard-w}} < L_3 \\ 1 & T_{\text{tard-w}} \geqslant L_3 \end{cases} \tag{8-13}$$

式中，$T_{\text{tard-w}}$ 为已得帕累托非劣解集中加权延迟时间的值，状态转折点为零点，$L_3 = \left(\dfrac{1}{\eta_3 \cdot \lambda_3}\right)^{\frac{1}{\beta_3}}$，$\eta_3 = 0.003$，$\beta_3 = 0.88$，$\lambda_3 = 2.25$。

8.3.2.2　基于累积前景理论的决策问题模型建立

目前基于累积前景理论的研究有服务衍生方案决策[9]、应急物流路径选择[10]、投资组合选择[11]等。而在生产调度领域，学者结合前景理论和模糊理论对具有不确定事件的生产调度干扰问题进行了研究[12]。

本节结合累积前景理论与模糊理论，对企业管理者、企业生产工人、企业客户三方行为主体对于决策的不满意程度进行整合模型建立，以此获得决策问题模型。现对决策问题模型进行以下说明：

（1）适用于已获得多目标调度帕累托非劣解集的调度决策问题；

（2）不满意隶属函数为非负度量函数，累积前景理论权重函数使用 $w^+(p)$；

（3）随着企业内部沟通、外部接触的增多，决策信息将逐渐完善，模型中参数可调整；

（4）原发生概率由单个目标排列后通过算式计算得到；

（5）帕累托非劣解集本身具有优越性，各个解的质量较优，决策度量方案帮助决策者有效缩小决策范围，但不保证一定能够得到唯一满意解。

基于累积前景理论的决策问题度量目标函数如式（8-14）所示。

$$\min V(X) = \min \sum_{i=1}^{3} \sum_{n=1}^{N} \pi^+(p_i^n) \cdot u_i(x_i^n) \tag{8-14}$$

其中，

$$p_i^n = \frac{4 \cdot (Pos(x_i^n) - 1)}{7 \cdot (N-1) \cdot N} + 0.5 \quad i = 1, 2, 3 \tag{8-15}$$

式中，N 为决策对象总个数，$Pos(x_i^n)$ 为 x_i 在 i 目标值升序排列后所处位置。$\pi^+(p_i^n)$ 的值由下式计算得到：

$$w^+(p) = \frac{p^\gamma}{[p^\gamma + (1-p)^\gamma]^{1/\gamma}} \tag{8-16}$$

$$\pi^+(p_i^N) = w^+(p_i^N) \quad i = 1, 2, 3 \tag{8-17}$$

$$\pi^+(p_i^n) = w^+(p_i^n + \ldots + p_i^N) - w^+(p_i^{n+1} + \ldots + p_i^N) \quad i = 1, 2, 3 \tag{8-18}$$

式(8-16)中，γ 取 0.5。整理后可得：

$$V(x) = \sum_{n=1}^{N} \pi^+(p_1^n) \cdot u_1(x_1^n) + \sum_{n=1}^{N} \pi^+(p_2^n) \cdot u_2(x_2^n) + \sum_{n=1}^{N} \pi^+(p_3^n) \cdot u_3(x_3^n)$$
$$= \sum_{n=1}^{N} \left[\pi^+(p_1^n) \cdot u_1(C_{\max}^n) + \pi^+(p_2^n) \cdot u_2(T_{\mathrm{wait}}^n) + \pi^+(p_3^n) \cdot u_3(T_{\mathrm{tard\text{-}w}}^n) \right]$$

8.3.3　TFT‑LCD 面板成盒多目标决策问题求解

本节以 8.2.2.2 中仿真结果展示的三组帕累托非劣解集数据为基础，对 30 组帕累托非劣解分项进行权重处理，经权重函数扭曲 $p_i^n + \ldots + p_i^N$ 后的 $w^+(p_i^n + \ldots + p_i^N)$ 及 p_i^n 对应 $\pi^+(p_i^n)$ 如图 8-15、图 8-16 所示。

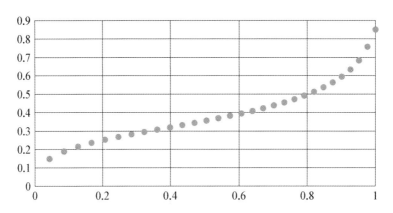

图 8-15　$p_i^n + \ldots + p_i^N$ 经扭曲对应 $w^+(p_i^n + \ldots + p_i^N)$ 图

选取 $\underline{T_{\mathrm{wait}}} = 41$，$\underline{C_{\max}} = 552$。将布谷鸟算法求解出的 $C_{\max}$、T_{wait}、$T_{\mathrm{tard\text{-}w}}$ 代入 8.3.2 节各式中，得到的 $\pi^+(p_i^n)$、u_i、$V(x)$ 如表 8-13 所示。

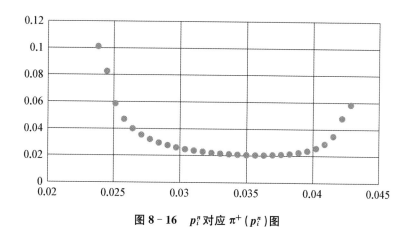

图 8-16　p_i^n 对应 $\pi^+(p_i^n)$ 图

表 8-13　基于累积前景理论决策问题求解结果

$C_{\max}$	T_{wait}	$T_{\text{tard-w}}$	$\pi^+(p_1^n)$	$\pi^+(p_2^n)$	$\pi^+(p_3^n)$	u_1	u_2	u_3	$V(x)$	Rank
485	275	0	0.048	0.101	0.058	0	1	0	0.101	27
644	6	261	0.035	0.026	0.029	0.930	0	1	0.062	23
624	2	185	0.032	0.029	0.027	0.749	0	1	0.051	20
709	8	876	0.101	0.024	0.101	1	0	1	0.202	30
654	19	493	0.040	0.021	0.047	1	0	1	0.087	25
545	49	10	0.021	0.022	0.021	0	0.510	0.103	0.013	3
576	31	0	0.023	0.021	0.058	0.285	0	0	0.006	1
489	200	0	0.024	0.047	0.058	0	1	0	0.047	18
526	82	0	0.020	0.026	0.058	0	1	0	0.026	9
506	139	9	0.021	0.035	0.020	0	1	0.094	0.037	15
489	135	0	0.026	0.032	0.058	0	1	0	0.032	13
479	238	0	0.058	0.083	0.058	0	1	0	0.083	24
621	0	111	0.029	0.058	0.025	0.722	0	0.855	0.042	17
607	15	308	0.026	0.021	0.032	0.591	0	1	0.047	19
486	202	0	0.035	0.058	0.058	0	1	0	0.058	22
496	85	0	0.022	0.027	0.058	0	1	0	0.027	11
594	30	72	0.025	0.020	0.023	0.466	0	0.581	0.025	8
579	37	58	0.024	0.021	0.022	0.316	0	0.483	0.018	6
551	52	28	0.021	0.023	0.021	0	0.629	0.254	0.020	7
517	60	26	0.020	0.025	0.021	0	0.903	0.234	0.027	10
533	45	0	0.020	0.021	0.058	0	0.323	0	0.007	2
489	158	0	0.029	0.040	0.058	0	1	0	0.040	16

$C_{\max}$	T_{wait}	$T_{\text{tard-w}}$	$\pi^+(p_1^n)$	$\pi^+(p_2^n)$	$\pi^+(p_3^n)$	u_1	u_2	u_3	$V(x)$	Rank
613	1	335	0.027	0.035	0.035	0.648	0	1	0.053	21
705	0	568	0.083	0.048	0.083	1	0	1	0.165	29
553	30	83	0.021	0.020	0.024	0.017	0	0.658	0.016	4
576	21	152	0.022	0.020	0.026	0.285	0	1	0.032	14
667	9	502	0.058	0.022	0.058	1	0	1	0.117	28
656	15	403	0.047	0.021	0.040	1	0	1	0.087	26
506	54	5	0.021	0.024	0.020	0	0.703	0.051	0.018	5
499	93	0	0.021	0.029	0.058	0	1	0	0.029	12

表 8 - 13 中 Rank 列表示：所得帕累托非劣解在基于累积前景理论的决策问题模型下的排名情况，$V(x)$ 最小情况下对应的帕累托非劣解为 576、31、0，该目标值对应的调度方案，可选择为该 TFT - LCD 调度问题的最佳解决方案。

8.4　具有学习退化效应的 TFT - LCD 模块组装多目标调度研究

8.4.1　TFT - LCD 模块组装多目标调度模型

工件在 Module 阶段最多经历五道工序：元件组装、3D 基板层压、半成品封装、集成电路粘合和 3D 校准。将 IC 和 PCB 组装成集成电路模板，客户要求的产品为半成品则可以封装出库，若不是则需要组装成显示模块，对于需要实现 3D 功能的产品则进行 3D 基片的层压，若客户需求为半成品则可以出库，若不是则需要再经过 3D 校准测试才可以出库。工件的加工路径取决于工件所属的产品簇，如图 8 - 17 所示。

图 8 - 17 中，J1 - J6 为所属不同产品簇，具有不同加工路径的工件编号，其对应 o_{ij} 中，i 表示工件编号，j 表示该工件的工序编号。以 J5 为例，o_{51}、o_{52}、o_{53} 对应工序分别为 3D 基板层压、集成电路粘合、元件组装，依次加工完成，J5 出库。

8.4.1.1　变量定义

具有学习退化效应的 TFT - LCD 模块组装调度问题类似于求解柔性作业车间调度问题（FJSP）。不同于传统的作业车间调度问题（JSP），在 FJSP 中，工件的每一道工序可由多台机器加工，除了安排工件加工顺序之外，还需要安排工件的加工机器。根据模块组装制造流程，提出 TFT - LCD 模块组装调度问题的整数规划模型，数学变量定义如下。

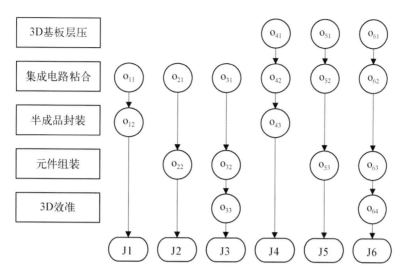

图 8－17 属于不同产品簇的工件在 TFT－LCD 模块组装阶段的加工路径

m：加工机器总数（$k=1, 2, …, m$）；

n：待加工工件总数（$i, h=1, 2, …, n$）；

n_i：第 i 批工件的工序数（$j, g=1, 2, …, n_i$）；

o_{ij}：第 i 批工件的第 j 道工序；

A_{ij}：可加工工序 o_{ij} 的机器集合；

S_{ij}：第 i 批工件第 j 道工序的开始加工时间；

p_{ij}：第 i 批工件第 j 道工序的加工时间；

C_{ij}：第 i 批工件第 j 道工序的结束加工时间；

w_i：第 i 批工件的权重；

D_i：第 i 批工件的约定交货期。

8.4.1.2 模型假设

模块组装调度是在约束条件的限制下，通过分配工件各工序的加工机器，以及加工机器上待加工工件的加工顺序，达到优化调度各目标的目的。在调度中满足如下假设：

（1）每台机器某一时刻只能加工一个工件的某道工序。

（2）每个工件某一时刻只能被一台机器加工。

（3）每个工件工序的加工路径确定，各类工件的工序之间不存在优先关系。

（4）工序在可选机器上的加工时间由机器加工能力预先确定。

（5）工序一旦开始，加工过程中不允许中断。

8.4.1.3 数学模型建立

本文设立三个以最小化为优化方向的目标函数：最大完成时间 $C_{\max}$、工件加权延期

时间 $T_{\text{tard-w}}$ 和总机器空闲时间 T_{wait}。 其函数公式表达如下。

$$C_{\max} = \max C_{ij} \tag{8-19}$$

$$T_{\text{wait}} = \sum_{i=1}^{n} \sum_{j=1}^{n_i} \sum_{k=1}^{m} (C_{ij} - S_{ij} - p_{ijk} \cdot x_{ijk}) \tag{8-20}$$

$$T_{\text{tard—w}} = \sum_{i=1}^{n} \left[\max(0, C_{ij} - D_i) \cdot w_i \right] \tag{8-21}$$

约束条件：

$$A_{ijk} = \begin{cases} 1 & o_{ij} \text{ 可以在机器 } k \text{ 上加工} \\ 0 & \text{else} \end{cases} \tag{8-22}$$

$$x_{ijk} = \begin{cases} 1 & o_{ij} \text{ 在机器 } k \text{ 上加工} \\ 0 & \text{else} \end{cases} \tag{8-23}$$

$$C_{ij} - S_{ij} \geqslant p_{ijk} \cdot x_{ijk} \tag{8-24}$$

$$S_{i(j+1)} \geqslant C_{ij} \tag{8-25}$$

$$x_{ijk} \leqslant A_{ijk} \tag{8-26}$$

$$\sum_{k \in A_{ij}} x_{ijk} = 1 \tag{8-27}$$

$$Y_{ijhgk} = \begin{cases} 1 & o_{ij} \text{ 先于 } o_{hg} \text{ 在机器 } k \text{ 上加工} \\ 0 & \text{else} \end{cases} \tag{8-28}$$

$$H(2 - x_{ijk} - x_{hgk}) + H(1 - Y_{ijhgk}) + S_{hg} - C_{ij} \geqslant 0 \tag{8-29}$$

$$H(2 - x_{ijk} - x_{hgk}) + H \cdot Y_{ijhgk} + S_{ij} - C_{hg} \geqslant 0 \tag{8-30}$$

式中，H 为无穷大正数，x_{ijk} 与 Y_{ijhgk} 为决策变量，A_{ijk} 用来标记可以加工 O_{ij} 的机器。式(8-24)表示工序的加工时间约束，式(8-25)表示同一工件相邻工序的加工顺序约束，式(8-26)表示加工工序的可用机器约束，式(8-27)表示工件的任一道工序只由一台可加工机器加工，式(8-29)、式(8-30)表示同一台机器上先后加工工件的加工时间约束。

8.4.2 改进混沌烟花多目标算法

8.4.2.1 烟花算法

烟花算法由烟花爆炸景象启发而来。在满足条件的解空间中，随机生成多个烟花，一个烟花对应解空间中的一个可行解。对每个烟花初始状态的的适应度值进行计算，适应度值大，则该烟花爆炸的火花个数多，幅度小，具有良好的局部搜索能力；反之，适应度值小,则爆炸的火花个数少,幅度大,具有良好的全局搜索能力。通过优胜劣汰保留最优个体,依据距离选择其他个体,组成新种群。此外,通过适量变异爆炸火花,可以确保新种群多样性,提高算法搜索效率,因此引入高斯变异。

(1) 烟花爆炸。

假设当前空间内共有 N 个烟花,第 i 个烟花表示为 x_i,爆炸后将总共产生 BQ 个火花,每 i 个烟花爆炸产生的火花数为 BQ_i,爆炸半径为 BR_i,设定 BR 为控制爆炸半径的常量,计算公式如式 8‐31、8‐32 所示。

$$BQ_i = BQ \cdot \frac{Y_{\max} - f(x_i) + \varepsilon}{\sum_{i=1}^{N}(Y_{\max} - f(x_i)) + \varepsilon} \tag{8-31}$$

$$BR_i = BR \cdot \frac{f(x_i) - Y_{\min} + \varepsilon}{\sum_{i=1}^{N}(f(x_i) - Y_{\min}) + \varepsilon} \tag{8-32}$$

式中, $f(x_i)$ 表示烟花 x_i 的适应度值, $Y_{\max}$ 表示当前烟花种群中最大的适应度值, $Y_{\min}$ 表示当前烟花种群中最小的适应度值, ε 是机器最小值,用来避免除零操作。爆炸火花数 BQ_i 不为整数时,需对其进行四舍五入操作,此外,为避免爆炸火花数 BQ_i 过大或过小,需设置 BQ_i 的范围,调整如式 8‐33 所示[13]。

$$BQ_i = \begin{cases} \text{round}(a \cdot BQ) & BQ_i < a \cdot BQ \\ \text{round}(b \cdot BQ) & BQ_i > b \cdot BQ \\ \text{round}(BQ_i) & \text{else} \end{cases} \tag{8-33}$$

式中,round 为四舍五入的取整函数, a, b 为常数,通常设定 $a = 0.1$, $b = 0.2$。为避免爆炸半径 BR_i 为 0,对 BR_i 的调整如式 8‐34 所示。

$$BR_i = \begin{cases} 1 & BR_i = 0 \\ BR_i & \text{else} \end{cases} \tag{8-34}$$

(2) 爆炸火花和高斯变异火花。

得到爆炸火花数和爆炸半径后,随机选择 z 个维度,对随机选出的维度 $s \in \{1, 2, \ldots, z\}$ 进行位置偏移,生成爆炸火花,如式 8‐35 所示。

$$x_i^s = x_i^s + BR_i \cdot U(-1, 1) \tag{8-35}$$

式中, x_i^s 表示 x_i 在第 s 维的位置, $U(-1, 1)$ 是在 $[-1, 1]$ 上的均匀分布。同时,选出 GN 个烟花,随机选择 z 个维度,对随机选出的维度 $s \in \{1, 2, \ldots, z\}$ 进行高斯变异,生成高斯变异火花,如式 8‐36 所示。

$$x_i^s = x_i^s \cdot N(1, 1) \tag{8-36}$$

式中，$N(1, 1)$ 表示均值为 1，方差为 1 的高斯分布。当式 8-35、8-36 中的个体 x_i^s 超过边界时，通过映射规则进行越界检测，将维度 s 上的个体 x_i^s 映射到新的位置，映射规则如式 8-37 所示。

$$x_i^s = L_i^s + \mathrm{mod}(\mid x_i^s \mid \cdot U_i^s - L_i^s) \tag{8-37}$$

式中，mod 为取余函数，L_i^s、U_i^s 分别对应个体 x_i 在维度 s 上的下边界和上边界。

（3）选择规则。

候选集合 K 由烟花。爆炸火花以及高斯变异火花构成。选取 n 个个体作为下一轮迭代烟花，规则采用精英保留法，保留 K 中的最优个体，其余按照赌轮盘规则选取 $(n-1)$ 个个体，且被选取的概率计算公式如式 8-38 所示。

$$p_i = \frac{\sum_{j=1}^{n} d(x_i - x_j)}{\sum_{j=1}^{n} x_j} \tag{8-38}$$

式中，x_i 表示候选集合 K 中的第 i 个个体，$d(x_i - x_j)$ 表示个体 x_i 与个体 x_j 之间的距离。公式表明，距离其他个体更远的个体 x_i，具有更大的概率被选为下一轮爆炸的烟花，以此保证烟花的多样性。

8.4.2.2　算法流程

烟花算法具有搜索速度快，参数少的优点。加入前文中提出的混沌搜索机制，改进后的烟花算法克服了易收敛于局部最优的缺点，提高了算法求解精度，鲁棒性强。结合前文中构建帕累托非劣解集方法，算法求解步骤描述如下。

1）参数初始化；设置烟花种群数目 N，最大烟花爆炸次数 T_MAX。

2）随机选取 N 个初始烟花位置。

3）将 N 个烟花各自对应的三个目标函数值之和作为适应度值，根据公式计算 N 个烟花各自的火花个数和爆炸半径。

4）根据求得的火花个数和爆炸半径生成爆炸火花种群 BQ 以及高斯变异后的火花种群 GQ。

5）将现有种群 N、BQ、GQ 合并为候选种群 K，对其中 20% 的个体进行混沌搜索，迭代次数设定为 50 次。

6）结合双元锦标赛和动态淘汰规则构建帕累托非劣解集 P。

7）若满足终止条件，输出帕累托非劣解集 P，结束迭代，否则从候选种群 K 中选取最优的前 N 个个体，作为迭代烟花，并返回步骤 3）。

改进混沌烟花算法流程如下图 8-18 所示：

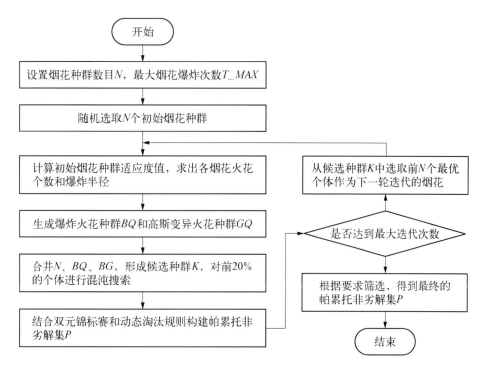

图 8‐18　改进混沌算法流程图

8.4.2.3　算法时间复杂度

n 为问题规模，$T(n)$ 为语句执行次数。若存在 $f(n)$，使得 $\lim\limits_{n \to \infty} \dfrac{T(n)}{f(n)} \neq 0$，则称 $f(n)$ 是 $T(n)$ 的同数量级函数，记为 $T(n)=O(f(n))$，$O(f(n))$ 即为算法的时间复杂度。$O(f(n))$ 反映程序执行时间随输入规模增长而增长的量级，能在一定程度上反映出算法的优劣。

本节通过频度统计法对改进混沌烟花算法的时间复杂度进行分析。

初始烟花种群 N，初始化常量：产生的爆炸火花个数为 BQ，高斯火花数为 GQ，迭代总次数为 $T_{\max}$。假设执行一条语句消耗一个单位时间，则 $f(n)=\sum\limits_{i=1}^{T_{\max}}$（第 i 次迭代执行语句频次）。改进混沌烟花算法包含的主要迭代流程，及该流程最坏情况下迭代一次的频次情况如下所示。

1）计算个体的多目标适应度值：$f_1(N)=(19m \cdot n+4m+6n+28)+3$；

2）计算每个烟花的爆炸火花数及半径：$f_2(N)=5N+8$；

3）产生爆炸火花 BQ 和高斯火花 GQ：$f_3(N)=4m \cdot n \cdot (BQ+GQ)+7BQ+6GQ+N+4$；

4) 对候选种群优秀个体进行混沌搜索：$f_4(N) = \dfrac{1}{5}(N + BQ + GQ) \cdot [259 + 50f_1(N)]$；

5) 构建帕累托非劣解集：$f_5(N) = 3(N+BQ+GQ) \cdot (N+BQ+GQ-1) + 14(N+BQ+GQ) + 3$。

其中，m、n 分别为机器数和工件数。对一次迭代的语句总执行频次进行累加，得到结果如下：

$$f(N) = 11 + 2N[3 + f_1(N)] + f_2(N) + f_3(N) + f_4(N) + f_5(N)$$

结合初始化语句及迭代总次数，最终的算法总执行频次可化为：

$$f(N) = \tilde{f}(N) \cdot T_{\max} + 15$$

以上各式中，除 N 以外，其他都是常值参数，最终上式可整理为：

$$f(N) = aN^2 + bN + c$$

其中，a、b、c 均为与 N 无关的常量。故改进混沌烟花算法的时间复杂度：

$$T(n) = O(f(n)) = O(n^2)$$

当算法解决的是多目标问题，且目标个数为 r 时，时间复杂度为 $O(rn^2)$。从时间复杂度来看，改进后的混沌烟花算法是可被接受的。

8.4.3 基于改进混沌烟花算法的 TFT－LCD 模块组装调度问题研究

为了验证上文算法在解决 TFT－LCD 模块组装多目标调度问题时的有效性，现以某车间的实际生产数据为例[14]。现有五台空闲机器，五个待加工工件，各个工件的工序、权重、交货期如表 8－14 所示，具体加工时间如表 8－15 所示。其中，加工时间为空格表示对应的工件工序无法在这台机器上加工。

表 8－14 工件基本信息

工　件	工　　序	权　　重	交货期/ks
1	o_{11}，o_{12}	0.16	60
2	o_{21}，o_{22}	0.24	43.2
3	o_{31}，o_{32}	0.18	48
4	o_{41}，o_{42}，o_{43}	0.16	86.4
5	o_{51}，o_{52}	0.26	70

表 8‐15 工件加工时间(千秒)

加工时间	$M1$	$M2$	$M3$	$M4$	$M5$
o_{11}	20	14			
o_{12}			20	12	
o_{21}	30	21			
o_{22}			30	18	
o_{31}	22.5	15.8			
o_{32}			22.5	13.5	
o_{41}					6
o_{42}	20	14			
o_{43}			20	12	
o_{51}	32.5	22.8			
o_{52}			32.5	19.5	

求解模块组装调度问题算法仿真实验环境为 Windows 7 操作系统,CPU 为 Intel(R) Core(TM) i7‐3770M,处理器主频为 3.40 GHz,4 G 内存,编程环境为 matlab R2010a。

下表 8‐16 是独立运行一次、不同算法在求解该问题时得到的帕累托非劣解集。下图 8‐19、图 8‐20、图 8‐21、图 8‐22 是独立运行一次、不同算法求得的非劣解集绘制成的三维图及其三张拆分二维图。图中,方框、十字、圆圈分别表示改进混沌烟花算法、烟花算法、粒子群算法求出的解。

表 8‐16 三种算法求出的帕累托非劣解集(千秒)

	CPAFWA			PAFWA			MOPSO		
	C_{max}	T_{wait}	T_{tard-w}	C_{max}	T_{wait}	T_{tard-w}	C_{max}	T_{wait}	T_{tard-w}
1	72.2	5.5	1.7	72.2	5.7	8.72	72	10.9	1.3
2	75	1	3.76	74.6	8	1.17	75	0	4.31
3	72	7	2.81	73.9	1.6	5.26	84	0	1.34
4	75.4	4.6	0.8	84	0	1.34	86.6	4	1.19
5	73	1.6	5.27	74	2.8	1.76	76.6	0	2.98
6	84	0	1.34	75	1	3.77	74.6	4.6	7.53
7	74	2.2	1.76	72.7	5.8	6.44	75.4	7.4	3.07
8	75	0	4.31	76.6	0	1.54	76.7	5.1	2.18
9	72	10.8	1.35	74	2.1	3.68	77.4	6.9	1.92

续　表

	CPAFWA			PAFWA			MOPSO		
	C_{max}	T_{wait}	T_{tard-w}	C_{max}	T_{wait}	T_{tard-w}	C_{max}	T_{wait}	T_{tard-w}
10	76.7	0	1.53	75	0	4.31	73.9	5.9	8.76
11	86	3.7	1.06	86.6	4	1.19	77.4	5.2	2.78
12	74.7	8	1.19	75.2	4.7	0.8	79.4	1.6	2.58

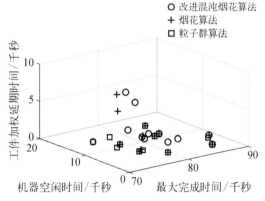

图 8‐19　三种算法获得的帕累托非劣解集

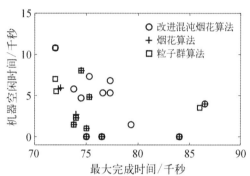

图 8‐20　帕累托非劣解集二维图 1

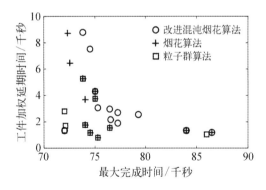

图 8‐21　帕累托非劣解集二维图 2

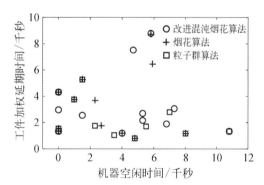

图 8‐22　帕累托非劣解集二维图 3

　　从表 8‐16 可以看到，个别解(84,0,1.34)、(75,0,4.31)三种算法都有求出。在图 8‐19 至图 8‐22 的二维图中，部分目标结果由重合的两种算法求出。结合图表中数据，改进混沌烟花算法求出的解距离原点最近，且求得了三个目标函数的最小解 72 千秒、0 千秒、0.8 千秒，而烟花算法和粒子群算法只得到其中两个最小解。其中，T_{tard-w} 目标点均值较另外两种算法低了 48%。数据表明：改进混沌烟花算法求解质量高于另外两种算法。

8.4.4　具有学习退化效应的 TFT‐LCD 模块组装调度研究

本节以对数—线性学习曲线模型为基础,借鉴柯布—道格拉斯生产函数,结合对数退化效应模型,提出与工件加工位置及加工等待时间相关的学习退化效应模型,工序 o_{ij} 在机器 k 的第 q 个位置上的实际加工时间为 p_{ijkq},如式(8‐39)所示。

$$p_{ijkq} = p_{ijk} \cdot q^{\alpha} \cdot w_{ij}^{\beta} \tag{8‐39}$$

式中,$\alpha \leqslant 0$ 表示学习效应因子,$\alpha = \dfrac{\lg(l)}{\lg(2)}$,$l$ 为学习率,$\beta \in [0, 1]$ 是退化因子,w_{ij} 为第 i 批工件,第 j 道工序加工前的等待时间。

根据此学习退化效应模型,建立具有学习退化效应的模块组装多目标调度模型。以最小化最大完成时间 C_{max}、机器空闲时间 T_{wait}、加权延期时间 T_{tard-w} 为目标函数,采用上文描述的改进混沌烟花算法求解前文中实际生产数据,得到帕累托非劣解集。部分选取的帕累托非劣解集如表8‐17所示。

表 8‐17　不同学习率及退化因子影响下的帕累托非劣解集(千秒)

非劣解集	$l=1$			$l=0.9$			$l=0.8$			$l=0.7$			$l=0.6$		
	C_{max}	T_{wait}	$T_{tard\text{-}w}$	C_{max}	T_{wait}	$T_{tard\text{-}w}$	C_{max}	T_{wait}	$T_{tard\text{-}w}$	C_{max}	T_{wait}	$T_{tard\text{-}w}$	C_{max}	T_{wait}	$T_{tard\text{-}w}$
	72.3	8.6	2.47	65.59	0	1.47	53.02	3.31	1.22	43.29	0	0.02	34.8	0	0
$b=0$	75	0	4.3	64.4	3.1	0	53.4	0	0	43.7	0	0	34.23	0.89	0
	72	7	2.81	62.8	3.21	4.81	53.16	4.9	0	42.73	1.24	0	34.76	0.8	0
	74.45	5.96	3.47	64.53	3.9	1.1	53.79	0.51	0	44.57	0.66	0.28	35.9	0.05	0
$b=0.1$	75.57	0.4	5.84	67.85	0	0.73	57.26	0	0	44.43	0.4	0.3	35.04	0.75	0
	76.91	0	4.17	63.69	1.45	4.9	53.32	0	2.3	44.57	0	0	35.08	0	0
	76.75	0	8.05	68.28	0	2.35	62.51	0	0	47.3	0	0.98	36.65	0.17	0
$b=0.2$	81.3	0.16	7.6	69.8	0.28	1.79	58.59	0.4	0	47.69	0	0	37.1	0	0
	79.46	0.26	6.9	67.16	0.44	5.75	57.83	0	0.52	47.1	0.3	0	37.71	0	0
	87.3	0	13.86	77.9	0.86	3.9	62.58	0	4.17	51.2	0.09	1.92	39.6	0.01	0
$b=0.3$	87.3	0.5	12.5	76.12	0	5.85	62.95	0	2.42	51.76	0	0.98	41.5	0	0
	89.1	0	11.7	73.3	1.72	11.22	63.9	0	0.88	51.82	0	0	39.03	0.39	0
	99.4	0.32	24.23	89.1	0	11.16	73.23	0.45	5.95	60.52	0.72	0	45.77	0.37	0
$b=0.4$	100.3	0.11	16.32	87.7	0	11.48	73.99	0	6.4	60.4	0	0.67	46.23	0	0.7
	100.7	0	21.1	87.6	0	15.26	75.14	0	3.16	60.57	0	0	46.3	0	0

　　表 8-17 是在不同学习率 l 和退化因子 b 下求得的帕累托非劣解集。数据表明,退化因子不变时,最大完成时间随学习率的降低呈现下降的趋势,工件加权延期时间也明显减少,当学习率为 0.6 时,大部分的加权延误时间为 0 千秒。在学习率固定不变时,最大完成时间随退化因子的增加也呈现出增加的趋势。学习率的降低意味着生产中学习效应的增强,车间里操作人员或机器有着较强的学习能力,此时工件加工时间相应减少,实际生产周期也相应缩短,机器使用率、按时交货能力提高。退化因子的增加意味着生产中退化效应的增强,工件的实际加工时间增加,生产周期拉长,按时交货能力被削弱。

　　表 8-18 给出不同学习率及退化因子影响下算出的解距原点的平均欧式距离及解的个数,根据表 8-18 中解距原点的平均距离绘出图 8-23。

表 8-18　不同学习率及退化因子影响下的帕累托非劣解集平均值及个数

	$l=1$	$l=0.9$	$l=0.8$	$l=0.7$	$l=0.6$
$b=0$	74.8/8	64.4/14	53.1/5	43.2/3	34.6/3
$b=0.1$	75.9/4	66.7/7	55.1/4	44.6/4	35.6/4
$b=0.2$	81.6/5	68.5/3	59.5/5	47.4/3	37.2/3
$b=0.3$	88.8/3	76.0/6	63.2/3	51.6/3	39.8/4
$b=0.4$	102.3/3	89.1/3	74.4/5	59.9/7	46.1/3

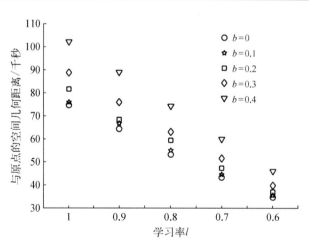

图 8-23　不同学习率及退化因子影响下解距原点的平均距离

　　通过观察表 8-18 中不同学习率及退化因子影响下帕累托非劣解集个数趋势发现:当学习率和退化因子数值增加时,可以求得的非劣解集个数呈下降趋势,即可行调度方案减少。图 8-23 由上表数据绘制而来,当学习率不变时,随着退化因子的增大,解与原点的空间几何距离增大;当退化因子不变时,随着学习率的减小,解与原点的空间几何距离减小。本章设定的三个目标函数皆以最小化为优化方向,当退化因子增大,生产中的退化效应增强,或当学习因子减小,学习率增大,都会造成非劣解远离原点,意味着需要安排更多的时间进行生产。可见学习率和退化因子均会对目标函数值产生影响。

下面给出基于 8.4 节中实际生产数据的一组有无学习退化效应的对比调度方案。

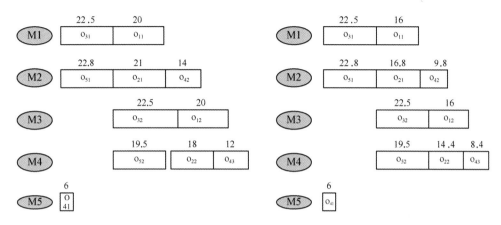

图 8-24 无学习退化效应的甘特图和有学习退化效应的甘特图

图 8-24 左图是没有学习退化效应下的调度方案,右图是学习率为 0.8、退化因子为 0.2 时的调度方案。两种情况下各工件的完工时间、最大完成时间、机器空闲时间和加权延期时间如下表 8-19 所示。

表 8-19 有无学习退化效应主要数据表

	各工件完工时间(千秒)					C_{max}	T_{wait}	T_{tard-w}
	工件 1	工件 2	工件 3	工件 4	工件 5			
$l=0, b=0$	65	61.8	45	73.8	42.3	73.8	1.5	5.264
$l=0.8, b=0.2$	61	56.7	45	65.1	42.3	65.1	0	3.4

情况 1 下,工件 1、2 拖期,T_{tard-w} 为 5.264 千秒。o_{22} 在 M_4 上加工需等待 1.5 千秒。该调度方案的最大完工时间较小,但在生产过程中,机器因为等待工件存在等待时间,并且工件 1 和工件 2 无法按时交货。情况 2 下,工件工序实际加工时间有所改变,工件实际完成时间也随之变化。由于 o_{21} 在 M_2 上的加工时间缩短,o_{22} 在 M_4 上加工不需要等待,不存在机器空闲时间,即 T_{wait} 为 0 千秒。

8.5 本 章 小 结

本章首先提出了采用莱维飞行迭代步长的多目标布谷鸟算法及布谷鸟寻窝时的规

则假设,描述了布谷鸟算法的具体求解步骤。其次,应用布谷鸟算法对前章构建的 TFT-LCD 面板成盒模型进行了求解,结果表明:布谷鸟算法在 TFT-LCD 面板成盒阶段调度问题最大完成时间及加权目标函数求解中,较 GD-ES、ELFT 求解结果更优异,算法具有竞争力。最后,从具有学习退化效应的多目标优化角度切入,建立与工件加工位置及加工等待时间相关的学习退化效应模型。应用多目标布谷鸟算法,对具有学习退化效应的 TFT-LCD 面板成盒调度多目标问题进行求解,加入不同学习及退化效应后,实验结果发现:同一学习率时,最大完成时间及加权延迟时间平均值随退化因子 b 的变大而升高,当 b 相同时,最大完成时间及加权延迟时间平均值将随着学习率的减小而降低。分析目标值的敏感度系数发现,学习效应对生产活动的影响平稳,而退化效应对生产活动的影响较大,生产方应重视,尽量降低退化效应带来的负面影响。

为了不遗漏最大完成时间、机器空闲时间和加权延迟时间值最好时的调度方案,前两章内容采用求解帕累托非劣解集作为多目标问题调度解的形式,而在实际生产过程中,只能采用一种方案。传统的人工决策方式依赖于决策者的主观判断,缺乏数据支持。本章为决策者选取方案提供理论数据。首先,描述了累积前景理论和模糊理论。在此基础上建立了企业管理者、生产工人及企业客户三方的不满意隶属函数数学模型,其次,在累积前景理论基础上,构建了以最小化三方不满意程度为目标的函数。最后,对第四章中展示的三组帕累托非劣解集进行排序计算,展示数据决策结果。

本章首先介绍了 TFT-LCD 模块组装阶段不同产品簇不同加工路径的加工特性,定义了模型中变量,设置了调度优化模型的约束条件,构建了具有不同加工时间,以最小化最大完成时间、工件加权延期时间及机器等待时间及目标为 TFT-LCD,模块组装调度模型。其次,提出加入混沌搜索机制改进后的烟花算法,克服了烟花算法易收敛于局部最优的缺点,提高了算法求解精度,描述了改进烟花算法的具体求解步骤,并计算改进烟花算法时间复杂度。然后,应用改进烟花算法对构建的 TFT-LCD 模块组装生产阶段模型进行求解,仿真结果表明:改进混沌烟花算法在 TFT-LCD 模块组装阶段多目标调度问题求解中,较烟花算法、粒子群算法求解质量更高。最后,从具有学习退化效应的优化角度切入,应用改进混沌烟花算法,对具有学习退化效应的 TFT-LCD 模块组装调度多目标问题进行求解。实验结果发现:学习率和退化因子数值增加时,可以求得的非劣解集个数减少;学习率不变时,随着退化因子的增大,解与原点的空间几何距离增大;退化因子不变时,随着学习率的减小,解与原点的空间几何距离减小。并展示了一组基于实际生产数据,有无学习退化效应对三个目标值影响的对比调度方案。

参 考 文 献

[1] 徐峰,步丰林.改进遗传算法求解混合流水装配作业调度问题[J].微型电脑应用,2013,29(9):

58－61.

［2］　李明,郭焕银,曹吉花.2种新的单件装配生产过程组合调度规则［J］.合肥工业大学学报(自然科学版),2012,35(10)：1302－1305.

［3］　Wright T P. Factors affecting the cost of airplanes［J］. Journal of Aeronautical Sciences,1936,3(4)：122－128.

［4］　成其谦.投资项目评价［M］.北京：中国人民大学出版社,2010：120－126.

［5］　Kahneman D,Tversky A. Prospect theory：An analysis of decision under risk［J］. Economica,1979,47(2)：263－291.

［6］　Tversky A,Kahneman D. Advances in prospect theory：Cumulative representation of uncertainty［J］. Journal of Risk and uncertainty,1992,5(4)：297－323.

［7］　Quiggin J. A theory of anticipated utility［J］. Journal of Economic Behavior & Organization,Elsevier,1982,3(4)：323－343.

［8］　黄洪钟,姚新胜,周仲荣.基于满意度原理的装载机工作装置的多目标优化设计［J］.机械工程学报,2003,39(5)：97－103.

［9］　罗建强,汤娜,赵艳萍.基于累计前景理论的服务衍生方案决策［J］.工业工程,2016,19(2)：80－87.

［10］　王玮强,张春民,朱昌锋,方刚.基于累积前景理论的应急物流路径选择方法［J］.中国安全科学学报,2017,27(3)：169－174.

［11］　林祥亮,马成虎,范龙振.离散累积前景理论下的投资组合选择［J］.系统工程学报,2015,30(4)：494－508.

［12］　姜洋.面向不确定事件的生产调度干扰管理方法研究［D］.大连：大连理工大学,2013.

［13］　Tan Y,Zhu Y C. Fireworks algorithm for optimization［M］. Advances in Swarm Intelligence. Berlin：Springer,2010：355－364.

［14］　Chou C W,Chien C F,Gen M. A multiobjective hybrid genetic algorithm for TFT-LCD module assembly scheduling［J］. IEEE Transactions on Automation Science and Engineering,2014,11(3)：692－705.